乾隆皇帝与六世班禅学术研讨会论文集

《乾隆皇帝与六世班禅学术研讨会论文集》编委会　编

中国藏学出版社

图书在版编目(CIP)数据

乾隆皇帝与六世班禅学术研讨会论文集 / 《乾隆皇帝与六世班禅学术研讨会论文集》编委会编 . —北京：中国藏学出版社，2015.7
ISBN 978-7-80253-808-5

Ⅰ . ①乾… Ⅱ . ①乾… Ⅲ . ①中央与地方的关系 – 研究 – 西藏 – 清代 – 文集
Ⅳ . ① B949.92-53 ② D691-53

中国版本图书馆 CIP 数据核字（2015）第 158115 号

乾隆皇帝与六世班禅学术研讨会论文集

《乾隆皇帝与六世班禅学术研讨会论文集》编委会　编

责任编辑　徐华兰
藏文编辑　南加才让
封面设计　翟跃飞
出版发行　中国藏学出版社
印　　刷　中国电影出版社印刷厂
版　　次　2015 年 9 月第 1 版第 1 次印刷
开　　本　787 毫米 ×1092 毫米　1/16
字　　数　373 千字
印　　张　22
定　　价　48.00 元
书　　号　ISBN 978-7-80253-808-5 / B · 218

该书若有印装质量问题，请与本社发行部联系退换
发行部电话: 010-64892902

目　录

---

* 本论文集的论文按作者姓氏笔画排序。——编注

六世班禅与西苑

于　宁*

摘要　藏传佛教是我国佛教的一个重要派系。清代统治者对藏传佛教的推崇自清朝入关前的皇太极在位时期就已经开始，“兴黄教以安众蒙古”的政策也一直贯穿清朝始终。清太宗皇太极于崇德四年即开始派人至西藏延请高僧。顺治皇帝于顺治十年册封五世达赖喇嘛为“西天大善自在佛所领天下释教普提瓦赤拉呾喇达赖喇嘛”，并颁下金册金印。康熙皇帝于康熙五十二年册封五世班禅为“班禅额尔德尼”，亦颁给班禅喇嘛金册金印。雍正在位期间经常召集藏传佛教高僧交流佛法。乾隆时期六世班禅进京朝觐，乾隆给予了极大的礼遇，下旨在热河建造了须弥福寿之庙，在北京兴建了香山昭庙。并下令让永瑢及章嘉三世活佛陪伴六世班禅在北京的活动。在班禅于北京驻锡期间，曾在作为皇家内苑的西苑，也就是现在北海中的永安寺、白塔、阐福寺、大西天等宗教建筑中进行了献供礼佛活动，并于大西天侧驻锡一夜。这些在皇家内苑佛堂的佛事活动，是乾隆皇帝对班禅大师极大的尊崇，这种尊崇也是清王朝对待西藏政策的重要体现。

关键词　六世班禅　西苑　章嘉三世

佛教产生于公元前6—5世纪的古代印度，于两汉时期传入中国，此时传入的佛教以大乘佛教为主，称为北传佛教。公元7世纪，佛教传入西藏，逐渐在当地形成具有特色的藏传佛教，成为北传佛教的重要分支。13世纪前后，藏传佛教东传，得到了当时皇室宫廷的信奉，元朝皇室信奉藏传佛教萨

---

* 北京市北海公园管理处文化研究室

迦派，尊奉萨迦派教主八思巴为帝师。明代皇室普遍接纳包括藏传佛教在内的佛教各教派，因此在皇宫中修建有各类的宗教礼拜场所，其中，藏传佛教尊像就被供奉在英华殿中。而后明代末年藏传佛教格鲁派自蒙古传入东北，后金及后来的清政权均信奉格鲁派藏传佛教，此后清王朝定鼎中原，对格鲁派传播发展采取了一系列保护政策，这也是清政府为了稳定和统一蒙藏地区所奉行的重要宗教政策。

清代统治者对藏传佛教的推崇自清朝入关前的皇太极在位时期就已经开始，“兴黄教以安众蒙古”的政策也一直贯穿清朝始终。终清一代，清代统治者先后册封藏传佛教格鲁派的达赖、班禅、哲布尊丹巴、章嘉四大活佛转世系统，令其分掌前藏、后藏、外蒙古、内蒙古及京城的藏传佛教事务。清太宗皇太极于崇德四年即开始派人至西藏延请高僧。顺治皇帝于顺治十年册封五世达赖喇嘛为“西天大善自在佛所领天下释教普提瓦赤拉呾喇达赖喇嘛”，并颁下金册金印。康熙皇帝于康熙五十二年册封五世班禅为“班禅额尔德尼”，亦颁给班禅喇嘛金册金印。雍正在位期间也经常召集藏传佛教高僧交流佛法。

乾隆四十五年，正值乾隆皇帝七十大寿，六世班禅洛桑巴丹益希为祝寿亲至承德和京城觐见乾隆皇帝，为了迎接这位西藏活佛，乾隆皇帝耗费巨资修建了承德须弥福寿之庙以及北京香山静宜园宗镜大昭之庙，并下令让永瑢及章嘉三世活佛陪伴六世班禅在北京的活动。班禅于北京驻锡期间，曾在作为皇家内苑的西苑，也就是现在北海的永安寺、白塔、阐福寺、大西天等宗教建筑中进行了献供礼佛活动，并于大西天侧驻锡一夜。这些在皇家内苑佛堂的佛事活动，是乾隆皇帝对班禅大师极大的尊崇，这种尊崇也是清王朝对待西藏政策的一个侧面反映。

在六世班禅进京期间，有一位藏传佛教活佛在其中起到了重要的作用，即清王朝所册封的章嘉三世活佛章嘉·若必多吉。由于这位活佛在蒙古和西藏具有很高的声望和地位，并且又和乾隆皇帝关系密切，因此章嘉三世活佛一直在清政府对蒙藏的活动中发挥着重要的作用。

乾隆四十三年十二月，章嘉三世活佛向乾隆皇帝奏报，六世班禅希望在乾隆四十五年入京朝觐以恭祝乾隆皇帝七十大寿。乾隆四十四年六世班禅自西藏动身，章嘉·若必多吉派遣侍从携带书信前往迎接班禅。乾隆四十五年五月二十六日，皇六子永瑢和章嘉活佛于岱海迎接六世班禅，并颁赐乾隆皇帝的诏书和赏赐。此后皇六子和章嘉活佛先奔赴热河向乾隆皇帝报告了迎接的情况，七月二十二日，又于热河避暑山庄迎接班禅，并陪同其朝觐乾隆皇帝，此后班禅大师在热河和北京的参观、游览、拜谒活动均由章嘉活佛陪同，觐见期间乾隆皇帝与六世班禅的祝寿辞和答辞均由章嘉活佛进行翻译。此外，章嘉活佛还代表乾隆皇帝向班禅赠送了雍正时绘制的画像和其他珍贵的礼物。而后六世班禅在西黄寺染病直至圆寂，亦是由章嘉活佛一直在身边陪护，直至六世班禅圆寂后，其后事亦是由章嘉·若必多吉主持各种仪式，并且于乾隆四十六年二月十二日，将六世班禅灵塔护送至清化府。

六世班禅额尔德尼在北京朝觐期间，在乾隆皇帝的安排下游览了位于北京的几个皇家园林。《永瑢奏报班禅游览紫禁城北海颐和园等处情形片》中详细地记述了六世班禅在西苑活动行程的详情：

> 乾隆四十五年九月十七日。本月……
>
> 十四日，前往雍和宫，柏林寺、永安寺礼佛，登塔祈祷。游览悦心殿登出，乘太液香銮船，至大西天礼佛后，即住大西天迤西所建之楼。
>
> 十五日，从大西天乘船，至万山殿礼佛，令习经小和尚等念咒令班禅额尔德尼听，继至阐福寺等寺庙瞻拜，又在广慈寺供塔齐勒一千，献哈达、珊瑚数珠等物，念吉祥经祈祷，而后返回黄寺。①

根据史料记载，六世班禅额尔德尼在西苑的行程是自永安寺而上，至琼岛顶端白塔进行佛事活动，而后拾级而下至悦心殿游览，再乘船至大西天礼佛，并驻锡在大西天西侧阁楼之中，第二日自大西天先至万山殿礼佛，再回到阐福寺进行参拜。由此可见，六世班禅额尔德尼在西苑的行程有近二日之久，根据相关档案，六世班禅额尔德尼抵京后，除了常驻西黄寺外，还游览了包括西苑、颐和园、圆明园、香山、雍和宫等皇家园林和皇家寺庙。期间驻锡过的皇家寺院包括有西苑大西天、万寿山法藏楼和慈福楼、南苑德寿寺、雍和宫、圆明园清净地和同乐园，以及香山宗镜大昭之庙。而西苑大西天应

① 中国第一历史档案馆，中国藏学研究中心合编：《六世班禅朝觐档案选编》，北京：中国藏学出版社，1996 年，第 278 页。

是六世班禅在皇家御苑中的皇家寺庙驻锡的唯一例子。永瑢的奏片中记载，“此数日，班禅额尔德尼游览。甚是赞赏，所有随行喇嘛，亦皆欣览。再，凡行经各供佛处、御座，班禅额尔德尼俱合掌讽念吉祥经；献哈达及曼扎、螺号。班禅额尔德尼出行，臣等均派护军统领等导引。住大西天、万寿山时，俱照住清净地之例演戏，并派捕役巡查。所食之项，应备物件，均照原定数额备办”。① 由此可见，清廷对于班禅大师行程和住宿的接待极为重视。

西苑园林之中也保留有与六世班禅相关的遗迹，乾隆四十二年，六世班禅通过章嘉活佛将一副《七佛番轴画》进献给乾隆皇帝。章嘉活佛将这七尊佛位的典故都一一给乾隆皇帝解释清楚，因此乾隆皇帝将《七佛番轴画》刻制在石碑上，并修建了碑亭，也就是现在位于大慈真如宝殿后的七佛偈碑亭。该亭为八角攒尖式亭，内设八面七佛碑，七面为线刻佛像，分别为毗婆尸佛、尸弃佛、毗舍浮佛、拘留孙佛、拘纳含牟尼佛、迦叶佛及释迦牟尼佛，第八面为碑记。碑面呈长方形，有边框，上下雕双龙戏珠，左右为单龙戏珠。内框之上框为七珍，左右框为八宝。框内上部正中为一佛，居莲座。佛左右为二神足像，下方近底框处，为佛之父母及二侍者像。七佛脚下均刻楷书藏文，边框上部有汉满蒙藏文佛偈。

奏片中提到的阐福寺，与章嘉三世活佛也有着极为密切的关系，在《章嘉国师若必多吉传》有着这样的记载：“大皇帝在京城的后面兴建了一座三层佛堂，内塑一尊圣者千首千臂白伞盖佛母像，当作社稷的保护神，由章嘉国师亲自指导塑造，完成后举行了开光。每遇节日，由上师僧众举行献供仪轨。又在佛殿右面修建了一座九层佛塔，建至第八层时，从天上落下一团火，烧毁了整个佛塔，以后在此废墟上修建了一座名叫‘大西天’的印度式佛堂，由章嘉国师举行了开光典礼。”② 这段材料中所记载的“三层佛堂”“大西天”，均位于北海阐福寺北侧的万佛楼建筑群中，章嘉活佛作为与清代皇室关系非常亲密的藏传佛教大师及掌印喇嘛，被乾隆予以接待班禅大师的重任，这也是因为章嘉三世活佛在蒙古和西藏具有很高的威望，由于他对当时清廷和西藏及蒙古的情况都十分了解，在乾隆时期西藏地方事务中，章嘉活佛经常根据西藏当地的情况，向乾隆皇帝积极地谏言并且亲自多次奔赴当地

① 《六世班禅朝觐档案选编》，第278页。

② 土观·洛桑却吉尼玛：《章嘉国师若必多吉传》，陈庆英、马连龙译，北京：民族出版社，1988年，第220页。

进行各种宗教政治活动，因此受到了乾隆皇帝的信任和重视。

自元代以来，藏传佛教在蒙藏地区受到了广泛的信奉。清代对蒙古和西藏地区更是优待，这种优待不仅体现在经济上给予当地政治宗教领袖丰厚的赏赐，更在政治上予以优待，试图以怀柔的方式使两个地区归附清廷，以保证西北边界的长治久安。乾隆皇帝御笔《喇嘛说》中写到了当时清廷对藏传佛教的态度："盖中外黄教总司以此二人（指达赖喇嘛、班禅额尔德尼），各蒙古一心归之，兴黄教，即所以安众蒙古，所系非小，故不可不保护之，而非若元朝之曲庇谄敬番僧也……兴黄教者，使予徒泥沙汰之虚誉，则今之新旧蒙古，畏威怀德，太平数十年可得乎？……去转生一族之私，合内外蒙古之愿。当耄近归政之年，复成此事，安藏辑藩，定国家清平之基于永久……"从这段话来看，乾隆皇帝创立的"金瓶掣签"制度，对藏传佛教的发展产生了重大的影响，在尊重藏传佛教活佛转世制度的同时，加强了中央王朝对藏传佛教流行地区的控制，不仅维护了清王朝的统治权威，也维护了西藏和蒙古地区的稳定和国家的统一。

在清朝统治者看来，西北的安定关系到整个王朝的长治久安，因此清政府尊奉藏传佛教、册封宗教领袖，以期加强蒙古地区和西藏地区的向心力。此外，乾隆在《喇嘛说》中所表述的宗教政策，表明了清代高宗及之前各位皇帝的西北政策都选择了扶持黄教，借助宗教来安抚信奉黄教的蒙古王公和百姓。乾隆皇帝认为其在七十岁万寿盛典汇集内外藩属之时，六世班禅进京贺寿的事件，是当时安抚西藏、宣扬国威的重大成功，他在《须弥福寿之庙碑记》写道："然昔达赖喇嘛之来，实以敦请。兹班禅额尔德尼之来觐，则不因招致而出于喇嘛之自愿来京，以观华夏之振兴黄教，抚育群生、海宇清晏、民物敉宁之景象。"这正是乾隆皇帝所自豪的"国家百余年升平累洽，中外一家"的体现，说明了清初宗教政策得到良好的贯彻并收到了巨大的成果，具有重要的历史意义。

雍和宫的班禅楼和戒台楼

王　艳*

摘要　乾隆四十三年（1778 年），六世班禅大师自西藏起程进京为乾隆皇帝庆祝七十寿辰，为此乾隆皇帝拟旨在雍和宫改扩建了两座殿堂，专供大师使用，即讲经传法的戒台楼和休息使用的班禅楼。本文以《清代雍和宫档案史料》《国朝宫史续编》《清朝通史》等档案为史料，研究考证了戒台楼和班禅楼改扩建时间、主持施建者以及改扩建细节等诸多内容。施建过程中乾隆皇帝多次询问并提出两座殿堂改扩建意见，巧妙采取以“敬一人而千万人悦”的方式，表达对民族宗教问题的重视，达到民族和睦、边疆稳定、领土完整的政治目的。两座殿堂的敕建，其背后代表的政治意义远远超出了当初兴建时期的使用功能，彰显了乾隆皇帝在处理西藏问题上高瞻远瞩的治藏理念。

关键词　乾隆帝　六世班禅大师　班禅楼　戒台楼

雍和宫是清朝的皇家寺院和藏传佛教在京城的活动中心，曾备受乾隆帝及其后世历代帝王的重视、推崇和支持，并以规模宏大、学经组织完备、驻锡高僧众多、设有“金奔巴瓶”和实施“金瓶掣签”制度而闻名，在内地藏传佛教发展史及中央与蒙藏地区关系史上，具有很高的地位和重要影响。历史上，三世章嘉活佛、六世班禅大师、十世班禅大师等众多高僧大德都曾在这里留下了他们弘传佛法、护国利民的身影。其中，雍和宫的班禅楼和戒台楼是专为迎接六世班禅大师进京改扩建而成，其敕建既彰显了乾隆皇帝对藏

* 北京雍和宫管理处接待办公室副主任

传佛教及其领袖人物的重视与厚爱，也凸显了六世班禅大师爱国爱教的高尚情操与崇高历史地位。本文拟根据有关档案史料，对这两座殿堂的建设时间和过程进行考证，以期弥补相关研究之不足。

一、班禅楼和戒台楼概况及改扩建的历史背景

班禅楼和戒台楼位于雍和宫七进院落中第六进院落，坐落在法轮殿东西两侧，为一组建筑风格相同且对称的汉式重楼歇山顶式楼阁，三座建筑处于东西方向的同一水平线。由于班禅楼和戒台楼是乾隆四十四年（1779 年）为迎接六世班禅改扩建而成，受当时院落面积所限，两座楼阁外围的大理石台基与法轮殿台基仅有 1.1 米距离，由两条狭长通道联系起的三座建筑，巧妙地将汉藏文化融合在一起，构成了这组建筑群独有的魅力。仔细探究，不难发现，目前雍和宫对外开放的诸多殿堂中，唯班禅楼和戒台楼为非礼拜殿堂，由此人们不禁对两座楼阁的历史背景产生了兴趣。

乾隆三十九年（1774 年），英国东印度公司希望通过与西藏建立商业关系，在拉萨设立使馆，达到入侵西藏的目的，他们的别有用心遭到六世班禅的断然拒绝，此举深得乾隆皇帝赏识，自此六世班禅产生了朝觐乾隆皇帝的愿望。当时八世达赖喇嘛尚幼，六世班禅为实际上的格鲁派宗教领袖，被认为是稳定藏族及蒙古地区举足轻重的人物。为了加强西藏与清朝中央政府的联系，乾隆四十三年（1778 年）六世班禅请章嘉国师代奏，要求进京朝觐乾隆皇帝，并为乾隆皇帝庆七十寿辰，乾隆皇帝十分高兴，欣允其请，于四十三年十二月初六日下谕："即照所请……允其前来。"① 又于初九日追加谕旨："是年朕万寿月即驻热河，外藩毕齐，班禅额尔德尼若于彼时到热河，最为便益，已谕令于热河度地建庙，备其居住。"②

热河须弥福寿之庙便于此时开工兴建，乾隆四十五年（1780 年）七月，六世班禅在此居住一个多月后，继续前行，率大队人马赴京城再次谒见乾隆皇帝。

---

① 周远廉：《清朝通史》（乾隆朝分卷下），北京：紫禁城出版社，2003 年，第 546 页。

② 周远廉：《清朝通史》（乾隆朝分卷下），第 546 页。

为迎接六世班禅大师，乾隆皇帝在北京特为其兴建或改建了香山昭庙、南苑德寿寺、北郊西黄寺和东城雍和宫班禅楼、戒台楼。而今雍和宫这两座楼宇依然如230多年前完美、雄壮地矗立于法轮殿两侧，以其独特秀美的风姿吸引着中外游客、信众的参访。

那么，雍和宫这两座楼宇到底因何而改建？于何时动工和完工？又是由谁主持设计与建设施工的呢？相关记载和研究很少，本文以《清代雍和宫档案史料》《国朝宫史续编》等档案和史料为基础材料，对这些问题进行初步探讨和研究。

二、班禅楼、戒台楼改建和完工时间

（一）班禅楼的改建时间

> 《国朝宫史续编》记载：（法轮殿）左右山殿各三楹。西为戒坛，乾隆四十四年高宗纯皇帝命仿热河广安寺戒坛式，改建方坛三层，每层环以石栏，列佛像。东为药师坛。是年并改建重楼，上下各五楹，与戒坛相配。①

上述档案提示我们，班禅楼和戒台楼是分别在原来药师坛和戒坛基础上改建的。由于班禅楼和戒台楼分别位于法轮殿东侧和西侧，从位置上来说，这两座楼宇也叫东耳殿和西耳殿。

乾隆四十四年（1779年）八月初八日英廉与和珅上疏奏折：“查本年正月内刘浩遵上曰：将雍和宫地盘样，呈览奉。上曰：东耳殿内坛城，着挪在外间，庙中安奉。”②

依据此奏折得知，为迎接六世班禅来雍和宫安禅礼佛，乾隆帝于四十四年正月即开始考虑对东耳殿进行改建，此时离“允其前来”谕旨和热河须弥

---

① （清）庆桂等编：《国朝宫史续编》，北京古籍出版社，1994年，第514页。

② 邹爱莲、鲍洪飞、韩永福主编：《清代雍和宫档案史料》（影印本）第十一册，北京：中国民族摄影艺术出版社，2004年，第262页。

福寿之庙开工相差一个月左右。而另一道奏折帮我们确定了东耳殿改建的大致时间：

乾隆四十四年二月初十日，员外郎五德、催长大达色来说：太监鄂鲁里传上曰：大西天、雍和宫、西皇寺、万寿山、昭庙应挂拉古里、壁衣，着造办处成做。钦此。①

雍和宫东耳殿明间安拉古里②

二月初十日乾隆皇帝下谕，令造办处对京城五座寺院殿堂进行内部装饰，除大西天外另四座寺院均为接待六世班禅的寺院，自这天开始，乾隆皇帝已将这些接待寺院的内部装饰提上议事日程，而雍和宫特别注明的是“东耳殿”，由此推断，东耳殿改建时间开始于乾隆四十四年正月至二月初十日之间。

具体负责东耳殿改建工程的是以清内务府大臣刘浩为首的几名官员。乾隆三十四年（1769 年）为庆乾隆六十大寿，刘浩曾受命乾隆皇帝为其重修岱庙，他圆满完成了对原有殿宇、廊庑、佛像等的重修重建工程，深得乾隆皇帝赏识，在改建庙宇方面可谓经验丰富，十年后恰值乾隆皇帝七十寿辰，刘浩再次奉旨改建雍和宫东耳殿这一重大工程。

（二）戒台楼的改建时间

恭敬查本年六月二十日奉，上曰：雍和宫戒台甚小，照广安寺定准戒台烫样改造。③

乾隆四十四年（1779）六月二十日，乾隆皇帝开始关注位于法轮殿西侧的原有戒台楼的进一步改建，其与东耳殿改建时间相比，晚四五个月。

史料记载，戒台楼改建工程是由和尔经额主持完成的。他于乾隆三十二年（1767 年）参与了热河普陀宗乘之庙的修建，期间担任了修建这座寺庙的

① 《清代雍和宫档案史料》（影印本）第十一册，第 239 页。
② 《清代雍和宫档案史料》（影印本）第十一册，第 239 页。
③ 《清代雍和宫档案史料》（影印本）第十一册，第 276 页。

部分领导工作。

而自东耳殿改建之初，乾隆皇帝即下谕旨对班禅楼和戒台楼制作内挂装饰，也就是说两楼的改建和楼内的装饰是同步进行的，装饰任务由员外郎四德、五德、催长大达色、太监鄂鲁里等人承办。

据《清代雍和宫档案史料》记载，自乾隆四十四年二月初十至九月二十六日，期间由大臣选好做内饰的料子，呈乾隆皇帝过目后，交由大臣依料子不同质地和尺寸，逐一做成东耳殿拉古里、壁衣和顶幔。这些由内务府提供的料子有红黄石青回子绸三匹、绣鹤灰色毡一块、绣鹤石青毡一块、黄地红花绒毡一块、裁绒毡一块、金花缎一匹，金银花缎一匹、交织锦倭缎夹帐幔一件、金丝缎帐幔一件。由此可见，东耳殿的内部装饰与工程改建是同步进行的。

（三）班禅楼和戒台楼改建完工时间

在我们探讨两座楼阁于何时修建完工的答案之前，先来看看位于香山昭庙的修建情况。《六世班禅进京史实研究》是这样记载的："香山昭庙（修建时间）却从未在旨意中公开提及，唯一可以显示香山昭庙与承德须弥福寿庙为同时期开工建造的证据，仅是有关昭庙之都罡殿等烧炼金饰头所需用金叶的奏折。"[①] 再则，"（昭庙）时间上比承德须弥福寿之庙准备金叶的奏折日期晚了大约三个月，可以说这两座寺庙大致是在同一时间段，即乾隆四十四年开始修建"。[②] 可见，昭庙的修建未如须弥福寿之庙那样大张旗鼓地对外宣称修建的起止时间，只能从部分档案中获得一些推测和启示，相比须弥福寿之庙而言，香山昭庙的修缮显得低调得多。无独有偶，雍和宫两座殿堂改建时间，在相关历史档案中，也未有明确记载。所幸，我们可从几道奏折得以窥探其大致完工时间。

班禅楼和戒台楼的改建奏折是由清朝大臣英廉与和珅呈给乾隆皇帝的，由此推断两座楼阁的改建是在这二位大臣的监管下完成的。史料记载，英廉是内务府镶黄旗人，举人，历任道员、护军统领、布政使、户部尚书和协办大学士，四十五年升任大学士、户部左侍郎、内务府总管大臣。他于乾隆三

---

① 王晓晶：《六世班禅进京史实研究》，北京：民族出版社，2013 年，第 158 页。

② 王晓晶：《六世班禅进京史实研究》，第 158 页。

十二年（1767 年）同清廷另外二位官员共同完成了热河普陀宗乘之庙的修缮，这座占地 22 万平方米的寺庙，耗资巨大，历时四年多修建完成。时隔十二年后，恰逢六世班禅进京，需改扩建雍和宫班禅楼和戒台楼，乾隆帝又将这一重大任务交给了经验丰富的英廉主管。和珅在乾隆年间历任御前大臣、领侍卫内大臣、军机大臣、都统、户部尚书、理藩院尚书。

英廉与和珅分别于乾隆四十四年（1779 年）八月初八日和八月二十五日上疏东耳殿和戒台楼改建过程的奏折，又于八月初二日和九月二十六日上疏完成两座殿宇内部装饰的奏折，由此分析得出，两座殿宇大致于八月至九月间完成主体部分的改扩建工程。

两座楼阁建成初期，乾隆皇帝于十月初八日阅后由太监厄勒里呈上的一座欢门幡烫样，责员外郎四德、五德选择由内库提供的红黄录石、青紫酱色锦缎，做成三堂欢门幡，挂于东、西耳殿。欢门幡是佛像前悬挂的绣满飞天、莲花、瑞兽和花卉等图案的锦幛绣幔。

综上所述，班禅楼大约用 6—8 个月改建完工，戒台楼大约用两个多月。位于热河的须弥福寿之庙，占地面积 37900 平方米，历时一年四个月完工，班禅楼和戒台楼占地面积为 656 平方米，两座楼阁在几个月内完成改建任务是完全有可能的。

三、班禅楼和戒台楼改建过程

（一）班禅楼改建过程

乾隆皇帝多次询问雍和宫两座殿堂的改建情况，亲自设计建筑结构和布局，仅东耳殿主体建筑的重要部位，就曾三次下旨，提出了具体详细的改建意见，彰显了乾隆皇帝对六世班禅的特殊礼遇和恩宠。

上曰：东耳殿内坛城，着挪在外间，庙中安奉。着刘浩查勘、挪移。其东耳殿后金柱中间安壁板一槽，悬挂壁衣，设座位，上安拉固里。①

奏折中提到的金柱指古建筑物中支撑梁架的柱子，明间指建筑物内正中一间（两根柱子之间为一间）。壁衣指用织锦或布帛做成的装饰墙壁的帷幕。乾隆皇帝命刘浩将供奉在东耳殿内的药师坛城挪到雍和宫其他殿堂供奉，东耳殿后金柱中间安上一槽壁板，墙壁挂上帷幕，殿堂正中间摆上一张宝座，宝座上安拉固里，以供六世班禅使用。

正月二十八日，乾隆皇帝详细审阅了由大臣呈上的东耳殿一楼烫样。所谓"烫样"就是自清朝康熙年间到清末，为了使皇帝能直观了解建筑物样式，采用纸张、秫秸和木头等材料加工而成的建筑模型，加工过程中因使用特制的小型烙铁熨烫，遂将这种建筑模型称作"烫样"。清朝皇家建筑均由"样式雷"承办，以1/100或1/200比例制作完成的烫样呈皇帝御览。乾隆皇帝阅后提出了具体改建东耳殿二楼的意见："上曰：两山方窗不要，两次间杴窗挪在金里，安明间外廊内，添进深隔扇各二扇，余照样准做。"②

乾隆皇帝特别指示两座山墙的方窗不要，两次间的杴窗挪在金柱的位置，以一楼殿内金柱为标准，并增设外廊道，开二扇隔扇（门），其他照样去做。

第二天即二十九日，大臣便将做好的二楼烫样呈给乾隆皇帝，乾隆皇帝阅后非常满意，指示"照样准做"，最后嘱咐设在明间的座位交由内务府去办理。

主管大臣接旨后，来到雍和宫东耳殿进行实地勘查，勘查结果如下：

> 雍和宫东耳殿三间。明间后金添安壁子一槽，二次间添安飞罩二槽，前金明间添安飞罩一槽。二次间前檐杴窗挪于金内安装，上截添安带子板。拆砌杴墙，补墁地面。进深廊内添安隔扇二槽。外檐柱木装，修光朱红油。内里换糊窗心，糊饰顶隔壁子、墙垣等项。除高丽纸、蓝纱行取应用外，估需银一百八十三两八分五厘。③

东耳殿为面阔三间的建筑，一楼明间后金柱安装一槽壁子板，前金柱安

---

① 《清代雍和宫档案史料》（影印本）第十一册，第262页。
② 《清代雍和宫档案史料》（影印本）第十一册，第262页。
③ 《清代雍和宫档案史料》（影印本）第十一册，第262页。

装一槽飞罩，两边次间安装二槽飞罩。二楼两边次间前檐枕窗安装在金柱以里，上半截安装带子板。拆砌枕墙，补墁地面。走廊里安装二槽隔扇。使用朱红油油漆木制檐柱。裱糊窗户心、天花板等处。除了领取高丽纸、蓝纱外，估计需要一百八十三两八分五厘。

此奏折后半部分，还详细记载了有关西黄寺部分殿堂内部装饰问题。包括达赖喇嘛楼内部要悬挂壁衣、安拉固里，西北转角一间的装饰改造，西角门新添建筑物所需银两等事宜。

经过六个多月的修建，班禅楼建成一座九脊重檐歇山顶式的二层建筑。上层为“明三暗九”式，五间带廊，下层是“明五暗二十五”式，不带廊，两层合计三十四间，按照清式建筑，应属于“九五坛楼”，而“九五”喻作皇帝之尊贵。当年，乾隆皇帝还特将原陈设在戒台楼内的“三台宝座”移置于班禅楼内，专供六世班禅使用。

乾隆四十五年（1780 年）九月十三日，六世班禅在皇六子永瑢及其随员的陪同下经安定门，初次来到雍和宫，沿护法殿、三怙主殿、永佑殿、法轮殿礼敬献供。之后来到新落成的班禅楼，向僧众传授《兜率上师瑜伽论》《大慈悲论》及《三时怙主陀罗尼经》，并为雍和宫僧人摩顶赐福。① 十月二十一日，六世班禅大师率随从再次莅临雍和宫参加祈愿大法会，期间特为这座楼宇举行了开光仪式。②

（二）戒台楼改建过程

> 《国朝宫史续编》记载：（法轮殿）左右山殿各三楹。西为戒坛，乾隆四十四年（1779 年）高宗纯皇帝命仿热河广安寺戒坛式，改建方坛三层，每层环以石栏，列佛像。③

由此可知，原来位于法轮殿西侧的是一座面阔三间的戒台楼，与东耳殿相对应。乾隆皇帝认为如若供六世班禅使用，面积有点小，需要重建一座新戒台楼。六月二十日乾隆皇帝对大臣说：“雍和宫戒台甚小，照广安寺定准

① 黄崇文：《历代班禅与雍和宫》，北京：民族出版社，2001 年，第 25 页。
② 黄崇文：《历代班禅与雍和宫》，第 27 页。
③ （清）庆桂等编：《国朝宫史续编》，北京古籍出版社，1994 年，第 514 页。

戒台烫样改造，如房间窄小，即将现在房间另行改造，量势酌拟画样。”①

乾隆皇帝提到的这个广安寺，位于热河。此寺建于乾隆三十七年（1772年），是乾隆皇帝为其母即皇太后祝八十大寿而建，但庙落成后，太后已逝。此庙后来成为乾隆同蒙古王公贵族举行法会的场所，在笼络崇信格鲁派的蒙藏贵族方面起到了重要作用。戒台楼为广安寺主体建筑，其楼宇面阔七间、进深七间，外观二层，而二层实为立木架层，整体却为单层建筑，戒台楼内有一大型戒台，分三层供奉佛像。

五天后即六月二十五日，原副都统和尔经额到雍和宫戒台楼内进行实地察看，察看结果如下：

> 现有戒台殿三间，内木戒台一座，甚小。今将此殿三间拆卸，并将西院墙拆去，足敷盖造面宽五间、进深五间殿，一座。内照热河广安寺奏准戒台样成造，甚属如式。谨将查看改造戒台绘图贴说，由报，先行具奏等因。②

其大意是说：现在的戒台殿为面阔三间的建筑，殿内有一座很小的木质戒台，现在可以将这座面阔三间的戒台楼连同西院墙一并拆除，建成面阔五间的楼阁，里面的戒台仿照承德广安寺内的戒台样式去做。从这点看，戒台楼由原来面阔三间改为面阔五间的建筑，并拆除西院墙，与其说是改建戒台楼，不如说新建一座规模比广安寺戒台楼小，而比原有戒台楼大的新楼阁更为贴切。

四天后即二十九日，大臣将实地勘查后拟定的戒台楼改建方案上报给乾隆皇帝，得到乾隆的认可。

乾隆皇帝对两座楼阁的修建的关心不仅体现在建筑结构上，还对安奉在戒台楼内佛像文字的书写，一一过问，提出要求，由此可见乾隆皇帝对接待六世班禅的每一个细节都关怀备至，可谓事无巨细。

> 八月初六日，经和尔经额将雍和宫改建戒台烫样、神像画样差

① 《清代雍和宫档案史料》（影印本）第十一册，第276页。

② 《清代雍和宫档案史料》（影印本）第十一册，第276页。

人赍交总管永和、姚良，恭呈御览，奉上曰：京城雍和宫戒台、热河戒台所有佛号俱添蒙古字，书写四样字。其热河戒台佛号四样字，分位着交康卜喇嘛看准书写，余照样准做。①

八月初六日，和尔经额依据乾隆帝认可的戒台楼烫样和佛像画样，差人经热河总管永和、姚良转呈给乾隆皇帝，乾隆皇帝说："京城雍和宫戒台楼和承德戒台楼内供奉的所有佛像，都要有蒙古文字，合起来镌刻满汉藏蒙四种文字。承德戒台楼内佛像的四种文字，要交给雍和宫班珠尔胡土克图康卜喇嘛校正，其他照原计划执行。"

之后，和尔经额率随从到戒台楼详细勘查，得出如下结论：

除将佛号应写四样字，请交雍和宫班珠尔胡土克图看准，敬谨缮写外，奴才等遵照奏准式样，率员详细勘估得：

1. 雍和宫法轮殿西边，添建重檐戒台一座。下层四面各显五间，通见方五丈，檐柱高一丈三尺；上层四面各显三间，通见方三丈，攒金柱，柱高三丈三尺八寸，重檐歇山，做法成造。下层四面安蚂蜂腰隔扇四槽，杴窗十六槽。上层安风窗十二槽，棋枋板十二槽。

2. 殿内成造青白石戒台一座，计三层，通高八尺一寸。内下层见方三丈三尺四寸，高三尺；中层见方二丈二尺，高二尺七寸；上层见方一丈四尺一寸，高二尺四寸……并成做椴木镌胎神像一百二十九尊。②

根据上述记载，戒台楼的具体改扩建实施方案如下：

1. 位于雍和宫法轮殿西边的戒台楼，要改建成一座重檐歇山顶式的建筑。其中一层四面均为面阔五间，宽五丈，檐柱高一丈三尺，四面安装四槽蚂蜂腰隔扇，十六槽杴窗；二层四面为面阔三间，宽三丈，攒金柱的柱高三丈三尺八寸，安装十二槽风窗，十二槽棋枋板。

---

① 《清代雍和宫档案史料》（影印本）第十一册，第276页。
② 《清代雍和宫档案史料》（影印本）第十一册，第276页。

2. 殿内的戒台采用青白石料做成，共三层，通高八尺一寸。一层宽三丈三尺四寸，高三尺；二层宽二丈二尺，高二尺七寸；三层宽一丈四尺一寸，高二尺四寸……戒台四周佛龛内，供上由椴木镌刻的佛像一百二十九尊。

改扩建过程中，乾隆皇帝和大臣们秉承节俭原则，尽量减少开支，能折旧的折旧：

> 并油饰彩画，裱糊窗心。以及拆卸旧有戒台三间，木戒台一座等项，除拣选本座旧料，抵银四千五百七十八两二钱三分一厘。颜料、架木、纸张、杭细布匹、铜斤，照例向各该处行取应用。又官厂木植一项，按例值银三千八百七十四两二分二厘，应由广储司银库领出，照数交纳。①

殿内建筑要油漆彩绘，裱糊窗心。拆卸后的原有戒台楼材料以及木质戒台，可折银四千五百七十八两二钱三分一厘。颜料、架木、纸张、杭细布匹、铜斤，照例向相应领用处领取。官厂木植一项，可自广储司银库领出三千八百七十四两二分二厘。

纵观戒台楼，其外观建筑风格与班禅楼一致，不同的是二层为立木架层结构，与广安寺戒台楼一样，同为单层假二楼形式。

乾隆四十五年十月二十一日，六世班禅大师应邀前往雍和宫，例行向各佛殿进献哈达、贡品，撒吉祥花后，来到这座新落成的班禅楼，率众僧为此殿开光。中午皇六子设宴款待班禅大师，并在此殿堂接受皇六子永瑢所献的素食及礼品，大师回赠礼物以表谢意。午后稍事休息，大师来到吉太房（即戒台楼）为雍和宫十七名僧人授出家戒，十九名僧人授沙弥戒，晚饭后又为七十八名僧人授具足戒，仪式一直持续到半夜。皇六子担心大师过于疲劳，请求中止或推迟加持授戒仪式，遭到大师婉言拒绝，大师说："为了国家佛法众生之大事，无论怎样艰苦，我仍然会感到高兴而无烦闷，如若进入莲花大海之中"，② 一席话感动了皇六子及众僧。

不过，授戒期间也发生一段小插曲：俗人随众因不懂内里（戒台楼）规

---

① 《清代雍和宫档案史料》（影印本）第十一册，第276页。

② 黄崇文：《历代班禅与雍和宫》，北京：民族出版社，2001年，第27页。

矩，使得大臣们有些不满，因此引起的骚动影响了仪式的正常进行，大师见此急中生智，说道："向关老爷祈祷吧！"于是大家奉命行事，不祥之兆立即平息。① 关老爷也就是关帝，关帝原名关羽，是三国时期蜀汉大将，后被中国历代帝王奉为战神，清朝统治者更是崇奉关羽，将其晋升为"帝"，尊为关帝，民间称为"关老爷"，成为皇家寺庙的护法神，同时也受到藏传佛教寺庙的尊崇。因礼仪习俗不同，双方发生的不悦，如不加以引导和制止，势必会引起更大的矛盾，恰巧事发地点戒台楼，其邻侧北边、咫尺之遥，就是"关帝庙"，是雍和宫这座藏传佛教寺庙里的庙中庙，六世班禅大师将大家注意力转移到汉藏两地都崇敬的"关老爷"身上，以其机敏智慧和文化共融的理念，通过"关老爷"巧妙地将双方发生的摩擦，淹没在萌芽阶段，杜绝了矛盾的进一步扩大，深得当世人及后人的敬重。

> 十月二十二日，大师和乾隆帝在雍和宫经堂门口相见，乾隆帝赠给班禅大师金如意，大师应邀成为法会的主持，坐上座，章嘉执金刚、赞普诺门罕等内喇嘛及其他寺庙的两千多名僧人参加了在雍和宫举行的祈愿大法会，法会结束前，大师回向祝福弘法顺利并发愿祝皇帝长寿、国政昌隆。法会结束后，大师来到大威德金刚殿、护法神殿、三怙主殿，向各尊佛像供哈达并发愿。②

班禅大师在京期间多次为雍和宫喇嘛授出家戒、近圆戒和沙弥戒，教诲僧众要严守戒律，清除自身杂念，弃恶扬善。十月二十三日，为庆班禅大师十一月十一日生日，雍和宫僧人在西黄寺接受完大师授戒，联合向大师献礼提前祝寿，大师回赐护身结，并传授《度母经》《绿度母颂》《般若波罗蜜多心经》。③ 不幸的是，班禅大师因染天花，于十一月初二日在北京西黄寺圆寂，享年四十二岁。

乾隆皇帝善于利用宗教与西藏宗教领袖建立良好关系，以达到稳定边疆的目的，这一做法由来已久。早在乾隆十三年（1748 年），乾隆皇帝即在雍

---

① 王晓晶：《六世班禅进京史实研究》，第 180 页。

② 王晓晶：《六世班禅进京史实研究》，第 183 页。

③ 嘉木央·久麦旺波：《六世班禅洛桑巴丹益希传》，许得存、卓永强译，祁顺来、李钟霖校，拉萨：西藏人民出版社，1990 年，第 533 页。

和宫为七世达赖喇嘛敬献的26米白檀木雕刻的大佛修建了万福阁殿，此举象征着清政府与西藏地方首领已经建立了和睦顺畅关系。三十年后，乾隆皇帝直接面见西藏另一宗教领袖六世班禅大师，并为其在雍和宫敕建班禅楼和戒台楼，再次使这一良好的沟通关系得以发展和延伸，也象征着以乾隆皇帝为首的清中央政府与以六世班禅大师为首的西藏地方政府业已存在的和睦达到顶峰，清政府对西藏地方的统辖以及西藏对清中央政府的归顺关系走向稳定，日趋巩固。

仔细观察我们不难发现，处于同一进院落的万福阁、班禅楼和戒台楼，在位置关系上正好形成一等腰三角形结构。我们无法臆测乾隆皇帝这样安排三进殿堂是出于巧妙设计还是偶然所得，但毋庸置疑的是，三进殿堂的合理布局均彰显了乾隆皇帝在处理西藏问题上处心积虑，以“敬一人而千万人悦”的治藏理念。

六世班禅大师亲率三大寺僧众自遐疆进京朝觐乾隆皇帝，在京两个月期间，两次莅临雍和宫，夜宿一晚①，在班禅楼和戒台楼为雍和宫僧人授戒摩顶，弘法利生，两座楼阁留下了他为祖国统一和民族团结竭力奔波的光辉形象，记录了六世班禅大师精诚报国，心系清中央政府，倾心内向的爱国情怀。

纵观历史，两座楼阁的敕建，其背后所代表的政治意义远远超过兴建时的使用功能。六世班禅大师的到访，为后世藏传佛教宗教领袖在京举行宗教活动确定了最佳活动场所，并形成定制延续至今。民国时期十三世达赖喇嘛、新中国成立后十四世达赖喇嘛、十世班禅大师、十一世班禅大师，凡是来京举行法事活动，雍和宫成为他们的不二选择。究其原因，应与雍和宫特殊的历史地位息息相关，与雍和宫拥有六世班禅大师使用过的班禅楼和戒台楼也不无关系。

今天两座楼阁仍以方形重楼歇山顶形式完美地矗立在雍和宫院内，以崭新面貌迎接十方游客信众的参访礼拜。此外，为怀念六世班禅大师，雍和宫僧人每逢他的圆寂日十一月初二日，都要举行一天的法会，以纪念六世班禅大师超俗不凡、爱国爱教的崇高精神。

---

① 持六世班禅大师“两次莅临雍和宫”观点的是王晓晶著《六世班禅进京史实研究》（北京：民族出版社，2013年，第187页），持六世班禅大师“多次莅临雍和宫”观点的是黄崇文著《历代班禅与雍和宫》（北京：民族出版社，2001年，第26页）。

六世班禅与乾隆互动关系研究

——以《六世班禅传》为视角

王晓晶[*]

摘要 1780年，藏传佛教格鲁派两大活佛系统之一的第六世班禅额尔德尼·洛桑巴丹益希受邀从后藏扎什伦布寺启程到河北承德谒见清乾隆皇帝。此次见面对西藏地方与中央政府之间的关系、西藏地方当时对外交往情况以及清政府治理蒙藏策略的研究有重要意义。从《六世班禅传》看，六世班禅与乾隆皇帝的关系从建立到之后的相见、传法有一个发展的过程。该过程大致分为三个阶段：大师决定东行之前，启程至热河，在北京。其中二者关系的紧密度在六世班禅向乾隆皇帝授法时达到顶峰。通过对六世班禅大师与乾隆皇帝三个阶段的关系进行初步梳理，大致能够对二者之间的互动勾勒出一个模糊的轮廓。

关键词 六世班禅进京 乾隆皇帝 互动关系

1780年，藏传佛教格鲁派两大活佛系统之一的第六世班禅额尔德尼·洛桑巴丹益希受邀从后藏扎什伦布寺启程到河北承德谒见清乾隆皇帝。此次见面对西藏地方与中央政府之间的关系、西藏地方当时对外交往情况以及清政府治理蒙藏策略的研究有重要意义。六世班禅与乾隆皇帝之间的互动关系一直是研究的一个重点，但由于对藏文史料运用较少，因此很少有学者从六世班禅大师的角度来审视这个问题。从《六世班禅传》看，六世班禅与乾隆皇帝的关系从建立到之后的相见、传法有一个发展的过程。该过程大致分为三个阶段：大师决定东行之前，启程至热河，在北京。其中二者关系的紧密度

---

* 藏学博士、法学博士，现为上海政法学院社会管理学院讲师。

在六世班禅向乾隆皇帝授法时达到顶峰。从藏文史料角度出发，结合相关汉文文献等资料，可进一步完善对该问题的研究，并对深入理解乾隆治藏政策以及西藏地方与中央之间的关系有所帮助。

一、东行前的情况

火狗年（1766年，乾隆三十一年）九月十七日，清帝派遣特使入藏，如同册封前辈班禅一样，敕封六世班禅大师“班禅额尔德尼”的称号，并赐以用满蒙藏三种文字字样的金印和金书。金印上刻着“敕封班禅额尔德尼印”。这一事件在清实录中是如此记录的：“乾隆三十年九月庚子（1765年11月10日）又谕曰：‘班禅额尔德尼年齿长成，经典淹洽，复教导达赖喇嘛经卷，理宜加恩册封。着交该院照例办理。’”① 当时大师年满28岁，于同年（1765年）的六月为八世达赖喇嘛授了沙弥戒。《传记》将敕封的圣旨内容记录如下：

> 噶伦噶宇公班智达宣读金书：“奉命于天之赞普大地主宰皇帝敕令，朕以法度统治世间众生，使万民安乐，殊胜法度遍及四海。以慈悲之心，护佑众生。对精进正行、恪守律仪之圣胜大德，无疑以慈悲心颁之为黄帽教主。汝了悟佛法，为达赖喇嘛之师，前世功成名就，今生正心守戒。从灵童降世逐日成长，朕赐此金书如同前辈，颁尔为班禅额尔德尼，主持扎什伦布政教两事。尔倡戒律予众僧，盛圣行于卫藏，前弘扬圣教，诚心吾土。善从恭敬，精进不懈。乾隆三十年一月四日。”②

原以为，受金册、金印后，大师与乾隆皇帝的互动会日益频繁，然而在通读1778年大师准备东行前的传记内容后发现，除却按例朝贡的使节和礼节性的皇帝赐书及礼品外，直到1772年供施二人的联络屈指可数。

---

① 《清实录藏族史料》（第6集），拉萨：西藏人民出版社，1982年，第1340页。

② 嘉木央·久麦旺波：《六世班禅洛桑巴丹益希传》，许得存、卓永强译，祁顺来、李钟霖校，拉萨：西藏人民出版社，1990年，第218页。

乾隆皇帝第一次破例下旨给班禅大师，是在水龙年（公元 1772 年）的十二月，《传记》中如下写到：

> 皇帝之旨经驿站转呈班禅大师，谕曰："朕为佛殿，拟从彼地建制长寿神像，酬金大哈达一条，上等各色缎十八匹、黄金十八两、白银四百五十两，赐予使者，班禅额尔德尼雕制五十六尊吉祥铜无量寿佛像①，先呈八尊，余者后献，佛像可委托专人破规献上。"金书由驻藏大臣莽古赉与索琳转呈大师，同时接到章嘉呼图克图书信说明。大师奉旨，立刻筹划雕制佛像。②

旨意被转呈给了大师，这其中的缘故借由章嘉呼图克图的书信告知给了大师，但在藏文记载中并未发现具体所指：

> 按照所收到的章嘉活佛信函中所载的原因，（大师）按需求吩咐眼前（造像）工厂按皇帝所赐的范例、模式和珠宝饰品等新制华丽的佛像。③

不论章嘉国师在信中表明了如何的原因，从信函的附随时间与方式大致可以推测出，这次降旨造像的行事是由其一手促成的。按一般旨意的呈递时间三个月为期，大师收到时为十二月，如此回溯降旨时间大约在当年的秋季，而此时正是章嘉国师结束了在五台山的静修后与乾隆皇帝于猎苑相聚的时候④，极有可能是他向皇帝提议向大师下旨制造佛像。在京城也有能工巧匠可以派遣建造佛像，为何此次要不远千里请班禅大师安排制作？章嘉国师如

---

① 藏文原文为"པཎ་ཆེན་ཨེར་ཏེ་ནིས་བཀོད་པ་མཛད་དེ་བཀྲ་ཤིས་ལི་མ། ཚེ་དཔག་མེད་ཀྱི་སྐུ་འདྲ་ཞེ་མཚུངས་ལྔ་བཅུ་ང་དྲུག་གསར་བཟོ་བྱེད་དགོས།"见贡觉晋美旺布：《六世班禅白丹益喜传》（藏文），北京：中国藏学出版社，2002 年，第 546 页。应译为："需要班禅额尔德尼安排新做吉祥响铜所制同类无量寿佛佛像五十六尊。"

② 《六世班禅洛桑巴丹益希传》，第 273 页。

③ དེ་བསྟུན་རྗེ་ལྕང་སྐྱ་རིན་པོ་ཆེ་ནས་ཀྱང་རྒྱུ་མཚན་ཞིབ་འཕོད་ཀྱི་ཞུ་ཡིག་བཅས་འབྱོར་བས་འཕྲལ་དུ་བཟོ་གྲྭ་ཚོགས་ལ་གོང་ནས་བསྐྱལ་བའི་འཆད་དཔེ་དང་མཐུན་པའི་བཟོ་བཀོད་དང་ཕྲ་རྒྱན་སོགས་ཀྱིས་མཛེས་པ་གསར་བསྐྲུན་དགོས་པའི་ཞལ་བཀོད་ཕེབས། 见《六世班禅白丹益喜传》（藏文），第 546 页。

④ "龙年（1772 年）夏天，章嘉国师在五台山闭关坐修……到了秋天，章嘉国师朝见大皇帝于猎苑，皇帝向他征询一些有关政教事务之大事宜，章嘉国师提出对眼前和长远各方面都有利的良策。"见土观洛桑却吉尼玛：《章嘉国师若必多吉传》，陈庆英、马连龙译，北京：中国藏学出版社，2007 年，第 263 页。

此安排的目的就是要加强六世班禅大师与清政府乾隆皇帝之间的关系，使二者有初步的直接联系。

这一番努力取得了效果。《传记》中乾隆皇帝又一次出乎常规的降旨是在水蛇年（1773 年）的十月：

> 尔时，文殊大皇帝出于对天下一切佛教众生的安乐考虑，征伐一些以邪妄损害佛法的害人之徒。写有此原因的金旨由（驻藏）大臣转呈给了大师。①

大师对这道旨意立即作出了回应：

> 大师（更是）为了利于国政的事业，用阎魔敌本尊束缚咒使翻搅城邑的惑乱等顽敌用武力诛法多种方法（消灭）。②

同时，大师还让扎什伦布寺及其属寺各宗派寺院僧人按仪轨举行祈愿战胜、消灾等法会并供养佛教诸经典。之后将此情形派人书奏皇帝。③

旨意中所说的征伐，指的是发生于 1773 年的清军第二次平定金川战役。大师与金川之间的渊源于第一次乾隆平定金川之战时就已结下，在传记中曾有这样的记录：

> 火虎年（1746 年）一月……其间，下康区金川莎罗奔多次违法，清帝进兵。达赖喇嘛、班禅大师上书皇帝，派供奉师格隆强巴

---

① སྐབས་འདི་ལ་འཇམ་པའི་དབྱངས་གོང་མ་བདག་པོ་ཆེན་པོ་ནས། གནམ་འོག་ས་སྟེང་གི་བསྟན་འགྲོ་ཐམས་ཅད་ཀྱི་བདེ་ཐབས་ལ་དགོངས། བསྟན་པ་ལ་ལོག་པར་འཁྲུ་བའི་གདུག་ཅན་འགའ་ཞིག་ལ་དཔུང་འཇུག་གནང་བའི་རྒྱུ་མཚན་གྱི་གསེར་གྱི་བཀའ་ཤམ་བན་བརྒྱུད་ཕེབས་པ་བཞིན། 《六世班禅白丹益喜传》（藏文），第 562 页。

② རྗེ་བླ་མ་མཆོག་ནས་ཀྱང་ཆབ་སྲིད་ཆེན་པོའི་ལས་དོན་གྱི་ཞབས་འདེགས་སུ་དམིགས་གཤིན་རྗེ་གཤེད་ཀྱི་ཚ་བའི་སྔགས་ཀྱིས་བཅིངས་པའི་གྲོང་ཁེར་དཀྲུག་པའི་འཁྲུལ་འཁོར་དང་བཅས་པས་རེངས་པ་སོགས་དྲག་པོའི་ལས་སྦྱོར་གྱི་རིགས་རྣམ་མང་། 《六世班禅白丹益喜传》（藏文），第 562 页。

③ “约于此时，扎什伦布寺及其属寺，以及各宗派寺院僧人按其规则，举行阎魔护法六十食子及白伞幢佛母禳解、度母退战禳灾、天母大施食、降伏敌军护摩，白伞幢佛母、般若心经及空行狮面母禳解等法会，供养《甘珠尔》《丹珠尔》《金光明经》《宝积经》《十万般若颂》等经典。大师派人书奏皇帝。”见《六世班禅洛桑巴丹益希传》，第 282 页。

前往金川向领兵军官和金川首领送书信。①

因此，这次乾隆皇帝大概也出于此种前因，下旨由大臣转交征战的消息。而这一次，班禅大师并没有向上次那样向交战双方送书信以求调和，而是为皇帝的胜利举行祈愿法会，大师直接与乾隆皇帝发生互动，二人之间的关系更近了一步。七世达赖喇嘛圆寂后，作为藏地格鲁派实际的宗教领袖，六世班禅大师正在逐渐建立自身的政治地位。清廷册封“班禅额尔德尼”只是对其身份的一种承认，在政治上对清廷并没有更大的影响。通过章嘉国师的引荐，乾隆皇帝下旨要求班禅大师所掌的造像厂制作佛像，成就了二者关系交汇踏出的第一步。之后，因第二次金川战役的缘故，在造像之缘以及第一次金川战役调和未果的前提下，大师转变态度，为乾隆皇帝得胜祈福，与清廷建立了直接的互动联系。一来二往，清廷与扎什伦布寺之间的活动也日益增多。

在木羊年（1775 年）的三月三日，皇帝又降旨要求大师打造佛像，旨意中乾隆皇帝不但对前次所献佛像表示赞赏，同时又希望能够尽快由班禅大师安排再进献一批佛像，《六世班禅传》中记录：

> 班禅额尔德尼所献无量寿佛像精致庄观，现供养于室，今需建造五种姓佛像、八菩萨像及观世音、集密、胜乐、大威德、阎魔法王、吉祥天母、欢喜金刚等像进献，身量图样寄尔，费用已付予迷堪布，速行建造，工巧务必完美，于猴年（1776 年）进京呈献。②

这次班禅大师又收到章嘉活佛的一封信，有意思的是圣旨是由在拉萨的（驻藏）大臣转呈给大师③，而章嘉活佛的信则是由西藏政府的僧官（孜仲）面呈。

འདིའི་ཆེད་དུ་བཀའ་ཕབ་པ་ཡིན་ཞེས་པ་དང་དེ་མཚུངས་ལྕང་སྐྱ་རིན་པོ་ཆེ་ནས་ཀྱང་རྒྱ་མཚན་ཞིབ་བཀོད་ཀྱི་ཕྱག་བྲིས་གནང་པ་སོགས་འབུལ་བར་གཞུང་སའི་རྩེ་དྲུང་ཚ་ཧྲི་ཆོས་མཛད་ངོ་གཡོག་འགྱུར་པར་ཕྱག་དབང་ཇ་གྲལ་

---

① 见《六世班禅洛桑巴丹益希传》，第 55 页。

② 见《六世班禅洛桑巴丹益希传》，第 303 页。

③ “ཟླ་བ་གསུམ་པའི་ཚེས་གསུམ་ལ་གོང་མ་བདག་པོ་ཆེན་པོ་ནས་ལྷ་སའི་ཨམ་བན་བརྒྱུད་བཀའ་ཕབ་པར།” 见《六世班禅白丹益喜传》（藏文），第 602 页，译为“三月三日，大皇帝通过在拉萨的（驻藏）大臣转达旨意”。

ཐོག་བཀའ་འདྲི་ཕེབས་ཤིང་།①

这个称为旨意原因的以及同是章嘉活佛所做的细微结构的记录等由西藏地方政府的孜仲（僧官）擦第顷则②献上，大师为他们主仆加持赐茶并问话。

皇帝旨意中已有相应的铸造示图，但章嘉国师还是另派人呈上了一封有关的结构记录，并且还将此次降旨的原因详加说明。虽然信件的内容如同上次一般在《传记》中没有详述，但这至少表明章嘉国师对此二者间的供施关系非常关注，并一再撮合。而大师也了解国师的美意，立即回书给乾隆皇帝表明遵从之意。此后，班禅大师与清廷的联系日益紧密，不断延续。比如，大师主动派人协助驻藏大臣解决嘉绒饶丹地方民众移住协地一事③；并与达赖喇嘛一起于布达拉宫的日光宫礼拜大清皇帝画像；④ 在获悉皇太后去世时又献给达赖喇嘛回向礼，在布达拉宫佛塔供祭、诵经超度亡灵，而在扎什伦布寺及属寺施放僧茶，诵经为皇太后超度亡灵，同时经驻藏大臣同意派堪布携书札及礼品进京问候皇帝，⑤ 等等。这一系列亲近清廷的事件都拉近了大师与乾隆皇帝之间的距离。

两线相近必有交汇，交汇点即是班禅大师入京面见乾隆皇帝。如同二者关联的初始因缘，班禅东行这一历史事件的发生，仍是章嘉国师一力促成。从上述内容中，可以清晰地看出班禅大师与乾隆皇帝之间关系的发展过程，并且两者的关系与章嘉国师的影响有着密不可分的关联。班禅大师的政治活动对清廷从按例呈报到主动亲近这一转变，毫无疑问是在章嘉国师的刻意安排下而得。也正是章嘉国师才促使乾隆皇帝更加重视班禅大师的政教地位，并诚意邀请大师入京。

二、二者在热河时的关系

由于六世班禅大师与乾隆皇帝在热河度过的时间较长，因此，我们主要

① 《六世班禅白丹益喜传》（藏文），第 604 页。

② 僧人在寺庙中通过捐献财物而获得的上层地位，僧官的一种。

③ 见《六世班禅洛桑巴丹益希传》，第 307 页。

④ 见《六世班禅洛桑巴丹益希传》，第 323 页。

⑤ 见《六世班禅洛桑巴丹益希传》，第 324 页。

从第一、二次的会面来看二者之间的关系。

1. 第一次会面

班禅大师乘坐乾隆皇帝的御用轿子，经过护城河①，随从们下马徒步跟随大师的轿子进入避暑山庄的大门。依次经过许多门后到达乾隆寝宫门前，此时内卫说道："皇上有旨，大师无需下轿。"然而，大师见前方已是文殊大皇帝的内殿寝宫，便下轿，由六皇子和内宰大臣二人以及司膳堪布等随侍陪伴步行前行。

入殿后，在护卫、随从、大臣以及小国使节的围绕下，主客双方首次会晤，《六世班禅传》这样记载六世班禅和乾隆皇帝的首次会面的情景：

> 宫殿内，在护卫、随从、大臣和无数小国使者的簇拥下，供施双方首次相聚了。大师向文殊大皇帝献上内库哈达、鎏金铜佛像以及有珍宝装饰的珍珠项链等。在向皇帝致意准备跪拜时，皇上连忙握住大师的手用藏语说："喇嘛不用下跪。"（随后）大皇帝向大师献上一条洁白的长内库哈达，并问："喇嘛身体健康吗？长途跋涉是否顺心？"大师回答道："托文殊大皇帝的福，一路顺畅。在寒冷的地方觉得暖和，而在炎热的地方却觉得凉爽，一路没有任何疲惫之感。""那真是太高兴了②。"大皇帝握着大师的手，面对面地坐上殿内高处的一张大宝座上，相互交谈。③

这第一次的会面，与清顺治皇帝和五世达赖喇嘛的会面有着许多的不同。

---

① "ཕོ་བྲང་ཆེན་པོའི་ར་བ་ཆེན་པོའི་འཁྲིས་སུ་ཧུ་ཕྱུར་ས་ཁ་ཀ་ཀ་མི་རྣམས་ཀྱིས་རྟ་ལས་བབས།"《六世班禅白丹益喜传》（藏文），第929页。

② ཡི་ཁེ་བ་ཡར 为满语"大高兴"的意思。

③ 藏文原文为གཟིམས་ཚུང་ནང་མའི་འགག་དེར་འཁོར་ཚོགས་མདུན་ན་འདོན་རྒྱལ་སྲས་གྲངས་མེད་པས་བསྐོར་ཏེ་བཞུགས་འདུག་པར་མཆོད་ཡོན་རྣམ་གཉིས་ཐོག་མར་གསེར་ཞལ་ཅ་ཛོམ་འཕྲུལ་རྗེ་ཉིད་ནས་འཇམ་པའི་དབྱངས་གོང་མ་བདག་པོ་ཆེན་པོར་ནང་མཛོད་ཁ་བཏགས། སྐུ་བརྙན་ལི་མ། མུ་ཏིག་གི་ཤེལ་པ་རིན་པོ་ཆེའི་རྒྱན་ལྡན་བཅས་འབུལ་བ་མཛད། འཚམས་ཞུ་ཞུ་སྐབས་ཕྱག་འཛུགས་རྗེ་ཉིད་ཀྱི་ཕྱག་ནས་འཇུ་བ་གནང་སྟེ་བླ་མ་ཞབས་ཕྱག་འཛུགས་པ་མ་བཏང་ཞེས་བོད་སྐད་དུ་བཀའ་ཕེབས། གོང་མ་ཆེན་པོ་ནས་དགྱེས་གུས་ཆེན་པོས་རྗེ་ཉིད་ལ་ནང་མཛོད་ཁ་བཏགས་དྲི་མེད་དུ་རིང་བ་འབུལ་བ་གནང་སྟེ་བླ་མ་སྐུ་ཁམས་དྭངས་པོ་ཨེ་བྱུང་། ས་ཐག་རིང་པོའི་ཕེབས་ལམ་ལ་ཐུགས་སུན་པོ་བྱུང་ཡོད་འགྲོ་ཞེས་བཀའ་ཕེབས་པར། འཇམ་པའི་དབྱངས་གོང་མ་ཆེན་པོའི་ཐུགས་རྗེས་སྐྱོན་གཏན་ནས་མ་བྱུང་། ལམ་ཀྱང་དྲོད་ཆེ་ས་རྣམས་ལ་ནི་ཟྭ་པོ་བྱུང་། ཚ་བ་ཆེ་ས་རྣམས་ལ་བསིལ་པོ་བྱུང་བས་ངལ་དུབ་གང་ཡང་མ་བྱུང་ཞེས་ཞུ་བ་མཛད་པར། དགྱེས་པ་ཆེན་པོས་ཡི་ཁེ་བ་ཡར་ཞེས་བཀའ་ཕེབས་ཏེ་རྗེ་བླ་མ་མཆོག་ལ་གོང་མ་འདྲེན་པོ་རང་ནས་ཕྱག་འཁྲིལ་ཞུ་བ་གནང་སྟེ་གཟིམས་ཆུང་ཐུགས་མར་གསེར་ཁྲི་མཐོ་ཞིང་ཡངས་པ་གཅིག་གི་སྟེང་པན་ཚུན་ཞལ་སྤྲོད་ཀྱིས་བཞུགས་ཏེ་གསུང་གླེང་མཛད།《六世班禅白丹益喜传》（藏文），第929页。

在座次的排列上，清顺治皇帝在与五世达赖喇嘛行执手礼之后坐上御座，达赖喇嘛则坐在离御座一尺处的稍低座位上。“我下马步行，皇帝由御座起身相迎十步，握住我的手通过通司问安。之后，皇帝在齐腰高的御座上落座，令我在距他仅一尺远，稍低于御座的座位上落座。”① 而乾隆皇帝当时是站着迎接大师，并遵藏传佛教礼仪在双方互献哈达后，执大师手坐在同一宝座。在礼仪上，乾隆皇帝更显尊重藏传佛教礼节并以高规格的礼仪请大师入座。

茶端上来时，大皇帝对大师说：“大师请用茶。”同时端茶喝下。之后询问八世达赖喇嘛的近况等，与大师交谈：

> （大皇帝）问候了达赖喇嘛身体状况，并高兴地说：“班禅额尔德尼年龄几何？属相是什么？现正值我七十岁喜庆之时，喇嘛您乘兴而来，我心里很高兴。这对安多的佛法和众生非常有益，这里的人不分贵贱都对您的到来非常高兴。”大师夸赞了文殊菩萨大皇帝的功德并详细答复了问话。大皇帝对章嘉活佛说：“呼图克图，今天真是大喜庆啊！”章嘉活佛答道：“今天供施双方在您处相聚，天气好，因缘也好，真是与以往不一样的大喜庆。”②

饮茶完毕后，乾隆与大师二人以及少数几名随从陪伴向山庄里的宫殿及寺庙行去。来到山庄中心的花园，乾隆向大师提出请大师为山庄里的殿与寺庙赐福的要求。大师应允，并表示会认真细致地用受吉祥咒的青稞向各处赐福。③

---

① 五世达赖喇嘛阿旺洛桑嘉措：《五世达赖喇嘛传》，陈庆英、马连龙、马林译，北京：中国藏学出版社，2006 年，第 242 页。

② དེ་ནས་དྷ་ལའི་བླ་མའི་སྐུ་འི་འཚམས་འདྲི་གནང་རྗེས། པཎ་ཆེན་ཨེར་ཏེ་ནི་དགུང་ལོ་ཇི་ཙམ་དུ་ཕེབས། དགུང་སྐྱིད་གང་ཡིན། ངེད་དགུང་ལོ་བདུན་ཅུའི་བ་ཡར་ཆེན་པོའི་ཐོག བླ་མ་ཉིད་དགྱེས་བཞིན་དུ་ཕེབས་པ་ལ་ངེད་ཀྱི་སེམས་ལ་དགའ་སྤྲོ་ཆེན་པོ་བྱུང་། མདོ་སྨད་ཀྱི་བསྟན་པ་དང་སེམས་ཅན་ལ་ཡང་ཕན་པ་ཆེན་པོ་ཡོང་འདུག་ཕྱོགས་འདི་ཡི་སྐྱེ་བོ་མཆོག་དམན་ཐམས་ཅད་དགའ་སྤྲོ་ཆེན་པོ་བྱེད་འདུག་རྒྱལ་སོགས་ཐུགས་མཆོག་ཏུ་དགྱེས་པའི་བཀའ་ཞིབ་ཏུ་ཕེབས་པར། གོང་མ་ཆེན་པོ་རྗེ་བཙུན་འཇམ་དཔལ་དབྱངས་དངོས་ཡིན་རྒྱལ་སྲས་ཆེ་བའི་ཡོན་ཏན་ལས་བརྩམས་པའི་གསུང་བཤད་རྫོན་དུ་འགྲོ་བའི་ལན་རྒྱས་པར་འབུལ་བ་མཛད། གོང་མ་ཆེན་པོ་ནས་ལྕང་སྐྱ་རིན་པོ་ཆེར། ཧུ་ཐོག་ཐུ། དེ་རིང་བ་ཡར་ཆེན་པོ་བྱུང་ངོ་། ཞེས་ཕེབས་པར། དེ་རིང་སྐུ་ཞབས་མཆོད་ཡོན་གཉིས་ཞལ་འཛོམ་གནང་བར་གནམ་གཤིས་ཡག་པ་བཅས་རྟེན་འབྲེལ་ལེགས་ཤིང་བ་ཡར་ཆེན་པོ་གཞན་དང་མི་འདྲ་བ་བྱུང་ཞེས་ཞུ་བ་མཛད། 《六世班禅白丹益喜传》（藏文），第 933 页。

③ བླ་མ་འདི་ནས་ཡར་ལ་གཟིགས་རྟོག་གནང་དང་། སྙིང་བརྒྱུད་འདི་ཐམས་ཅད་ཀྱང་ལྷ་ཁང་དང་ངེད་རང་གི་འདུག་གནས་གཟིམས་ཆུང་ཡིན། འདི་རྣམས་ལ་ཡང་སྦྱིན་དམིགས་ཀྱི་ཕྱག་ནས་གནང་དགོས་ཕེབས་པ་བཞིན། སྦྱིན་དམིགས་གང་གཟབ་ཀྱི་སྒོ་ནས ཕྱག་ནས་ཡང་དག་པ་གནང་། 《六世班禅白丹益喜传》（藏文），第 934 页。

随后，一行人慢慢走到乾隆皇帝自己的寝殿，皇帝与班禅二人面对面坐在高处宽阔宝座的垫子上喝茶，互相交谈。《传记》中如是记载：

> 之后，渐行至一座尊胜不二的寝宫，供施双方面对面坐在殿内高处宽阔宝座的垫子上，接过侍者端来的茶，大皇帝表现出心里十分高兴，说："其实，只要自己真实发心祈愿，对与喇嘛见面或不见面（我）是没有分别的。但是今天与喇嘛您拜会，我心里非常高兴，这肯定是前世好因缘的显现。"互相高兴地谈话。①

谈话中，乾隆皇帝还将身上所戴的珍珠珠串、珍宝漆布帽和玉如意赐给了大师：

> 这时，大皇帝将身上戴着的装饰有奇异珍宝的每粒有核仁大小的上等珍珠串一串、顶端有大颗珍珠并由金子点缀的帽带由珍珠串成的黄绸漆布帽以及玉如意等赐给了大师。同时还说了，今天是好日子、有好因缘等等无尽的吉言。②

之后，乾隆皇帝送班禅大师至避暑山庄北门，并说将于明日拜会大师。大师出北门后，在章嘉活佛等的陪同下向承德须弥福寿庙行进。结束了乾隆皇帝与班禅大师的第一次会面。

2. 第二次会面

在避暑山庄结束了二人第一次的会面后，乾隆皇帝言明次日将到班禅大师驻锡的须弥福寿之庙登门拜会。乾隆皇帝在众臣的簇拥下乘坐昨日赐给班

---

① དེ་ནས་རིམ་གྱིས་ཕེབས་པ་ན་མཆོད་སྦྱིན་བརྒྱ་པའི་ཁང་བཟང་རྣམ་པར་རྒྱལ་བྱེད་དང་མི་གཉིས་པའི་གཟིམས་ཆུང་ཞིག་ཏུ་གསེར་ཁྲི་མཐོ་ཞིང་ཡངས་པ་བཤམས་པའི་སྟེང་མཆོད་ཡོན་གཉིས་ཞལ་སྤྲོད་ཀྱིས་བཞུགས་སྟན་འཛགས་པར་གསོལ་ཇ་བཏེག་གོང་མ་ཆེན་པོ་ཐུགས་ཤིན་ཏུ་དགྱེས་པའི་ཉམས་དང་བཅས། སྤྱིར་དོན་དམ་པ་ན་རང་གི་དང་བས་གསོལ་བ་བཏབ་བྱིན། བླ་མ་དངོས་སུ་མཇལ་བ་དང་མ་མཇལ་བ་ལ་དབྱེ་བ་མེད་ཀྱང་། དེ་རིང་བླ་མ་ཉིད་དང་མཇལ་བ་ནི་ངེད་ཀྱི་སེམས་ཤིན་ཏུ་དགའ། ངེས་པར་སྔོན་གྱི་སྨོན་ལམ་བཟང་པོའི་འབྲེལ་བ་ཡོད་པའི་རྟགས་སུ་སྣང་། ཞེས་ཕེབས་ཏེ། ཕན་ཚུན་ཐུགས་མཆོག་ཏུ་དགྱེས་པའི་གསུང་གླེང་འཕེལ།《六世班禅白丹益喜传》（藏文），第 934 页。

② སྐབས་འདིར་གོང་མ་ཆེན་པོའི་སྐུ་ལ་བཞེས་པའི་རིན་ཐང་བྲལ་བའི་མུ་ཏིག་སྦྲུས་ལེགས་ཁམ་ཆོག་ཙམ་གྱི་མགུལ་ཕྲེང་རིན་པོ་ཆེའི་རྒྱན་ལྡན་ངོ་མཚར་རྣད་དུ་བྱུང་བ་གཅིག གོས་སེར་མཉམས་བཏགས་ཀྱི་དབུ་ཞྭ་བསེ་ཐེབ་གཟུགས་མུ་ཏིག་ཏོག་ཤིན་ཏུ་ཆེ་བའི་ཏོག་གསེར་ཕོམ་ཅན་དང་མདུན་རྟགས་སུ་མུ་ཏིག་ཆེ་ལེགས་ཀྱི་མཛེས་པ། གཡང་ཏིའི་ཡིད་བཞིན་འགྱུགས་པའི་ལྕུགས་ཀྱུ་རྣམས་རྗེ་ཉིད་ལ་འབུལ་གནང་དང་ཆབས་ཅིག་དེ་རིང་ཉི་མ་བཟང་ཞིང་རྟེན་འབྲེལ་ལེགས་རྒྱལ་ལ་སོགས་པའི་ཐུགས་རྗེ་ཟླ་མཐའ་མེད་པས་ཐུགས་མཆོག་ཏུ་དགྱེས་པའི་གསེར་གྱི་བཀའ་བཟང་པོ་བསམ་གྱིས་མི་ཁྱབ་པ་བསྩལ།《六世班禅白丹益喜传》（藏文），第 934 页。

禅大师乘的御轿来到热河的须弥福寿庙。当时，大师与六皇子、章嘉活佛、和大臣、驻藏大臣将军伯①、留大臣②以及随从等恭候在庙正门外的石阶上。乾隆皇帝一见到班禅大师便下轿上前致意：

> （大师等）在正门外的石阶上迎接，大皇帝一看见大师便匆忙下轿，上前行礼并用藏语说：“喇嘛身体安康。”并献上一条见面内库哈达。大师也向大皇帝献上见面哈达。③

二者一前一后乘轿进入寺内。“皇帝让班禅上轿，班禅先乘轿来到大经堂，皇帝随后驾临。在‘总持佛境’佛殿中间的经堂里供施双方向珍宝如来佛恭礼，广发弘法利民之宏愿。然后，皇帝莅临东宫，班禅大师莅临吉祥法喜殿，供养皇帝食品。所布食品有汉俗的茶、果品、糌粑、欢喜团（加有许多香料的食品）、酒及藏俗食品、各种水果。尔后，在吉祥法喜殿外殿的同一个宝座上④就座，供施双方满脸高兴地相互交谈⑤。”⑥

互送礼物之后，章嘉活佛等十名喇嘛跪拜在供施双方面前。章嘉活佛带头领诵请求大师授予智慧、佛法等的诵词。此时乾隆皇帝接过内大臣们送上的供品，敬献给班禅大师。首先是一尊佛像，大师接过所呈献的佛像并撒吉祥青稞。之后所献是语所依金字经书和珍珠装饰的意所依尊胜等身佛塔。接

---

① 藏文原文为：“ཏོར་གེ་ཨམ་བན་ཅང་ཧྲན་ཛྱ་ཨམ་བན 见《六世班禅白丹益喜传》（藏文），第942页。“ཏོར་གེ”，译为“顶蕊”是对满清武官顶戴的描绘。据考，此人为西安将军、诚毅伯伍弥泰。“伍弥泰，蒙古正黄旗人，姓伍弥氏。……（乾隆）四十一年，十二月，调西安将军。……（乾隆）四十五年九月，（伍弥泰）奉旨照料班禅额尔德尼进京，赐紫禁城骑马。”见《清史列传》，北京：中华书局，1987年，卷21，第1571页。

② 此人为留保住。乾隆四十一年任驻藏大臣，四十四年护送班禅额尔德尼进京。

③ རྒྱལ་སྒོའི་ཕྱི་རོལ་རྡོ་སྐས་བབས་མཚམས་སུ་ཕེབས་བསུར་བཅར་ཏེ་བཞུགས་པར་གོང་མ་ཆེན་པོ་ནས་རྗེ་བླ་མ་མཆོག་གཟིགས་མ་ཐག་ཕེབས་ཐྲམས་ལས་གཞོལ་ཏེ་རིངས་པའི་ཚུལ་གྱིས་ཕེབས་ནས་ཕྱག་ཞེབས་བཀྲུངས་ཏེ་བོད་སྐད་ཀྱིས་བླ་མ་སྐུ་དྭངས་པོ་ཞེས་འཚམས་ཞུ་དང་བཅས་ནང་མཛོད་ཀྱི་མཇལ་དར་ཞིག་འབུལ་བ་གནང་ཞིང་། རྗེ་བླ་མ་མཆོག་ནས་ཀྱང་ནང་མཛོད་ཀྱི་མཇལ་དར་འབུལ་གནང་གིས་སྐུའི་འཚམས་ཞུ་གནང་།《六世班禅白丹益喜传》（藏文），第942页。

④ 原译为“吉祥法喜殿殿内的宝座上就座”，根据藏文原文“དེ་རྗེས་བཀྲ་ཤིས་ཆོས་དགའི་གཟིམས་ཆུང་མདོར་ཕེབས་ཏེ་ཁྲི་གཅིག་གི་སྟེང་མཆོད་ཡོན་གཉིས་ཕབ་ཚུན་ཞལ་སྤྲོད་ཀྱི་ཚུལ་དུ་གསེར་ཞལ་ལྷན་རྒྱས་པ་མཛད།”应译为此。见《六世班禅白丹益喜传》（藏文），第942页。

⑤ 按藏文“དེ་རྗེས་བཀྲ་ཤིས་ཆོས་དགའི་གཟིམས་ཆུང་མདོར་ཕེབས་ཏེ་ཁྲི་གཅིག་གི་སྟེང་མཆོད་ཡོན་གཉིས་ཕན་ཚུན་ཞལ་སྤྲོད་ཀྱི་ཚུལ་དུ་གསེར་ཞལ་ལྷན་རྒྱས་པ་མཛད།”改译。见《六世班禅白丹益喜传》（藏文），第942页。

⑥ 《六世班禅洛桑巴丹益希传》，第478页。

着，皇帝向大师献上大约用二百两黄金制成的极乐世界坛城，坛城周围有拇指般大小的珊瑚和珍珠围绕，中心用松石做成的莲花叶状点缀并挂有五色哈达的经柱。尔后是吉祥八宝，在向大师呈献这些吉祥物品时，章嘉活佛领诵完一句，皇帝就从章嘉活佛手里接过物品呈献给大师手里。领诵完后，乾隆皇帝还向大师献上各种绸缎六十匹、极品红棉布十匹、极品黄棉布十匹、上等黄香料一百捆，装满药的袋子以及瓷碟十个等繁多供品。并向大师诵长寿吉言。①

在之后的宴席上，乾隆皇帝亲手向班禅大师敬茶。《传记》中有着如下记载：

> 大皇帝的司膳额驸公的弟弟②、大师的司膳堪布同时各自分别向大皇帝和班禅大师奉茶。大皇帝对司膳堪布说“把喇嘛的茶碗递给我”。司膳堪布把茶碗递到大皇帝手上。大皇帝很高兴地将茶敬到大师手里。大师也从大臣福六爷的手里拿过茶碗，高兴地呈献给大皇帝。大皇帝让大师先喝茶，大师让大皇帝先用茶，供施双方非常高兴地同时喝了茶。③

在询问了大师一路旅途和六皇子迎接的情况后，乾隆皇帝提出向大师学习佛法、授予加持的请求。

> 我多年来从章嘉呼图克图学习少量佛法，然而佛法如大海般浩瀚深广，况且我国政等世间事务繁多没有空闲，故而对呼图克图所授之禅定等佛法虽尽力学习仍不能领悟。近来我的福田施主见面的

① 《六世班禅洛桑巴丹益希传》，第943—945页。

② 此处应为“福长安”。乾隆四十五年左右官衔为：总管内务大臣、正红旗满洲副都院、工部右侍郎（署）、军机大臣、户部右侍郎管理钱法事务、紫禁城骑马。

③ གོང་མ་ཆེན་པོའི་གསོལ་དཔོན་ཨེ་ཕུ་གུང་གི་གཅུང་ནས་གོང་མ་ཆེན་པོའི་གསོལ་ཇ་དང་གསོལ་དཔོན་གངས་ཅན་མཁན་པོས་རྗེ་བླ་མ་མཆོག་གི་གསོལ་ཇ་འབུལ་མཉམ་ཉིས་བཏག་པར། གོང་མ་ཆེན་པོ་ནས་བླ་མའི་ཞལ་དཀར་དེད་ལ་ལྷ་ཡེར་ཇོག་གི་བཀའ་ཕྱུང་བར་གསོལ་དཔོན་གྱིས་གསོལ་ཇ་ཞལ་དཀར་གོང་མ་ཆེན་པོའི་ཕྱག་ཏུ་ཕུལ་བར། གོང་མ་ཆེན་པོ་ནས་ཐུགས་ཤིན་ཏུ་དགྱེས་པའི་ཚུལ་གྱིས་རྗེ་བླ་མ་མཆོག་གི་ཕྱག་ཏུ་བསྩལ། རྗེ་བླ་མ་མཆོག་ནས་ཀྱང་སྐུ་བཙར་ཨམ་བན་ཆེན་པོ་ཕུ་ལིའུ་ཡེའི་ཕྱག་ནས་གསོལ་ཇ་ཞལ་དཀར་བཞེས་ཏེ། འཇམ་དབྱངས་གོང་མ་ཆེན་པོའི་ཕྱག་ཏུ་དགྱེས་གུས་ཆེན་པོས་འབུལ་བ་གནང་། གོང་མ་ཆེན་པོ་ཏས་རྗེ་བླ་མ་མཆོག་ལ་སྔོན་ལ་གསོལ་ཇ་མཆོད་གནང་ཞིང་། རྗེ་བླ་མ་མཆོག་ནས་གོང་མ་ཆེན་པོར་སྔོན་ལ་མཆོད་ཞུ་བ་གནང་བ་སོགས་མཆོད་ཡོན་གཉིས་ཐུགས་ཤིན་ཏུ་དགྱེས་པའི་ཚུལ་གྱིས་གསོལ་ཇ་ཡང་མཆོད་མཉམ་གནང་། 见《六世班禅白丹益喜传》（藏文），第946页。

美好夙愿和发心均已成熟，所以想请您传授佛法并给予加持。①

并说：

> 我之前不懂口语，因为喇嘛您马上要来到而努力从呼图克图那里学习了重要的口语，不是很流利。一些教法词语的细微之处呼图克图将会替我翻译。②

大师欣然同意，并高兴地与乾隆皇帝谈论有关的话题。

宴席结束后，乾隆皇帝回宫。但坚持不要大师相送，仅要大师派内仆送出寺外。“大皇帝对大师说：‘大师送我至殿外即可，不要继续相送。派管家内仆、近侍和侍从等送我到迎接时的庙门前就行了。’”③ 至此，乾隆皇帝与班禅大师的第二次会面圆满结束。

从两次见面时的行为互动来看，乾隆皇帝对待六世班禅大师的礼仪，随该次会面所包含的意义的不同而不同。特别是第二次的会面，乾隆皇帝对大师提出了学习佛法的请求，因此两者间的互动还包含了一层奠定未来师徒关系的意思。

三、二者在北京时的互动

六世班禅大师在北京时，与乾隆皇帝直接相关联的活动中有两件非常有

① ངས་སོ་མང་པོར་ལྷུང་སྐྱ་དུ་ཐོག་ཐུ་ལས་ཆོས་ཅུང་ཟད་བསླབས་པ་ཡིན་ཀྱང་སངས་རྒྱས་ཀྱི་ཆོས་འདི་རྒྱ་མཚོ་ལྟར་ཟབ་ལ་རྒྱ་ཆེ་ཞིང་། ངེད་ནས་རྒྱལ་སྲིད་ཀྱི་ལས་དོན་ས་སྟེང་གི་དོན་དག་ཐམས་ཅད་བྱེད་དགོས་པས་ཡོང་སྐབས་མེད་པའི་སྟབས་ཀྱིས་ཧུ་ཐོག་ཐུ་ནས་བསླབས་པའི་ཆོས་རྣམས་ལ་བསྒོམ་པའི་རྟོགས་པ་སྐྱེས་ཐུབ་ཀྱང་། རེས་རེས་བྱེད་པའི་སྐབས་ན་ཡོད། ད་ལམ་རང་རེ་མཆོད་ཡོན་དངོས་ཀྱིས་མཇལ་བ་འདི་སྔོན་གྱི་སྨོན་ལམ་དང་ཐུགས་བསྐྱེད་ས་འབྲེལ་བཟང་པོ་ངེས་པར་སྨིན་པའི་དུས་ལ་བབས་པ་ཡིན་འདུག་པས་ངེད་ནས་བླ་མ་ཉིད་ལ་ཆོས་དང་རྗེས་གནང་མང་པོ་ཞུ་རྒྱུ་ཡིན།《六世班禅白丹益喜传》（藏文），第 947 页。

② ངེད་ནས་སྔར་བོད་ཀྱི་ཕལ་སྐད་མི་ཤེས་ཀྱང་བླ་མ་ཉིད་ཕེབས་རྒྱུར་འཕྲལ་དུ་ཧུ་ཐོག་ཐུ་ལ་ཉེ་བ་མཁོ་བའི་ཕལ་སྐད་གང་ཟིན་འབད་རྩོལ་གྱིས་བསླབས་པ་ཡིན་ནའང་བྱང་པོ་མི་འདུག་ཆོས་ཀྱི་གནད་ལྷ་མོ་རྣམས་ཧུ་ཐོག་ཐུས་ལོ་ཙཱ་བྱས་ནས་བསྒྱུར་ཆོག《六世班禅白丹益喜传》（藏文），第 948 页。

③ གོང་མ་ཆེན་པོ་ཕོ་བྲང་ནང་ལ་ཞབས་སོར་བཀོད་པར་དོན་མ་ཆེན་པོ་ནས་རྗེ་བླ་མ་མཆོག་ལ་ཕེབས་སྐྱེལ་དུ་གཟིམས་ཚུང་འགག་ལ་གཏན་ནས་མ་ཕེབས་པ་དགོས་ཚུལ་ཞུ་བ་གནང་བ་བཞིན་མཛད། ཞབས་ཕྱི་ནང་འཁོར་དང་དྲུང་གྲས། ནང་གཟན་སོགས་ཕེབས་བསུ་ནང་ལྟར་གྱི་དགོན་པའི་མདུན་སྒོ་ངོས་ཀྱི་སར་ཕེབས་སྐྱེལ་དུ་གཏོང་བ་གནང་།《六世班禅白丹益喜传》（藏文），第 948 页。

意思。一是第一次在北京与乾隆皇帝见面的时间；另一是在紫禁城的宁寿宫向乾隆皇帝传法。

当六世班禅从热河启程前往北京时，乾隆皇帝并未一同回京，这位皇帝去了清西陵祭拜，而六世班禅大师则由一些大臣和六皇子陪同先行。在汉文记录中，一般将六世班禅与乾隆皇帝在昭庙的会晤视为他们第一次于北京相会，并且按昭庙的碑记所刻，当时六世班禅在昭庙迎接乾隆皇帝回朝。然而，他们在北京的第一次相聚地点其实并非香山的昭庙，而是京郊南苑。

乾隆皇帝七十寿诞后十天，皇帝率众来到须弥福寿庙。与大师相谈时，乾隆皇帝请大师到京城后能为各处的佛殿及宫殿加持，并打算在大师生辰之日大庆三日。同时，为了求授佛法还邀请大师入宫小住。在表达完邀请之情后，乾隆皇帝又表示自己不能一同与大师启程回京，因要祭奠先人是故三日后要去往东郊皇陵。请大师先行至京师，等祭奠之后再与其在京城相聚。皇帝说："大师此次驾临大国，要观看内宫、佛殿、圆明园、万寿山、香山午园林宫殿及诸佛殿，要于旃檀佛及雍和宫诵经祈愿，要为香山佛殿塔开光。喇嘛生日之时，要表演戏剧及各种游戏，大庆三日，各位皇子王臣要布宴款待，文殊大皇帝朕要请授佛法，邀请（您）到皇宫内室居住会谈。文殊大皇帝朕在喇嘛走后三日于此居住，尔后往驾东陵祭祀皇父后①，于北京皇宫前面称为'夏噶之苑'的园林内为供施双方相聚而修建的'海子'（ཧས་ཚོ）②殿会面。③"

班禅大师到达北京后，驻锡在黄寺。黄寺原为五世达赖喇嘛入京觐见时顺治皇帝为其建的驻地。原分东西两部分，现只剩西黄寺至今保存完好。大师到达后的第二天，便在六皇子、章嘉呼图克图及大臣的陪同下游历圆明园、祭供园中的寺庙。为了初九日能遵照乾隆皇帝的安排与其见面，初八日班禅大师就在六皇子、章嘉国师等的陪同下来到紫禁城南面的园林"夏噶"，并

---

① 《六世班禅洛桑巴丹益希传》，第 510 页。

② 据《伍弥泰等奏报随同阿哥照料班禅游览圆明园等处并安置照护属下人等情形折》载"乾隆四十五年九月初七：初六日，班禅额尔德尼已回黄寺，初九日前往海子亦将如此办理，奴才等随同阿哥照料。为此一并奏闻。（军机处满文录副奏折）"见中国第一历史档案馆、中国藏学研究中心合编：《六世班禅朝觐档案选编》，北京：中国藏学出版社，1996 年，第 277 页。

③ པའི་ཅིང་པོ་བྲང་གི་མདུན་ངོས་ཤར་ཁའི་ར་བ་ཞེས་པའི་སྐྱིད་མོས་ཚལ་གྱི་ནང་ཧས་ཚོ་ཞེས་པའི་གཟིམས་ཆུང་གསར་བསྐྲུན་གྱིས་བཞུགས་གནས་ཀྱི་སྒྲིག་ཡོད་པར་མཆོད་ཡོན་གཉིས་རང་མཇལ་འཛོམས་གནང་རྒྱུ་ཡིན་ཚུལ་སོགས་སྙན་གསན་གྱི་ཚུལ་དུ་རྒྱ་མཚན་རྣམས་ཞིབ་རྒྱས་ཞུ་བ་གནང་། 见《六世班禅白丹益喜传》（藏文），第 1016 页。

为园林内的寺庙献供。之后驻锡在园林内为班禅大师新建的寝殿内。

> 八日，大师在皇子、章嘉活佛等内喇嘛以及负责接待的大臣等皇帝的亲信们的陪同下，与司膳师等内侍、执事和亲信随从们一起从黄寺出发。……出称为“前门”的大集市附近的正阳门，亲临称为“夏噶”① 园林内的永慕寺②。大师向寺庙做了献供以及法事。……之后启程到（经堂）不远处比较宽阔的地方为大师而来新修的寝殿。③
>
> 九日，乾隆皇帝从东陵出发于上午巳时（蛇时）临近园林“夏噶”。大师与六皇子、梭本堪布等在所驻之殿的回廊里等候。内仆和大臣们等在较远处跪膝恭迎皇帝，主仆见面后每人向皇帝献上一条哈达，皇帝给予回赐。供施双方在寝殿门廊处相见，互献礼物，长时间谈话。④
>
> 十日，大师亲临（园内）皇帝各殿，为各宝座献上哈达并真诚祈祷献上吉言。之后，大皇帝要去称为“西陵”的母亲皇太后的陵

---

① 根据浦南吉尔的口述，该地点距黄寺大约有八里左右，为皇家园林。“当他在距离赛瓦拉哈苏玛乌（Sewarah Soommaw，即黄寺）八里远的一座皇帝的宫殿中稍事休息时，收到皇帝的消息。”见塞缪尔・特纳：《西藏扎什伦布寺访问记》，苏发祥、沈桂萍译，拉萨：西藏人民出版社，2004 年，第 330 页。因为当时是由 Turner 译浦南吉尔的口述，所以所用距离丈量单位应为英里，大约离黄寺 30 里远。又因前述此处名为海子，则推测该园林即指位于北京城南方永定门外二十里的皇家园林——南苑，又称南海子。

② “（旧衙门西）永慕寺，康熙三十年建，乾隆二十九年重修，……永慕建康熙，孝庄虔祝釐。”见于敏中等：《日下旧闻考》，北京：北京古籍出版社，2003 年，第 1246 页。

③ ཆོས་བརྒྱད་ཀྱི་ཉིན་རྗེ་བླ་མ་མཆོག་ཞབས་ཕྱིར་ལྷ་སྲས་ཆེན་པོ། རྗེ་ལྕང་སྐྱ་རིན་པོ་ཆེ་སོགས་ནང་གི་བླ་མ་འགའ་དང་། སྣེ་ཤན་ཨམ་བན་གཉིས་སོགས་གོང་མའི་མི་དྲག་རྣམས་དང་། གསོལ་དཔོན་གངས་ཅན་མཁན་པོ་སོགས་ནང་མ། ལས་ཚན་པ། དྲུང་འཁོར་གྱི་ཚོགས་དང་བཅས་ལྷ་ཁང་སེར་པོ་ནས་གཏེག ཆན་མིན་ཞེས་པའི་ཚོང་འདུས་ཆེན་པོ་དང་ཉེ་བཅི་ས་བརྒྱུད། ཀྱང་ཡི་མིན་ཞེས་པའི་རྒྱལ་སྒོ་ཐོན་པ་ན་ཤར་ཀ་ཞེས་པའི་སྐྱིད་མོས་ཚལ་གྱི་ཡུང་མོ་ཟི་ཞེས་པའི་ལྷ་ཁང་དུ་ཞབས་ཟུང་བཀོད། བླ་སྤྱི་ནས་དངོས་འབྱོར་དང་ཞབས་ཏོག་བསྟར། ཕྱག་དབང་འདོད་ཆོས་བསྩལ། དེ་ནས་ཆིབས་ཁ་བསྒྱུར་ཏེ་མི་རིང་བའི་ས་ཆར་གོང་མ་ཆེན་པོའི་གཟིམས་ཁང་གི་ཉེ་འདབས་སུ་རྗེ་ཉིད་ལ་གཟིམས་ཆུང་རྒྱ་ཕྱོན་ཆེ་ཙམ་གསར་བསྐྲུན་མཛད་འདུག་པ་དེར་ཕེབས། 《六世班禅白丹益喜传》（藏文），第 1030—1031 页。

④ ཆོས་དགུའི་ཉིན་འཇམ་དབྱངས་གོང་མ་ཆེན་པོ་ཤར་ཕྱོགས་ཧོང་ལིང་ནས་ཆིབས་བསྒྱུར་ཏེ་ཉི་དྲོས་སྦྲུལ་གྱི་ཐོག་མཆོད་ཡོན་རྣམ་གཉིས་གསེར་ཞལ་མཇལ་འཛོམ་གནང་རྒྱུར་གོང་མ་ཆེན་པོ་ཕེབས་ཉེ་བ་ན་རྗེ་བླ་མ་མཆོག་ཞབས་ཕྱིར་ལྷ་སྲས་ཆེན་པོ་དང་གསོལ་དཔོན་མཁན་པོ་བཅས་གཟིམས་ཆུང་བར་ཁྱམས་སུ་བཞུགས། ནང་འཁོར་ཕྱིངས་ཨམ་བན་རྣམས་དང་བཅས་ཏེ་རྒྱང་རིང་ཙམ་ནས་པུས་འཛུགས་དང་ཕེབས་བསུ་ཞུས་ཏེ་ནང་འཁོར་རྣམས་ནས་མཇལ་དར་རེ་ཕུལ་བ་ཕྱིར་སྡོག་ཏུ་བསྩལ་ཅིང་། དེ་ནས་གཟིམས་ཆུང་འགག་ཏུ་མཆོད་ཡོན་རྣམ་གཉིས་ཞབས་ཟུང་བཀོད། ཕན་ཚུན་སྐྱེས་འབུལ་རེས་དང་གསུང་གླེང་ཡུན་རིང་དུ་མཛད། 《六世班禅白丹益喜传》（藏文），第 1032 页。

寝叩拜，大师经来路返回抵达黄寺。①

这是《传记》中对班禅大师与乾隆皇帝第一次在北京相见时的描述。准确地说是班禅大师在北京城外与乾隆皇帝于南苑见面，而乾隆皇帝当时按例在东陵祭拜完前往西陵祭拜中途驻南苑行宫休憩。从礼制上来说，这是一次非正式的会面，就连当时在南苑见面的地点都选在班禅驻殿之外，无应有的旗、幢礼制队伍相迎。这与当年顺治皇帝在北京南苑的旧宫“按以前的诸典籍所载，以田猎的名义前来迎接”五世达赖喇嘛进京②，可谓历史重演。只不过，当年与五世达赖喇嘛会面后，一同入京。而此次，是六世班禅大师从京城驻地出外会面后自返京，而乾隆皇帝则另开拔往西陵寝祭拜。乾隆皇帝这样的安排，与其说是有意效仿顺治皇帝的迎接礼制，不如说是在重复历史的基础上更进一步向外界显示此次六世班禅入京的自动与自愿。然而，这毕竟是一次非正式的会晤，考虑到礼制等限制，乾隆皇帝于香山安排了一次正式的具有宗教意义的见面仪式：班禅大师在香山昭庙迎皇驾。

据《永瑢奏遵旨备办班禅于香山昭庙开光讽经事宜片》所载：

> （乾隆四十五年九月十七日）……钦命十八日始在昭庙诵经，十九日班禅额尔德尼于昭庙迎驾，开光讽经，逾三日事毕，二十一日班禅额尔德尼返回黄寺。……③

这是六皇子永瑢遵旨请六世班禅大师在香山为昭庙开光及迎皇驾的答复奏书。在六皇子等的陪同下，班禅大师于十五日就已从黄寺启程前往万寿山和香山，且为昭庙开光的计划在启程时就已准备下。在《传记》中如是写道：

---

① ཚེས་བཅུའི་ཉིན་ཕེབས་ཞོར་ལ་གོང་མའི་གཟིམས་ཆུང་རྣམས་སུ་ཞབས་སར་བཀོད་ནས་བཞུགས་ཁྲི་སོ་སོར་ཕྱག་བདར་གྱི་ལྷ་རྫས་རེ་ཕུལ་ཏེ་ཤིས་བརྗོད་དང་བཅས་པའི་མེ་ཏོག་འཐོར་གནང་གིས་ཐུགས་སྨོན་གྱི་འཚམས་སྦྱོར་ཡང་དག་གནང་། དེ་ནས་གོང་མ་ཆེན་པོ་ཤེས་ལིང་ཞེས་པའི་སར་ཡུམ་རྟང་ཐའི་ཏུ་ཆེན་མོའི་སྐུ་གདུང་ལ་ཕྱག་འཚལ་དུ་ཕེབས་ཤིང་། རྗེ་བླ་མ་མཆོག་སླར་ཡང་སྔོན་གྱི་ཕེབས་ལམ་བརྒྱུད་ལྷ་ཁང་སེར་པོར་ཞབས་སྐྱེལ་བཀོད།《六世班禅白丹益喜传》（藏文），第 1032 页。

② 《五世达赖喇嘛传》，第 242、253 页注释 8。

③ 《六世班禅朝觐档案选编》，第 277 页。

> 十五日，大师与六皇子、章嘉国师、大臣、随从等启程前往西边的万寿山和香山园林。大师受邀为园林里途经的各寺庙和宫殿加持，尤其要为香山的昭庙中的众佛像和僧人授予加持，并为该寺以大威德护法的方式举行为期三日的开光仪式。①

此时，大师《传记》中并未提及要迎接从西陵归来的乾隆皇帝，显然对于乾隆皇帝所安排的这次迎驾仪式，班禅大师方面并没有特别的准备，反而是法事活动成为此次前往香山昭庙的主要目的。正如之前乾隆皇帝在热河向大师说过的那样，他们在北京的第一次见面是京城南面的园林，对于这次的昭庙相见，只是帝王参加法事活动的安排。而一些学者却认为，乾隆皇帝与大师在昭庙的相见是二者在北京的第一次会晤，并且还隐含着大师于昭庙举行法事活动特意迎接君王的深意。

刻意的安排蕴含着乾隆皇帝的执政权术。分阶段地迎请大师至京师，又分两次安排京郊相聚。这些行事最终目的，就是要在不引起班禅大师反感的前提下，用具有象征意义的行为向外界宣告班禅大师对乾隆这一帝王的臣服。不但在政治上表现出藏地佛教对清廷的服从，更在宗教上表现出佛法对清帝乾隆的自动护佑与加持。乾隆皇帝的安排得到了令人满意的效果，为了让自己流芳百世，用文字永久固定下这一情势就成为了当然之选。

之后，经历了一些宫廷及佛事活动，六世班禅大师与乾隆皇帝之间的互动，在大师向帝王传法时达到了顶峰。

早在乾隆皇帝与大师于热河第二次会面时，这位皇帝已提出向六世班禅大师学法的意愿。当他们来到北京这一帝都后，皇帝与大师就在紫禁城中实现了师徒关系。向帝王传法的记录，在汉文史料中没有被发现，藏文文献中的记载内容填补了这一空白。

在翻阅了《传记》相关内容后，发现所记录的六世班禅向乾隆皇帝传授佛法（密法）事件是发生在北京的皇宫内廷：

---

① ཚེས་བཅོ་ལྔའི་ཉིན་རྗེ་བླ་མ་མཆོག་ལྷ་སྲས་དྲུག་པ། ལྕང་སྐྱ་རྡོ་རྗེ་འཆང་། ཡམ་བན་དག་ཞམ་རིང་བ་སོགས་སྐོར་འཁོར་རྣམས་ནུབ་ཕྱོགས་ཀྱི་སྐྱིད་མོས་ཚལ་ཝན་ཤུའུ་ཤན་དང་ཤང་ཤན་བཅས་ཀྱི་ལྷ་ཁང་དང་ཕོ་བྲང་གཟིམས་ཆུང་ཁག་ལ་ཞབས་སོར་བཀོད་དེ་ཕྱག་ནས། ལྷག་པར་ཤང་ཤན་གྱི་ལྷ་སའི་འདུ་ཁྱོག་གཙུག་ལག་ཁང་ཆེན་དང་བརྟེན་པར་བཅས་པ་རྣམས་ལ་ཉིན་གསུམ་གྱི་རིང་འཇིགས་བྱེད་ལ་བརྟེན་པའི་རབ་གནས་བཅས་གནང་རྒྱུར་སྤྱན་དྲངས་པ་བཞིན་ཆིབས་ཁ་བསྒྱུར་བར་ལམ་བཅོས་དང་།《六世班禅白丹益喜传》（藏文），第 1041 页。

> 二十七日黎明，……大师、随行的皇子、札萨克喇嘛格勒南喀及司膳堪布等先莅临讲法之地——宁寿宫（གཡིང་ཤུགས་ཀུང）① 的寝殿，聚集起展放在大威德和六臂护法等刻画的各佛像前的供品施食等供养。大师完成自现等仪式。经皇子邀请，皇帝到达，双方互献哈达、互相致意。而后，大皇帝献金坛城，大师为其赐修念加持并讲授《迅捷智慧六臂勇保护法随许法》。章嘉活佛将内容译成蒙文。……②

这里的“讲法之地——宁寿宫（གཡིང་ཤུགས་ཀུང）”并非六世班禅大师第一次莅临。在《传记》之前的内容中，六世班禅大师由皇子陪同第一次进入皇宫大内，参观的第一站便是宁寿宫。由于宫名是藏文按音译拼写而成，之前其名也被记录为“ཡིད་ཤུ་ཀུང”③。根据《日下旧闻考》中所记，宁寿宫是为乾隆皇帝 85 岁归政成为太上皇时修葺的居所，整个宫群于乾隆四十四年方修葺完毕。④ 因是特为乾隆所修，于是《传记》就把宁寿宫直接称为“皇帝的寝宫”了。⑤ 在英文史料中，又将该宫称为“皇后”宫。追其缘由，大概是宫群中最后一宫的景福宫曾为乾隆皇祖（即康熙）奉孝惠皇太后的居所，以此

---

① 根据《内务府御茶膳房赏用行文底档》中所记，十月二十七日班禅额尔德尼在宁寿宫念经：“《御茶膳房记宁寿宫念经日赏班禅等饭食》：乾隆四十五年十月二十五日，太监厄禄里传：十月二十七日宁寿宫念经，赏班禅额尔德尼、胡土克图等饭食。钦此。”见《六世班禅朝觐档案选编》，第 300 页。

② ཚེས་ཉེར་བདུན་གྱི་ཐོ་རངས…… རྗེ་བླ་མ་མཆོག གསོལ་དཔོན་མཁན་པོ་དང་བཅས་བཀའ་ཆོས་གནང་ཡུལ་གྱི་ཕོ་བྲང་གཡིང་ཤུགས་ཀུང་གི་གཟིམས་ཆུང་དུ་ཕྱོན་ལ་ཞབས་སོར་བཀོད་དེ་འཇིགས་བྱེད་དང་མགོན་པོ་ཕྱག་དྲུག་པའི་བྲིས་འབུར་གྱི་སྣང་བརྙན་རྣམས་བཀྲམ་པའི་མདུན་དུ་མཆོད་གཏོར་ཉེར་སྤྱོད་ལ་སོགས་པ་འདུ་བགྱིས་ཏེ་རྗེ་བླ་མ་མཆོག་ནས་བདག་མདུན་སོགས་བསྐྱབ་པ་གནང་། ལྷ་སྲས་ཆེན་པོ་ནས་སྤྱན་འདྲེན་མཛད་དེ། གོང་མ་ཆེན་པོ་ཕེབས་ནས་མཇལ་དར་རྗེ་སྤྲོད་ཀྱིས་ཕན་ཚུན་སྐུའི་འཚམས་ཞུ་རེས་གནང་། དེ་ནས་གོང་མ་བདག་པོ་ཆེན་པོ་ནས་གསེར་གྱི་མཎྜལ་ཕུལ་ཏེ་རྗེ་བླ་མ་མཆོག་ནས་མྱུར་མཛད་ཡེ་ཤེས་ཀྱི་མགོན་པོ་ཕྱག་དྲུག་པའི་རྗེས་གནང་གཟབ་བཤད་དང་བཅས་བསྩལ་བ་ལྕང་སྐྱ་རིན་པོ་ཆེ་ནས་སོག་སྐད་དུ་བསྒྱུར་ཏེ་ཞུ་བར་མཛད། 《六世班禅白丹益喜传》（藏文），第 1072、1073 页。

③ “尔后，进入内宫正门半丈处，从这开始皇子和章嘉执金刚等徒步而行。大怙主（六世班禅——译者）则乘轿由内里的太监们抬着到称为‘宁寿宫’的大皇帝寝宫和寺庙，在无数有威光的身语意所依的佛像前磕头……”《六世班禅白丹益喜传》（藏文），第 1035 页。藏文原文为：དེ་ནས་རྒྱང་གྲགས་ཕྱེད་ལྷག་ཙམ་གྱི་སར་ཕོ་བྲང་ནང་མའི་རྒྱལ་སྒོ་འདུག་པ་དེའི་འགག་ཏུ་ལྷ་སྲས་དང་། ལྕང་སྐྱ་རྡོ་རྗེ་འཆང་བཅས་ཞབས་ཐང་གིས་ཕེབས། སྐྱབས་མགོན་ཆེན་པོ་ཕེབས་ཁྱམས་ཀྱི་ཐོག་ནང་གི་ཞུག་དྲུམ་རྣམས་ནས་སྤྱན་དྲངས་ཏེ་ཡིད་ཤུ་ཀུང་ཞེས་པའི་གོང་མ་ཆེན་པོའི་གཟིམས་ཆུང་དང་ལྷ་ཁང་གྲངས་ལས་འདས་པ་ལྷ་བུར་བཞུགས་པའི་བྱིན་རླབས་ཀྱི་གཟི་འོད་འབར་བའི་སྐུ་གསུང་ཐུགས་ཀྱི་རྟེན་རྣམས་ཀྱི་དྲུང་དུ་ཕྱག་འཚལ།

④ 该宫群包括了：皇极殿、宁寿宫、养性殿、景祺阁、景福宫、梵华楼、佛日楼等建筑。

⑤ 根据 Samuel Turner 上尉整理浦南吉尔的口述材料，该宫被浦南吉尔记为“皇后的私人房屋”（“the private apartments of the Empresssee” see An account of an embassy to the court of the Teshoo Lama in Tibet, by Capt. Samuel Turner, Published by J. Jetley for Asian Educational services, 2005, p. 468）。或许与中西君主体制中的称呼不同有关，在西方没有能与皇太后一词相对应的英语词汇，因此 Samuel Turner 就用 Empress（皇后）代替了。

得了称呼。这两种文献中曾出现的称谓，皆指宁寿宫宫群。第一次莅临该宫的具体活动内容，从现有的文献中不得而知。我们或许可以推测是大师向皇帝传授密宗佛法之前，需要对授法环境进行了解之故。

通过对六世班禅大师与乾隆皇帝三个阶段的关系进行初步梳理，大致能够对二者之间的互动勾勒出一个模糊的轮廓，随着学界对该问题的深入研究以及文献史料的不断发现，相信在不久的将来，对该问题的研究会有一个突破性的发展。

六世班禅觐见乾隆皇帝大事记

长倩平措*

摘要 1779年藏历二月初一，六世班禅额尔德尼接到乾隆皇帝诏书，经过六个月的准备，于当年藏历六月十七日从西藏扎什伦布寺启程；1780年藏历三月十日从塔尔寺继续出发，经岱噶等地到达承德、北京，为乾隆皇帝祝寿。

本文从几个不同的侧面，简要回顾了六世班禅入觐前后的若干重要史实。主要内容包括：六世班禅途经蒙古族地区时的佛事活动；六世班禅在承德、北京受到乾隆皇帝的精心关怀；乾隆皇帝祝六世班禅健康长寿；乾隆皇帝给六世班禅御赐羊脂玉封印和珍贵封诰；六世班禅为祝釐乾隆皇帝七十圣诞供奉礼品和祈愿活动，为祝祷乾隆皇帝万寿无疆、江山永固而主持胜乐光明祈寿法会；北京皇宫中为六世班禅摆设盛宴情形；六世班禅为文殊大皇帝次第修诵授受速行智慧六臂怙主本尊仪轨之灌顶；遍识一切的怙主班禅贝丹益希贝桑布为劝导众能调伏持常见者心向佛法而暂别色身隐入法界（示寂）等。六世班禅奉诏到承德、北京觐见乾隆皇帝，对维护祖国统一、加强民族团结起到了不容抹煞的历史作用，与此同时，扩大并加深了佛教在祖国内地的影响。总之，六世班禅的一生是爱国爱教的一生。

* 中国藏语系高级佛学院

༧ སྲིད་ཞིའི་གཙུག་རྒྱན་པཎ་ཆེན་ཐམས་ཅད་མཁྱེན་པ་ རྗེ་བཙུན་བློ་བཟང་དཔལ་ལྡན་ཡེ་ཤེས་དཔལ་བཟང་པོ་ རྒྱ་ནག་ཡུལ་གྲུར་འཇམ་དབྱངས་གོང་མ་ཆེན་པོ་ ཛན་ལུང་རྒྱལ་པོའི་འབྲངས་སྐར་ལ་ཕེབས་པ།

བློ་བཟང་རྒྱལ་བའི་རིང་ལུགས་པདྨོའི་ཚལ། །
དཔལ་ལྡན་ཡེ་ཤེས་འོད་ཀྱི་རྒྱན་མཛད་པའི། །
རིས་མེད་འགྲོ་བའི་འདྲེན་པ་ཀུན་གྱི་གཙོ། །
རྗེ་བཙུན་བླ་མའི་ཞབས་ལ་སྙིང་ནས་འདུད། །

ཞེས་མཆོད་པར་བརྗོད་པ་སྔོན་དུ་བཏང་སྟེ་དེ་ཡང་སྐལ་བ་དང་ལྡན་པའི་གང་ཟག་རྣམས་ལ་རང་རང་གི་བློ་དང་འཚམ་པའི་ཆོས་ནི་གསུངས། སྐྱེ་བོ་ཕལ་མོ་ཆེ་རྣམས་ནི་དགེ་བཅུའི་ལམ་ལ་བཀོད་དེ་ཐམས་ཅད་བླ་ན་མེད་པ་ཡང་དག་པར་རྫོགས་པའི་བྱང་ཆུབ་ཀྱི་དཀའ་སྤྱོད་ལ་སྦྱོར་བར་མཛད་དེ་དབུས་གཙང་གི་བསྟན་འགྲོའི་མཛད་པ་རྫོགས། ཟླ་བ་༢ཚེས་༡༨ཉིན་གོང་མ་ཆེན་པོས་གདན་ཞུའི་གསེར་ཡིག་འབྱོར་ནས་ཟླ་ངོ་དྲུག་ཙམ་རིང་གྲ་སྒྲིག་མཛད་རྗེས། ༡༧༧༨བོད་ས་ཁྱི་ལོའི་ཟླ་བ་དྲུག་པའི་ཚེས་བཅུ་བདུན་གཟའ་སྐར་འཕྲོད་སྦྱོར་ཕུན་སུམ་ཚོགས་པའི་ཉིན་སྐྱབས་མགོན་ཐམས་ཅད་མཁྱེན་པ་ཁམས་གསུམ་འགྲོ་བའི་བླ་མ་དྲང་སྲོང་གི་རྒྱལ་མཚན་ཆོས་གོས་གསུམ་གྱི་མཛེས་པར་བསྒྲུབས་པ་ཅང་ཤེས་ཁྲིན་གྱི་དུམ་བུར་འགྲོ་ཤེས་པ་ལྟ་བུར་ཆིབས་ཏེ་མཚན་དཔེའི་ཉིན་བྱེད་ཀྱི་དཀྱིལ་འཁོར་འཁོར་ཚོགས་རྒྱ་མཚོའི་ཁྲོད་གླང་པོ་ཆེ་ཁྲུས་ཀྱི་རྫིང་བུར་འཇུག་པ་ལྟར་གྱི་གཤེགས་ཤིང་ཆིབས་སྐྱེལ་བ་རྟ་པ་སྟོང་ཕྲག་མང་པོས་ས་གཞི་མཐའ་དག་དོག་པོར་བྱེད་བཞིན་གདན་ས་ཆེན་པོ་བཀྲ་ཤིས་ལྷུན་པོ་ནས་ཆིབས་ཁ་བསྒྱུར། དེ་ནས་རིམ་ཕེབས་ཀྱིས་ཡངས་ཅན་བཀྲ་ཤིས་མཐོང་སྨོན་དུ་ཕེབས་སྐབས་རྒྱལ་དབང་ཐམས་ཅད་མཁྱེན་པ་འཇམ་དཔལ་རྒྱ་མཚོ

སྐུའི་མདུན་ན་འདོན་དང་བོད་བཞུགས་ཨམ་བན་སོགས་ཚིབས་རགས་བརྒྱ་ཕྲག་དང་བཅས་དང་ཆེད་ཀྱི་ཕེབས་སྐྱེལ་དུ་ཕེབས་པ་དང་གསེར་ཞལ་མཇལ་འཛོམས་ཐོག་ཁ་བཏགས་རྩེ་སྲིད་མཛད་པ་དང་འཇའ་གུར་དུ་གདན་དྲངས་སྟོན་ཆེན་དང་བསྟུན་འབུལ་བ་རྒྱ་ཆེར་བཏེག ཞག་བརྒྱད་རིང་ལྷན་བཞུགས་ཀྱིས་བསྟན་འགྲོའི་མཛད་པ་རྒྱ་ཆེན་པོ་མཛད། དེ་ནས་རིམ་བཞིན་ཕེབས་པ་ན་འཇམ་མགོན་རྒྱལ་བ་གཉིས་པ་འཁྲུངས་པའི་གནས་ཙོང་ཁ་ཡུལ་གྱི་ཆོས་སྡེ་ཆེན་པོ་སྐུ་འབུམ་བྱམས་པ་གླིང་དུ་ཕྱག་ཕེབས། དེར་དགེ་འདུན་སྟོང་ཕྲག་མང་པོས་ལག་ཏུ་མཆོད་རྫས་སྣ་ཚོགས་ཐོགས་ཏེ་བསུ་བ་སེར་སྦྲེང་ཚར་དུ་དངར་བས་སྤྱན་དྲངས་ཏེ། གོང་མ་ཆེན་པོས་དངུལ་སྲང་ཁྲི་ཕྲག་མང་པོའི་རྒྱུ་རྐྱེན་སྦྱར་ཏེ་རྒྱལ་དབང་ན་རིམ་གྱི་བཞུགས་གནས་སྙིང་པ་ཞིག་གསོ་དང་གསར་བསྐྲུན་མཛད་པའི་ཁང་བཟང་དུ་བཞུགས། སྐུ་འབུམ་དུ་དགུན་ཐོག་ཟླ་ངོ་བཞི་བཞུགས་ཤིང་དེའི་རིང་གདན་ས་ཆེན་པོ་སྐུ་འབུམ་གྱིས་གཙོས་ཆོས་སྡེ་མཐའ་ཡས་པར་བསྙེན་དང་བཀུར་བསྟིའི་མཆོད་པ་ཡང་དག་པར་མཛད་པ་མ་ཟད་སྐལ་བ་དང་ལྡན་པ་རྣམས་ལ་དགེ་ཚུལ་སློང་གི་སྡོམ་པ་འབོག་པ། དབང་ལུང་ཁྲིད་གསུམ་དང་ཕྱག་དབང་སོགས་བྱིན་བརླབས་ཀྱིས་སྐྱེ་བོ་རྣམས་ཚིམ་པར་མཛད་དེ། མདོར་ན་སྐྱེ་བོ་མ་སྨིན་པ་རྣམས་སྨིན་ཅིང་སྨིན་པ་རྣམས་གྲོལ། གྲོལ་བ་རྣམས་སྣང་བ་དཀར་པོའི་ཁྱབ་པར་མཛད་པས་རྫོགས་ལྡན་གྱི་དཔལ་ལ་རྩེ་འདྲི་བ་སོགས་བསྟན་འགྲོའི་མཛད་པ་རླབས་པོ་ཆེ་མཛད་དོ། །

ཧོར་ཡུལ་དུ་བསྟན་འགྲོའི་དོན་མཛད་པ།

དེ་ཡང་༡༧༧༨ བོད་ས་ཕག་ལོའི་ཟླ་བ་གསུམ་པའི་ཚེས་བཅུ་གཟའ་སྐར་འཕྲོད་སྦྱོར་དང་བསྟུན་བླ་ཆེན་དང་དཔོན་ཆེན་དུ་མའི་ཚིབས་རགས་ཀྱིས་ཚིབས་སྐྱེལ་དང་བཅས་སྐུ་འབུམ་ནས་ཚིབས་ཁ་བསྒྱུར། དེ་ནས་ཆོས་ཀྱི་འཁོར་ལོ་རྒྱ་ཆེན་པོ་བསྐོར་གྱིན་རིམ་བཞིན་ཕེབས་པས་ཏའི་ཀ་ཞེས་པར་ཕྱག་ཕེབས། དེར་གོང་མ་ཆེན་པོ་ནས་ཚིབས་བསུར་མངགས་གནང་བའི་ལྷ་སྲས་དྲུག་པ་དང་། ལྕང་སྐྱ་རོལ་པའི་རྡོ་རྗེ་འཁོར་ཚོགས་རྒྱ་མཚོས་བསྐོར་ཏེ་

འཁོར་བ་དང་མཇལ་འཕྲད་གནང་སྟེ་ལྷ་ སྲུས་ནས་གོང་མ་ཆེན་པོའི་གསེར་གྱི་བཀའ་ལུང་བོད་སྐད་དུ་བསྒྲགས། འདི་སྐབས་ཆ་ཏར། ཨ་པ་ག ཁེ་ཤིག་ཐན། ཨུ་རུ་མུ་ཆེན། ཨོང་ཉིད། ཏོ་ཆེད། ཨུ་ཏུ་ཏོར་ཆེན། ཨུ་ཧྲུན་ཏོར་ཆེན། ནས་མན། སོ་ཉིད། ཏལ་ཏ་སོགས་ཆེན་པོ་ཏོར་གྱི་ས་གནས་དུ་མ་ནས་སྐུའི་རྒྱལ་མཚན་མཇལ་བ་དང་གསུང་གི་བདུད་རྩི་ཉན་པ། ཕྱག་དབང་གི་བྱིན་རླབས་ཞུ་བར་ཆེད་དུ་འོངས་པའི་བཀའ་རབ་འབྱམས་པ། དགེ་ཚུལ་སློང་སོགས་སེར་སོ་བ། ཐའི་ཇི་དང་གུང་སོགས་དཔོན་རིགས་མི་སེར་བཅས་དཔག་ཏུ་མེད་པ་དབྱར་གྱི་ཆར་སྤྲིན་ལྟར་འདུས་པ་རྣམས་ལ་སྐྱབས་མགོན་མཆོག་ནས་ཕྱག་དབང་གནང་རྒྱུའི་དགོངས་པ་གཏད་ཀྱང་སྐད་རིགས་མི་གཅིག་པ་དང་། མི་ཏ་ཅང་ཚན་ཆེ་བ། མཇལ་ཁ་མ་བྱུང་དོགས་གི་འུར་ཐོག་ཆེ་བ་བཅས་བཤར་ནས་ཕྱག་དབང་གནང་མ་ཐུབ་ཀྱང་ཕེབས་ལམ་དུ་ལེ་དབར་མང་པོའི་ས་ཆར་མཇལ་བ་རྣམས་འདུག་བཙུག་ནས་གྲལ་ལེགས་པར་བསྒྲིགས་པ་ལ་ཕེབས་བྱམས་ཐོག་ནས་ཉི་མ་གསུམ་གྱི་རིང་ཕྱག་དབང་བསྐྱལ་བས་མཇལ་བ་རྣམས་འདོད་པ་རྫོགས་པ་བྱུང་། དེ་སྐབས་གྲངས་ཀྱི་བརྩི་མ་ཐུབ་ཀྱང་ཁྲུང་མཐར་འབུམ་དུ་ཉེ་བ་ཡོད་ཅེས་གླེང་།

དེ་ལྟར་སྟོད་བཙུད་ཀྱི་འཁོར་བ་རྒྱ་ཆེན་པོས་ཡོངས་སུ་གཏམས་པའི་ཆེན་པོ་ཏོར་གྱི་ཡུལ་ཕྱོགས་སུ་ནི་ཞབས་ཟུང་བཀོད། སྐྱེ་བོ་དྲེགས་པ་ཅན་མཐའ་དག་གིས་ སྤྱི་བོས་ནི་མངོན་པར་བསྟེན། འཁོར་ལྡན་རྣམས་ཀྱིས་ཟང་ཟིང་གི་བདོག་པ་ཚད་མེད་པ་ནི་རྒྱལ་པོ་ཆེན་པོའི་དཔྱ་ཁྲལ་བཞིན་དུ་བསྟབས། ཆོས་ཀྱི་ཛ་བོ་ཆེན་པོ་བརྡུངས་པས་སྐྱེ་བོ་རྣམས་ཀྱི་སྙིང་གི་གདུང་བ་ནི་ཡོངས་སུ་བསལ་ཏེ་ཐུབ་པའིབསྟན་པ་རིན་པོ་ཆེ་རྫོགས་ལྡན་གྱི་ཆར་དང་འགྲོགས་པའི་ཚུ་གཏེར་བཞིན་དུ་མཛད་དོ། །

ཞེ་ཧོར་དང་པེ་ཅིང་དུ་ཕེབས་ནས་གོང་མ་ཆེན་པོ་ཛན་ལུང་རྒྱལ་པོའི་ཐུགས་བཞེད་ཡོངས་སུ་བསྐང་བ།

དེ་ཡང་སྐྱབས་མགོན་མཆོག་ཕེབས་བྱམས་དུ་བཞུགས་ནས་ཞེ་ཧོར་དུ་ཕྱག་ཕེབས

པར་ཉེ་བ་ན་གོང་ནས་ཆིབས་བསུར་མངགས་པའི་ལས་གོས་དང་ལས་ཞྭ་ཧོག་དང་སྒྲོ་
མདངས་ཀྱིས་མཛེས་པའི་ནང་གི་བློན་པོ་ཆེ་ཆུང་མང་པོ་ཤིན་ཏུ་རིངས་བའི་ཚུལ་གྱིས་ཧ་
རྒྱུགས་ཏེ་འོངས་ནས་ཆིབས་རགས་ཀྱི་སྣེ་ཟིན་མ་ཐག་ཧ་ལས་བབས་ནས་ཕྱག་འཚལ་ཏེ་གོང་
ནས་ཆིབས་བསུར་བཏང་བའི་གནས་ཚུལ་མཇལ་དར་དང་བཅས་ཕྱག་དབང་ཞུས་ཤིང་
སྔར་ཡང་ཧ་ཞོན་ནས་རྒྱུགས་ཏེ་འགྲོ་བ་སོགས་བྱེད། དེ་རྗེས་ཆིབས་བསུ་རྟིང་མ་རིམ་པ་
མང་པོ་ཡང་སྤྱི་མ་ལྷར་འོངས་ནས་རིམ་པས་ཆིབས་བསུ་ཞུས། དེ་ཡང་ཆིབས་བསུ་སྔོན་མ་
རྣམས་ཕར་འགྲོ་བ་དང་རྗེས་མ་རྣམས་ཚུར་འོང་བ་ཟིན་བའི་ཚུལ་གྱི་ཟམ་མ་ཆད་པ་བྱུང་།
དེ་ནས་རིམ་གྱི་རི་གཤམ་དུ་ཕེབས་པ་ན་གོང་མའི་དཀྱུང་བློན་ཐམས་ཅད་ཀྱི་རྩེ་མོར་སོན་པ་
ཨེར་ཨེ་ཕུ་ཀུང་དང་། ཧོས་ཐཱ་ཞིན། སྐུ་ཚ་གུང་ཧྲང་ཞེ་ཛི་ཡོན་རྣམས་ཀྱིས་གཙོ་མཛད།
བློན་པོ་ཆེ་ཆུང་མང་པོ་དང་། ལྕང་སྐྱ་རོལ་པའི་རྡོ་རྗེ་སོགས་ནང་གི་བླ་མ། ཞེ་ཧོར་དུ་ཡོད་
པའི་དགོན་པ་ཁག་གི་མཁན་པོ་དང་དབུ་ཆོས་སོགས་སེར་སྐྱ་སྟོང་ཕྲག་མང་པོ་ཆིབས་བསུར་
འབྱོར། གོང་མ་ཆེན་པོ་ནས་རྗེ་བླ་མ་མཆོག་ལ་སྐུའི་འཚམས་ཞུར་རབ་དཀར་ལྷ་རྫས་སྲིད་
ཏུ་རིང་བ་འབུལ་སོགས་ཀྱི་ཆེད་ནང་བློན་ཨེར་ཨེ་ཕུ་དང་ཧོས་ཐཱ་ཞིན་སྐུ་གམ་དུ་བཅར་ཏེ་
གོང་མའི་བཀའ་ལས། ངེད་པཎ་ཆེན་ཨེར་ཏི་ནི་དང་ད་ལྟ་མཇལ་རྒྱུ་ཡིན་སྙམ་དགའ་སྤྲོ་
ཆེན་པོ་མཆིས། པཎ་ཆེན་ཨེར་ཏི་ནི་ཕེབས་ལམ་ལ་ཐུགས་མ་སུན་པར་སྐུ་དྭངས་བཞིན་
པར་ཕེབས་ཀྱི་ཡོད་དམ། ངེད་རང་གི་མདུན་ལ་འཁྱེར་བའི་ཁྲིམས་ལས་ཀྱི་ཡོ་བྱད་དང་།
པ་དན། གདུགས། རྒྱལ་མཚན། ཕའི་ཐན། མགྱོགས་བྱམས་བཅས་འཁྱེར་ལ་ངེད་རང་
གི་ཕེབས་བྱམས་དེའི་ནང་ལ་བཞུགས་ཏེ་ཕེབས་དགོས་ཞེས་གསེར་གྱི་བཀའ་ཕབ་པར།
སྐྱབས་མགོན་ཉིད་ནས་དགྱེས་གུས་བསམ་གྱིས་མི་ཁྱབ་པ་དང་བཅས་ལྷ་རྫས་བཞེས་ཏེ་གོང་
མ་ཆེན་པོར་སྐུའི་འཚམས་ཞུ་མཛད། དེ་ནས་སེར་སྒྲེང་དང་བཅས་ཧྭ་ཕུ་སི་ཞེས་པའི་
དགོན་པ་ཆེན་པོ་ཞིག་ཏུ་སྤྱན་དྲངས་དགོན་མདུན་གྱི་ཐང་ཆེན་ཡངས་པར་གོང་མ་ཆེན་པོའི་
དབུ་གུར་ཁྱད་པར་འཕགས་པ་ཕུབ་པའི་ནང་གོང་གི་ཕེབས་བྱམས་དང་གསོལ་ཇ་བཅས་གྲ་
སྒྲིག་མཛད་ཐོག་ལྷ་སྲས་དྲུག་པ་དང་ནང་བློན་གཉིས་ནས་སྤྱན་དྲངས་གསོལ་ཇ་དང་གསོལ་
ཚོ་བཏེག དེ་ནས་ཕེབས་བྱམས་སྤྱན་ལམ་དུ་བདར་ཏེ་གོང་མ་ཆེན་པོའི་བཀའ་ལས། ས་ཆ

འདི་ཉིད་ནས་བཟུང་ཞེ་ཧོར་བར་ངེད་རང་གི་ཕེབས་བྱམས་འདི་ཉིད་ལ་ཕེབས་དགོས། དེས་ན་ངེད་ལ་ཡང་བྱིན་རླབས་ཆེན་པོ་ཡོང་ཞེས་བཀའ་ཕེབས་ཚུལ་རྣམས་ཞིབ་ཏུ་ཞུ་བ་མཛད། དེ་ནས་ཕེབས་བྱམས་དེར་བཞུགས་ཏེ་རིམ་གྱི་ཕེབས་པ་ན་གོང་མ་ཆེན་པོའི་སྐུ་མདུན་གྱི་ཡོ་བྱད་གདུགས། རྒྱལ་མཚན། བ་དན། ཁྲིམས་ལས་ཀྱི་ཤིང་། རོལ་མོའི་རྣམ་གྲངས་མང་པོ་དུས་ཅིག་ཅར་དུ་དཀྲོལ་བ་འབུད་པ་བརྡུང་བ་བཅས་ཀྱི་སྔོན་འཛེབས་ཀྱི་སྒྲ། རྒྱལ་སྲིད་སྣ་བདུན་སོགས་མཆོད་རྫས་སྣ་ཚོགས་ཐོགས་པའི་ལས་གོས་ལས་ཞྭ་གོང་ལྷུར་མཛེས་པར་གྱོན་པའི་སྟག་ཤར་རྣམས་ཀྱི་ཚར་དུ་དངར་བའི་མདུན་བསུས་ཏེ་ཕེབས་བྱམས་ནང་ཕེབས་པ་ན་འཁོར་ལོས་བསྒྱུར་བའི་རྒྱལ་པོ་ཆེན་པོ་ལྷས་སྐྱོང་ཞབས། གཟིམས་ཆུང་ནང་མའི་འགག་དེར་འཁོར་ཚོགས་མདུན་ན་འདོན་རྒྱལ་ཕྲན་གྲངས་མེད་ཀྱིས་བསྐོར་ཏེ་བཞུགས་ཡོད་པར་དེ་མ་ཐག་སྐྱབས་མགོན་མཆོག་ཕེབས་བྱམས་ལས་གཞོལ། གསེར་ཞལ་ཐོག་མར་འཛོམ་འཕྲུལ་སྐྱབས་མགོན་ཉིད་ནས་ནང་མཛོད་ཁ་བཏགས། སྐུ་བརྟན་ལི་མ། མུ་ཏིག་གི་དོ་ཤལ་བཅས་དགྱེས་གུས་ཆེན་པོས་འབུལ་བ་མཛད། གོང་མ་ཆེན་པོས་ཀྱང་དགྱེས་གུས་ཆེན་པོས་ནང་མཛོད་ཁ་བཏགས་དྲི་མེད་སྲིད་དུ་རིང་བ་འབུལ་གནང་སྟེ་བླ་མ་སྐུ་ཁམས་དྭངས་པོ་ཨེ་བྱུང་། ས་ཐག་རིང་བའི་ཕེབས་ལམ་ལ་ཐུགས་སུན་པོ་བྱུང་ཡོད་འགྲོ་ཞེས་སོགས་བཀའ་ཕེབས་པར་གོང་མ་ཆེན་པོའི་བཀའ་དྲིན་གྱིས་ལམ་ལ་ངལ་དུབ་གང་ཡང་མ་བྱུང་ཞེས་སོགས་བཀའ་ལན་བསྩལ། སྐྱབས་མགོན་ཆེན་པོར་གོང་མ་ཆེན་པོ་རང་གི་ཕྱག་འབྲེལ་ཞུས་ཏེ་གཟིམས་ཆུང་དུ་གསེར་ཁྲི་གཅིག་གི་སྟེང་ཞལ་སྤྲོད་དུ་བཞུགས་ཏེ་གསོལ་ཇ་བཏེག་ཞིང་དགྱེས་པའི་གསུང་གླེང་མཛད། དེ་ནས་སྐྱབས་མགོན་མཆོག་ཞེ་ཧོར་བཀྲ་ཤིས་ལྷུན་པོར་ཆིབས་ཁ་བསྒྱུར། དེར་གདུགས་དང་རྒྱལ་མཚན། འཕན། ཕྱེ་ཕུར། རྔ་དར། ཁྲིམས་ལས་ཀྱི་ཡོ་བྱད་སོགས་གོང་མ་ཆེན་པོ་ཆིབས་བསྒྱུར་ཇི་བཞིན་ཚར་དུ་དངར་བ་དང་། དགེ་འདུན་རྣམས་ཀྱིས་མཆོད་རྫས་སྣ་ཚོགས་ཐོགས་ཏེ་སེར་སྦྲེང་གིས་མདུན་བསུས། གོང་མ་མཆོག་ནས་སྐྱབས་མགོན་མཆོག་ལ་གསར་དུ་བསྐྲུན་པའི་དགོན་གནས་བཀྲ་ཤིས་ལྷུན་པོའི་རྗེ་གཙལ་དུ་གཟིམས་གུར་སེར་པོ་ཕུབ་པའི་ནང་སྤྱན་དྲངས་ཏེ་གོང་མ་ཆེན་པོའི་མཛོད་ནས་རྒྱ་ལུགས་ཀྱི་སྟོན་ཆེན་དང་འབྲེལ་བའི་བསྙེན་བཀུར་གཟབ་པའི་ཐོག་བློས་གར་

དང་རྫེད་སྣ་སོགས་ཀྱི་གཟིགས་མོ་ཕུལ། དེ་ནས་གཟིམས་ཆུང་དུ་ཕེབས།

གོང་མ་ཆེན་པོས་སྐྱབས་མགོན་རིན་པོ་ཆེ་ཞབས་པད་བརྟན་པའི་བརྟན་བཞུགས་ཕུལ་བ།

ཚེས་༢༢ ཉིན་གནམ་བསྐོས་འཇམ་དབྱངས་གོང་མ་ཆེན་པོ་ཕེབས་བྱམས་ཁྲིའུ་ཤིང་གི་སྟེང་དུ་བཞུགས་པ་མིས་བཏེག་སྟེ་བློན་པོའི་འཁོར་ཚོགས་དཔག་ཏུ་མེད་པ་དང་བཅས་ཏེ་ལྟར་འཁོར་ཡོས་བསྐྱུར་བའི་རྒྱལ་པོ་བློན་པོའི་ཚོགས་ཀྱིས་བསྐོར་བ་ལྟར་ཞེ་ཧོར་བཀྲ་ཤིས་ལྷུན་པོར་ཕེབས་སྐབས་དགེ་འདུན་རྣམས་ཀྱིས་མཆོད་རྫས་ཀྱི་བྱེ་བྲག་དཔག་ཏུ་མེད་པ་ཐོགས་པའི་སེར་སྦྲེང་དང་། མདོ་དར། སུཀྲ་ལ་སོགས་པའི་སྙན་འཇེབས་ལྡན་པའི་སྒྲ་དབྱངས་དང་བཅས་པས་ལེགས་པར་སྤྱན་བསུས་ཏེ་རྗེ་བླ་མ་མཆོག་དང་ལྷ་སྲས་ཆེན་པོ་དྲུག་པ། ལྟང་སྐུ་རིན་པོ་ཆེ། ཧོས་དྭ་ཞིན། ཧོར་གེ་ཨམ་བན་ཙང་ཧྲུན་ཧྥོ་ཨམ་བན་དང་ལིའུ་ཨམ་བན། ཞམ་རིང་བ་ནང་མ་སོགས་དང་བཅས་རྒྱལ་སྒོའི་ཕྱི་རོལ་རྡོ་སྐས་བབས་མཚམས་སུ་ཕེབས་བསུར་བཅར་ཏེ་བཞུགས་པར་གོང་མ་ཆེན་པོ་ནས་རྗེ་བླ་མ་མཆོག་གཟིགས་མ་ཐག་ཕེབས་བྱམས་ལས་གཞོལ་ཏེ་རིངས་པའི་ཚུལ་གྱིས་ཕེབས་ནས་ཕྱག་ཐེབས་བརྒྱངས་ཏེ་བོད་སྐད་ཀྱིས་བླ་མ་སྐུ་དྭངས་པོ་ཞེས་འཚམས་ཞུ་དང་བཅས་ནང་མཛོད་ཀྱི་མཛལ་དར་ཞིག་འབུལ་བ་གནང་ཞིང་། རྗེ་བླ་མ་མཆོག་ནས་ཀྱང་ནང་མཛོད་ཀྱི་མཛལ་དར་འབུལ་གནང་གིས་སྐུའི་འཚམས་ཞུ་གནང་། དེ་རྗེས་གཙུག་ལག་ཁང་ཆེན་པོའི་དབུས་ཀྱི་འདུ་ཁང་ཆེན་མོ་ངོ་མཚར་བཀོད་པ་ཞེས་པར་མཉམ་མེད་ཐུབ་པའི་དབང་པོའི་སྣང་བརྙན་རིན་པོ་ཆེའི་སྐུ་མདུན་དུ་ཡོང་རྣམ་གཉིས་ནས་ཕྱག་འཚལ་དང་བཅས་བསྟན་འགྲོར་སྨན་པའི་ཐུགས་སྨོན་གནང་སྟེ་སོ་སོའི་གཟིམས་ཆུང་དུ་ཕེབས། དེ་རྗེས་བཀྲ་ཤིས་ཆོས་དགའི་གཟིམས་ཆུང་མདོར་ཕེབས་ཏེ་ཁྲི་གཅིག་གི་སྟེང་ཞལ་སྤྲོད་ཀྱི་ཚུལ་དུ་གསེར་ཞལ་ལྷན་རྒྱས་པ་མཛད། སྐྱབས་མགོན་མཆོག་ནས་ཐོག་མའི་རྟེན་བྱུང་ཆེས་གཏོས་ཆེ་བ་འབུལ། དེ་ནས་གོང་གི་ནང་བློན་ཆེན་པོ་ཨེར་ཨེ་ཕུ་གུང་དང་ཧོས་དྭ་ཞིན། ཅང་པའི་ལི་བཅས་ནས་གོང་མ་ཆེན་པོའི་

ཕྱག་ཏུ་ཐོག་མར་སྐུ་རྟེན་བྱུ་རུ་དང་གཡུ། མུ་མེན་སོགས་ལས་གྲུབ་པའི་སྣང་བརྙན་རིན་པོ་ཆེ་དུ་མའི་ཕྲས་བརྒྱན་པ་སོགས་སྐུ་གསུང་ཐུགས་རྟེན་འབུལ་བ་གནང་། ལྕང་སྐྱ་རིན་པོ་ཆེ། བཙན་པོ་ནོ་མོན་ཧན། ར་ཁོ་ཧོ་ཐོག་ཐུ་སོགས་གོང་མའི་ནང་གི་བླ་མ་བཅུ་བཞུགས་ཁྲིའི་སྐུ་མདུན་དུ་ཕུས་མོ་བཙུགས་ཏེ་འཁོད། ལྕང་སྐྱ་རིན་པོ་ཆེས་དབུ་མཛད་གནང་། རིན་པོ་ཆེ་ཤ་སྟག་ལས་གྲུབ་པའི་ཞིང་ཁམས་རྒྱ་མཚོའི་བཀོད་པ། བཀྲ་ཤིས་རྫས་རྟགས་རྣམས་སྣན་པའི་གདངས་དང་བཅས་ཚོགས་བཅད་རེ་རྫོགས་མཚམས་སུ་གོང་མ་ཆེན་པོ་ནས་སྐྱབས་མགོན་རིན་པོ་ཆེའི་ཕྱག་ཏུ་འབུལ་བར་མཛད། གཞན་ཡང་རྟེན་འབུལ་རྒྱ་ཆེ་བ་དང་སྐྱབས་མགོན་ཉིད་ཞབས་པད་བརྟན་པའི་བདེན་ཚིག་གི་འཕྲེང་བ་བརྗོད་པར་མཛད་རྗེས་ཆོས་སྲིད་ལུགས་གཉིས་དང་འབྲེལ་བའི་དགྱེས་པའི་གསུང་གླེང་མང་དུ་མཛད་དོ། །

ཟླ་བ་༧ཚེས་༢༩ཉིན་གོང་མ་ཆེན་པོ་ནས་སྟོན་ཆེན་གནང་རྒྱུར་ལྷ་སྲས་དྲུག་པ་དང་ནང་བློན་རྣམས་གདན་འདྲེན་ཕེབས་བསུར་བྱུང་བ་བཞིན་ཉི་ཤར་འབྲུག་གི་དུས་ཚོད་ཐོག་ཆིབས་ཁ་བསྒྱུར། སྐྱབས་མགོན་མཆོག་གསོལ་དཔོན་གངས་ཅན་མཁན་པོ་བློ་བཟང་མཁས་མཆོག་གིས་མཆོད་ཞབས་གྲས་ནང་འཁོར་ལས་ཚན་པ་སོགས་བཅོ་ལྔ་བཅས་སྐབས་མགོན་མཆོག་ཁྲིའུ་ཤིང་ཕེབས་བྱམས་ཀྱི་ཐོག་གོང་མ་ཆེན་པོའི་དབུ་གདུགས་དང་བཅས་ནང་གི་ཉུག་རུམ་རྣམས་ནས་གདན་འདྲེན་ཞུས་ཤིང་རྒྱུད་གྲགས་གཅིག་ཙམ་གྱི་སར་སྐྱིད་མོས་ཚལ་གྱི་ནང་ནེའུ་གསིང་གི་སྟེང་དབུས་སུ་དབུ་གུར་ཡངས་ཤིང་རྒྱ་ཆེ་བ་བསྐྲུན་པའི་དབུས་གོང་མ་ཆེན་པོ་དང་སྐྱབས་མགོན་མཆོག་གི་བཞུགས་ཁྲི་སོགས་ཡོད་པ་དེར་ཕེབས། དེ་ནས་རོལ་ཆ་བྱེ་བྲག་སྣ་ཚོགས་ཀྱི་སྒྲ་ཅིག་ཅར་དུ་འཁྲོལ་བ་དང་དུས་མཚུངས་གོང་མ་བདག་པོ་ཆེན་པོ་འཁོར་གྱིས་ཚོགས་དང་བཅས་ཕེབས་ཏེ་བཞུགས་གྲུར་ཆེན་མོར་ཞལ་འཛོམས་དང་སྐུའི་འཚམས་ཞུ་ཁ་བཏགས་ཕུལ་རེས་མཛད་རྗེས་བཞུགས་ཁྲི་ལ་འཁོད་མཉམ་མཛད། དེ་ནས་ལྕང་སྐྱ་རོལ་པའི་རྡོ་རྗེ་དང་། སྨིན་གྲོལ་ནོ་མོན་ཧན། རྗེ་དྲུང་སྤྲུལ་པའི་སྐུ་སོགས་ནང་གི་བླ་མ་གཞན་རྣམས། མེར་ཁེན་ཝང་དང་། མེར་གན་ཝང་སོགས་ནང་གི་ཝང་རྣམས། གསོལ་དཔོན་གངས་ཅན་མཁན་པོ་སོགས་སྐྱབས་མགོན་མཆོག་གི་ཞབས་རིམ། ཏར་ཆེན། ཏོར་ཆེན་གྱི་ཝང་སོགས་དཔོན་པོ་ཆེ་རིགས་རྣམས་དང་། དཔོན་ཆུང་། ཐུ་ཤེ་མེལ་སོགས

རིམ་པས་གྲལ་ལ་འཁོད། གསོལ་སྟོན་གཟབས་རྒྱས་ཐོག་རྩེད་མོ་སྣ་ཚོགས་དང་མིག་འཕྲུལ། རྟ་རྒྱུགས། ཀློས་གར། ཁྲང་ཞི་སོགས་འཆི་མེད་བདག་པོའི་འདོད་ཡོན་ལ་མངོན་པར་འཁྲུ་བའི་དགའ་སྟོན་གྱི་ལྟད་མོ་བསམ་གྱི་མི་ཁྱབ་པ་གཟིགས་མོར་ཕུལ། དེའི་སྐབས་གོང་མ་ཆེན་པོ་ནས་སྐྱབས་མགོན་མཆོག་ལ་དེང་སང་པཎ་ཆེན་ཨེར་ཏི་ནི་དང་གནམ་གྱི་ལྷ་དཀོན་མཆོག་གི་ཐུགས་རྗེས་རྒྱལ་ཁམས་ཐམས་ཅད་བདེ་འཇགས་སུ་གནས། ཞྭ་སེར་གྱི་བསྟན་པ་ཡང་ཤིན་ཏུ་དར། མཛོ་དང་། ནང་གི་དར་ཆོན་ཆེན་པོ་བརྒྱད། ཁྱི་ཡི་ཚོ་ཆེན་ཞེ་དགུ། ཏལ་ཏ་ཚོ་པ་བདུན། ཨོས་ལོད། ཐོར་གོད། ཏྲུན་གར་སོགས་ཐམས་ཅད་ཉིད་འདིར་ཕེབས་པ་ལ་ཚང་མ་འདུས་ཤིང་། དད་པ་དང་དགའ་སྤྲོ་ཆེན་པོ་བྱེད་ཀྱིན་འདུག ཉིད་ནས་སྐབས་མཚམས་པོ་ཏ་ལ་དང་བཀྲ་ཤིས་ལྷུན་པོའི་ཚོགས་དབུར་ཕེབས་ནས་སྨོན་ལམ་དང་གསུང་ཆོས་ཡགས་པོ་གནང་དགོས་སོགས་ཐུགས་དགྱེས་པའི་གསུང་གླེང་མཛད་དོ། །

ཇེ་བླ་མ་སྲིད་ཞིའི་གཙུག་རྒྱན་ཆེན་པོར་འཛམ་པའི་ དབྱངས་གོང་མ་བདག་པོ་ཆེན་པོ་ནས་གཟིགས་ བསྐྱངས་བཀུར་གཟེངས་བླ་ན་མ་མཆིས་པས་ གསེར་གྱི་ཐམ་ག་དང་འཛའ་ས་གནང་བ།

ཟླ་བ་༨ ཚེས་༢ གཟའ་སྐར་ཕུན་སུམ་ཚོགས་པའི་ཉིན་རྗེ་བླ་མ་སྲིད་ཞིའི་གཙུག་རྒྱན་ཆེན་པོར། འཛམ་པའི་དབྱངས་གོང་མ་བདག་པོ་ཆེན་པོ་ནས་གཟིགས་བསྐྱངས་བཀུར་གཟེངས་བླ་ན་མ་མཆིས་པས། ལུགས་གཉིས་ཀུན་ལ་མཁྱེན་རབ་མཆོག་ཏུ་ཡངས་པ་གུང་བློན་ཆེན་པོ་ཨེར་ཨེ་ཕུ་གུང་དང་། ཙུ་མིན་ཐའི་ཐུ་ཧོས་ཨམ་བན་གཉིས་སྐུ་ཚབ་ཏུ་བཀས་ཆེད་དུ་མངགས་པའི་མདུན་གཡང་ཏེ་ལས་གྲུབ་པ་སྦྲོ་སྦྲས་ཞེས་པའི་རིན་པོ་ཆེའི་ཐམ་ག་ཆེན་པོ་དང་། རིན་པོ་ཆེའི་འཛའ་ས་སོ་སོར་བཞུགས་ཁང་གསེར་ཟངས་དང་ཤིང་ལས་གྲུབ་པའི་སྣམ་བཅས་ཕེབས་བྱམས་ནང་དུ་གདན་དྲངས། བཀྲ་ཤིས་ལྷུན་པོར་ཕེབས་སྐབས་གོང་མ་ཆེན་པོ་སྐུ་དངོས་ཕེབས་པ་དང་ཁྱད་མེད་ཀྱིས་ཕེབས་བསུ་སེར་སྦྲེང་བཅས་ཞུས་ཏེ། རྗེ་བླ

མ་མཆོག་གཟིམས་ཆུང་བཀྲ་ཤིས་ཆོས་དགའི་བཞུགས་ཁྲིའི་སྐུ་མདུན་དུ་བཞེངས་ཏེ་བཞུགས། གཡས་གཡོན་གཉིས་སུ་ལྷ་སྲས་ཆེན་པོ་དྲུག་པ་དང་རྗེ་ལྕང་སྐྱ་རིན་པོ་ཆེ་སོགས་ནང་གི་བླ་མ་ཆེ་ཆུང་རྣམས་དང་། ཧོར་གི་ཨམ་བན་ཙང་ཧྲུན་རྡོ་ཨམ་བན། ལིའུ་ཨམ་བན་སོགས་གོང་མའི་མི་དྲག་ཆེ་ཆུང་རྣམས་ལྷན་རྒྱས་པའི་དབུས་སུ་ནོར་བུའི་ཐམ་ག་དང་ནོར་བུའི་འཇའ་ས་བསྟུལ་བ་ཨས་ཏན་ཨམ་བན་ནས་སྐད་གསང་མཐོན་པོས་ཁྲིམ་བསྒྲགས་སུ་བསླགས་ཤིང་། ནང་བློན་ཆེན་པོ་ཨེ་ཕུ་གུང་དང་ཧོས་ཨམ་བན་གཉིས་ནས་ཀྱང་གོང་མ་ཆེན་པོའི་བཀར་ངེད་རང་གི་དགུང་ལོ་བདུན་ཅུའི་བཀྲ་ཤིས་ཁྲི་ཕྲག་གི་བ་ཡར་ཆེན་པོའི་སྐབས་འདིར་པཎ་ཆེན་ཨེར་ཏེ་ནི་དང་མཇལ་བ་ནི་ངེས་པར་སྔོན་གྱི་སྨོན་ལམ་གྱི་ལས་འབྲེལ་བཟང་པོའི་རྟགས་མཚན་མངོན་སུམ་སྣང་བ་འདི་སྐྱེ་འགྲོ་ཐམས་ཅད་ལ་དྲིན་ཆེན་པོ་བྱུང་བས་ད་ལམ་བ་ཡར་གྱི་རྐྱེན་འབྲེལ་དུ་ངེད་ནས་པཎ་ཆེན་ཨེར་ཏེ་ནི་ལ་གཟིགས་བསྐྱངས་བཀུར་སྟི་ཆེན་པོས་རིན་པོ་ཆེའི་ཐམ་ག་དང་། འཇའ་ས་འདི་བསྟུལ་བ་ཡིན། དེང་ཕྱིན་ཆད་ལས་དོན་གལ་ཆེའི་རིགས་དང་བ་ཡར་ཆེན་པོའི་རིགས་ལ་རིན་པོ་ཆེ་སྤྱི་སྤྲས་ཀྱི་ཐམ་ག་འདི་གནང་། རྒྱུན་པར་དོན་གལ་ཆུང་བའི་རིགས་ལ་སྔོན་ཡོད་གསེར་གྱི་ཐམ་ག་དེ་ཁ་རྒྱབ་པས་འཐུས་ཞེས་གསེར་གྱི་བཀའ་བཟང་པོ་དང་བཅས་ཏེ་རིན་པོ་ཆེའི་ཐམ་ག་དང་འཇའ་ས་དང་བཅས་ཕྱག་ཏུ་ཕུལ་བར་ཐུགས་དགྱེས་གྱུས་ཆེན་པོས་བཞེས། ལྷ་སྲས་ཆེན་པོ་དྲུག་པ་དང་རྗེ་ལྕང་སྐྱ་རིན་པོ་ཆེ། ནང་བློན་ཆེན་པོ་གཉིས་བཅས་པར་དཀར་སྤྲོ་རྒྱས་པ་དང་ཁ་བཏགས་དངོས་པོའི་གནང་སྐྱེས་བཟང་པོ་བསྟུལ། གོང་ནས་ཐམ་ག་དང་འཇའ་ས་བསྟུལ་བར་ཐུགས་རྗེ་དང་བཀའ་དྲིན་མཐའ་ཡས་པར་ཆེ་ཚུལ་གྱི་ལན་ཡང་ཞུ་ཡིག་ཐོག་ནས་ཞིབ་རྒྱས་འབུལ་བ་གནང་།

སྐྱབས་མགོན་དཔལ་ལྡན་ཡེ་ཤེས་དཔལ་བཟང་པོས་འཇམ་དབྱངས་གོང་མ་ཇན་ལུང་ལ་དགོངས་ལོ་བདུན་ཅུའི་འཁྲུངས་སྐར་གྱི་རྟེན་འབྲེལ་དང་འབྲེལ་རྟེན་བཞུགས་ཕྱུལ་བ།

ཟླ་བ་༨ཚེས་༧ཉིན་གཟའ་སྐར་འཕྲོད་སྦྱོར་ཕུན་སུམ་ཚོགས་པའི་ཉིན་འཇམ་པའི་དབྱངས་གོང་མ་ཆེན་པོ་དགུང་ལོ་བདུན་ཅུར་ཕེབས་པའི་བཀྲ་ཤིས་ཁྲི་ཐྲག་ཁྲི་ཐྲག་གི་བཡར་ཆེན་པོ་དང་བསྟུན་གོང་མ་ཆེན་པོར་ཞབས་བརྟན་འབུལ་རྒྱུར་རྗེ་བླ་མ་མཆོག ལྷ་སྲས་ཆེན་པོ་དང་རྗེ་ལྕང་སྐྱ་རིན་པོ་ཆེ་སོགས་བླ་མ་རྣམས་དང་། སྔོ་ཤན་ཨམ་བན། རྗེ་ཉིད་ཀྱི་སྐུ་བཅར་གསོལ་དཔོན་གངས་ཅན་མཁན་པོ། གཟིམས་དཔོན་དགེ་སློང་བློ་བཟང་རབ་བརྟན། མགྲོན་གཉེར་སོགས་ནང་མ་ལས་ཚན་པ་བཅོ་ལྔ་དང་། ཞལ་འདོན་མཛད་མི་གོང་གི་བླ་མ་རྣམས་ཀྱི་ཐོག་འདི་ཁའི་གྲྭ་ཚང་གི་སློབ་དཔོན་དཀའ་བཅུ་བློ་བཟང་ཚེ་བརྟན་དང་བྱང་འདྲེན་དཀའ་བཅུ་བསོད་ནམས་བཟང་པོ། མཆོད་དཔོན་དཀའ་ཆེན་བློ་བཟང་བསམ་གྲུབ། ཚོགས་ཆེན་དབུ་མཛད་ཆེན་མོ་ཁྲིན་སྤྲུག་པ་དཀའ་བཅུ་བློ་བཟང་རྒྱལ་མཚན་སོགས་དགེ་བའི་བཤེས་གཉེན་གསུང་བཟང་བ་དགུ་བཅས་སྟོན་འཁོར་རྣམས་ཞེ་ཧོར་བཀྲ་ཤིས་ལྷུན་པོ་ནས་ཞེ་ཧོར་ཕོ་བྲང་ནང་ལ་ཆིབས་ཁ་བསྒྱུར་ཏེ། ཕེབས་བྱམས་ལ་ཕེབས་ཞིང་གཟིམས་ཆུང་ནང་མའི་འགག་ཏུ་མཇལ་དར་རྩེ་སྒྲོད་གནང་། གོང་མ་ཆེན་པོ་ནས་རྗེ་བླ་མ་མཆོག་ལ་ཕྱག་སྤྲེལ་ཞུས་ཏེ་བཞུགས་ཁྲི་དང་བཞུགས་གདན་མཉམ་པ་ལ་གསེར་ཞལ་ལྷན་རྒྱས་ཀྱིས་བཞུགས། གཡས་ཕྱོགས་ལ་རྗེ་ལྕང་སྐྱ་རིན་པོ་ཆེ་སོགས་ནང་གི་བླ་མ་རྣམས་དང་། གཡོན་ཕྱོགས་ལ་ལྷ་སྲས་ཆེན་པོ། ནང་བློན་རྣམས་དང་། སྐུ་མདུན་དུ་གྲྭ་ཚང་དགེ་བཤེས་ཞལ་འདོན་མཛད་མི་རྣམས་གྲལ་ཉིས་སྟར་གྱིས་བཞུགས། རྗེ་བླ་མ་མཆོག་གི་བཞུགས་ཁྲིའི་འགྲམ་དུ་གསོལ་དཔོན་མཁན་པོ། གཟིམས་ཆུང་གི་ཁྲམས་ར་དང་འགག་རྣམས་སུ་རིགས་གཟུགས་དང་ལུང་ལས་ཀྱིས་མངོན་པར་མཐོ་བའི་བློན་པོའི་ཚོགས་མཐའ་ཡས་པ་རྣམས་

འཁོད། ཐོག་མར་གསོལ་ཇ་ཞིག་བཏེག་ཅིང་། དེ་ནས་ཇ་སག་བླ་མ་དགེ་ལེགས་ནམ་མཁའ་དང་གསོལ་དཔོན་མཁན་པོ་ནས་རྗེ་བླ་མ་མཆོག་གི་ཕྱག་ཏུ་སྐུ་གསུང་ཐུགས་རྟེན་དང་། མཎྜལ། ཆོས་འཁོར། རྒྱལ་སྲིད་སྣ་བདུན། བཀྲ་ཤིས་པའི་རྫས་བརྒྱད་དང་རྟགས་བརྒྱད། བུམ་པ། སྐུ་སྙེ། བཞུགས་འདོལ། རྡོ་རྗེ་སྣེ་འདོགས་ཅན་སོགས་འབུལ་བ་མཛད་ཅིང་ཐོག་མར་རྗེ་རང་ཉིད་ཀྱི་ཕྱག་ཏུ་སྐུ་རྟེན་བསྣམས་ཏེ་གྲྭ་ཚང་དབུ་མཛད་ནས་གསང་སྔགས་རྒྱུད་པ་གྲྭ་ཚང་གི་ཚེ་ཆོག་སྐབས་ཀྱི་བཀྲ་ཤིས་རྫས་རྟགས་འབུལ་བའི་དབྱངས་དང་བཅས་ཏེ། ཚིག་བཅད་ཤློ་ཀོ་ཁ་རེ་རེ་རྗེས་སུ་སྐྱབས་མགོན་ཆེན་པོའི་ཕྱག་ནས་གོ་རིམ་བཞིན་གོང་མ་ཆེན་པོའི་ཕྱག་ཏུ་འབུལ་བ་མཛད། དེ་རྗེས་སྐྱབས་མགོན་མཆོག་ནས་གོང་མ་བདག་པོ་ཆེན་པོ་ཉིད་གནམ་འོག་ས་སྟེང་གི་སྐྱེ་འགྲོ་ཡོངས་ཀྱི་གཙུག་གི་རྒྱན་དམ་པ་ཡིན་པ་དང་། ཁྱད་པར་རྒྱལ་བ་གཉིས་པ་རྗེ་བཙུན་ཙོང་ཁ་པ་ཆེན་པོའི་རིང་ལུགས་དྲི་མ་མེད་པ་འདི་ཉིད་རྒྱ་མཚོ་བཞིའི་སའི་ཁྱོན་ལ་དར་ཞིང་རྒྱས་པར་མཛད་པའི་རྣམ་པར་ཐར་པ་བསམ་གྱིས་མི་ཁྱབ་པ་མངའ་ཞིང་། དུས་དང་གནས་སྐབས་ཀུན་ཏུ་རྒྱ་བོད་ཧོར་གསུམ་གྱི་ཆབ་འབངས་མཐའ་དག་བྱམས་བརྩེས་སྐྱོང་བའི་འཕྲིན་ལས་རྨད་དུ་བྱུང་བ་འདི་ལྟ་བུ་ནི་སྔོན་ནས་ད་ལྟའི་བར་བྱུང་བའི་དཔེ་ཟླ་མ་མཆིས་ཤིང་། ཡང་སྔོས་བོད་གངས་ཅན་གྱི་རྡོ་རྗེ་འཆང་ཏཱ་ལའི་བླ་མ་རིན་པོ་ཆེ་ནས་བཟུང་དགེ་འདུན་གྱི་སྡེའི་དགོན་སྡེ་མང་པོ་དང་། འགྲོ་བ་སེར་སྐྱ་མཐའ་དག་གི་རེས་ལྟོས་ས་ཉིད་གཅིག་པུ་ལས་གཞན་དུ་མ་མཆིས་པས། བསྟན་འགྲོ་ཐམས་ཅད་བྱམས་དང་བརྩེ་བ་ཆེན་པོས་སྔར་བཞིན་སྐྱོང་བར་མཛད་དུ་གསོལ་ཞེས་སོགས་འཇམ་དབྱངས་གོང་མ་ཆེན་པོའི་རྒྱལ་སྲིད་ཀྱི་མཛད་པ་བསམ་གྱི་མི་ཁྱབ་ཅིང་སྐུ་ཆེ་བའི་བསྔགས་བརྗོད་ལས་བརྩམས་ཏེ་གསུང་བཤད་འབྱམས་ཀླས་པའི་སྒོ་ནས་གསོལ་འདེབས་ལྷུགས་བཤད་མཛད་པ་ལྟར་སྐུ་རིན་པོ་ཆེ་ནས་སོག་སྐད་དུ་བསྒྱུར་ནས་ཞུ་བ་གནང་བར་གོང་མ་ཆེན་པོ་དགྱེས་གྱུས་བསམ་གྱི་མི་ཁྱབ་པ་མཛད། གཞན་ཡང་དངོས་པོའི་བདོག་པ་རྒྱ་ཆེན་པོ་འབུལ།

གོང་མ་ཇན་ལུང་རྒྱལ་པོ་སྐུ་ཆེ་བརྟན་ཅིང་ཆབ་སྲིད་མངའ་ཐང་རྒྱས་པའི་ཆེད་བདེ་མཆོག་དཀར་པོའི་ཚེའི་སྒྲིན་བྱེད་དབང་གི་རིམ་པ་རྣམས་ཕུལ་བ།

ཚེས་༡༨ཉིན་ སྐྱབས་ མགོན་ མཆོག་ ལྷ་ སྲས་ དྲུག་ པ་ དང་། ལྕང་ སྐྱ་ རིན་ པོ་ ཆེ། བཙན་པོ་ནོ་མོན་ཧན་གསོལ་དཔོན། གཟིམས་དཔོན་སོགས་ཞབས་ཕྱི་བཅས་ཞེ་ཧོར་གྱི་ཕོ་བྲང་དུ་ཕེབས་ཏེ་དེར་བདེ་མཆོག་དཀར་པོའི་བྲིས་འབུར་གྱི་རྟེན་གྱི་དྲུང་དུ་མཆོད་གཏོར་གྱི་ཚོགས་དཔག་ཏུ་མེད་པ་བཤམས་ཏེ་བདེ་མཆོག་དཀར་པོའི་ཚེ་དབང་གི་སྔོན་འགྲོའི་རིམ་པ་རྣམས་ཐུགས་ཉམས་སུ་བཞེས། དེ་ནས་གོང་མ་ཆེན་པོ་ཕེབས་ཏེ་མཇལ་དར་རྩེ་སྤྲོད་གནང་། དེ་རྗེས་ལྕང་སྐྱ་རྡོ་རྗེ་འཆང་། སྨིན་གྲོལ་ནོ་མོན་ཧན། རྗེ་དྲུང་རིན་པོ་ཆེ། པཎྜི་ཏ་མཁན་པོ་སངས་རྒྱས་འོད་ཟེར། ཛ་སག་བླ་མ་དགེ་ལེགས་ནམ་མཁའ། གསོལ་དཔོན་མཁན་པོ་ བཅས་ གྲལ་ ལ་ འཁོད་ དེ། གོང་ ནས་ རྗེ་ ཉིད་ ལ་ གསེར་ གྱི་ མཎྜལ་ ཆེན་ པོ་ སྣེ་འདོགས་ཅན་འབུལ་བ་གནང་རྗེས་བདེ་མཆོག་དཀར་པོའི་ཚེའི་སྒྲིན་བྱེད་ཀྱི་རིམ་པ་རྣམས་ལེགས་པར་ཕུལ་བ་ལྕང་སྐྱ་རིན་པོ་ཆེ་ནས་སོག་སྐད་དུ་བསྒྱུར་ཏེ་ཞུ་བ་གནང་། གཏང་རག་གི་ཡོན་དུ་མཎྜལ་དང་དངོས་འབུལ་བཅས་བསྟར།

ལེ་ཙིང་གི་གོང་མའི་ཕོ་བྲང་ཆེན་པོར་གསོལ་སྟོན་གཟབས་རྒྱས་བཤམས་པ།

དེ་ཡང་ཟླ་བ་༡༠ཚེས་༢ཉིན་སྐྱབས་མགོན་མཆོག་དང་ལྷ་སྲས་དྲུག་པ། ལྕང་སྐྱ་རྡོ་རྗེ་འཆང་། སྨིན་གྲོལ་ནོ་མོན་ཧན་སོགས་ནང་གི་བླ་མ་རྣམས་དང་། ཨམ་བན་ཟུང་། དྲུང་འཁོར་བཅོ་ལྔ་སྐོར་དང་བཅས་ཐོ་རངས་སྟག་གི་དུས་ཚོད་ལ་ཆིབས་ཁ་བསྒྱུར་ཏེ། ཕོ་བྲང་ནང་མའི་ལྷ་ཁང་ཧྲུན་ཤན་ཏིན་ཞེས་པར་ཞབས་ཟུང་བཀོད། ཉི་དྲོས་སྦྲུལ་གྱི་དུས་ཚོད་ལ་

རྗེ་བླ་མ་མཆོག་དང་། གོང་གསལ་མི་སྣ་བཅས་གསེར་ཁྲིའི་སྐུ་མདུན་དུ་ཕེབས་ནས་བཞུགས། གོང་མ་ཆེན་པོ་ཞལ་རས་ཟིལ་ཆེ་བ་དང་བཅས་ཕེབས་བྱུང་བར། རྗེ་བླ་མ་མཆོག་གི་ཕྱག་ནས་བརྟེན་ཏེ་བླ་མ་ཕེབས་ཞེས་སོགས་བོད་སྐད་དུ་གསུང་གནང་ཞིང་ཁྲི་ཐོག་ཏུ་ཞབས་ཟུང་བཀོད། སྐུ་མདུན་གྱི་གདོང་གྲལ་གཡོན་གྱི་མགོར་ཁྲི་གཉིས་ལ་ལྕང་སྐྱ་རྡོ་རྗེ་འཆང་དང་། བཙན་པོ་ནོ་མོན་ཧན། གདོང་གྲལ་གཡས་ཀྱི་མགོར་ཕྱག་མཛོད་ཆེན་མོ་དང་མཁན་པོའི་ཁྲི། གཞན་ཡང་བླ་ཆེན་དཔོན་ཆེན་ནང་གི་ཞང་དང་ཨམ་བན། གཞུང་གི་མི་སྣ་ཞབས་འབྲིང་རྣམས་བཞུགས་གྲལ་དུ་འཁོད། ཐོག་མར་ཇ་དང་ཆེ་གོ། དེ་ནས་བཟའ་བཅས་ཕུན་སུམ་ཚོགས་པའི་སྟོན་མོའི་ཚོགས་བཤམས་པ་མ་ཟད་རྩེད་མོ་དང་གླུ་གར་རོལ་དབྱངས་སོགས་རྣམ་པ་སྣ་ཚོགས་ཀྱི་གཟིགས་མོ་ཕུལ་ཞིང་སྒྲོ་ཉམས་ཆེ་བའི་སྒོ་ནས་གསུང་གླེང་གིས་དུས་འདའ། སྟོན་མོའི་རྒྱབ་ཏུ་གོང་ནས་གནང་སྐྱེས་རྒྱ་ཆེན་པོ་དང་གསོལ་དཔོན་སོགས་ཞབས་འབྲིང་རྣམས་ལའང་གནང་སྦྱིན་བསྩལ།

འཇམ་དབྱངས་གོང་མ་བདག་པོ་ཆེན་པོར་ཕྱུར་མཇལ་ཡེ་ཤེས་ཀྱི་མགོན་པོ་ཕྱག་དྲུག་པའི་རྗེས་གནང་གི་རིམ་པ་རྣམས་ཕུལ་གནང་བ།

ཟླ་༡༠ཚེས་༢༧ཐོ་རངས་གསོལ་དཔོན་མཁན་པོ་ནས་སྐུ་གཟུགས་ཀྱི་བབས་ཇི་ལྟར་ཡོད་ཞུས་པར་ཟ་མ་ཏ་ཙང་གིས་ཟ་འདོད་མེད་པ་དེ་ཙམ་ལས་གཞན་མ་སྙུན་གང་ཡང་མེད་ཚུལ་ཕེབས་ཤིང་། ཆབ་རྟགས་སོགས་ལ་ཡང་འགྱུར་ལྡོག་གི་རྟགས་གང་ཡང་མ་བྱུང་། དེ་ནས་སྟོན་འཁོར་རྣམས་ཕེབས་ཏེ་ཕོ་བྲང་གཡིང་ཤུགས་ཀུང་གི་ཉེ་འདབས་གཟིམས་ཚུང་ཞིག་ཏུ་རྗེ་བླ་མ་མཆོག ལྷ་སྲས་ཆེན་པོ། རྗེ་ལྕང་སྐྱ་རིན་པོ་ཆེ་སོགས་དང་བཅས་བཞུགས་སྟན་འཛགས་པའི་ཐོག་གོང་མ་ཆེན་པོས་སྔ་དྲོའི་གསོལ་བའི་ཐོག་ནས་སྤྲུ་ཐལ་རྒྱས་པར་བསྩལ་ཀྱང་། རྗེ་བླ་མ་མཆོག་ནས་སྔ་དྲོའི་གསོལ་བ་ཕྲན་བུ་ཙམ་ཞིག་ལས་ཆེར་མ་བཞེས་ཤིང་། སྐབས་དེར་ལྷ་སྲས་སོགས་ཀྱིས་སྐུའི་བབས་བསྟུན་བཀའ་ཆོས་ཕུལ་རྒྱུ་རེ་ཞིག་ནར

འགྱངས་གནང་ན་ཞུས་པར་ཞལ་གྱི་མི་བཞེས་པ་མ་ཟད་གོང་མ་ཆེན་པོའི་སྙན་དུ་སྙན་གཞིའི་གནས་ཚུལ་ཞུ་མི་དུང་བའི་བཀའ་ཕེབས། ཞབས་ཕྱིར་ལྷ་སྲས་ཆེན་པོ་དང་རྗེ་སག་བླ་མ་དགེ་ལེགས་ནམ་མཁའ། གསོལ་དཔོན་མཁན་པོ་དང་བཅས་བཀའ་ཆོས་གནང་ཡུལ་གྱི་ཕོ་བྲང་གཡིང་ཤུགས་ཀུང་གི་གཟིམས་ཆུང་དུ་སྔོན་ལ་ཞབས་སོར་བཀོད་དེ་འཇིགས་བྱེད་དང་མགོན་པོ་ཕྱག་དྲུག་པའི་བྲིས་འབུར་གྱི་སྣང་བརྟན་རྣམས་བཀྲམ་པའི་མདུན་དུ་མཆོད་གཏོར་ཉེར་སྤྱོད་ལ་སོགས་པ་འདུ་བགྱིས་ཏེ་རྗེ་བླ་མ་མཆོག་ནས་བདག་མདུན་སོགས་བསྒྲུབ་པ་གནང་། ལྷ་སྲས་ཆེན་པོ་ནས་སྤྱན་འདྲེན་མཛད་དེ། གོང་མ་ཆེན་པོ་ཕེབས་ནས་མཇལ་དར་རྩེ་སྤྲོད་ཀྱིས་ཕན་ཚུན་སྐུའི་འཚམས་ཞུ་ཞུ་རེས་གནང་། དེ་ནས་གོང་མ་བདག་པོ་ཆེན་པོ་ནས་གསེར་གྱི་མཎྜལ་ཕུལ་ཏེ་རྗེ་བླ་མ་མཆོག་ནས་སྨུར་མཛད་ཡེ་ཤེས་ཀྱི་མགོན་པོ་ཕྱག་དྲུག་པའི་རྗེས་གནང་གཟབ་བཤད་དང་བཅས་བསྩལ་བ་ལྕང་སྐྱ་རིན་པོ་ཆེ་ནས་སོག་སྐད་དུ་བསྒྱུར་ཏེ་ཞུ་བར་མཛད། གཏང་རག་གི་ཡོན་དུ་མཎྜལ་སོགས་འབུལ། རྗེ་བླ་མ་མཆོག་ནས་ཀྱང་གོང་ལ་ཁ་བཏགས་ནང་མཛོད། སྐུ་བརྟན་སོགས་འབུལ་བ་མཛད་པ་དགྱེས་གྲུས་ཆེན་པོས་བཞེས།

སྐྱབས་མགོན་ཐམས་ཅད་མཁྱེན་པ་པཎ་ཆེན་དཔལ་ལྡན་ཡེ་ཤེས་དཔལ་བཟང་པོ་འདུལ་བྱ་རྟག་འཛིན་ཅན་རྣམས་ཆོས་ལ་བསྐུལ་ཕྱིར་རེ་ཞིག་གཟུགས་སྐུའི་བཀོད་པ་ཆོས་དབྱིངས་སུ་ཐིམ་པ།

དེ་ཡང་སྐུའི་ཞབས་བརྟན་སྐུ་རིམ་རྒྱ་ཆེར་བསྒྲུབ་པ་དང་སྨན་པ་བསྟེན་པ་སོགས་གང་ཞུས་ཀྱང་མི་ཕན་པར། ཞིང་འདིར་སྐུ་དངོས་ཀྱིས་གདུལ་བའི་གདུལ་བྱ་རྫོགས་པ་དང་། རྟག་འཛིན་ཅན་རྣམས་ཆོས་ལ་བསྐུལ་བའི་དོན་དུ་ཀུན་ལྡན་ཞེས་པ་ལྕགས་ཕོ་བྱི་བའི་ལོ་རྒྱ་ལུགས་ཐོལ་ཟླ་མ་བཏོན་པའི་ཧོར་ཟླ་བཅུ་གཅིག་པའི་ཚེས་གཅིག་གི་ཉི་ཤར་ཙམ་གྱི་ཆ་ལ་བབས་པ་ན། ཞབས་རྡོ་རྗེའི་སྐྱིལ་ཀྲུང་དང་སྐུ་ལུས་དྲང་པོར་བསྲངས། ཕྱག་གཉིས་མཉམ་

གཞག་མཛད་དེ་ཟབ་མོའི་ཐུགས་དམ་ལ་གཞོལ་བཞིན་པའི་ངང་ནས་སྟོང་པ་གསུམ་རིམ་གྱིས་ཐིམས་ནས་ཐམས་ཅད་སྟོང་པ་འོད་གསལ་དོན་དམ་པའི་བདེན་པ་མངོན་དུ་མཛད་དེ་རེ་ཞིག་གཟུགས་སྐུའི་བཀོད་པ་རྒྱལ་བ་འོད་དཔག་ཏུ་མེད་པའི་ཐུགས་ཀར་གཤེགས་པའི་ཚུལ་བསྟན་ཏོ། །

ཟླ་བ་༡༡ཚེས་༣ཉིན་ཐུ་དྲུ་གོང་མ་བདག་པོ་ཆེན་པོ་ཉིད་འཁོར་ཚོགས་མང་པོ་དང་བཅས་ཏེ་སྐུ་གདུང་རིན་པོ་ཆེ་མཇལ་མ་ཐག་མྱ་ངན་གྱི་ཤུགས་དྲག་པོས་གདུང་ནས་ང་ཡི་བླ་མ་ཞེས་གསུང་ཞིང་དྲན་མེད་དུ་བརྒྱལ་བར་གྱུར། སླར་ཐུགས་དྲན་གསོས་ནས་སྙན་ཤལ་ཁ་བཏགས་དང་། གསེར་གྱི་བུམ་པ། པར་བུ། གཡང་ཏིའི་ཡོལ་གོ་བཅས་མཆོད་པའི་རྫས་རྣམས་ཀྱིས་མཆོད་པར་མཛད་པ་ནི། གང་གི་ཚེ་གྲོང་ཁྱེར་རྩྭ་ཅན་དུ་བཅོམ་ལྡན་འདས་མྱ་ངན་ལས་འདས་པའི་ཚུལ་བསྟན་པ་ཐོས་པ་ན། རྒྱལ་པོ་མ་སྐྱེས་དགྲ་བརྒྱལ་བ་དང་ཆོས་མཚུངས་པར་བལྟའོ། །གོང་མ་བདག་པོ་ཆེན་པོ་ནས་སྐྱབས་མགོན་མཆོག་ཞལ་བཞུགས་ན་འཁྲུངས་སྐར་གྱི་སྐབས་སུ་འབུལ་བ་གནང་རྒྱུ་གྲ་སྒྲིག་མཛད་པ་རྣམས་གདུང་འབུལ་དུ་བསྒྱུར་ཏེ་ཆོས་གཉིས་ཀྱི་ཁྲི་དྲུ་གོང་མ་ཆེན་པོས་ནང་བློན་ཨེར་ཨེ་ཕུ་སྤྲུལ་ཏེ་འབུལ་བར་མཛད་དོ། །

ལྕགས་བྱི་ལོའི་ཧོར་ཟླ་གཉིས་པའི་ཚེས་བཅུ་གཉིས་ཉིན་དགོན་ཁག་སོ་སོའི་དགེ་འདུན་རྣམས་ཀྱིས་མཆོད་རྫས་ཀྱི་བྱེ་བྲག་སྣ་ཚོགས་ཐོགས་ཏེ་སེར་སྦྲེང་དང་བཅས་གསེར་གྱི་མཆོད་རྟེན་ཆེན་པོའི་ནང་དུ་སྐུ་གདུང་རིན་པོ་ཆེ་བཞུགས་སུ་གསོལ་ཏེ། ལྷ་སྲས་དྲུག་པ་དང་། ལྕང་སྐྱ་རོལ་པའི་རྡོ་རྗེ། སྨིན་གྲོལ་ནོ་མོན་ཧན། གོང་མའི་ནང་གི་མདུན་ན་འདོན་ཆེན་པོ་མི་བཟང་དུ་གཏོགས་པ་དུ་མ་གཞན་ཡང་དགོན་ཁག་གི་བླ་མ་ལས་སྣེ་བཅས་རྟ་པ་སྟོང་ཕྲག་མང་པོའི་ཆིབས་སྐྱེལ་དང་བཅས་སྐུ་གདུང་རིན་པོ་ཆེ་བོད་དུ་སྤྱན་དྲངས།

དེ་ལྟར་སྐྱབས་མགོན་པཎ་ཆེན་ཐམས་ཅད་མཁྱེན་པ་གོང་མ་ཆེན་པོས་གདན་ཞུ་ལྟར་ཞི་ཧོར་དང་པེ་ཅིང་དུ་ཞབས་སེན་མངོན་པར་བཀོད་པ་དེས་ཆིང་གོང་མ་ཀྲུང་དབྱང་སྲིད་གཞུང་གི་རྒྱལ་ཁྲམ་མ་ལུས་མངའ་ཁོངས་སུ་བསྡུ་ཐུབ་པ་དང་། སྲིད་དབང་དེ་བས་སྲ་བརྟན་དུ་གྱུར་བ། ཆབ་སྲིད་ཀྱི་མངའ་ཐང་དེ་བས་ཇེ་རྒྱས་སུ་འགྱུར་ཏེ་མེས་རྒྱལ་གོང་བུ་

གཅིག་འགྱུར་སྲུང་སྐྱོབ་དང་། མི་རིགས་མཐུན་སྒྲིལ་ཞུགས་བསྐྱོན་ཐད་ལེགས་སྐྱེས་བསྟུབ་ཐབས་མེད་པ་འཛོག་གནང་བ་དང་། གཟབས་རྒྱས་ཆོས་ཀྱི་འཁོར་ལོ་རྒྱ་ཆེར་བསྐོར་གནང་སྟེ། འགྲོ་བ་རིས་སུ་མ་མཆིས་པ་ཐམས་ཅད་ལ་ཆོས་ཀྱི་ཆར་ཆེན་རྒྱུན་བཟང་གི་བྱིན་བརླབས་ཀྱིས་བརླན་པར་མཛད་དེ་རྒྱལ་བའི་བསྟན་པ་རིན་པོ་ཆེ་འདི་ཉིད་རྒྱལ་ཁམས་ཡུལ་གྲུ་གང་སར་ཡར་ངོའི་ཟླ་ལྟར་རྒྱས་ཏེ་དམག་འཁྲུག་མུ་གེ སད་སེར་ཐན་པ་སོགས་མི་མཐུན་རྒྱུད་ཚོགས་མཐའ་དག་ཉེ་བར་ཞི་ནས་འགྲོ་རྣམས་བདེ་སྐྱིད་རྫོགས་ལྡན་གྱི་དཔལ་ལ་ལོངས་སྤྱོད་པ་སོགས། མདོར་ན་མགོན་པོ་དེ་ཉིད་ཀྱིས་རྒྱལ་གཉིས་ཆོས་གཉིས་ཀྱི་རྣམ་ཐར་བཟང་པོ་བདག་གིར་བསྐྱངས་པར་གོང་མ་ཆེན་པོའི་ཐུགས་དགོངས་དང་ཡོངས་སུ་མཐུན་སྟེ་ཐུགས་རབ་ཏུ་དགྱེས་ནས་པཎ་ཆེན་ཐམས་ཅད་མཁྱེན་པར་གཞན་ལ་རྙེད་པར་དཀའ་བའི་གཟིགས་བསྐྱངས་དང་བཀུར་གཟོས་བསམ་གྱི་མི་ཁྱབ་པ་བསྩལ།

浅谈六世班禅觐见乾隆皇帝的重要意义

多　多*

摘要　本文依据《六世班禅额尔德尼罗桑贝丹益希传》、西藏扎什伦布寺所藏档案史料、相关历史记载和人物传记等藏文文献，回顾了六世班禅在藏历金鼠年（1780年，甲子）七月初二日抵达承德之后及至北京期间的活动行程，部分资料来自当事人的亲历目击记载。

记述内容主要包括：六世班禅额尔德尼觐见乾隆皇帝或皇帝驾临看望前者的次数、时间、地点、陪同人员、见面情形及谈话要义；清王室接待六世班禅的细致准备、重要活动、现场盛况；乾隆皇帝赐予六世班禅的主要礼品及后者回献礼品；六世班禅为祝祷乾隆皇帝万寿圣诞亲自主持一系列祝寿祈福法会的盛况，包括各项法事活动的时间、地点、内容、名称、讽诵经咒的名称等；六世班禅为清王室成员及蒙藏上层人物授戒、为数万信众摩顶等情况；六世班禅莅临过的皇家禁苑（承德避暑山庄，北京紫禁城、北海、圆明园、清漪园、静宜园、南海子）、皇家寺庙（包括京承两地的藏传佛教寺庙和汉传佛教寺庙）及活动情况等。

* 中国藏语系高级佛学院

༄༅། །སྲིད་ཞིའི་གཙུག་རྒྱན་༧སྐྱབས་མགོན་རྗེ་རྗེ་འཆང་རྗེ་བཙུན་བློ་བཟང་དཔལ་ལྡན་ཡེ་ཤེས་དཔལ་བཟང་པོ་མཆོག་ཞེ་ཧོར་དང་པེ་ཅིན་དུ་ཕེབས་ནས་གོང་མ་ཆན་ལུང་རྒྱལ་པོའི་ཐུགས་བཞེད་བསྐངས་ཤིང་བསྟན་འགྲོའི་དོན་རླབས་པོ་ཆེ་མཛད་ཚུལ་ཅུང་ཟད་བརྗོད་པ།

བློ་བཟང་རྒྱལ་བའི་རིང་ལུགས་པདྨོའི་ཚལ། །
དཔལ་ལྡན་ཡེ་ཤེས་འོད་ཀྱིས་རྒྱས་མཛད་པའི། །
རིས་མེད་འགྲོ་བའི་འདྲེན་པ་ཀུན་གྱི་མཆོག །
རྗེ་བཙུན་བླ་མའི་ཞབས་ལ་སྙིང་ནས་འདུད། །

དེ་ལ་འདིར་སྲིད་ཞིའི་གཙུག་རྒྱན་༧སྐྱབས་མགོན་རྗེ་རྗེ་འཆང་རྗེ་བཙུན་བློ་བཟང་དཔལ་ལྡན་ཡེ་ཤེས་དཔལ་བཟང་པོ་མཆོག་ཞེ་ཧོར་དང་པེ་ཅིན་དུ་ཕེབས་ནས་གོང་མ་ཆན་ལུང་རྒྱལ་པོའི་ཐུགས་བཞེད་བསྐངས་ཤིང་བསྟན་འགྲོའི་དོན་རླབས་པོ་ཆེ་མཛད་ཚུལ་ཅུང་ཟད་བརྗོད་ན།

ལྕགས་བྱི་ལོ་ སྤྱི་ལོ་ ༡༧༨༠ ལོའི་ ཟླ་བ་བདུན་པའི་ ཚེས་གཉིས་ཉིན་ སྐྱབས་མགོན་མཆོག་ ཞེ་ ཧོར་ དུ་ ཞབས་ སོར་ འཁོད་ པ་ དང་ སྐབས་ དེར་ ཆེང་ གོང་ མས་ ཆིབས་ བསུར་ མངགས་པའི་ནང་གི་ བློན་ པོ་ ཆེ་ ཆུང་ མང་ པོ་ ཤིན་ ཏུ་ རིངས་ པའི་ ཚུལ་ གྱིས་ རྟ་ བརྒྱུགས་ ཏེ་ འོངས་ནས། ཆིབས་རགས་ཀྱི་སྔ་ཟིན་པ་དང་བཅས་རྟ་ལས་བབས་ནས་ཕྱག་གསུམ་བཙལ་ཏེ། གོང་ནས་ཆིབས་བསུར་བཏང་བའི་ གནས་ ཚུལ་ མཇལ་ དར་ དང་ བཅས་ ཕྱག་ དབང་ ཞུས་ཤིང་སྔར་ཡང་རྟ་ཞོན་ནས་བརྒྱུགས་ཏེ་འགྲོ་བ་སོགས་བྱེད། དེ་རྗེས་ཆིབས་བསུ་པ་རྟིང་མ་རིམ་པ་མང་པོ་ཡང་སྔ་མ་ལྟར་འོངས་ནས་རིམ་པས་ཆིབས་བསུ་ཞུས། དེ་ཡང་

ཚིབས་བསྒུ་སྔོན་མ་རྣམས་ཕར་འགྲོ་བ་དང་། རྗེས་མ་རྣམས་ཚུར་འོང་བ་ཟིང་བའི་ཚུལ་དུ་
ཟམ་མ་ཆད་པར་བྱུང་། དེ་ནས་རིམ་གྱིས་ཕེབས་པར། མདའ་རྒྱང་གཉིས་རེའི་སར་
ཕེབས་བྱམས་འདེགས་མི་བརྒྱད་རེ་དང་། དེའི་མགོ་པ་རྨ་བྱའི་སྒྲོ་མདོངས་ཅན་གྱི་དཔོན་
པོ་རེ་བཅས་རིམ་པ་ལྟར་འཁོད་པ་ནས་ཕེབས་བྱམས་ཀྱི་ཞབས་ཕྱི་ཞུས་ཏེ་རིམ་གྱིས་ལ་ཆུང་
ཞིག་གི་རྩེ་མོར་ཕེབས་པ་ན། ཞི་ཧོར་གྱི་ཡུལ་གྲུ་ཆེན་པོ་རྒྱང་ནས་གཟིགས། དེ་ཡང་རི་གླིང་
ཕལ་ཆེར་མ་ཐད་ཀྱི་ཁྲེ་བས་བྱུགས་པ་ལྟར་རྩྭ་ལྗང་གི་མྱུ་གུ་གསར་པས་ཁྱབ་ཅིང་ཡལ་ག་དུ་
མ་དང་ལྡན་པའི་སྔོན་ཤིང་དང་ཤིང་ཏོག་གི་ཁྱད་པར་དུ་མས་མཛེས་པའི་བཟའ་ཤིང་།
འབྲུ་སྣ་ཚོགས་སྐྱེ་བའི་ཞིང་ས། ཡན་ལག་བརྒྱད་དང་ལྡན་པའི་ཆུ་གླིང་དལ་གྱིས་འབབ་པ།
ཁང་པ་ཡིད་དུ་འོང་བ་དུ་མས་གཏམས་པ། ཞྭ་སེར་ཅོད་པཎ་འཛིན་པའི་དགེ་འདུན་གྱི་སྡེ་
དང་། ཧྭ་ཤང་སོགས་བསམ་གཏན་པ་གནས་པ། དབང་པོའི་ཕྱོགས་ཀྱི་ས་འཛིན་གྱི་རྩེ་
མོར་སྤྱིན་ཐུའུ་ཤན་ཞེས་པའི་བྲག་རི་ཇམ་བརྗིད་ལྡན་པ་ཡོད་པ་སོགས་ངོ་མཚར་བའི་སྣོད་
བཅུད་ཀྱི་ཡོན་ཏན་ཕུན་སུམ་ཚོགས་པ་དང་ལྡན་པའོ། །རི་གཤམ་དུ་ཕེབས་པ་ན་གོང་མའི་
དཀྱུང་བློན་ཐམས་ཅད་ཀྱི་རྩེ་མོར་སོན་པ་ཨེར་ཨེ་ཕུ་ཀུང་དང་། ཧོས་ཐྲ་ཞིན། སྐུ་ཚ་ཀུང་
ཧྲང་ཞི་ཧི་ལོན་རྣམས་ཀྱིས་གཙོ་མཛད། བློན་པོ་ཆེ་ཆུང་མང་པོ་དང་། སྐྱེ་དགུའི་འདྲེན་
མཆོག་དམ་པ་ལྕང་སྐྱ་རོལ་པའི་རྡོ་རྗེ། བཙན་པོ་སྨིན་གྲོལ་ནོ་མོན་ཧན། ཏ་ཚག་རྗེ་དྲུང་
སྤྲུལ་པའི་སྐུ། །པོ་ཏ་ལ་དང་བཀྲ་ཤིས་ལྷུན་པོ། ཧྭ་ཐུ་སི། འཇམ་དཔལ་མཚན་ལྡན་ལྷ་
ཁང་། ཡི་ལི་དགོན་སོགས་ཆོས་སྡེ་ཁག་གི་མཁན་པོ། ཛ་སག་བླ་མ། ཧྭ་བླ་མ། སུ་ལ་བླ་མ།
དབུ་ཆོས་སོགས་སེར་སྐྱ་སྟོང་ཕྲག་མང་པོ་ཚིབས་བསུར་འབྱོར། གོང་མ་ཆེན་པོ་ནས་རྗེ་བླ་
མ་མཆོག་ལ་སྐུའི་འཚམས་ཞུར་རབ་དཀར་ལྷ་རྫས་སྲིད་དུ་རིང་བ་གནང་བ་འབུལ་བ་སོགས་
ཀྱི་ཆེད་ནང་གི་བློན་ཆེན་ཨེར་ཨེ་ཕུ་དང་ཧོས་ཐྲ་ཞིན་བཅས་སྐུ་གམ་དུ་འབྱོར་སྐབས་རྗེ་ཉིད་
ནས་ཕེབས་བྱམས་འཛོག་པ་གནང་བཞེད་ལ་ནང་བློན་གཉིས་ནས་དེ་ལྟར་གནང་མི་དགོས་
ཞེས་གསོལ་ཏེ་གོང་མ་ཆེན་པོའི་བཀའ་ལས། ངེད་པཎ་ཆེན་ཨེར་ཏེ་ནི་དང་ད་ལྟ་མཇལ་རྒྱུ་
ཡིན་སྙམ་དགའ་སྤྲོ་ཆེན་པོ་མཆིས། པཎ་ཆེན་ཨེར་ཏེ་ནི་ཕེབས་ལམ་ཐུགས་མ་སུན་པར།
སྐུ་དྭངས་བཞིན་པར་ཕེབས་ཀྱི་ཡོད་དམ། ངེད་རང་གི་མདུན་ལ་ཕྱིར་བའི་ཁྲིམས་ལས་ཀྱི་

ཡོ་བྱད་དང་ཕའི་ཐན། གདུགས། རྒྱལ་མཚན། བ་དན། མགྱོགས་བྱམས་བཅས་འཁྱེར་ལ། པཎ་ཆེན་ཨེར་ཏེ་ནི་ལ། ངེད་རང་གི་ཕེབས་བྱམས་འདིའི་ནང་ལ་བཞུགས་ཏེ་ཕེབས་དགོས་ཞེས་གསེར་གྱི་བཀའ་ཕབ་པར། རྗེ་ཉིད་ནས་དགྱེས་གྲུས་བསམ་གྱིས་མི་ཁྱབ་པ་དང་བཅས་ལྷ་རྫས་གསོལ་རས་ཞུས་ཏེ་གོང་མ་ཆེན་པོའི་སྐུའི་འཚམས་ཞུ་མཛད། དེ་ནས་ནང་བློན་ཆེན་པོ་ཨེར་ཨེ་ཕུ་སོགས་ནས་ཕྱག་དབང་ཞུས་ཤིང་སོ་སོར་དགྱེས་པའི་གསུང་སྩལ། ལྷ་སྲས་དྲུག་པ་ཆེན་པོ་དང་། ནང་བློན་གཉིས་སོགས་ཀྱི་མདུན་བདར་ཏེ། ཧྲ་ཕུ་སི་ཞེས་པའི་ནང་གི་དགོན་པ་ཆེན་པོ་ཞིག་འདུག་པ་དེར་ཕེབས་ཏེ་བ་ན་ལམ་གྱི་གཡས་གཡོན་གཉིས་སུ་གོང་མ་ཆེན་པོའི་ཁྲིམས་ལས་ཀྱི་ཡོ་བྱད་དང་། ཁ་དོག་མི་གཅིག་པའི་གོས་བཟང་པོའི་དབུ་གདུགས་མང་པོ་དང་། རྔ་དར། འཕན། རྒྱལ་མཚན། བསིལ་ཡབ་སོགས་ཐོགས་པའི་དཔའ་བོ་སྟག་ཤར་དུ་མ་དང་། དགེ་འདུན་མང་པོའི་སེར་སྦྲེང་གིས་མདུན་བསུས། རྒྱལ་མོ་རོང་། ཚབ་མདོ། བྲག་གཡབ། འབའ་ལི་རྒྱལ་སོགས་ཁམས་ཀྱི་རྒྱལ་ཕྲན་བཅོ་བརྒྱད་ཀྱི་མི་སྣ། མིས་ཙང་ཧུན་དང་བཅས་པ་དང་ཨོའི་རོད་ཧུན་གར་སོགས་ཀྱི་སྐྱེ་བོ་བརྒྱ་ཕྲག་མང་པོར་ཕེབས་བྱམས་ནས་ཕྱག་དབང་གི་བྱིན་རླབས་གནང་ཞིང་། དྲག་གྲས་འགའ་ཞིག་ལ་གསུང་གི་སྣང་བའང་སྩལ། ཧྲ་ཕུ་སིའི་མདུན་གྱི་ཐང་ཡངས་པར་གོང་མ་ཆེན་པོའི་དབུ་གུར་ཁྱད་པར་དུ་འཕགས་པ་ཕུབ་པའི་ནང་། གོང་གི་ཕེབས་བྱམས་དང་གསོལ་ཇ་བཅས་ཀྱི་གྲ་སྒྲིག་མཛད་འདུག་པ་དེར་ལྷ་སྲས་དྲུག་པ་ཆེན་པོ་དང་ནང་བློན་གཉིས་ནས་སྤྱན་དྲངས། གོང་ནས་གནང་བའི་གསོལ་ཇ་དང་གསོལ་ཚོ་བཏེག དེ་ནས་ཕེབས་བྱམས་སྤྱན་ལམ་དུ་བདར་ཏེ། གོང་མ་ཆེན་པོའི་བཀའ་ལས། ས་ཆ་འདི་ཉིད་ནས་བཟུང་ཞི་ཧོར་པོ་བྲང་ཆེན་པོའི་བར་ངེད་རང་གི་ཕེབས་བྱམས་འདི་ལ་ཕེབས་དགོས། དེས་ན་ངེད་ལ་ཡང་བྱིན་རླབས་ཆེན་པོ་ཡོང་ཞེས་ཕེབས་ཚུལ་རྣམས་ཞིབ་ཏུ་ཞུ་བ་མཛད་པར། རྗེ་བླ་མ་མཆོག་གི་ཐུགས་དགྱེས་བཞིན་དུ་ཕེབས་བྱམས་དེ་ཉིད་ལ་ཕེབས། དེ་ནས་ཧྲ་ཕུ་སིར་རྗེ་ལྷུང་སྐྱ་རིན་པོ་ཆེ་བཞུགས་ཡུལ་ལྷ་ཁང་དུ་ཞབས་ཏོག་སོགས་གྲ་སྒྲིག་མཛད་འདུག་པར་དེར་ཙུང་ཟད་ཕྱོད་བཞུགས་གནང་། དེ་འཕྲུལ་ལྷ་སྲས་དྲུག་པ་དང་ནང་བློན་རྣམས་ནས་གོང་མ་བདག་པོ་ཆེན་པོ་པཎ་ཆེན་ཨེར་ཏེ་ནི་དང་མཇལ་བ་ལ་རེངས་པའི་ཚུལ་གྱིས

ཕེབས་སྒྲུག་གནང་འདུག་པས་མྱུར་དུ་ཕེབས་དགོས་ཀྱི་བཙ་བྱུང་མ་ཐག་རྗེ་བླ་མ་མཆོག་ཀྱང་ཐུགས་ཤིན་ཏུ་དགྱེས་ཉམས་ཆེ་བ་དང་བཅས་ཕེབས་པར་མང་མ་བཀྲ་ཤིས་ལྷུན་པོར་གཏོང་བ་གནང་ནས་དཔོན་གཡོག་ལྔ་བཅུ་སྐོར་ཕོ་བྲང་ཕྱོགས་སུ་བཏེག ཕེབས་ལམ་གཡས་གཡོན་དུ་ཙོ་ན་བ་དང་མན་ཧྲུ། སོག་པོ་བཅས་སྐྱེ་བོ་ཁྲི་ཕྲག་མང་པོ་པུས་བཙུགས་ཀྱིས་འཁོད་དེ་གུས་འདུད་བྱེད་མཁན་ལ་སོགས་པའི་མིའི་ཁྲོམ་ཤིན་ཏུ་ཆེ་བ་མཆིས། དེ་ནས་རིམ་གྱིས་ཕེབས་པ་ན། གོང་མ་ཆེན་པོའི་སྐུ་མདུན་གྱི་ཡོ་བྱད་གདུགས། རྒྱལ་མཚན། བ་དན། ཁྲིམས་ལས་ཀྱི་ཤིང་རྣམས་གཟི་བརྗིད་བཟོད་པར་དཀའ་བ། པི་ཝང་། གླིང་བུ། ཛ་ཧ། ཧ་རླུམ། དུང་ཆེན་གཙུས་མ་དང་ཁ་རླུམ་སོགས་རོལ་མོ་རྣམས་གྲངས་མང་པོ་དུས་གཅིག་ཏུ་དཀྲོལ་བ་དང་འབུད་པ་དང་བརྡུང་བའི་སྒྲ་ཧམ་བརྗིད་ཡིད་དུ་འོང་བ། རྒྱལ་སྲིད་རིན་པོ་ཆེ་སྣ་བདུན་དང་བཅས་པའི་འཁོར་ལོས་བསྒྱུར་བའི་རྒྱལ་པོའི་ཆེ་བ་དང་ལྡན་པའི་གཟི་བརྗིད་འཆི་མེད་དབང་པོའི་དཔལ་ལ་འགྲན་དུ་བཟོད་པ། ཕོ་བྲང་ཆེན་པོའི་ལྟགས་རི་ཁོར་ཡུག་ཤིན་ཏུ་ཡངས་པའི་རྒྱལ་སྒོའི་འགག་གཙང་འཁྲིས་ཞེས་པའི་ར་བ་ཆེན་པོའི་འཁྲིས་སུ་འབྱོར་པ་ན་ཞབས་ཕྱི་རྣམས་ཀྱིས་རྟ་ལས་བབས། རྒྱལ་སྒོའི་ནང་ཕེབས་ལམ་གྱི་གཡས་གཡོན་དུའང་ལས་ཞྭ་ལས་གོས་གོང་ལྟར་གྱི་དཔའ་བོ་སྟག་ཤར་དུ་མ་ཚར་དུ་དངར་བའི་ལག་ན་ཁ་དོག་རྣམ་པར་བཀྲ་བའི་གོས་བཟང་པོའི་གདུགས་དང་། བསིལ་ཡབ་ལ་སོགས་པའི་མཆོད་རྫས་ཀྱི་བྱེ་བྲག་དཔག་ཏུ་མེད་པ་མཛེས་ཤིང་ཧམ་བརྗིད་དང་ལྡན་པ་དག་དང་རྒྱལ་སྒོ་རིམ་པ་མང་པོ་བགྲོད་པས་ཕོ་བྲང་ཆེན་པོའི་གཟིམས་ཆུང་ནང་མའི་འགག་བར་རྗེ་བླ་མ་མཆོག་ཕེབས་བྱམས་ལས་མ་གཞོལ་བར་ཕེབས་དགོས་པའི་གོང་གི་བཀའ་བྱུང་ཡང་། གོང་མ་བདག་པོ་ཆེན་པོ་ཕོ་བྲང་ནང་མའི་གཟིམས་ཆུང་འགག་ཏུ་ཕེབས་པ་གཟིགས་མ་ཐག་ཕེབས་བྱམས་ལས་གཞོལ་བ་མཛད་དེ། ལྷ་སྲས་དྲུག་པ་ཆེན་པོ་དང་ནང་བློན་གཉིས། གསོལ་དཔོན་མཁན་པོ་བཅས་ནས་ཕྱག་འབྲེལ་དང་ཞབས་ཕྱི་ཞུས་ཏེ་ཕེབས་པ་ན། གཟིམས་ཆུང་ནང་མའི་འགག་དེར་འཁོར་ཚོགས་མདུན་ན་འདོན་རྒྱལ་ཕྲན་གྲངས་མེད་པས་བསྐོར་ཏེ་བཞུགས་འདུག་པར་མཆོད་ཡོན་རྣམ་གཉིས་ཐོག་མར་གསེར་ཞལ་འཛོམ་འཕྲལ་རྗེ་ཉིད་ནས་གོང་མ་བདག་པོ་ཆེན་པོར་ནང་མཛོད་ཁ་བཏགས། སྐུ་བརྟན་ལི

མ། སུ་ཧྲིག་གི་ཤལ་པ་རིན་པོ་ཆེའི་རྒྱན་ལྡན་བཅས་འབུལ་བ་མཛད། འཚམས་ཞུ་ཞུ་སྐབས་ཕྱུས་འཛུགས་གནང་རྗེས་མཛད་པ་ན། གོང་མ་ཆེན་པོ་ནས་ཐུགས་རིངས་པའི་ཚུལ་གྱིས་རྗེ་ཉིད་ཀྱི་ཕྱག་ནས་འཇུ་བ་གནང་སྟེ་བླ་མ་ཞབས་ཕྱུས་འཛུགས་པ་མ་གནང་ཞེས་བོད་སྐད་དུ་བཀའ་ཕེབས། གོང་མ་ཆེན་པོ་ནས་དགྱེས་གུས་ཆེན་པོས་རྗེ་ཉིད་ལ་ནང་མཛོད་ཁ་བཏགས་དྲི་མེད་སྲིད་དུ་རིང་བ་འབུལ་བ་གནང་སྟེ་བླ་མ་སྐུ་ཁམས་དྭངས་པོ་ཨེ་བྱུང་། ས་ཐག་རིང་པོའི་ཕེབས་ལམ་ལ་ཐུགས་སུན་པོ་བྱུང་ཡོད་འགྲོ་ཞེས་བཀའ་ཕེབས་པར། གོང་མ་ཆེན་པོའི་ཐུགས་རྗེས་སྐྱོན་གཏན་ནས་མ་བྱུང་། ཞེས་ཞུ་བ་མཛད་པར། དགྱེས་པ་ཆེན་པོས་ཡི་ཁེ་པ་ཡར་ཞེས་བཀའ་ཕེབས་ཏེ་རྗེ་བླ་མ་མཆོག་ལ་གོང་མ་ཆེན་པོ་རང་ནས་ཕྱག་འབྲེལ་ཞུ་བ་གནང་སྟེ་གཟིམས་ཆུང་སྨུགས་མར་གསེར་ཁྲི་མཐོ་ཞིང་ཡངས་པ་གཅིག་གི་སྟེང་ཕན་ཚུན་ཞལ་སྤྲོད་ཀྱིས་བཞུགས་ཏེ་གསུང་གླེང་མཛད། དེ་ནས་མྱུར་བ་ཉིད་དུ་རྗེ་ལྕང་སྐྱ་རིན་པོ་ཆེ་ནས་མཆོད་ཡོན་རྣམ་གཉིས་ལ་མཇལ་དར་འབུལ་བ་གནང་། ཕུ་བོ་འཕྲིན་ལས་པ་མཆོག་དང་གསོལ་དཔོན་གངས་ཅན་མཁན་པོ་སོགས་ཞམ་རིང་པ་རྣམས་ནས་རིམ་བཞིན་མཇལ་དར་ཕུལ་བར་ཐུགས་དགྱེས་པའི་བཀའ་དང་བཅས་སོ་སོར་ཁ་བཏགས་ཀྱི་གསོལ་རས་སྩལ། གསོལ་ཇ་བཏེག་བྱུང་བའི་དུས་གོང་མ་ཆེན་པོ་ནས། རྗེ་བླ་མ་མཆོག་ལ་གསོལ་ཇ་མཆོད་ཅེས་བཀའ་ཕེབས་ཏེ་གསོལ་མཉམ་མཛད། དེ་ནས་ཏྲ་ལའི་བླ་མའི་སྐུའི་མཚམས་འདྲི་གནང་རྗེས། པཎ་ཆེན་ཨེ་ཏེ་ཝེ་དགུང་ལོ་ཇི་ཙམ་དུ་ཕེབས། དགུང་སློང་གང་ཡིན། ངེད་དགུང་ལོ་བདུན་ཅུའི་བ་ཡར་ཆེན་པོའི་ཐོག བླ་མ་ཉིད་དགྱེས་བཞིན་དུ་ཕེབས་པ་ལ་ངེད་ཀྱི་སེམས་ལ་དགའ་སྤྲོ་ཆེན་པོ་བྱུང་། མདོ་སྔགས་ཀྱི་བསྟན་པ་དང་སེམས་ཅན་ལ་ཡང་ཕན་པ་ཆེན་པོ་ཡོང་འདུག ཕྱོགས་འདིའི་སྐྱེ་བོ་མཆོག་དམན་ཐམས་ཅད་དགའ་སྤྲོ་ཆེན་པོ་བྱེད་འདུག་ཚུལ་སོགས་ཐུགས་མཆོག་ཏུ་དགྱེས་པའི་བཀའ་ཞིབ་ཏུ་ཕེབས་པར། གོང་མ་ཆེན་པོ་ཆེ་བའི་ཡོན་ཏན་ལས་བརྩམས་པའི་གསུང་བཤད་སྔོན་དུ་འགྲོ་བའི་ལན་རྒྱས་པར་འབུལ་བ་མཛད། གོང་མ་ཆེན་པོ་ནས་ལྕང་སྐྱ་རིན་པོ་ཆེར། ཧུ་ཐོག་ཐུ། དེ་རིང་བ་ཡར་ཆེན་པོ་བྱུང་ངོ་། ཞེས་ཕེབས་པར། དེ་རིང་སྐུ་ཞབས་མཆོད་ཡོན་གཉིས་ཞལ་འཛོམ་གནང་བར་གནམ་གཤིས་ཡག་པ་བཅས་རྟེན་འབྲེལ་ལེགས་ཤིང་བ་ཡར་ཆེན་པོ་

གཞན་དང་མི་འདྲ་བ་བྱུང་ཞེས་ཞུ་བ་མཛད། དེ་ནས་རྗེ་བླ་མ་མཆོག་དང་གོང་མ་བདག་པོ་
ཆེ་པོ་རྣམ་གཉིས་འཁོར་ཉུང་བསྡུས་ཀྱིས་ཕོ་བྲང་ནང་མའི་གཟིམས་ཆུང་དང་ལྷ་ཁང་ཁག
མང་ལ་ཞབས་སོར་མཛོན་པར་བཀོད་དེ་སྐུ་གསུང་ཐུགས་རྟེན། བཞུགས་གནས་གཞལ་
མེད་ཁང་དང་བཅས་པ་ཚང་མར་བཀྲ་ཤིས་ཀྱི་ཚིགས་སུ་བཅས་པའི་མེ་ཏོག་གི་ཆར་ཆེན་
འབེབས་པར་མཛད། གཟིམ་ཆུང་དེ་དག་གི་བར་བར་ན་ཡིད་དུ་འོང་བའི་ལྗོན་ཤིང་དང་།
ཁ་དོག་སྣ་ཚོགས་པ་ཅན་གྱི་མེ་ཏོག་དུ་མ་ཡོད་པའི་སྐྱིད་སོས་ཚལ་འཆི་མེད་དབང་པོའི་
དགའ་ཚལ་དང་མཚུངས་པ་འདུག་པ་དེ་དག་གི་དབུས་སུ་ཕེབས་པ་དང་གོང་མ་ཆེན་པོ་
ནས། བླ་མ་འདི་ནས་ཡར་ལ་གཟིགས་རྟོག་གནང་དང་། སྟེང་བརྒྱུད་འདི་ཐམས་ཅད་
ཀྱང་ལྷ་ཁང་དང་ངེད་རང་གི་འདུག་གནས་གཟིམས་ཆུང་ཡིན། འདི་རྣམས་ལ་ཡང་སྤྱན་
དམིགས་ཀྱི་ཕྱག་ནས་གནང་དགོས་ཕེབས་པ་བཞིན། སྤྱན་དམིགས་གང་གཟབ་ཀྱི་སྒོ་ནས
ཕྱག་ནས་ཡང་དག་པ་གནང་། དེ་ནས་རིམ་གྱི་ཕེབས་པ་ན་མཆོད་སྦྱིན་བརྒྱ་པའི་ཁང་
བཟང་རྣམ་པར་རྒྱལ་བྱེད་དང་མི་གཉིས་པའི་གཟིམས་ཆུང་ཕོ་བྲང་ཞིག་ཏུ་གསེར་ཁྲི་མཐོ་
ཞིང་ཡངས་པ་བཤམས་པའི་སྟེང་མཆོད་ཡོན་གཉིས་ཞལ་སྤྲོད་ཀྱིས་བཞུགས་གདན་འཛགས
པར་གསོལ་ཇ་བཏེག གོང་མ་ཆེན་པོ་ཐུགས་ཤིན་ཏུ་དགྱེས་པའི་ཉམས་དང་བཅས། ཕྱིར་
དོན་དམ་པ་ན་རང་གི་དང་བས་གསོལ་བ་བཏབ་ཕྱིན། བླ་མ་དངོས་སུ་མཇལ་བ་དང་མ་
མཇལ་བ་ལ་དབྱེ་བ་མེད་ཀྱང་། དེ་རིང་བླ་མ་ཉིད་དང་མཇལ་བ་ནི་ངེད་ཀྱི་སེམས་ཤིན་ཏུ་
དགའ། ངེས་པར་སྔོན་གྱི་སྨོན་ལམ་བཟང་པོའི་འབྲེལ་བ་ཡོད་པའི་རྟགས་སུ་སྣང་ཞེས
ཕེབས་ཏེ། ཕན་ཚུན་ཐུགས་མཆོག་ཏུ་དགྱེས་པའི་གསུང་གླེང་འཕེལ། སྐབས་འདིར་གོང་
མ་ཆེན་པོའི་སྐུ་ལ་བཞེས་པའི་རིན་ཐང་བྲལ་བའི་མུ་ཏིག་སྤུས་ལེགས་ཁམ་ཚོག་ཙམ་གྱི་
མགུལ་ཕྲེང་རིན་པོ་ཆེའི་རྒྱན་ལྡན་ངོ་མཚར་རྨད་དུ་བྱུང་བ་གཅིག གོས་སེར་མངགས
བཏགས་ཀྱི་དབུ་ཞྭ་བསེ་ཐེབ་གཟུགས་མུ་ཏིག་རྫོག་ཤིན་ཏུ་ཆེ་བའི་ཏོག་གསེར་པོམ་ཅན་དང་
མདུན་རྟགས་སུ་མུ་ཏིག་ཆེ་ལེགས་ཀྱིས་མཛེས་པ། གཡང་ཏིའི་ཡིད་བཞིན་འགུགས་པའི་
ལྕགས་ཀྱུ་རྣམས་རྗེ་ཉིད་ལ་འབུལ་གནང་དང་ཆབས་ཅིག་དེ་རིང་ཉེ་མ་བཟང་ཞིང་རྟེན་
འབྲེལ་ལེགས་ཚུལ་ལ་སོགས་པའི་ཐུགས་རྗེ་མུ་མཐའ་མེད་པས་ཐུགས་མཆོག་ཏུ་དགྱེས་པའི་

གསེར་གྱི་བཀའ་བཟང་པོ་བསམ་གྱིས་མི་ཁྱབ་པ་སྩལ། དེ་ནས་ལྷག་སྒོ་བྱང་མའི་ནང་བར་གོང་མ་ཆེན་པོ་ཕེབས་ནས། ཕྱག་འབྲེལ་གྱིས་ཕེབས་སྐྱིལ་ཞུ་བ་གནང་སྟེ། རྗེ་བླ་མ་མཆོག་ལ་དེ་རིང་སྒྲོ་པོ་བྱས་ཏེ་བཞུགས། སང་ཉིན་མཇལ་ཚོག་ཅེས་བཀའ་བཟང་པོ་སྩལ། ལྷག་སྒོ་དེ་ཉིད་ཀྱི་འགག་ཏུ་རྗེ་ལྕང་སྐྱ་རིན་པོ་ཆེ་དང་བཙན་པོ་སྨིན་གྲོལ་ནོ་མོན་ཧན། ཕྱག་མཛོད་དྲུང་པ་ཧུ་ཐོག་ཐུ། ཧར་ཆེན་ཕང་རནྣ་སིདྡྷི། ཨེ་ཕུ་ཆོས་རྒྱལ་དང་དགེ་འདུན་སྐྱབས། སངས་རྒྱས་རྒྱལ་སོགས་བློན་པོ་མང་པོ་རྗེ་ཉིད་ཀྱི་ཞམ་རིང་གཟིམས་མགྲོན་སོགས་ཕེབས་བསྐུགས་ཞུ་བཞིན་འཁོད། སྐབས་འདིར་གཟིམས་སྒུགས་རྣམས་སུ་རྗེ་ཉིད་ཀྱི་ཞབས་ཕྱིར་གསོལ་དཔོན་གངས་ཅན་མཁན་པོ་དང་གོང་མ་ཆེན་པོའི་ཞབས་ཕྱིར་ལྷ་སྲས་དྲུག་པ་ཆེན་པོ་དང་ནང་བློན་ཨེར་ཨ་ཕུད་དང་ཧོས་ཐུ་ཞིན་གཉིས་མཆས་ཤིང་དེ་དག་དང་རྗེ་ལྕང་སྐྱ་རིན་པོ་ཆེ་བཅས་ལ་གང་གི་བཀའ་ལས། ཁྱེད་ཆོས་པ་ཊ་ཆེན་ཨེར་ཏེ་ནི་ཕར་ལམ་ཕེབས་ལམ་གྱི་སྐྱིད་སོས་ཚལ་སོགས་ལ་སྤྱན་དྲངས་ལ་བཀྲ་ཤིས་ལྷུན་པོའི་བར་ཞབས་ཕྱི་ཞུས་གསུང་བཞིན་མཛད་དེ་སྐྱིད་སོས་ཚལ་རྣམས་སུ་ཕེབས་ནས་བདེ་ལེགས་ཕུན་སུམ་ཚོགས་པ་འབྱུང་བའི་བཀྲ་ཤིས་ཀྱི་མེ་ཏོག་གི་ཆར་ཕབ། ཕོ་བྲང་དེ་ཉིད་ནས་རྒྱང་གྲགས་ཙམ་གྱིས་བར་ཚོད་པའི་ལྷུགས་རིའི་རྒྱལ་སྒོའི་འགག་ན་ཞབས་འབྲིང་བྱིངས་དང་རྟ་དར། ཆིབས་བསུ་བ་བཅས་འདུག་པ་རྣམས་དང་ཆབས་ཅིག་རིམ་གྱིས་ཕེབས་པ་ན། ཕོ་བྲང་ཆེན་པོའི་བྱང་ངོས་རྒྱང་གྲགས་གཅིག་ཙམ་གྱི་སར་དབུས་སུ་ཚུ་གླུང་དལ་གྱིས་འབབ་པའི་ལུང་པ་ཁ་ཤར་ལྷ། ཕུ་ན་ལྷུགས་རི་ཁོར་ཡུག་ཏུ་བྲིས་པའི་ནང་རི་གླུང་ཐམས་ཅད་རྩྭ་ལྗང་སྨྱུ་གུས་ཁྱབ་པ་འབྲས་བུ་ཅན་ལ་སོགས་པ་ཡིད་དུ་འོང་བའི་ཤིང་གི་རིགས་རྣམ་པ་མང་པོ་དང་སྲོག་ཆགས་སྣ་ཚོགས་དང་ལྡན་པའི་བཅོས་མའི་མཚོ་སོགས་ས་གཞི་མཛེས་པར་བྱེད་པའི་རྒྱན་གྱི་བཀོད་པ་ཕུན་སུམ་ཚོགས་པ་དང་། དེའི་དབུས་སུ་ཕོ་བྲང་ཡོང་སྒོ་ཀོན་ཞེས་པ་དང་མདོར་དགྲ་བཅོམ་ཀུན་གསལ་ལྷ་ཁང་ཞེས་པ་འཕགས་ཡུལ་དུ་སངས་རྒྱས་བཅོམ་ལྡན་འདས་འཚོ་གཞེས་ཀྱིས་དུས་སྡོམ་པ་སྩོལ་བའི་ཀུན་དགའ་ར་བ། ལུགས་ཀྱི་དགོན་གནས། དེའི་མདོར་རྒྱུད་གྲྭ་ལུགས་ཀྱི་འཇམ་དཔལ་མཚན་ལྡན་ལྷ་ཁང་དང་པོ་ཏ་ལ་སོགས་རིམ་བཞིན་མཆེས་པའི་མདའ་ན་ས་གཞིའི་མཛེས་རྒྱན་རྩྭ་ལྗང་སྨྱུ་གུ་དང་། འབྲས་བུ་ཅན་གྱི་མཆོད་པའི་ལྗོན་

ཞིང་སོགས་དགེ་མཚན་དུ་མས་སྤྲ་བའི་ས་འཛིན་ཡིད་དུ་འོང་བའི་ངོས། གོང་མ་ཆེན་པོ་ནས་དངུལ་སྲང་འབུམ་ཕྲག་མང་པོས་མཐུན་རྐྱེན་སྒྲུར་ཏེ་རྗེ་བླ་མ་མཆོག་གི་བཞུགས་གནས་སུ་ཆེད་གཉེར་བཞེངས་པའི་ཆོས་སྡེ་ཆེན་པོ་བཀྲ་ཤིས་ལྷུན་པོ་ཞེས་པ་ཕོ་བྲང་དང་གཙུག་ལག་ཁང་དང་མཆོད་ཁང་ཆེན་པོ་རྣམ་གཉིས་དང་ཁང་པ་དང་ཁང་ཕྲན་ལ་སོགས་པ་གཙང་གི་བཀྲ་ཤིས་ལྷུན་པོ་དང་མཚུངས་པ་ལ་སྒྲོག་ཆགས་ཀྱི་གཟུགས་འགྲོས་སོགས་རྣམ་བརྗིད་དང་ལྡན་པའི་མཛེས་ཆོས་དུ་མས་ཁྱད་པར་དུ་འཕགས་པ་ལྷའི་སྐྱིད་ཚལ་ལྟ་བུ་སྲ་བརྟན་ཡིད་དུ་འོང་བའི་ལྕགས་རི་ཆེན་པོ་གྲུ་བཞི་པས་ཁོར་ཡུག་ཏུ་བསྐོར་བ། དབུས་ཆེ་ཞིང་གཡས་གཡོན་གཉིས་ཅུང་ཟད་ཆུང་བའི་གཞུང་སྒོ་སྟོ་བལྟ་སུམ་གཤིབས་ཀྱི་དབྱིངས་སུ་བཀྲ་ཤིས་ལྷུན་པོ་ཞེས་པའི་པན་གྱིས་གཟེངས་བསྟོད་ཅིང་། སྒོ་ཁང་རྒྱ་ཕིབས་ཀྱིས་མཛེས་པ། ཐུབ་བསྟན་སྤོས་ངད་ཀུན་ལྡང་ཞེས་པ་དང་ཆོས་དབྱིངས་ལྡན་མ་གྲུབ་ཅེས་པའི་པན་གྱིས་རིམ་པ་བཞིན་དུ་མཚན་པའི་རྒྱལ་སྒོ་ཤར་ནུབ་སྒོ་ཁང་རྒྱ་ཕིབས་སོགས་གོང་མཚུངས། བྱང་དུ་རྒྱབ་རིའི་དབྱིངས་སུ་ཤར་ཕྱིན་གྱི་མདོ་ནས་གསུངས་པའི་མཆོད་རྟེན་མཐོ་ཞིང་ལྷུན་བརྗིད་ཆགས་པ། རྩེ་མོར་མ་ཏད་ཀྱི་མཛེས་པ་འགོག་པའི་ཏོར་ཕིབས་ཀྱིས་མཚན་པ། གཞན་ཡང་གསེར་ཟངས་ཀྱི་རྒྱ་ཕིབས་སོགས་ཀྱིས་མཛེས་པའི་གཙུག་ལག་ཁང་དུ་རྡོ་གཅལ་དང་བདེ་ཡངས་ཀྱི་དབུས་དང་། མཆོད་ཁང་ཆེན་པོ་ཤར་མ་དང་ནུབ་མ་དང་ཕོ་བྲང་རྣམས་ལ་རིམ་པ་བཞིན་དུ་ངོ་མཚར་བཀོད་པ་ཞེས་པ་དང་། དག་ཞིང་ཀུན་འདུས་ཞེས་པ་དང་། ཉི་འོད་འཁྱིལ་ཞེས་པ་དང་། ཡིད་དགའ་རབ་འཕེལ་ཞེས་པ་དང་། བཀྲ་ཤིས་ཆོས་དགའ་ཞེས་པ་དང་། དམ་ཆོས་འབྱུང་གནས་ཞེས་པའི་པན་གྱིས་གཟེངས་བསྟོད་པ། དེ་དག་རྣམས་ཀྱང་མཛེས་ཤིང་ཡིད་དུ་འོང་ལ་སྒྲོ་ཞིང་བག་ཕེབས་པ་ནི་ལྷའི་གཞལ་ཡས་ཁང་ལྟ་བུ། སངས་རྒྱས་བྱང་སེམས་དངོས་དང་དཔེར་མ་མཆིས་པའི་སྐུ་བརྙན་སོགས་རྟེན་གསུམ་མཆོད་རྫས་དང་བཅས་པ་ནི་དག་པའི་ཞིང་གི་བཀོད་པའི་རྗེས་སུ་འགྲོ་བ། དུས་མཚམས་སོ་སོར་དབྱུག་གུས་བསྐུལ་བ་ལས་སྣང་ཞིང་ཡིད་དུ་འོང་བའི་སྒྲ་འབྱིན་པའི་དུས་ཚོད་འཁོར་ལོ་རྣམ་པ་མང་པོ་ནི་སྒྱུ་མ་མཁན་གྱིས་སྤྲུལ་པ་ལྟ་བུ། མཁོ་དགུའི་ཡོ་བྱད་ནི་རྒྱུགས་འཛིན་དབང་པོའི་བང་མཛོད་དང་མི་གཉིས་པ་རྣམས་ཏེ། མདོར་ན་ཕྱི་ནང་གི་རྒྱན་

དང་བཀོད་པ་དང་རྟེན་དང་ཡོ་བྱད་ལ་སོགས་པ་ཕུན་སུམ་ཚོགས་པ་མཐའ་དག་པ་བསམ་བརྗོད་ཀྱི་ར་བ་ལས་འདས་པའི་ཆོས་སྡེ་ཆེན་པོ་བཀྲ་ཤིས་ལྷུན་པོར་ཕེབས་ཉེ་བ་ན། འཇུག་ངོགས་ཀྱི་གཡས་གཡོན་དུ། གདུགས། རྒྱལ་མཚན། འཕན། ཕྱེ་ཕུར། རྔ་དར། ཁྲིམས་ལས་ཀྱི་ཡོ་བྱད་སོགས་རྣམ་མང་གོང་མ་ཆེན་པོ་ཆིབས་བསྒྱུར་སྐབས་ཇི་ལྟ་བ་བཞིན་ཚར་དུ་དངར། དགེ་འདུན་རྣམས་ནས་མཆོད་རྫས་སྣ་ཚོགས་ཐོགས་པའི་སེར་སྦྲེང་གིས་མདུན་བསུས། བཀྲ་ཤིས་ལྷུན་པོའི་རྗེ་གཙལ་དུ་གཟིམས་གུར་སེར་པོ་ཕུབས་པར་སྤྱན་དྲངས། གོང་མ་ཆེན་པོའི་མཛོད་ནས་རྒྱ་ལུགས་ཀྱི་སྟོན་ཆེན་དང་འབྲེལ་བའི་བསྙེན་བཀུར་མཆོག་ཏུ་གཟབ་པའི་ཐོག རྗེ་བླ་མ་མཆོག་ལ་བསྟོད་བསྔགས་ཀྱི་ཚོགས་སུ་བཅད་པ་གོང་གི་བཀའ་རྩོམ་དོན་དང་ཚིག་འབྲུ་བཟང་པོའི་ཤོ་ལོ་ཀ་ཁ་ཤས་སླུ་དབྱངས་སྙན་པོའི་ལམ་ནས་དྲངས་པའི་ཟློས་གར་གྱི་རྩེད་ལྟའི་གཟིགས་འབུལ་བསྟར། དེ་ནས་གཟིམས་ཆུང་དུ་ཞབས་ཟུང་བཀོད། ལྷ་སྲས་དྲུག་པ་ཆེན་པོ་དང་ནང་གི་བློན་ཆེན། རྗེ་ལྕང་སྐྱ་རིན་པོ་ཆེ། བཙན་པོ་སྨིན་གྲོལ་ནོ་མོན་ཧན། ཏ་ཚག་སྤྲུལ་པའི་སྐུ། ར་ཁོ་ཏུ་ཐོག་ཐུ། པཎྜི་ཏ་མཁན་པོ་སངས་རྒྱས་འོད་ཟེར། ཇ་སག་བླ་མ་དགེ་ལེགས་ནམ་མཁའ། ཕེབས་བྱམས་འདེགས་མི་ཉུག་ཏུམ་རྣམས་དང་བཅས་པར་ཇ་གྲལ་གྱི་ཐོག་ཐུགས་དགྱེས་པའི་གསུང་གླེང་མཛད། གོང་མ་ཆེན་པོར་རྗེ་ཉིད་ནས་ཐོག་མའི་རྟེན་འབྱུང་དུ་ནང་མཛོད་ཁ་བཏགས། དངུལ་གྱི་མཎྜལ་སྣེ་འདོགས་ཅན། རྗེ་བཙུན་ཙོང་ཁ་པ་ཆེན་པོའི་སྣང་བརྙན་གསེར་གར་བླུགས་ལས་གྲུབ་པ་བཞུགས་ཁྲི་དང་བཅས་པ་རྒྱབ་ཡོལ་བྱང་ཆུབ་ཤིང་གི་སྡོང་བུ་རིན་པོ་ཆེ་དུ་མའི་ཕྲ་ལྡན་གྱི་ཙཀ་བདེ་མཆོག་ལྷན་སྐྱེས་འཁོར་བཅས་ཀྱི་སྐུ་བརྙན་ཡོད་པ། ཐུབ་དབང་གི་སྐུ་བརྙན་ལི་མ་བརྒྱད། གསེར་སྲང་སྟོང་ཕྲག་ཅིག །བྱུ་རུ་སྤོས་ཤེལ་གྱི་ཤལ་པ། སྤོས་མགོ་སྣམ་བུབས་དང་སྣམ་ཕྲུག་སྣ་ཚོགས། ཤེལ་དཀར། ཤིང་འབྲས་སོགས་འབུལ་བ་རྣམས་ཕུལ། གོང་མ་ཆེན་པོ་ནས། རྗེ་ཉིད་ལ་ཐོག་མའི་གནང་རྟེན། ལྷ་རྫས་ནང་མཛོད་དྲི་མེད་སྲིད་དུ་རིང་བ། གསེར་སྲང་སུམ་ཅུའི་མཎྜལ་དར་ཚོན་མངགས་བཏགས་ཆེ་ལེགས་ཀྱི་སྣེ་འདོགས་ཅན། དངུལ་གྱི་མཎྜལ། གསང་བདེ་འཇིགས་གསུམ་སོ་སོའི་སྐུ་ཐང་ཚོམས་གྲུབ་མ་ཁྱད་འཕགས་རེ། ཞལ་དཀར་ཡུ་རིང་གསེར་གྱི་སྟེགས་བཅས། གསེར་གྱི་ལྷུང་བཟེད། བཟེད་ཞལ། སྤྱི་

གླུགས། གསེར་གྱི་དྲ་ཕྱག་དང་སྤོས་ཕོར། གསེར་གྱི་པར་བུ་གྲུ་བཞི་གཡུ་སྤྲ་ཅན་ལྔ། གཡང་ཏིའི་ཕོར་གཟུགས་ཁེབས་ལྡན་གཅིག ཤེལ་ཕོར་བཅུ། ཤེལ་གྱི་མེ་དམ་དང་དྲ་ཕྱག་ཆ་རེ། ཤེལ་དམ་བཞི། དཀར་ཡོལ་ཡུ་ཐུང་། དཀར་དམ། དཀར་ཡོལ་གྱི་དྲ་ཕྱག་སོ་སོ་ནས་བཅུ་རེ། དཀར་ཡོལ་གྱི་ཡོལ་གོ་གཉིས། སྔོན་དམར་གྱི་ཡོལ་གོ་རྫ་རིང་ཟུང་། ཤིང་གི་ཧུས་ཅེ་ནག་པོ་སྨྲ་རྫི་མ་གཉིས། ནང་མཛོད་ཁ་བཏགས་ཕྱག་ལྔ་བརྒྱ། གསེར་སྲང་ལྔ་བརྒྱ། མཛོད་གོས་དམར་སེར་ཡུག་དགུ། མཛོད་གོས་ཡང་ཧྲན་ཡུག་ཉི་ཤུ། སྲམ་ལྤགས། གཟིག་ལྤགས། ཕ་ནག་གི་པགས་པ་སོ་སོ་ནས་དགུ་རེ། གཡི་དཀར་གྱི་པགས་པ་སྟོང་ཕྲག་གཅིག བྱི་བ་ནག་པོའི་པགས་པ་སྟོང་ཕྲག་གཅིག ཚར་ལྤགས་སྤུས་ལེགས་སྟོང་ཕྲག་གཅིག འཕྲིན་ལས་པ་ཆེན་པོར། ཤེལ་དང་དཀར་ཡོལ་གྱི་སྣོད་པ་ཁ་ཤས། གོས་ཡུག་ལྔ། ཕ་ནག་གི་པགས་པ་དགུ། ཁུག་མ་ཆ་ལྔ། གསོལ་དཔོན་གངས་ཅན་མཁན་པོར། ཤེལ་སྣོད་ཁུག་མ་སོགས་གོང་འདྲ། ཞབས་ཕྱི་ནང་མ་སོ་སོར། མཛོད་གོས་ཡུག་གསུམ་རེ་དང་ཁུག་མ་བཞི་རེ་བཅས་སྩལ།

ཆོས་ཉེར་གཉིས་ཀྱི་ཉིན་གོང་མ་ཆེན་པོ་ཕེབས་བྱམས་ཁྲིའུ་ཤིང་གི་སྟེང་དུ་བཞུགས་པ་མིས་བཏེག་སྟེ་སློན་པོའི་འཁོར་ཚོགས་དཔག་ཏུ་མེད་པ་དང་བཅས་ཞི་ཧོར་བཀྲ་ཤིས་ལྷུན་པོར་ཕེབས་སྐབས་ལམ་གྱི་གཡས་ཟུར་དུ་རྗེ་བླ་མ་མཆོག་གི་ཞབས་ཕྱི་དྲུང་འཁོར། སྣེར་གཡོག ནང་གཟན། ལག་དོ་རྣམས་གྲལ་བསྒྲིགས་ནས་པུས་མོ་བཙུགས་ཏེ་ཕྱག་འཚལ། སྔགས་པ་གྲྭ་ཚང་གི་རྡོ་རྗེ་འཛིན་པ་རྣམས་ཀྱིས་ཛ་རོལ་ལ་སོགས་པའི་མཆོད་རྫས་ཀྱི་བྱེ་བྲག་དཔག་ཏུ་མེད་པ་ཐོགས་པའི་སེར་སྦྲེང་དང་། མདོ་དར། སུཏྲ་ལ་སོགས་པའི་སྙན་འཇེབས་ལྡན་པའི་སྒྲ་དབྱངས་དང་བཅས་པས་ལེགས་པར་སྤྱན་བསུས་ཏེ་རྗེ་བླ་མ་མཆོག་དང་ལྷ་སྲས་ཆེན་པོ་དྲུག་པ། ལྕང་སྐྱ་རིན་པོ་ཆེ། ཧོས་ཐུ་ཞིན། ཧོར་གི་ཕམ་པན་ཅང་ཐུན་རྡོ་ཨམ་པན་དང་ལིའུ་ཨམ་པན། ཞམ་རིང་བ་ནང་མ་སོགས་དང་བཅས་རྒྱལ་སྒོའི་ཕྱི་རོལ་རྡོ་སྐས་བབས་མཚམས་སུ་ཕེབས་བསུར་བཅར་ཏེ་བཞུགས་པར་གོང་མ་ཆེན་པོ་ནས་རྗེ་བླ་མ་མཆོག་གཟིགས་མ་ཐག་ཕེབས་བྱམས་ལས་གཞོལ་ཏེ་རིངས་པའི་ཚུལ་གྱིས་ཕེབས་ནས་ཕྱག་ཐེབས་བརྐྱངས་ཏེ་བོད་སྐད་ཀྱིས་བླ་མ་སྐུ་དྭངས་པོ་ཞེས་འཚམས་ཞུ་དང་བཅས་ནང་

མཛོད་ཀྱི་མཛལ་དར་ཞིག་འབུལ་བ་གནང་ཞིང་། རྗེ་བླ་མ་མཆོག་ནས་ཀྱང་ནང་མཛོད་ཀྱི་མཛལ་དར་འབུལ་གནང་གིས་སྐུའི་འཚམས་ཞུ་གནང་། དེ་ནས་གོང་མ་ཆེན་པོ་ནས་རྗེ་བླ་མ་མཆོག་ལ་ཕེབས་བྱམས་ནང་བཞུགས་ཏེ་སྟོན་ལ་ཕེབས་ཞུ་བ་གནང་བ་བཞིན། རྗེ་བླ་མ་མཆོག་སྟོན་ལ་ཕེབས་ཏེ་འདུ་ཁང་ནང་བཞུགས་ཤིང་། དེ་ནས་གོང་མ་ཆེན་པོ་ཡང་དེ་འཕྲུལ་ཕེབས་གཤིས་དག་ཞིང་ཀུན་འདུས་ཞེས་པའི་གཙུག་ལག་ཁང་ཆེན་པོའི་དབུས་ཀྱི་འདུ་ཁང་ཆེན་མོ་ངོ་མཚར་བཀོད་པ་ཟེར་བར་མཉམ་མེད་ཐུབ་པའི་དབང་པོའི་སྣང་བརྙན་རིན་པོ་ཆེའི་སྐུ་མདུན་དུ་མཆོད་ཡོན་གཉིས་ནས་ཕྱག་འཚལ་དང་བཅས་བསྟན་འགྲོར་ཕན་བདེ་སྤེལ་བའི་ཐུགས་སྨོན་སྨིན་རྒྱས་སུ་གནང་སྟེ་གོང་མ་ཆེན་པོ་འདུ་ཁང་གི་ཤར་ངོས་ཀྱི་ཕོ་བྲང་དུ་ཕེབས། རྗེ་བླ་མ་མཆོག་གཟིམས་ཆུང་བཀྲ་ཤིས་ཆོས་དཀར་ཕེབས་ཐོག་གོང་མ་ཆེན་པོའི་ལྷུགས་སྨིན་ནས་བསྙེན་བཀུར་བསྟབས། གོང་ནས་གསོལ་བ་གནང་སྐབས་བླ་བྲང་ནས་གསོལ་ཇ། གསོལ་འབྲས། གསོལ་ཞིབ། རྒྱ་གར་གྱི་ལུགས་ཀྱི་ལ་དུ། ཆུ་མ་རག་བོད་ལུགས་ཀྱི་ལྷུགས་སྨིན་ཤིང་ཏོག་སྣ་ཚོགས་ཀྱི་དཀར་སྒྲོ་རྒྱས་པ་བཅས་བཏེག་བར་ཐུགས་དགྱེས་པའི་བཀའ་བཟང་པོ་ཕེབས། དེ་རྗེས་བཀྲ་ཤིས་ཆོས་དགའི་གཟིམས་ཆུང་མདོར་ཕེབས་ཏེ་ཁྲི་གཅིག་གི་སྟེང་མཆོད་ཡོན་གཉིས་ཕན་ཚུན་ཞལ་སྦྲོད་ཀྱི་ཚུལ་དུ་གསེར་ཞལ་ལྗན་རྒྱས་པ་མཛད། སྐྱབས་མགོན་མཆོག་ནས་དངུལ་གྱི་མཎྜལ་ཆེ་བ། མཛོད་བཏགས་སྣ་ལྔའི་སྣེ་འདོགས་ཅན་ནང་མཛོད་དྲི་བྲལ། ལི་མ་སོགས་ཀྱི་སྐུ་བརྙན་དགུ། སྣམ་ཕྲུག་ཕེག་རིས་ཆོས་ཁ་སྣ་ཚོགས་བུབས་ལྔ་བཅུ། སྤོས་ཆུན་པོ་དུ་མ་བཅས་འབུལ་བ་གནང་ཞིང་དགྱེས་པའི་གསུང་གླིང་ཡུད་ཙམ་གནང་། དེ་ནས་གོང་མ་ཆེན་པོ་ནས་རྗེ་བླ་མ་མཆོག་ཞབས་བརྟན་འབུལ་བ་གནང་བར་གོང་གི་ནང་བློན་ཆེན་པོ་ཨེར་ཨེ་ཐུ་གུང་དང་ཧོས་ཏཱ་ཞིན། ཅང་པའི་ལི་བཅས་ན་གོང་མ་ཆེན་པོའི་ཕྱག་ཏུ། ཐོག་མར་སྐུ་རྟེན་བྱུ་རུ་དང་གཡུ། མུ་མེན་སོགས་ལས་གྲུབ་པའི་ཚེ་དཔག་མེད་དང་སྒྲོལ་མ་དཀར་ལྗང་བཅས་ཀྱི་སྣང་བརྙན་བྱུ་རུ་མུ་ཏིག་སོགས་རིན་པོ་ཆེ་དུ་མའི་ཕྲས་བརྒྱན་པ་འབུལ་བ་གནང་སྟེ་རྗེ་ལྕང་སྐྱ་རིན་པོ་ཆེ་དང་བཙན་པོ་སྨིན་གྲོལ་ནོ་མོན་ཧན། ཏ་ཚག་རྗེ་དྲུང་རིན་པོ་ཆེ། ར་ཕོ་ཏུ་ཐོག་ཏུ། པཎྜི་ཏ་མཁན་པོ་སངས་རྒྱས་འོད་ཟེར། ཇོ་སག་བླ་མ་དགེ་ལེགས་ནམ་མཁའ། ཇོ་སག་བླ་མ་ངག

དབང་དཔལ་འབྱོར་སོགས་ནང་གི་བླ་མ་བཅུ་མཆོད་ཡོན་གཉིས་ཀྱི་སྐུ་མདུན་དུ་ཞབས་ཕྱུས་བཙུགས་ཏེ་འབོད། རྗེ་ལྕང་སྐྱ་རིན་པོ་ཆེ་ནས་དབུ་མཛད་གནང་སྟེ།

བགྲང་ཡས་ཚེ་དང་ཡེ་ཤེས་མཆོག་སྟོལ་བའི། །
སྐྱབས་གསུམ་མཁའ་འགྲོ་སྲུང་ཚོགས་བཅས་པ་ཡི། །
བསླུ་བ་མེད་པའི་བྱིན་རླབས་བདེན་པའི་མཐུས། །
བླ་མའི་ཞབས་བརྟན་ཐུབ་བསྟན་རྒྱས་གྱུར་ཅིག །

ཅེས་པ་དང་རྗེ་བླ་མ་མཆོག་གི་ཕྱག་ཏུ་གོང་མ་ཆེན་པོ་ནས་སྐུ་རྟེན་འབུལ་གནང་གིས་ཐུགས་སྨོན་དང་བཅས་འབྲུ་དཀར་འཐོར་བ་གནང་ཞིང་། ཡང་ཚིགས་བཅད་གོང་བཞིན་གྱིས་གསུང་རྟེན་བསྐལ་བཟང་གི་གླེགས་བམ་གསེར་མ་དང་ཐུགས་རྟེན་གསེར་གྱི་རྣམ་རྒྱལ་མཆོད་རྟེན་མི་གང་ཙམ་མུ་ཏིག་གི་ཕྲ་ལྷན་བཅས་འབུལ་བ་གནང་། ཡང་རྒྱལ་པོའི་ཕྱག་ཏུ་གསེར་སྲང་ཉིས་བརྒྱ་ཙམ་ལས་གྲུབ་པའི་ཞིང་ཁམས་རྒྱ་མཚོའི་བཀོད་པ་བྱུ་རུ་དང་མུ་ཏིག་སྤྲན་སྤོས་ཙམ་གྱི་ལྷགས་རི་མུ་ཁྱུད་ཀྱིས་བསྐོར་བའི་དབུས་སུ་གཡུའི་པད་འདབ་གཟུགས་ཀྱི་ཚོམ་བུ་དང་ལྷ་རྫས་སྣ་ལྔ་མངགས་བཏགས་མའི་དར་ཚོན་ཤིན་ཏུ་ཆེ་ལེགས་ཀྱི་སྣེ་འདོགས་ཅན་ཐོགས་ཏེ། རང་གཞན་དགེ་ཚོགས་ཀུན་བཟང་མཆོད་པའི་སྤྲིན། །ཞིང་ཁམས་རྒྱ་མཚོའི་བཀོད་པ་ལེགས་སྤྲུལ་ཏེ། །ཕུལ་བས་ནམ་མཁའི་མཁའ་ཁྱབ་འགྲོ་བ་ཀུན། །ཐེག་མཆོག་ཆོས་ཀྱི་དཔལ་ལ་སྤྱོད་གྱུར་ཅིག །ཅེས་གོང་བཞིན་ཕུལ་བ་སོགས་མཛད། གོང་མ་ཆེན་པོའི་གསོལ་དཔོན་ཨེ་ཕུ་ཀྲུང་གི་གཙུང་ནས་གོང་མ་ཆེན་པོའི་གསོལ་ཇ་དང་གསོལ་དཔོན་གངས་ཅན་མཁན་པོས་རྗེ་བླ་མ་མཆོག་གིས་གསོལ་ཇ་འབུལ་མཉམ་གྱིས་བཏེག་པར། གོང་མ་ཆེན་པོ་ནས་བླ་མའི་ཞལ་དཀར་ངེད་ལ་ཁྱེར་ཤོག་གི་བཀའ་ཕྱུང་བར་གསོལ་དཔོན་གྱིས་གསོལ་ཇ་ཞལ་དཀར་གོང་མ་ཆེན་པོའི་ཕྱག་ཏུ་ཕུལ་བར། གོང་མ་ཆེན་པོ་ནས་ཐུགས་ཤིན་ཏུ་དགྱེས་པའི་ཚུལ་གྱིས་རྗེ་བླ་མ་མཆོག་གི་ཕྱག་ཏུ་སྩལ། རྗེ་བླ་མ་མཆོག་ནས་ཀྱང་སྐུ་བཅར་ཨམ་པན་ཆེན་པོ་ཕུ་ལིའུ་ཡེའི་ཕྱག་ནས་གསོལ་ཇ་ཞལ་དཀར་བཞེས་ཏེ། གོང་མ

ཆེན་པོའི་ཕྱག་ཏུ་དགྱེས་གུས་ཆེན་པོས་འབུལ་བ་གནང་། སྐབས་དེར་གོང་མ་ཆེན་པོ་ནས་རྗེ་བླ་མ་མཆོག་ལ་ངེད་ནས་བླ་མ་ཉིད་ཀྱི་ཕེབས་ལམ་དུ་ཕེབས་བསུར་ཨང་གི་དྲུག་པ་བཏང་བ་ཡིན་པས་ཁོས་ཕེབས་ལམ་རྣམས་སུ་བཀུར་སྟི་དང་དད་གུས་ཆེན་པོའི་སྒོ་ནས་ཞབས་ཕྱི་འགྲུབ་པ་ཡག་པོ་བྱས་ཨེ་ཡོད་གསུང་བར། རྗེ་བླ་མ་མཆོག་ནས་གོང་མ་ཆེན་པོའི་ཐུགས་རྗེ་དང་བཀའ་དྲིན་བསམ་གྱིས་མི་ཁྱབ་པས། ལྷ་སྲས་ཆེན་པོ་དྲུག་པ་ཐག་རིང་པོའི་བར་བླ་མ་བདག་བསུ་བར་གཏོང་གནང་མཛད་པར། ལྷ་སྲས་ཆེན་པོ་ཁོང་ནས་བདག་ལ་བཀའ་དྲིན་ཚད་མེད་པའི་ཕན་ཐོགས་ཡག་པོ་གནང་ཞིང་། ཉིན་བར་འགྲོ་བའི་སྐབས་ཀྱང་ལྷ་སྲས་ཆེན་པོ་ཉིད་ཕེབས་བྱམས་ལ་ཕེབས་དགོས་ཨུ་ཚུགས་ཆེན་པོས་ཞུས་ཀྱང་གཏན་ནས་མི་ཕེབས་པར་བདག་དང་མཉམ་པོར་ཆིབས་པ་རང་ལ་ཕེབས་ཤིང་། དགོང་མོ་ཚུགས་བབས་ནས་ཀྱང་བླ་མ་བདག་གི་གམ་རང་དུ་བཞུགས་ཏེ་ཆོས་ཀྱི་དྲི་བ་མང་པོ་གནང་བ་དང་། ཕེབས་ལམ་རྣམས་སུ་ཡང་ཆབ་འབབས་མི་སེར་རྣམས་ལ་བྱམས་གཟིགས་ཤིན་ཏུ་ཆེ་བ་སོགས་ཀྱི་བཀའ་ལན་ཞིབ་ཏུ་ཞུ་བ་གནང་བར་ཐུགས་མཆོག་ཏུ་དགྱེས། གཞན་ཡང་ཕེབས་ལམ་རྣམས་སུ་མི་མང་པོ་ལ་སྨོན་ལམ་དང་གསུང་ཆོས། ཕྱག་དབང་སོགས་གནང་བ་ལ་སྐུ་ངལ་བ་ལ་སོགས་པའི་ཐུགས་སུན་པོ་མ་བྱུང་ངམ་ཞེས་པ་དང་བླ་མ་ཉིད་གདན་འདྲེན་ཞུ་བསམས་ཀྱང་ས་ཐག་རིང་བའི་སྟབས་ཐུགས་སུན་པོ་བྱུང་དོགས་ཀྱིས་ད་བར་སྟབས་མ་འགྲིག ད་ལོ་ངེད་ཀྱི་ལོ་བདུན་ཅུའི་བ་ཡར་ཆེན་པོའི་ཐོག་ཉིད་ཐུགས་སྨྲོ་བཞིན་པར་ཕེབས་པ་ནི་ཕྱོགས་འདིའི་སངས་རྒྱས་ཀྱི་བསྟན་པ་དང་སེམས་ཅན་ལ་ཤིན་ཏུ་ཕན། ངས་ལོ་མང་པོར་ལྕང་སྐྱ་ཏུ་ཐོག་ཐུ་ལས་ཡོས་ཅུང་ཟད་བསླབས་པ་ཡིན་ཀྱང་སངས་རྒྱས་ཀྱི་ཆོས་འདི་རྒྱ་མཚོ་ལྟར་ཟབ་ལ་རྒྱ་ཆེ་ཞིང་། ངེད་ནས་རྒྱལ་སྲིད་ཀྱི་ལས་དོན་ས་སྟེང་གི་དོན་དག་ཐམས་ཅད་བྱེད་དགོས་པས་ལོང་སྐབས་མེད་པའི་སྟབས་ཀྱིས་ཏུ་ཐོག་ཐུ་ནས་བསླབ་པའི་ཆོས་རྣམས་ལ་བསྒོམས་པའི་རྟོགས་པ་སྐྱེས་མ་ཐུབ་ཀྱང་། རེམ་རེམ་བྱེད་པའི་སྐབས་ན་ཡོད། ད་ལམ་རང་རེ་མཆོད་ཡོན་དངོས་ཀྱིས་མཇལ་བའི་འདི་སྟོན་གྱི་སྨོན་ལམ་དང་ཐུགས་བསྐྱེད་ལས་འབྲེལ་བཟང་པོ་ངེས་པར་སྨིན་པའི་དུས་ལ་བབ་པ་ཡིན་འདུག་པས་ངེད་ནས་བླ་མ་ཉིད་ལ་ཆོས་དང་རྗེས་གནང་མང་པོ་ཞུ་རྒྱུ་ཡིན། སྔོན་ཏཱ་ལའི་བླ་མ་ལྔ་པ་ཕེབས་སྐབས་

ཀྱང་། མེས་པོ་རྒྱལ་པོས་ལྷ་ཁང་སེར་པོ་བཞེངས་པའི་སྲོལ་ལམ་ལྟར་ད་ལམ་བླ་མ་ཉིད་བཞུགས་ཡུལ་ལ་ངེད་ནས་བཀྲ་ཤིས་ལྷུན་པོ་དང་འདྲ་བའི་ལྷ་ཁང་འདི་བཞེངས་པ་ཡིན། གཞན་ཡང་ཚད་འཁྲུལ་གྱི་གནས་འདིར་ལྷ་ཁང་དང་དགོན་པ་མང་པོ་བཞེངས་ཡོད། ཉིད་ནས་ཐུགས་སྤྲོ་བས་དེ་ཐམས་ཅད་ལ་ཕེབས་ཏེ་ཐུགས་ལྟོད་བཞུགས་ཀྱིས་གཟིགས་རྟོག་མཛད་དེ་ཕྱག་ནས་ཐུགས་སྨོན་ཤིས་བརྗོད་སོགས་གནང་ན་ངེད་ལ་བྱིན་རླབས་ཤིན་ཏུ་ཆེ་བ་ཡོད། ངེད་ནས་སྔར་བོད་ཀྱི་ཕལ་སྐད་མི་ཤེས་ཀྱང་བླ་མ་ཉིད་ཕེབས་རྒྱུར་འཕྲལ་དུ་ཧུ་ཐོག་ཐུ་ལ་ཉེ་བར་མཁོ་བའི་ཕལ་སྐད་གང་ཟིན་འབད་རྩོལ་གྱིས་བསླབས་པ་ཡིན་ནའང་བྱང་པོ་མི་འདུག ཆོས་ཀྱི་གཏམ་ཕྲ་མོ་རྣམས་ཧུ་ཐོག་ཐུས་ལོ་ཙཱ་བྱས་ནས་བསྒྱུར་ཆོག ཅེས་བཀའ་སྩལ་བར་རྗེ་བླ་མ་མཆོག་ནས་ཀྱང་གོང་མ་ཆེན་པོའི་དགོངས་པ་དང་བསྟུན་པའི་ཆོས་སྲིད་ལུགས་གཉིས་དང་འབྲེལ་བའི་བཀའ་ལན་ཞིབ་རྒྱས་སུ་ཞུ་བ་གནང་བ་སོགས་མཆོད་ཡོན་ཕན་ཚུན་ཐུག་དགྱེས་པའི་གསུང་གླེང་སྨིན་རྒྱས་སུ་གནང་སྟེ་གོང་མ་ཆེན་པོ་ཕོ་བྲང་ནང་ལ་ཞབས་སོར་བཀོད་པར་གོང་མ་ཆེན་པོ་ནས་རྗེ་བླ་མ་མཆོག་ལ་ཕེབས་སྐྱེལ་དུ་གཟིམས་ཆུང་འགག་ལ་གཏན་ནས་མ་ཕེབས་པ་དགོས་ཚུལ་ཞུ་བ་གནང་བ་བཞིན་མཛད། ཞབས་ཕྱི་ནང་འཁོར་དང་དྲུང་གྲས། ནང་གཟན་སོགས་ཕེབས་བསུ་ནང་ལྟར་གྱི་དགོན་པའི་མདུན་སྲོལ་ངེས་ཀྱི་སར་ཕེབས་སྐྱེལ་དུ་གཏོང་བ་གནང་། དེ་རྗེས་ལྷུང་སྐུ་རིན་པོ་ཆེ་དང་སྨིན་གྲོལ་ནོ་མོན་ཧན། ཏ་ཚག་རིན་པོ་ཆེ་སོགས་ལ་ཕྱག་དབང་གི་བྱིན་རླབས་དང་གསོལ་ཇའི་ཐོག་དགྱེས་པའི་གསུང་གླེང་དང་ལྷུང་སྐུ་རིན་པོ་ཆེ་ནས་རྗེ་བླ་མ་མཆོག་ལ་དེ་རིང་གཟའ་སྐར་ཕུན་སུམ་ཚོགས་པའི་ཉིན་མཆོད་ཡོན་གཉིས་གསེར་ཞལ་ལྷན་འཛོམས་ཀྱིས་གོང་མ་ཆེན་པོ་ནས་རྗེ་ཉིད་ལ་ཞབས་བརྟན་འབུལ་བ་གནང་བར་ཐུགས་གྲ་ཤིན་ཏུ་འགྲིག་ཅེང་། གནམ་གཤིས་དང་རྟེན་འབྲེལ་ཤིན་ཏུ་ལེགས་པར་མ་ཟད་གོང་མ་ཆེན་པོ་རྗེ་ཉིད་ལ་ཐུགས་དད་དང་ལྷག་པར་དགྱེས་ཚོར་བསམ་གྱིས་མི་ཁྱབ་པ་གནང་བ་ནི་ཕོ་པོ་རྒད་པོ་ན་ཚོད་འདི་ལྟ་བུའི་བར་རྒྱལ་པོ་འདི་དང་འགྲོགས་པ་ཡིན་ཀྱང་དེ་ལྟ་བུའི་དགྱེས་ཚོར་གཏན་ནས་མ་ཤེས། འདི་ཐམས་ཅད་མཆོད་ཡོན་རྣམ་གཉིས་ཀྱི་ཐུགས་བསྐྱེད་རླབས་པོ་ཆེའི་མཐུས་སླར་ཡང་རྒྱལ་བ་ཙོང་ཁ་པ་ཆེན་པོའི་བསྟན་པ་འདི་ཟླ་ནས་ཟླར་གོང་འཕེལ་དུ་འགྲོ་བའི་རྟགས་སུ་

སྣང་བས་ཤིན་ཏུ་ཐུགས་རྗེ་ཆེ་ཚུལ་གྱི་བ་ཡར་གྱི་མཇལ་དར་དང་། དེ་མཚུངས་སྨིན་གྲོལ་ནོ་མོན་ཧན་སོགས་ནང་གི་བླ་མ་རྣམས་དང་གོང་མ་ཆེན་པོའི་བཀས་མངགས་པའི་སྣེ་ཤན་ཧོར་གེ་ཨམ་པན་ཅང་ཧྲུན་ཧྲ་ཨམ་པན་དང་ལིའུ་ཨམ་བན། ཕེབས་བྱམས་ཀྱི་མགོ་པ་ཏ་ཏླ་ཞིན་དང་ཁླེ་གཉིས། ཇར་བི། ཕང་། པའི་ལི། པའི་སེ། གུང་སོགས་རྒྱ་སོག་གི་མི་དྲག་མང་པོ་ནས་ལེགས་སོའི་མཇལ་དར་རེའང་ཕུལ། ཕེབས་ལམ་རྣམས་སུ་གྲྭ་སྒྲིག་ཕུན་སུམ་ཚོགས་པའི་ཐོག་འདི་ནས་བཟུང་སྟོན་འཁོར་ཚང་མར་ཉིན་ལྟར་གོང་མ་ཆེན་པོའི་གན་མཛོད་ནས་མཁོ་དགུའི་ཡོ་བྱད་གང་དགོས་ཚང་མ་ཐོགས་མེད་སྦྱལ་བས་སོ་སོའི་འབད་རྩོལ་ལ་སྟོས་པའི་གཡེང་བ་རང་སར་གྲོལ།

ཆོས་ཉེར་གསུམ་ཉིན་རྗེ་བླ་མ་མཆོག་གི་སྐུ་གམ་དུ་ལྷ་སྲས་དྲུག་པ་དང་བརྒྱད་པ། བཅུ་གཅིག་པ་སོགས་སྲས་ལྔ་དང་སྲས་མོ་ཀོང་ཇོ་དགུང་ལོ་བདུན་དུ་ཕེབས་པ་ཞིག་བཅས་ཕེབས་ནས་སོ་སོས་མཇལ་དར་ནང་མཛོད་རེ་དང་སྤྱི་ནས་གསེར་སྲང་བཅུའི་མཎྜལ་ལྔ་རྫས་སྣ་ལྔའི་སྣེ་འདོགས་དང་བཅས་པ་ནང་མཛོད་ཁ་བཏགས་ཉི་ཤུ། ཆོས་འདོན་ཁ་བཏགས་བཞི་བཅུ། མཛོད་གོས་མ་ཤམ་དམར་པོ་ལེགས་པ་ཡུག་བཅུ། མཛོད་གོས་དམར་པོ་ཡུག་ཉི་ཤུ། གོས་ལི་ཁྲི་ཡུག་བཅུ། གོས་སེར་པོ་ཡུག་ཉི་ཤུ། སྒྲུ་མ་དམར་པོ་ཡུག་བཅུ་བཅས་གོས་ཡུག་བདུན་ཅུ། མགོ་སྣམ་དམར་སེར་སོ་སོ་ནས་ཡུག་བཅུ་བཅས་ཀྱི་ཞབས་བརྟན་དང་ལེགས་སྐྱེས་ཆབས་ཅིག་གི་དངོས་འབུལ་སྲུམ་བསྟོད་པ་དགྱེས་བཞིན་བདག་གིར་བཞེས་ཏེ་ཕྱག་དབང་གི་བྱིན་རླབས་དང་། གསོལ་ཇ་ཇ་གྲལ་གྱི་ཐོག་ཐུགས་དགྱེས་པའི་གསུང་གླེང་ཞིབ་རྒྱས་དང་སོ་སོར་ཁ་བཏགས་ནང་མཛོད། སྐུ་བརྙན་བཀྲ་ཤིས་ལི་མ། བྱུ་རུའི་ཤལ་པ། སྣམ་བུབས་ལྔར་བཅས་ཀྱི་གནང་སྐྱེས་དང་སྤྱིར་མཇལ་སློག་ཏུ་ཁ་བཏགས་ལྔ། སྐུ་བརྙན་ལྔ། དྲི་བཟང་སྤོས་ཕུང་ཁྲིས་བདུན་ཅུ། མགོ་སྣམ་གོན་འདེང་ལྔ། སྣམ་བུབས་ཉི་ཤུ་རྩ་ལྔ་བཅས་བསྟར། སྲས་མོ་ཀོང་ཇོ་བླ་མ་མཆོག་གི་སྐུ་མདུན་དུ་མཇལ་ཁར་ཕེབས་པའི་སྐབས་དེར། གོང་མ་ཆེན་པོའི་བཀའ་ལས། ཀོང་ཇོ་འདི་ཆོས་ཕྱོགས་ལ་དཀར་བར་བརྟེན་ངེད་ནས་སྲས་རྣམས་དང་ཁྱད་མེད་ཀྱི་བདག་རྐྱེན་དང་བརྩེ་གདུང་བྱེད་ཀྱིན་ཡོད། འདི་རང་ཚེ་སྔོན་མའི་བག་ཆགས་བཟང་པོས་པཎ་ཆེན་ཨེར་ཏེ་ནི་ལ་དད་པ་ཆེ་ཞིང་མཇལ་འདོད་ཤིན་

ཏུ་ཆེ་བ་འདུག་པ་ད་ལམ་ངེད་ནས་ཨང་གི་རྣམས་དང་མཉམ་དུ་པཎ་ཆེན་ཨེར་ཏི་ནིའི་མཇལ་ཁར་བཏང་བ་ཡིན་པས། པཎ་ཆེན་ཨེར་ཏི་ནི་ནས་ཀོང་ཇོ་འདི་ལ་འཕྲུལ་ཐུགས་ཐམས་ཅད་ལ་ཕན་པའི་ཆོས་ཀྱི་བྱིན་རླབས་ལེགས་པོ་གནང་དགོས་ཞེས་སྨྲུལ། ཀོང་ཇོར་ཇ་གྲལ། དཀར་སྒྲོ་བཅས་ཀྱི་ཐོག་ཐུགས་མཆོག་ཏུ་དགྱེས་པའི་བཀའ་མང་དུ་ཕེབས། སྐབས་དེར་ཀོང་ཇོ་བཞུག་པ་གདན་གྱི་ཐོག་ཞབས་ཕུས་བཙུགས་ཏེ་བཞུགས་པར་རྗེ་བླ་མ་མཆོག་ནས་ཀོང་ཇོར་སྐྱིལ་ཀྲུང་བཅས་ཏེ་བཞུགས་ཞེས་ཕེབས་པར་ལན་དུ། ཀོང་ཇོ་ནས། ངེད་ཚོ་ཡབ་རྒྱལ་པོའི་སྐུ་མདུན་དུའང་རྒྱུན་པར་ཕུས་བཙུགས་བྱས་ནས་སྡོད་པ་མ་གཏོགས་སྐྱིལ་ཀྲུང་བྱས་ཏེ་བསྡད་མི་ཚོག དེས་ན་བླ་མའི་སྐུ་མདུན་དུ་སྐྱིལ་ཀྲུང་བྱས་ཏེ་འདུག་མི་རུང་བས་འདི་ག་ལྟར་བྱས་ཏེ་བསྡད་ཀྱང་གོམས་པར་སོང་གཤིས་སྐྱོན་མེད་ཚུལ་ཞུ་བ་གནང་བར། རྗེ་བླ་མ་མཆོག་ནས་རྒྱལ་པོ་བྱང་ཆུབ་སེམས་དཔའི་སྲས་མོ་སྐུ་ན་ཕྲ་མོ་འདི་ཙམ་ལ་རྣམ་དབྱེ་འདི་ལྟ་བུ་ནི་ངེས་པར་དཀྲུས་མ་མིན་པའི་བྱང་སེམས་ཀྱི་རིགས་ཅན་མཁའ་འགྲོ་མའི་རྣམ་པར་འཕྲུལ་པའི་རིགས་སུ་སྣང་བས་ཤིན་ཏུ་ནས་ངོ་མཚར་ཆེ་བ་ཡིན་འདུག་ཅེས་ཕེབས། ཀོང་ཇོ་ནས་བཀའ་ཆོས་ཀྱི་འབྲེལ་པ་དང་མིང་ཞིག་གནང་དགོས་ཞེས་ཞུ་བ་མཛད་པ་དང་གོང་མ་ཆེན་པོས་བཀའ་གོང་ལྟར་ཕེབས་པ་བཅས། ཚེ་དཔག་མེད་དང་སྒྲོལ་མ་དཀར་ལྗང་གི་སྙིང་པོའི་གཟུངས་ཀྱི་ལྗགས་ལུང་དང་། མཚན་ལ་བསོད་ནམས་དཔལ་གྱི་སྒྲོལ་མ་ཞེས་གནང་བར་དེ་མ་ཐག་ཁོང་པའི་ཞབས་ཕྱིར་ནང་གི་བློན་པོ་དང་། ཤུག་རུམ་མང་པོ་འདུག་པ་དེ་དག་ལ་སྣག་ཤོག་ཁྲིར་ཤོག་བླ་མས་གནང་བའི་མིང་བརྗེད་ན་ཡག་པོ་མི་ཡོང་ཚུལ་གྱིས་ཁོང་རང་ནས་མཇུའི་ཡི་གེར་མཚན་དེ་འདྲི་བ་གནང་ཞིང་། དེ་རྗེས་ཞུས་ངར་ཕྱག་རྟེར་ལ་བརྟེན་པའི་ཐུགས་དམ་བཀའ་བསྒོ་དང་བསྲུང་མདུད། བཀྲ་ཤིས་ལི་མའི་སྣང་བརྙན། བྱུ་རུའི་ཤལ་པ། སྣམ་བུབས་བཅུ། སྤོས་ཁྲིག་བཅོ་ལྔ། མགོ་སྣམ་བཅས་ཐུགས་དགྱེས་པ་ཆེན་པོས་སྩལ་རྒྱས་སུ་གནང་བར། ཕེབས་ཁར་ཀོང་ཇོ་རང་གི་མགུལ་ལ་བཞེས་པའི་སྔགས་ཕྲེང་རིན་པོ་ཆེའི་རྒྱན་ལྡན་ཞིག་ཕུལ་ཏེ་ཚེ་རབས་ཀུན་ཏུ་རྗེ་འཛིན་གྱི་སྐྱབས་འཇུག་ཀྱང་ཞུ་བར་མཛད་དོ། །དེ་རྗེས་ནང་བློན་ཆེན་པོ་ཨེ་ཕུ་ཀུང་གི་གཙུང་པོ་ཕུ་ལེའུ་ཡེ་ཨམ་པན་ནས་སྐྱེར་མཇལ་ཞུ་བ་གནང་བར་ནང་མཛོད་ཁ་བཏགས། དངུལ་སྲང་

བརྒྱ་ལས་གྲུབ་པའི་མཎྜལ་ལྷ་རྫས་སྣ་ལྔའི་སྣེ་འདོགས་ཅན་དང་། སྲང་བཅོ་ལྔ་ལས་གྲུབ་པའི་མཎྜལ། ཚེ་དཔག་མེད་ཀྱི་སྣང་བརྙན་གསུམ། གོས་ཡུག་སུམ་ཅུ་སོ་དྲུག ཕྱིས་ཞལ་གྱི་ཞལ་པ་གཅིག གོས་སེར་གྱི་དབུ་པཎ་དང་སྒོམ་ཞྭ། ཕྱག་མ་ཆ་བཞི། སྐུ་རགས་གཅིག ཡུ་ཡེ་གཅིག་བཅས་ཀྱི་དངོས་འབུལ་བསྟབས་བདག་གིར་བཞེས་ཏེ་ཕྱག་དབང་དང་། ཛ་གྲལ་གྱི་ཐོག་དགྱེས་པའི་བཀའ་འདྲི། བསྲུང་མདུད། སྐུ་བརྙན། ཕྱིས་སྣམ་སོགས་ཀྱི་གནང་སྐྱེས་གཟབ་པ་བཅས་སྩལ། འདི་སྐབས་གོང་མ་ཆེན་པོར་སྐྱབས་མགོན་མཆོག་ཐོག་མར་ཕོ་བྲང་དུ་ཕེབས་སྐབས་དང་དེ་རྗེས་ཞེ་ཧོར་བཀྲ་ཤིས་ལྷུན་པོར་གསེར་གྱི་སྐུ་དངོས་ཕེབས་ཀྱིས་ཞབས་བརྟན་ཕུལ་བ། སྟོན་ཆེན་དང་འབྲེལ་བའི་གསོལ་རས་བཅས་སྩལ་བ་བཀའ་དྲིན་བླ་ན་མ་མཆིས་པར་ཆེ་རྩོལ་ཞུ་བ་མཛད་པ་ནི། གོང་མ་ཆེན་པོ་ནས་བདག་ཉིད་ཞེ་ཧོར་དུ་འགྱོར་འཕྲུལ་བཀའ་བཟང་པོ་བླ་ན་མ་མཆིས་པ་དང་ཆབས་ཅིག་རོ་བཅུད་ཕུན་སུམ་ཚོགས་པའི་བཟའ་བ་དང་བཏུང་བའི་རིགས་མང་པོ་དང་ཡིད་བཞིན་འགུགས་པའི་ལྕགས་ཀྱུ། སྐུ་ལ་བཞེས་པའི་རིན་ཐང་བྲལ་བའི་མུ་ཏིག་གི་ཕྲེང་བ་ངོ་མཚར་རྨད་དུ་བྱུང་བ་དང་ཁྱད་དུ་འཕགས་པའི་གོས་དར་སོགས་ཀྱི་གནང་ཆ། ཞེ་ཧོར་བཀྲ་ཤིས་ལྷུན་པོར་བདག་ཉིད་ཀྱི་འདུག་གནས་སུའང་གོང་མ་བདག་པོ་ཆེན་པོ་ཞབས་སོར་བཀོད་དེ་རིང་དུ་འཚོ་བའི་རྟེན་འབྱུང་གི་རིགས་བསམ་གྱིས་མི་ཁྱབ་པ་དང་། དུས་ཚོད་ཀྱི་འཁོར་ལོ། རིན་པོ་ཆེའི་སྤྱད་པ་རྣམ་མང་། ཕོ་བྲང་ཆེན་པོར་ཡང་སྟོན་ཆེན་དང་རྗེས་སུ་འབྲེལ་བར་ཁྱད་པར་དུ་འཕགས་པའི་གོན་པ་ཆ་ཚང་། གསེར་དངུལ། གོས་དང་། ཞལ་དང་དཀར་ཡོལ་གྱི་སྤྱད་པ་སོགས་ངོ་མཚར་བ་དུ་མ་བཅས་གནང་བ་བཀའ་དྲིན་ལ་ཡང་དང་ཡང་དུ་གུས་པ་ཆེན་པོ་ལས་གཞན་དུ་ཞུ་རྒྱུ་མ་མཆིས། ཞེས་རབ་དཀར་ལྷ་རྫས་སྐུ་རྟེན་བཅས་འབུལ་བ་གནང་།

ཚེས་ཉེར་བཞིའི་ཉིན་མཆོད་ཡོན་གསེར་ཞལ་ལྷན་རྒྱས་ཀྱི་སྟོན་ཆེན་གནང་རྒྱུར་ལྷ་སྲས་ཆེན་པོ་དྲུག་པ་དང་ནང་བློན་རྣམས་རྗེ་བླ་མ་མཆོག་གདན་འདྲེན་ཕེབས་བསུར་བྱུང་བ་བཞིན་ཉི་ཤར་འབྲུག་གི་དུས་ཚོད་ཀྱི་ཐོག་ཆིབས་བསྒྱུར་ཏེ། ཞེ་ཧོར་ཕོ་བྲང་གི་ཕྱིའི་ལྕགས་རི་ཆེན་མོའི་རྒྱལ་སྒོའི་འགག་ཏུ་ཞབས་ཕྱི་ཕྱིངས་དང་ཆིབས་དར་བཅས་འཇོག་གནང་གིས་ཕོ་བྲང་ནང་ལ་རྗེ་བླ་མ་མཆོག་གི་ཞབས་ཕྱིར། གསོལ་དཔོན་གངས་ཅན་མཁན་པོ་བློ

བཟང་མཁས་མཆོག་གིས་མཚོན་ཞབས་གྲས་ནང་འཁོར་ལས་ཚན་པ་སོགས་བཅོ་ལྔ་བཅས་སྐྱབས་མགོན་མཆོག་ཁྲིའུ་ཤིང་ཕེབས་བྱམས་ཀྱི་ཐོག་གོང་མ་ཆེན་པོའི་དབུ་གདུགས་དང་བཅས་ནང་གི་ཀུག་ཏུམ་རྣམས་ནས་གདན་འདྲེན་ཞུས་ཤིང་། རྒྱལ་སྲས་ཕྱི་མའི་ནང་ནས་ལྔ་སྲས་དང་ནང་བློན་ཆེན་པོ་གཉིས། རྗེ་ལྕང་སྐྱ་རིན་པོ་ཆེ། སྨིན་གྲོལ་ནོ་མོན་ཧན། རྗེ་དྲུང་སྤྲུལ་སྐུ། ཛ་སག་བླ་མ་དགེ་ལེགས་ནམ་མཁའ་སོགས་ནང་གི་བླ་མ་རགས་བསྡུས་དང་རྗེ་བླ་མ་མཆོག་གི་ཞབས་གྲས་གསོལ་དཔོན་གངས་ཅན་མཁན་པོ་བློ་བཟང་མཁས་མཆོག་བཅས་གཉིས་དང་སྟེ་ཤན་ཞབས་ཕྱི་ཧོར་གི་ཨམ་པན་ཙང་ཧྲུན་རྗོ་ཨམ་པན་དང་ལེའུ་ཨམ་པན་སོགས་མ་གཏོགས། འདི་ཁའི་ཞམ་རིང་བ་ཕྱིངས་དང་། ནང་གི་བླ་མ་རྣམས་ཀྱི་ཞབས་ཕྱི། ཕེབས་བྱམས་ཀྱི་མགོ་པ་ཏྭ་ཞིན། ཁྭ་སོགས་ཕྱིངས་རྣམས་ཧང་ཐང་གིས་རྒྱང་གྲགས་གཅིག་ཙམ་གྱི་སར་སྐྱེད་མོས་ཚལ་གྱི་ནང་ནེའུ་གསིང་ཤིན་ཏུ་ཡངས་ཤིང་རྒྱ་ཆེ་བའི་གཞིར་དབུ་གུར་སོག་གུར་ཤིན་ཏུ་ཆེ་བ་དང་དབུས་སུ་འཕར་ཐོག་ལྷ་བུའི་བཞུགས་ཁྲི་གྲུ་བཞི་རྒྱ་ཆེ་བ་མི་གང་ཙམ་གྱི་སྐུ་མདུན་ངོས་ལ་ཕེབས་སྐས་གསུམ་བསྒྲིགས་དང་གཡས་གཡོན་གཉིས་ལ་རྒྱུད་མ་རེ་བཅས་དང་འཕར་ཐོག་ལྷ་བུའི་བཞུགས་ཁྲིའི་མཚམས་ནས་ཐོག་ལ་རེག་གི་བར་སྐུའི་རྒྱབ་ཡོལ་ལྷ་བུར་གསེར་འབྲུག་དང་ནོར་འཛིན་པ་ཧྲ། སྤྲིན་གཟུགས་སོགས་ཀྱི་མཛེས་པ། དེའི་མདུན་དུ་རིན་པོ་ཆེ་འབབ་ཞིག་ལས་གྲུབ་པ་གོང་མ་ཆེན་པོའི་བཞུགས་ཁྲི་ཕྱིན་ཡངས་ཤིང་རྒྱ་ཆེ་བའི་སྟེང་སྐུ་སྟེང་བཞུགས་འབོལ་དང་བཅས་པའི་གོང་མ་ཆེན་པོའི་བཞུགས་ཁྲི་ཞལ་སྐོར་གཟིགས་དང་དེའི་གཡས་སུ་བཞུགས་ཁྲི་དང་སྐུ་སྙེ་བཞུགས་འབོལ་གོང་བཞིན་གྱིས་རྗེ་བླ་མ་མཆོག་གི་བཞུགས་ཁྲི་ཡོད་པ། གོང་མ་ཆེན་པོ་ཕོ་བྲང་ནས་བཞུགས་གྲུར་དེར་མ་ཕེབས་རིང་རྗེ་བླ་མ་མཆོག་བཞུགས་ཡུལ་དུ་གཟིམས་གུར་ཆེན་པོ་དེའི་སྐུ་རྒྱབ་ན་ཡོལ་སྒོར་ལྷ་བུའི་ལྕགས་རི་སེར་པོའི་ནང་གོང་མ་ཆེན་པོ་རང་ཕྱོགས་ཕེབས་སྐབས་ཀྱི་གཟིམས་གུར་གྲས་ལྔ་ཙམ་ཞིག་ཕུབས་ཤིང་། དེ་དག་གི་ནང་ཕྱོགས་ཕེབས་སྐབས་ཀྱི་འབྲལ་སྣང་ཐུགས་དམ་རྟེན་གྱི་སྐུ་གསུང་ཐུགས་རྟེན་སོགས་བཞུགས་པ། གོང་མ་ཆེན་པོའི་སྐུ་མདུན་ནས་ཆེད་གཏོང་གིས་རྗེ་བླ་མ་མཆོག་ལ་གཟིམས་གུར་དེ་དག་ཏུ་སྐྱོད་བཞུགས་གནང་དགོས་པ་སོགས་གོང་ནས་བཀའ་ཕེབས་པ་བཞིན་ནང་གི་རྟེན་གསུམ་ཁག་ལ་ཕྱག་ནས་དང་ཐུགས་སྨོན་

བཅས་སྨོན་རྒྱས་སུ་གནང་སྟེ་གོང་མ་ཆེན་པོ་སྟོན་ཆེན་ལ་མ་ཕེབས་རིང་གཟིམས་ཁུར་དེ་རྣམས་སུ་སྡོད་བཞུགས་ཀྱིས་ནང་གི་བློན་པོ་ཆེ་ཆུང་། ཕྱིའི་སོག་པོའི་ཝང་། པའི་ལི། པའི་སེ་སོགས་སྐྱེ་བོ་སྟོང་ཕྲག་མང་པོར་ཕྱག་དབང་གནང་། དེ་ནས་རོལ་ཆའི་བྱེ་བྲག་སྣ་ཚོགས་པའི་སྒྲ་ཅིག་ཅར་དུ་འཁྲོལ་བ་དང་དུས་མཚུངས་པར་གོང་མ་ཆེན་པོ་ཕེབས་ཏེ་བཞུགས་ཁུར་ཆེན་མོར་མཆོད་ཡོན་གཉིས་ཞལ་འཛོམ་གྱིས་སྐུའི་འཚམས་ཞུ་དང་མཇལ་དར་འབུལ་རེས་གནང་། དེ་ནས་གོང་མ་ཆེན་པོས་རྗེ་བླ་མ་མཆོག་གི་ཕྱག་ནས་བཏེན་ཏེ་ཕེབས་སྐབས་སུམ་བསྒྲིགས་ལ་རིམ་གྱིས་ཕེབས་ཏེ་རྗེ་བླ་མ་མཆོག་གོང་མ་ཆེན་པོ་ཁྲི་ལ་མ་བཞུགས་པར་བཞུགས་ཁྲིའི་འགྲམ་དུ་བཞེངས་ཏེ་བཞུགས་པར་གོང་མ་ཆེན་པོ་ནས་བླ་མ་ཁྲི་ལ་བཞུགས་ཞེས་པའི་བཀའ་ཕེབས་པ་དང་དུས་མཚུངས་མཆོད་ཡོན་གཉིས་ཁྲི་ལ་བཞུགས་མཉམ་གནང་། ཤར་གྱི་གཡོན་ཕྱོགས་ལ་ལྕང་སྐྱ་རྡོ་རྗེ་འཆང་། སློབ་གྲོལ་ནོ་མོན་ཧན། རྗེ་དྲུང་སྤྲུལ་པའི་སྐུ་བཅས་ཁྲི་སྟེང་དུ་བཞུགས། དེ་དག་གི་སྐུ་རྒྱབ་ལ་ནང་གི་བླ་མ་གཞན་རྣམས་དང་། སྐུ་མདུན་གྱི་གཤམ་ཙམ་ལ་ཡེར་ཁེ་ན་ཝང་དང་མེར་གན་ཝང་སོགས་ནང་གི་ཝང་རྣམས་གྲལ་དུ་འཁོད། གཡས་ཕྱོགས་ཀྱི་འཁྲིས་སུ་གསོལ་དཔོན་གངས་ཅན་མཁན་པོ་བློ་བཟང་མཁས་མཆོག་ལ་ཤིང་ཁྲི་འབོལ་སྟན་དང་བཅས་པ་གནང་། དེའི་རྒྱབ་ངོས་ལ་སྐུ་བཅར་ནང་མ་ལས་ཚན་པ་བཅོ་ལྔ་སྐོར། གཞུང་གི་བ་ཡར་མཁན་པོ་བཅས་དང་། སྐུ་མདུན་གྱི་གཤམ་ངོས་ལ་ནང་གི་ཝང་རྣམས་དང་། ཏར་ཆེན། ཏོར་ཆེན་གྱི་ཝང་སོགས་དཔོན་པོ་ཆེ་བ་རྣམས་དང་། དཔོན་ཆུང་དང་། ཐུ་ཤི་མེལ་བཅས་ཨུར་གེའི་ཡོལ་སྐོར་སེར་པོའི་ཇང་དུ་ཡས་རིམ་ལ་འཁོད། མཆོད་ཡོན་གཉིས་ལ་གསོལ་སྟེར་གསེར་བྱུང་ལས་གྲུབ་པ་འབའ་ཞིག་བརྒྱ་ཕྲག་རེ་བརྩེགས་པ་དང་ལྷོག་ཁེབས་སེར་པོ། བྱིངས་ལ་དངུལ་སྟེར་ཤ་དག་གིས་ལྔ་བཅུ་བརྩེགས་རེ་དང་ལྷོག་ཁེབས་དཀར་པོ་བཅས་མཆེས་པའི་གསོལ་སྟོན་གཟབ་རྒྱས་སུ་བསྟར། གོང་མ་ཆེན་པོའི་གསོལ་སྟོན་གྱི་ཕུད་ནས་རྗེ་བླ་མ་མཆོག་ལ་གསོལ་སྟེར་གསུམ་འབུལ་བ་གནང་ཞིང་། དེ་རྗེས་ལྕང་སྐྱ་རིན་པོ་ཆེ་སོགས་ནང་གི་བླ་མ་རྣམས་དང་། གསོལ་དཔོན་མཁན་པོ་དང་གཟིམས་དཔོན་མགྲོན་གཉེར་བཞི། ལྡེ་ཆུང་པ་གཉིས། མཆོད་ཕྱག་གཉིས་སོགས་ལས་ཚན་པ་བདུན། གཞུང་སའི་བ་ཡར་མཁན་པོ་བཅས་རགས་

རིམ་རྣམས་ལ་གོང་མའི་གསོལ་སྟོན་ནས་གསོལ་རས་སྩལ། གསོལ་སྟོན་གྱི་ཐོག་གསོལ་ཇ་གཉིས་ཀྱི་རིང་སྒྲ་སྙན། པི་ཕང་། གླིང་བུ། ཡ་ཐོ་ག་ལ་སོགས་པའི་སོག་ལུགས་ཀྱི་སྒྲ་སྙན་དང་། མན་ཇུ་དང་། ཧུན་གར་གཉིས་ཀྱི་ཕྲུག་གུ་རྣམས་ཤེད་འགྲན་པ། རྒྱལ་མོ་རོང་བའི་ཁྲིའུ་མང་པོས་སླུ་གར་བྱེད་པ། ཤིང་གི་སྐས་ལྟ་བུའི་ངོས་ལ་ཁྲིའུ་མང་པོ་འཕྲུལ་འཁོར་གྱི་རྩེད་མོ་རྩེ་བ། སྒྱུ་མ་མཁན་གྱི་མིག་འཕྲུལ་སྟོན་པ། རྟ་རྒྱུག་པའི་སྟེང་དུ་ཁྲིའུ་མང་པོ་ལུས་རྩལ་སྟོན་པ། ཞུག་ཐུམ་མང་པོས་སྔོན་གྱི་རྒྱལ་རབས་རྣམ་ཐར་ལས་བརྩམས་པའི་ཁྲང་ཞི་རྗེ་བ་སོགས་འཆི་མེད་བདག་པོའི་འདོད་ཡོན་ལ་མངོན་པར་འཁྲུ་བའི་ལྟད་མོ་བསམ་གྱིས་མི་ཁྱབ་པ་གཟིགས་མོར་ཕུལ། གོང་མ་ཆེན་པོ་ནས་དེང་སང་ཞེ་ཧོར་ཚད་འཁྱོལ་གྱི་ལུང་པ་འདི་ཚ་དུགས་ཆེ་བའི་སྐབས་སྐུ་ལ་ཚ་དུགས་ཀྱི་སྐྱོན་གང་ཡང་མི་འདུག་གམ་ཞེས་ཕེབས་པར་བསིལ་དྲོད་ཤིན་ཏུ་སྙོམས་ཤིང་། ལུས་ལ་ས་ཆུ་མི་འཕྲོད་པའི་ཉམས་སོགས་གཏན་ནས་མེད་པར་ལུས་སེམས་ཤིན་ཏུ་བདེ་ཞིང་དགའ་སྤྲོ་བསམ་གྱིས་མི་ཁྱབ་པ་འདུག་ཅེས་ཞུ་བ་གནང་བར་གོང་ནས་ངེས་པར་ལེགས། ངེད་རང་གིས་མཇལ་བ་ལ་ཡང་བླ་མ་སྐུ་གཟུགས་རྒྱས་ཤིང་ཞལ་མདངས་ཀྱང་ཤིན་ཏུ་བཟང་བ་འདུག་ངེད་རང་སེམས་ལ་དགའ་སྤྲོ་ཆེན་པོ་འདུག རྟེན་འབྲེལ་ཤིན་ཏུ་ལེགས། དེང་སང་པཎ་ཆེན་ཨེར་ཏེ་ནི་དང་གནམ་གྱི་ལྷ་དཀོན་མཆོག་གི་ཐུགས་རྗེས་རྒྱལ་ཁམས་ཐམས་ཅད་བདེ་འཇགས་སུ་གནས། ཞྭ་སེར་གྱི་བསྟན་པ་ཡང་ཤིན་ཏུ་དར། མཇུ་དང་། ནང་གི་དར་ཚོ་ཆེན་པོ་བརྒྱད། ཕྱི་ཡི་ཚོ་ཆེན་ཞེ་དགུ ཏལ་ཧྭ་ཚོ་བ་བདུན། ཨོས་ལོང་། ཐོར་གོད། ཧུན་གར་སོགས་ཐམས་ཅད་ཉིད་འདིར་ཕེབས་པ་ལ་ཚང་མ་འདུས་ཤིང་། དད་པ་དང་དགའ་སྤྲོ་ཆེན་པོ་བྱེད་ཀྱིན་འདུག ཉིད་ནས་སྐབས་མཚམས་པོ་ཏ་ལ་དང་བཀྲ་ཤིས་ལྷུན་པོའི་ཚོགས་དབུར་ཕེབས་ནས་སྨོན་ལམ་དང་གསུང་ཆོས་ཡགས་པོ་གནང་དགོས། ངེད་རང་ཡང་ཡོང་། ད་ལོ་ངེད་རང་གི་དགུང་ལོ་བདུན་ཅུའི་དགའ་སྟོན་ཆེན་པོའི་ཐོག་བླ་མ་ཉིད་དང་མཇལ་བ་འདི་རྟེན་འབྲེལ་ཤིན་ཏུ་བཟང་ཞེས་ཕེབས་པར། རྗེ་བླ་མ་མཆོག་ནས་གོང་མ་ཆེན་པོ་ཐུགས་རྗེར་འཛམ་གླིང་རྒྱལ་ཁམས་ཐམས་ཅད་དུས་བདེ་ཞོད་འཇགས་དང་སངས་རྒྱས་བཅོམ་ལྡན་འདས་ཀྱི་བསྟན་པ་རིན་པོ་ཆེ་དང་། དེའི་ཡང་སྙིང་རྒྱལ་བ་ཙོང་ཁ་པ་ཆེན་པོའི་ཞྭ་སེར་གྱི་རིང་ལུགས

ཤིན་ཏུ་དར་ཞིང་རྒྱས་པ་དང་། གནམ་འོག་ས་སྟེང་གི་འགྲོ་བ་ཐམས་ཅད་ཆོས་འབྱོར་བདེ་སྐྱིད་ཀྱི་དཔལ་ལ་སྤྱོད་པས་དུས་འདའ་བ་དང་བླ་མ་བདག་གོང་མ་ཆེན་པོ་དགུང་ལོ་བདུན་ཅུའི་བཀྲ་ཤིས་ཁྲི་ཐོག་ཁྲི་ཐོག་གི་བ་ཡར་ཆེན་པོའི་ཐོག་གསེར་ཞལ་མཇལ་བའི་སྐབས་འདིར་ལྷ་འབབས་ཀྱི་རྒྱལ་ཐྲན་དང་སྐྱེ་བོ་མང་པོ་ངོས་འཕྲད་དུ་ལྷགས་ཤིང་འདུས་པ་སོགས་འདི་དག་ཚང་མ། གོང་མ་ཆེན་པོའི་ཚད་མེད་བསམ་གྱིས་མི་ཁྱབ་པའི་བཀའ་དྲིན་ལོ་ན་ལགས་ཤིང་། བསམ་གྱིས་མི་ཁྱབ་པའི་བཀའ་དྲིན་གཞན་དུ་གཞལ་ཐབས་མ་རྙེད་ཅིང་། གསེར་གྱི་བཀའ་རྗེས་སུ་ནན་ཏན་གྱིས་འབྲངས་ཏེ་པོ་ཏ་ལ་དང་བཀྲ་ཤིས་ལྷུན་པོའི་དགེ་འདུན་གྱི་སྡེ་རྣམས་དང་ལྷན་ཅིག་གོང་མ་ཆེན་པོ་ཞབས་པད་དགུང་ལོ་ཁྲི་ཐོག་ཁྲི་ཐོག་གི་བར་བརྟན་པ་དང་ཆབ་སྲིད་དར་ཞིང་རྒྱས་པའི་ཕྱིར་ཆོས་འདོན་པ་དང་སྨོན་ལམ་བདེན་ཚིག་གིས་མཚམས་སྦྱོར་ཡང་དག་དགའ་སྤྲོ་ཆེན་པོས་སྒོ་ནས་ཅིས་ཀྱང་ཞུས་ཞོག་ཅེས་ཞུ་བ་མཛད་པ་སོགས་མཆོད་ཡོན་གཉིས་ཕན་ཚུན་ཐུགས་དགྱེས་པའི་ལུགས་གཉིས་ཀྱི་གསུང་གླེང་མང་དུ་གནང་ཞིང་རྗེ་བླ་མ་མཆོག་ལ་སྟོན་ཆེན་གྱི་ཐོག་གོང་ནས་གནང་རྟེན་དུ་གོས་གསེར་གཞིའི་དབུ་པཎ་མུ་ཏིག་གི་ཕྲ་ལྷན། མཛོད་གོས་མངགས་བཏགས་ལས་གྲུབ་པའི་སྐུ་ཆོས། སྐུ་སྦྱར། སྐུ་པེར་མུ་ཏིག་གི་ཕྲ་ལྷན། འགན་སྦྱར། སྐུ་ཅར། སྐུ་རགས། གཞུགས་གདིང་། རྒྱན་གཞི་མངགས་བཏགས་ཀྱི་ན་བཟའ། མཛོད་གོས་ཆོས་ཁ་སྣ་ཚོགས་ཡུག་བམ་ལྔ་བཅུ། ཁ་བཏགས་ཉི་ཤུ། ཤེལ་ཕོར་བཅུ། ཤེལ་གྱི་དྭ་སྣག་བཅུ། ཤེལ་བུམ་བཅུ། གསེར་སྲང་ལྔ་བརྒྱ། དངུལ་སྲང་ཆིག་ཁྲི། ཆིབས་སྒ་ཆ་འགྲིག་གཅིག ཕུ་བོ་ཕྱུག་མཛད་ཆེན་མོ་ལ་མཛོད་གོས་རྒྱན་གཞི་མངགས་བཏགས་སེར་པོའི་སློག་པ། དངུལ་སྲང་ཉིས་བརྒྱ། མཛོད་གོས་ཆོས་ཁ་སྣ་ཚོགས་ཡུག་ལྔ། ཤེལ་སྤྱད་སྣེ་ཁ་བརྒྱད། གསོལ་དཔོན་གངས་ཅན་མཁན་པོ་ལ་མཛོད་གོས་རྒྱན་གཞི་སེར་པོ་མངགས་བཏགས་ཀྱི་སློག་པ། དངུལ་སྲང་བརྒྱ་དང་ལྔ་བཅུ། གོས་ཆོས་ཁ་སྣ་ཚོགས་ཡུག་ལྔ། ཤེལ་སྤྱད་སྣེ་ཁ་བཞི་གཟིམས་དཔོན་སོགས་སྟོན་མོར་འགྲོ་མི་ཕྱིངས་རྣམས་ལ་ཡང་གནང་ཆ་བཟང་པོ་དང་། གཞན་ཡང་དངུལ་སྲང་ཁྲི་ཐོག་གཅིག་སྤྱལ་བའི་སྟེང་ནས་པཎ་ཆེན་ཨེར་ཏེ་ནིའི་དགོངས་བཅད་ཀྱིས་ཞབས་ཕྱི་རྣམས་ལའང་གནང་དགོས་ཚུལ་ཅུར་གན་བརྒྱུད་ནས་བཀའ་བསྒྱུར་ཞིང་འཇིག་རྟེན་དུ་རྙེད་པར་དཀའ་

བའི་དགའ་སྟོན་དང་། ཟང་ཟིང་གི་དངོས་སྐྱེས་ཚད་མེད་པ་སྩོབ་པར་མཛད་དོ། །དེ་ནས་བཀྲ་ཤིས་ལྷུན་པོར་ཕེབས་ཏེ། མདུང་ནག་ཞབས་དྲུང་ངག་དབང་ཆོས་གྲགས་དང་། རབ་འབྱམས་པ་བསྟན་འཛིན་ལྷུན་གྲུབ་ཐུན་མོང་ནས་དངོས་འབུལ་བཏེག་སྟེ་ཟ་གྲལ་གྱི་ཐོག་བཀའ་འདྲི་དང་གནང་སྐྱེས་སྩལ། གཞན་ཡང་ཧྲུན་གར་དང་པོའི་ཕྱང་སོགས་མི་དྲུག་དང་དོན་གཉེར་ཅན་ལྔ་བཅུ་སྐོར་ལ་མཇལ་ཕྱག་གི་བྱིན་རླབས་དང་སྐབས་ཐོབ་འོས་རིགས་ལ་ཟ་གྲལ་གྱི་ཐོག་བཀའ་འདྲི་གནང་སྐྱེས་བཅས་བསྩར།

ཚོར་ཉེར་དྲུག་གི་ཉིན་པོ་ཏ་ལའི་གནས་གཟིགས་ལ་ཕེབས་རྒྱུར། ལྷ་སྲས་དྲུག་པ་དང་ལྕང་སྐྱ་རྡོ་རྗེ་འཆང་བཅས་ལྷན་ཅིག་ཏུ་བྱོན། དགེ་འདུན་རྣམས་ནས་སེར་སྦྲེང་གིས་མདུན་བསུས་ཏེ་འདུ་ཁང་ཆེན་མོའི་བཞུགས་ཁྲི་ལ་ཞབས་ཟུང་བཀོད། ལྷ་སྲས་དྲུག་པ་དང་ལྕང་སྐྱ་རྡོ་རྗེ་འཆང་། སྨིན་གྲོལ་ནོ་མོན་ཧན། རྗེ་དྲུང་རིན་པོ་ཆེ། ར་ཁོ་ཏུ་ཐོག་ཐུ་སོགས་ནང་གི་བླ་མ་རྣམས་དང་སྡེ་ཤན་ཧོར་གི་ཨམ་པན་ཙང་ཧྲུན་རྗེ་ཨམ་པན་ཨ་ས་གན་ཨམ་པན། ཕེབས་བྱམས་མགོ་པ་ཏ་ཧྲ་ཞིན་དང་ནང་གི་ཁླ། ཅུར་གན་གྱི་ལས་བྱེད་ཧར་བི། འདི་ཁའི་ཞབས་འབྲིང་པ་སོགས་བཞུགས་གྲལ་ལ་འཁོད་དེ་པོ་ཏ་ལའི་སྤྱི་སོ་ནས་གསོལ་ཇ་དང་དཀར་སྒྲོ་དངོས་འབུལ་བཅས་བཏེག པོ་ཏ་ལའི་མཁན་པོ་ལས་སྡེ་སོགས་ལ་ཕྱག་དབང་སྩལ། འདུ་ཁང་། ལྷ་ཁང་། གོང་མའི་གཟིམས་ཆུང་རྣམས་སུ་གནས་གཟིགས་མཛད། རྟེན་སོ་སོར་སྨན་ཤལ་དང་མཆོད་རྫས་ཕུལ་ནས་ཤིས་བརྗོད་སོགས་མཛད་དེ་གོང་མ་བདག་པོ་ཆེན་པོ་ཞབས་པད་བསྐལ་བ་ཁྲི་ཕྲག་ཏུ་མར་བརྟན་ཅིང་ཆབ་སྲིད་དར་ཞིང་རྒྱས་པ་སོགས་བསྟན་འགྲོར་སྨན་པའི་ཐུགས་སྨོན་ཡང་དག་མཛད། པོ་ཏ་ལའི་མཁན་པོ་སོགས་ནས་ཞུས་ངོར། ཇོ་བཅའ་དུ་ལྷ་སྲས་དྲུག་པ་དང་ལྕང་སྐྱ་རྡོ་རྗེ་འཆང་། དགེ་འདུན་བྱིངས་སོགས་ལ་དགའ་ལྡན་ལྷ་བརྒྱ་མའི་བཤད་ལུང་སྩལ་བར་གཏང་རག་གི་ཡོན་ཀྱང་བསྩབས། དེ་ནས་བཀྲ་ཤིས་ལྷུན་པོར་ཕེབས། ལམ་ཐོག་ཏུ་རྒྱ་སོག་གི་སྐྱེ་བོ་སྟོང་ཕྲག་བརྒྱལ་བར་ཕྱག་དབང་སྩལ། ཆོས་གསུམ་གཟའ་སྐར་ཕུན་སུམ་ཚོགས་པའི་ཉིན་རྗེ་བླ་མ་སྲིད་ཞིའི་གཙུག་རྒྱན་ཆེན་པོར་གོང་མ་བདག་པོ་ཆེན་པོ་ནས་གཟིགས་བསྐྱངས་བཀུར་གཟེངས་བླ་ན་མ་མཆིས་པས། ལུགས་གཉིས་ཀུན་ལ་མཁྱེན་རབ་མཆོག་ཏུ་ཡངས་པ་གུང་བློན་ཆེན་པོ་ཨེར་ཕུ་གུང་དང་། ཐུ་མེན

ཐའི་ཐུ་ཧོས་ཨམ་པན་གཉིས་སྐུ་ཚབ་ཏུ་བཀས་ཆེད་དུ་མངགས་པའི་མདུན་གཡང་ཏེ་ལས་གྲུབ་པ་སྤོ་སྤྲས་ཞེས་པའི་རིན་པོ་ཆེའི་ཐམ་ཀ་ཆེན་པོ་དང་། རིན་པོ་ཆེ་འཇའ་ས་སོ་སོར་བཞུགས་ཁང་གསེར་ཟངས་དང་ཤིང་ལས་གྲུབ་པའི་སྒམ་བཅས་ཕེབས་བྱམས་ནང་དུ་གདན་དྲངས། བཀྲ་ཤིས་ལྷུན་པོར་ཕེབས་སྐབས་གོང་གི་བཀའ་དམིགས་བསལ་དུ་ཕེབས་གཤིས་རྗེ་བླ་མ་མཆོག་སྐུ་ངོས་ཀྱིས་ཕེབས་བསུ་མཛད་མ་དགོས་ཤིང་། གཞན་མ་གོང་མ་ཆེན་པོ་སྐུ་དངོས་ཕེབས་པ་དང་ཁྱད་མེད་ཀྱིས་ཕེབས་བསུ་སེར་སྦྲེང་བཅས་ཞུས་ཏེ། རྗེ་བླ་མ་མཆོག་གཟིམས་ཆུང་བཀྲ་ཤིས་ཆོས་དགའི་བཞུགས་ཁྲིའི་སྐུ་མདུན་དུ་བཞེངས་ཏེ་བཞུགས། གཡས་གཡོན་གཉིས་སུ་ལྷ་སྲས་ཆེན་པོ་དྲུག་པ་དང་རྗེ་ལྕང་སྐྱ་རིན་པོ་ཆེ་སོགས་ནང་གི་བླ་མ་ཆེ་ཆུང་རྣམས་དང་། ཧོར་གི་ཨམ་པན་ཙང་ཧྲུན་ཧྥོ་ཨམ་པན། ལིའུ་ཨམ་པན་སོགས་གོང་མའི་མི་དྲག་ཆེ་ཆུང་རྣམས་ལྷན་རྒྱས་པའི་དབུས་སུ་ནོར་བུའི་ཐམ་ཀ་དང་ནོར་བུའི་འཇའ་ས་སྩལ་བ་ཨ་ས་ཏན་ཨམ་པན་ནས་སྐད་གསང་མཐོན་པོས་ཁྲིམས་བསྒྲགས་སུ་བཀླགས་ཤིང་ནང་བློན་ཆེན་པོ་ཨེ་ཕུ་ཀྲུང་དང་ཧོས་ཨམ་པན་གཉིས་ནས་ཀྱང་གོང་མ་ཆེན་པོའི་བཀར་ངེད་རང་གི་དགུང་ལོ་བདུན་ཅུའི་བཀྲ་ཤིས་ཁྲི་ཕྲག་གི་བ་ཡར་ཆེན་པོའི་སྐབས་འདིར་པཎ་ཆེན་ཨེར་ཏེ་ནི་དང་མཇལ་བ་ནི་ངེས་པར་སྔོན་གྱི་སྨོན་ལམ་གྱི་ལས་འབྲེལ་བཟང་པོའི་རྟགས་མཚན་མངོན་སུམ་དུ་སྣང་བ་འདི་སྐྱེ་འགྲོ་ཐམས་ཅད་ལ་དྲིན་ཆེན་པོ་བྱུང་བས་ད་ལམ་ཡ་བར་གྱི་རྟེན་འབྲེལ་དུ་ངེད་ནས་པཎ་ཆེན་ཨེར་ཏེ་ནི་ལ་གཟིགས་བསྐྱང་བཀུར་སྟི་ཆེན་པོས་རིན་པོ་ཆེའི་ཐམ་ཀ་དང་འཇའ་ས་འདི་སྩལ་བ་ཡིན། དེང་ཕྱིན་ཆད་ལས་དོན་གལ་ཆེའི་རིགས་དང་བ་ཡར་ཆེན་པོའི་རིགས་ལ་རིན་པོ་ཆེ་སྤོ་སྤྲས་ཀྱི་ཐམ་ཀ་འདི་གནང་། རྒྱུན་པར་དོན་གལ་ཆུང་བའི་རིགས་ལ་སྔོན་ཡོད་གསེར་གྱི་ཐམ་ཀ་དེ་ཁ་རྒྱབ་པས་འཐུས་ཞེས་གསེར་གྱི་བཀའ་བཟང་པོ་དང་བཅས་ཏེ་རིན་པོ་ཆེའི་ཐམ་ཀ་དང་འཇའ་ས་བཅས་ཕྱག་ཏུ་ཕུལ་བར་ཐུགས་དགྱེས་གྲུས་ཆེན་པོས་བཞེས།

དེ་ཉིན་གོང་མ་ཆེན་པོའི་བཀའ་ལྕང་སྐྱ་རྡོ་རྗེ་འཆང་བརྒྱུད་དེ་ཕེབས་པར། ཞེ་ཧོར་ཀྱི་དགོན་བཀྲ་ཤིས་ལྷུན་པོ་འདི་ཉིད་པཎ་ཆེན་ཨེར་ཏེ་ནིའི་བཞུགས་གནས་ལ་ཆེད་ཀྱིས་གསར་བསྐྲུན་བགྱིས་པ་ཡིན་པས་དགོན་གནས་འདི་ཉིད་དུ་གཙང་གི་བཀྲ་ཤིས་ལྷུན་པོའི་

མདོ་སྔགས་ཀྱི་ཚོ་ག་ཕྱག་ལེན་ཇི་ལྟ་བ་བཞིན་ཚུགས་ན་སྙམ་པ་ངེད་ཀྱི་དགོངས་པ་ཡིན་པས། དེས་ན་ད་རེས་པཎ་ཆེན་ཨེར་ཏི་ནིའི་གྲྭ་ཚང་གི་ཁྲིད་ནས་དགོན་གནས་འདི་ཉིད་ཀྱི་མཁན་པོར་འོས་པའི་མདོ་སྔགས་གཉིས་ལ་མཁས་པའི་བླ་མ་བཟང་པོ་ཞིག་དང་། བྱང་འདྲེན་དང་དགེ་སྐོས། ཁྲིངས་གྲྭ་པ་གང་ཐོན། དེ་འཕྲོས་རྣམས་དགོན་ཁག་གཞན་ནས་ཁུ་བསྡུས་ཀྱིས་འཛུག་རྒྱུ་ཡིན་ཚུལ་གྱི་བཀའ་ཕེབས་འཕྲུལ་མཁན་པོར་གངས་ཅན་ཤར་རྩེ་བླ་མ་ཞི་གནས་པ་དཀའ་ཆེན་བློ་བཟང་དོན་གྲུབ་དང་། བྱང་འདྲེན་དུ་དཀྱིལ་ཁང་གྲྭ་ཚང་གི་མདངས་ཆེན་པ་དཀའ་ཆེན་བློ་བཟང་རྡོ་རྗེ། དགེ་སྐོས་སུ་ཐོས་བསམ་གླིང་གྲྭ་ཚང་གི་དངོས་གྲུབ་ཆོས་རྫོང་པ་རབ་འབྱམས་པ་བློ་བཟང་བཀྲ་ཤིས། ཁྲིངས་མཚན་ཉིད་པ་གྲྭ་པ་ཉི་ཤུ་སྐོར་བཅས་བསྐོ་བཞག་གནང་བའི་རྒྱུ་མཚན་རྣམས་དེ་འཕྲུལ་རྗེ་ལྕང་སྐྱ་རིན་པོ་ཆེ་བརྒྱུད་གོང་མ་ཆེན་པོའི་གསེར་སྙན་དུ་གསོལ། དེ་རྗེས་ནང་གི་ཡེར་ཁན་ཕང་དང་ཆེ་ཨེ་ཕུ། ཧོ་པའི་ལི་རྣམས་ནས་དངོས་འབུལ་དང་བཅས་སྙེར་མཇལ་ཞུས་པར་ཕྱག་དབང་གི་བྱིན་རླབས་དང་ཇ་གྲལ་གྱི་ཐོག་དགྱེས་པའི་བཀའ་དང་། དངོས་པོའི་གནང་སྐྱེས་གཟབས་པ་སྩལ།

ཟླ་བ་བརྒྱད་པའི་ཚེས་བདུན་ཉིན་ཆེང་གོང་མ་ཆན་ལུང་དགུང་ལོ་བདུན་ཅུར་སོན་པའི་དངོས་གཞིའི་མཛད་སྟོན་འཁེལ་ཞིང་། དེ་ཉིན་སྐྱབས་མགོན་མཆོག་ནས་གོང་མ་ཆེན་པོར་ཞབས་བརྟན་འབུལ་རྒྱུར་རྗེ་བླ་མ་མཆོག་དང་། ལྷ་སྲས་ཆེན་པོ་ལྕང་སྐྱ་རིན་པོ་ཆེ། སྡེ་ཤན་ཨམ་པན། རྗེ་ཉིད་ཀྱི་སྐུ་བཅར་གསོལ་དཔོན་གངས་ཅན་མཁན་པོ་སོགས་ལས་མཚན་བཙོ་ལྔ་དང་གྲྭ་ཚང་སློབ་དཔོན་དཀའ་བཅུ་བློ་བཟང་ཚེ་བརྟན་དང་བྱང་འདྲེན་དཀའ་བཅུ་བསོད་ནམས་བཟང་པོ། མཆོད་དཔོན་དཀའ་ཆེན་བློ་བཟང་བསམ་གྲུབ། ཚོགས་ཆེན་དབུ་མཛད་ཆེན་མོ་ཁྲིན་ཕྱུག་དཀའ་བཅུ་བློ་བཟང་རྒྱལ་མཚན་སོགས་དགེ་བའི་བཤེས་གཉེན་གསུང་བཟང་བ་དགུ་བཅས་སྟོན་འཁོར་རྣམས་བཀྲ་ཤིས་ལྷུན་པོ་ནས་ཞི་སྐོར་ཕོ་བྲང་ནང་ཆིབས་ཁ་བསྒྱུར་ཏེ། གོང་མ་ཆེན་པོའི་མཛད་སྟོན་གྱི་གནང་སྒོ་ཁག་ལ་བཞུགས། རྗེ་བླ་མའི་བཞུགས་ཁྲིའི་འགྲམ་དུ་གསོལ་དཔོན་མཁན་པོ། གཟིམས་ཚང་གི་ཁྲམས་ར་དང་འགག་ནམས་སུ་རིགས་གཟུགས་དང་ལུང་ལས་ཀྱི་མངོན་པར་མཐོ་བའི་བློན་པོའི་ཚོགས་

མཐའ་ཡས་པ་རྣམས་འཁོད། ཐོག་མར་གསོལ་ཇ་ཞིག་བཏེག་ཅིང་། དེ་ནས་ཇ་སག་བླ་མ་དགེ་ལེགས་ནམ་མཁའ་དང་གསོལ་དཔོན་མཁན་པོ་ནས་རྗེ་བླ་མ་མཆོག་གི་ཕྱག་ཏུ་སྐུ་གསུང་ཐུགས་རྟེན་དང་། མཎྜལ་ཆོས་འཁོར་རྒྱལ་སྲིད་སྣ་བདུན། བཀྲ་ཤིས་པའི་རྫས་དང་རྟགས་བརྒྱད། དུམ་པ། སྐུ་སྨེ། བཞུགས་འབོལ། རྡོ་རྗེ་སྣེ་འདོགས་ཅན་སོགས་སྐུ་རྟེན་རྣམས་ཕྱག་ཏུ་བསྣམས་ཏེ་ཚེ་དང་ཡེ་ཤེས་མཆོག་སྩོལ་དཀྱིལ་འཁོར་ལྷ། །རྣམ་པར་རྒྱལ་མ་ཡིད་བཞིན་འཁོར་ལོ་དང་། །འཆི་མེད་དཔལ་སྟེར་ལྷ་དང་དྲང་སྲོང་ཚོགས། །ཀུན་གྱི་འཁོར་བསྐྱུར་སྐུ་ཚེ་བསྐལ་བརྒྱར་སྲིལ་ཞེས་སྐུ་གསུང་ཐུགས་རྟེན་སོགས་དང་། ཐུབ་དབང་གི་སྣང་བརྙན་གསེར་སྲང་སུམ་བརྒྱ་ལས་གྲུབ་པ་གསེར་ཟངས་ལས་གྲུབ་པའི་ཁྲི་རྒྱབ་རིན་པོ་ཆེ་དུ་མས་སྤྲས་པ། རྣམ་རྒྱལ་མ་ལྷ་དགུའི་སྐུ་བརྙན་དངུལ་ལས་གྲུབ་པ། སངས་རྒྱས་བྱང་སེམས་ཀྱི་བྲིས་ཐང་བརྒྱད་ཅུ་གྱ་གཅིག་མཐིལ་ཤོག་ལ་གསེར་བྲིས་ཡུམ་རྒྱས་འབྲིང་བསྡུས་གསུམ། བཀའ་བསྒྱུར་ཡོང་རྫོགས་བྱང་ཆུབ་མཆོད་རྟེན་གསེར་ལས་གྲུབ་པ། གསེར་གྱི་གའུ། སྤོ་ཤེལ་གྱི་ཤལ་པ་གསུམ། བྱུ་རུའི་ཤལ་པ། སྤོས། མགོ་སྣམ་ཐགས་སྣ་དང་སྣམ་ཕྲུག་སྣ་ཚོགས་བཅས་འབུལ་སྟེ་གང་གི་ཞབས་ཀྱི་པདྨོ་རྡོ་རྗེའི་ཁམས་ལྟར་བརྟན་ཅིང་ཆབ་སྲིད་འཕྲིན་ལས་ཀྱི་གདུགས་དཀར་སྲིད་ཞིའི་ཁྱོན་ལས་བརྒལ་ཏེ་ས་ཆེན་པོའི་ཁྱོན་ལ་སྐྱོད་པའི་བསྟན་འགྲོ་ཐམས་ཅད་བདེ་སྐྱིད་རྫོགས་ལྡན་གསར་པའི་དགའ་སྟོན་གྱི་དཔལ་ལ་སྐྱོད་པའི་བསྔོ་སྨོན་ཐབས་འཇུག་སོགས་གནང་།

ཚེས་བརྒྱད་ཉིན་ཞེ་ཧོར་པོ་ཏ་ལར་བསླབ་གསུམ་འཛིན་པའི་དགེ་འདུན་སྟོང་ཕྲག་མང་པོའི་མགོན་དུ་ཡོན་མཆོད་གཉིས་ཞབས་ཟུང་བཀོད། ཚོགས་སྐོར་གཅིག་གི་རིང་ཚོ་འཕྲུལ་སྨོན་ལམ་ནང་ལྟར་གྱི་ཞལ་འདོན་བསྔོ་སྨོན་བཅས་གནང་ནས་བསྟན་འགྲོའི་ཕན་བདེ་གོང་འཕེལ་དུ་མཛད། གོང་ནས་ཀྱང་གཏང་རག་དང་བསྙེན་བཀུར་གྱིས་གཞིས་ལེན་བཟང་པོ་ཕྱར་བཞིན་སྩལ། སྐབས་དེར་རྗེ་བླ་མ་མཆོག་ལ་གོང་ནས་སྟོན་པ་ཐུབ་པའི་དབང་པོ་ལ་གནས་བརྟན་བཅུ་དྲུག་གིས་བསྐོར་བའི་གོས་མངགས་བཏགས་ལས་གྲུབ་པའི་གོས་སྐུ་འཕང་ལ་ཕལ་ཐོག་གསུམ་ཙམ་ཡོད། སྲབ་མཐུག་སོར་ཕྱེད་ཙམ་བྱས་པ་ངོ་མཚར་ཤིན་ཏུ་ཆེ་བ་ཞིག་འབུལ་བར་མཛད་པ་དགྱེས་གྲུས་ཆེན་པོས་བདག་གིར་བཞེས། དེ་ནས་

མཆོད་ཡོན་གཉིས་སོ་སོའི་བཞུགས་གནས་ལ་ཕེབས། ཧུན་གར་ཏཱ་ལླ་མ་བཀྲ་ཤིས་རྒྱ་མཚོ། ཧུན་གར་ཨམ་པན་སོ་སོའི་བླ་ཐུར་ཨམ་པན། ཨེམ་ཆེ་ཡེལ་གེ་ཏཱ། སེན་ནེ་མེ་ཁུ་ཡེལ་གེ་ཏཱ། སོ་སོན་ཇང་ཀི་སོགས་སྐྱི་ཐོག་བཅས་སོ་སོ་ནས་དངོས་འབུལ་སྤྲམ་མཐོ་བ་བསྐུར། སྦྱིན་བདག་རྣམས་ལ་ཇ་གྲལ་གྱི་ཐོག་གསུང་གླེང་དང་བྱིན་རྟེན་ལེ་ཚན་སོགས་གནང་སྦྱིན་གྱི་དོམ་པ་སྐྱེལ། སྐབས་འདིར་ཏལ་ག་བདེ་མཆོག་ཡང་དུས་ཀྱི་ཕོ་ཉས་ཟིན་པས་བསྐོ་རྟེན་འཁོར་ཏེ་ལྷགས་བསྐོ་གནང་། གོང་མ་ཆེན་པོ་ནས་སྟོན་སྐུ་བརྙན་སོགས་སྐྱེལ་བར་བཀའ་དྲིན་ཆེ་ཚུལ་གྱི་ཞུ་ཡིག་རྟེན་ལྡན་འབུལ་བ་གནང་། དེ་ཉིན་ཨོང་ཧྲོད་ཡང་སངས་རྒྱས་དང་ཆོས་ཀུལ། ཏར་ཆེན་པ་སོགས་མི་སུམ་ཅུ་སྐོར་ལ་འཇིགས་བྱེད་དཔའ་བོ་གཅིག་པའི་རྗེས་གནང་། ཚེ་སྒྲུབ་བདུད་རྩིའི་ཆུ་རྒྱུན། ཤམྦྷ་ལའི་སྨོན་ལམ་བསྟུས་པ། སྒྲོལ་མའི་ལྷགས་ལུང་བཅས་སྨིན་རྒྱས་སུ་སྩལ་ཅིང་། སྐབས་དེར་གོང་མ་ཆེན་པོ་ནས་པཱ་ཆོང་ཨམ་པན་སྐུའི་འཚམས་ཞུར་ཆེད་གནང་གི་མདུན་ལྷ་རྫས་ནང་མཛོད། ཕྱག་ཏིང་སྤུས་ལེགས་བཅས་ཕུལ་བར་པཱ་ཆོད་ལ་ཕྱག་དབང་གི་བྱིན་རླབས་དང་དགྱེས་པའི་གསུང་གླེང་མཛད། གོང་མ་ཆེན་པོར་སྐུའི་འཚམས་ལན་ནང་མཛོད་ཁ་བཏགས་དྲི་མེད་འབུལ་བ་གནང་། དེ་རྗེས་གོང་མ་ཆེན་པོའི་ནང་གི་བློན་པོ། སོག་པོ་དང་མན་ཇུ། སོ་སོང་བྱའི་སོག་པོ་ཏ་ལ་ཏ། ཧུན་གར། ཐོར་གོང་། ཏར་ཆེན། བླ་རིན། ཨོང་ཉིད། ཨོའུ་ཏ་ན། ཐུ་མེད། ཨ་པ་ག ཨོར་དུ་སུ། ཨུ་རད། ནང་གི་ཆབ་འབངས་དར་ཚོ་ཆེན་པོ་བརྒྱད་ལ་སོགས་པའི་ཡང་། ཙང་ཧུན། པའི་ལི། པའི་སེ། གུང་། ཇ་སག ཐའི་ཇི། ཐ་བུ་ནང་། ཏཱ་ལ་སོགས་པ་ཏོག་དང་སྒྲོམ་མདོངས་ཅན་གྱི་ལས་ཞྭ་དང་ལས་གོས་གྱོན་པའི་བློན་པོ་སྟོང་ཕྲག་མང་པོས་གསོལ་བ་བཏབ་པར་བརྟེན། འདུ་ཁང་ཆེན་མོའི་ནང་དུ་འཕགས་པ་ཐུགས་རྗེ་ཆེན་པོ་བཅུ་གཅིག་ཞལ་གྱི་རྗེས་གནང་། བྱམས་སྨོན། གནས་བརྟན་ཕྱག་མཆོད། སྒྲོལ་མ་མཎྜལ་བཞི་པའི་སྨོན་ལམ་ཤིས་བརྗོད་སོགས་ཀྱི་ལྷགས་ལུང་བཅས་སྩལ། གོང་མ་ཆེན་པོའི་ཆབ་སྲིད་དང་། རྒྱལ་བ་ཙོང་ཁ་པ་ཆེན་པོ་བསྟན་པའི་ཞབས་འདེགས་ལ་འབད་དགོས་པའི་ཞལ་གདམས་ཀྱང་གནད་སྨིན་སྩལ་ཏེ་གསུང་གི་འོད་ཟེར་གྱིས་དད་ལྡན་རྣམས་ཀྱི་ཡིད་ཀྱི་པདྨོ་རྒྱས་པར་གྱུར་ཏོ།

ཆོས་བཅུ་གསུམ་གཟའ་སྐར་ཕུན་སུམ་ཚོགས་པའི་ཉིན་གོང་མ་ཆེན་པོའི་འཁྲུངས་སྐར་གྱི་བ་ཡར་ཆེན་པོ་ཡིན་གཤིས། སྐྱབས་མགོན་མཆོག་དང་ཞབས་ཕྱིར་ལྷ་སྲས་དྲུག་པ། རྗེ་ལྕང་སྐྱ་རིན་པོ་ཆེ། བཙན་པོ་སྨིན་གྲོལ་ནོ་མོན་ཧན་སོགས་ནང་གི་བླ་མ་རྣམས་དང་གསོལ་དཔོན། གཟིམས་དཔོན་སོགས་ཞབས་ཕྱི་རགས་བསྡུས་ཉི་ཤུ་སྐོར། སྣེ་ཤན་ཨམ་པན་རྣམས་དང་བཅས་སྟོན་འཁོར་རྣམས་ན་བཟའ་གཟབ་མཚར་མཛད་དེ་ཕོ་བྲང་ནང་ཕེབས་ནས་གཟིམས་ཆུང་ནང་མར་མཆོད་ཡོན་རྣམ་གཉིས་གསེར་ཞལ་ལྷན་འཛོམ་གྱི་ཐོག་རྗེ་བླ་མ་མཆོག་ནས་དེ་རིང་གོང་མ་ཆེན་པོའི་བཀྲ་ཤིས་ཁྲི་སྲག་ཁྲི་སྲག་གི་འཁྲུངས་སྐར་གྱི་བ་ཡར་ཆེན་པོ་ཡིན་གཤིས་ཞབས་པད་བསྐལ་པ་ཁྲི་སྲག་གི་བར་དུ་བརྟན་པའི་བཀྲ་ཤིས་ཚོགས་བཅད་ཁ་ཤས་དང་བཅས་ཏེ་བཀྲ་ཤིས་པའི་ལྷ་རྫས་ཆེ་དཔག་མེད་ཀྱི་སྣང་བརྙན། གཡང་ཏིའུ་ལས་གྲུབ་པའི་ཡུ་ཡི། ཨུ་ཧྲིག་ཁྲུད་མཚར་རྡོག་ཆེ་བ་བཅས་འབུལ་བ་གནང་བར་ཐུགས་དགྱེས་པ་ཆེན་པོ་དང་བཅས་བཞེས་ཏེ། རྗེ་བླ་མ་མཆོག་ལ་ནང་མཛོད་ཁ་བཏགས། གསེར་ཡུ་ཡི་རིན་པོ་ཆེ་དུ་མའི་སྤྲ་ལྷན་བཅས་ཕུལ། དེར་བོད་ལུགས་ཀྱི་བཞུགས་ཁྲི་ཆེན་པོ་ཞིག་བཤམས་པའི་ཐོག་རྗེ་ཉིད་ཞབས་ཟུང་བཀོད་དེ་ལྕང་སྐྱ་རྡོ་རྗེ་འཆང་སོགས་ནང་གི་བླ་མ་རྣམས་དང་རྗེ་ཉིད་ཀྱི་སྐུ་མདུན་ཞབས་གྲས་ནང་མ་རྣམས་བཅས་ནས་གོང་མ་ཆེན་པོའི་བཀའ་བཞིན་ཚོགས་སྐར་གསུམ་གྱི་རིང་ཞལ་འདོན་དུ་པཎ་ཆེན་བློ་བཟང་ཆོས་ཀྱི་རྒྱལ་མཚན་གྱིས་མཛད་པའི་བསངས་མཆོག་འབྲིང་པོ་དང་མགོན་པོ་ཆེ་དང་ཡེ་ཤེས་དཔག་ཏུ་མེད་པའི་གསུང་ཚིག་རྒྱས་པ། སྒྲོལ་དཀར་གྱི་བསྟོད་པ། བསྟན་འབར་མ་བཅས་གཏོང་གནང་གི་གོང་མ་ཆེན་པོ་ཞབས་པད་བསྐལ་པ་ཁྲི་སྲག་ཏུ་མར་བརྟན་པའི་ཐུགས་དམིགས་རྒྱ་ཆེར་མཛད། དེ་ཉིན་སྟོན་འཁོར་རྣམས་ལ་ཅོནའི་ལུགས་ཀྱི་གསོལ་སྟོན་བསྙེན་བཀུར་གཟབ་སྟེ་ཞུས། ཞབས་བརྟན་སྐུ་རིམ་གནང་བའི་ཡོན་དུ་ནང་མཛོད་ཁ་བཏགས། གཡང་ཏི་ལས་གྲུབ་པའི་ཞལ་དཀར་ཡུ་རིང་སྟེགས་ཁེབས་གཉིས་གསེར་སྦྲུངས་ལས་གྲུབ་པ་ཨུ་ཧྲིག་དང་པདྨ་རཱ་ག་སོགས་རིན་པོ་ཆེ་དུ་མའི་སྤྲ་ལྷན། ནེ་མ་ཤེའི་ཡུལ་གྱི་གོས་ཡུག་བམ་བཅུ་བཞི། གོས་སྒྲིལ་གསེར་གྱི་མ་ཤམ་ཡུག་གཉིས། ཁ་ཐེ་ཡུག་གསུམ། ཀོང་ཇུ་ཡུག་བརྒྱད། གོས་ཁྲུག་ཆ་ཉི་ཤུ་དང་ཡ་གཅིག་འདི་ཉིན་རྗེ་བླ་མ་མཆོག་དང་ཞབས་ཕྱིར་ལྷ་སྲས་ཆེན་པོ་དྲུག་པ།

གོང་གསལ་སྣེ་ཤན་ཨམ་པན་གཉིས། ཏ་ཧྲ་ཞིན། རྩུར་གན་གྱི་ལས་བྱེད་ཧར་པི། རྗེ་ཉིད་ཀྱི་ཞབས་ཕྱི་གསོལ་དཔོན་མཁན་པོ་དང་མགྲོན་གཉེར་སོགས་བཅོ་ལྔ་སྐོར་དང་བཅས་སྟོན་འཁོར་རྣམས་གོང་གི་བཀས་སྤྱན་དྲངས་པ་ལྟར་ཕོ་བྲང་གི་ར་བ་ཕྱི་མའི་ནང་གི་སྐྱིད་མོས་ཚལ་དེར་སྟོན་གསོལ་སྟོན་གནང་ཡུལ་གྱི་ཕྱིང་གུར་ཆེན་མོའི་མདུན་གཟིམས་གུར་རྒྱ་ཕེབས་གཟུགས་སེར་པོ་ཁོར་ཡུག་ཏུ་ཡོལ་སྐོར་སེར་པོས་བསྐོར་བའི་ཕྱི་ནང་ཀུན་ཏུ་སྔོན་པོ་ལས་ཞྭ་ཧོག་ཅན་དང་ལས་གོས་གྱོན་པ་སའི་དྲིག་པ་ལྟ་བུ་འདུག་པ་དེར་ཕེབས་ཉེ་བའི་ཕེབས་ལམ་གྱི་གཡས་གཡོན་གཉིས་ལ་གོང་གི་ཁྲིམས་ལས་ཀྱི་མཚོན་ཆ་དང་ཁ་དོག་སྣ་ཚོགས་པའི་ལས་དར་གདུགས་དང་བ་དན་སོགས་ཐོགས་ཤིང་། སྙན་འཛེབས་ཛམ་ཞིང་ངོ་མཚར་ཡིད་དུ་འོང་བའི་རོལ་མོའི་བྱེ་བྲག་སྣ་ཚོགས་པའི་སྒྲ་འཁྲོལ་བ་སོགས་མཐོ་རིས་བདག་པོའི་དགའ་ཚལ་གྱི་བཀོད་པ་ས་ལ་འཐོས་པ་ལྟ་བུའི་སྐྱིད་མོས་ཚལ་གྱི་ར་བ་སེར་པོའི་ནང་བར་ཕེབས་བྱམས་ཀྱི་ཐོག་ཕེབས་ནས་ཕྱིང་གུར་ཆེན་པོའི་ནང་ཡེས་ཙར་ཞེས་པའི་བཞུགས་ཁྲི་ཁྲིའུ་ཤིང་གི་སྟེང་དུ་བཟང་པོའི་བཞུགས་སྟངས་ཀྱི་ཞབས་སོར་བཀོད། ལྷ་སྲས་ཆེན་པོ་དང་བློན་ཆེན་སོགས་ཀྱིས་མདུན་བདར་ཏེ་བཞུགས་ཐོག་བློན་པོའི་ཚོགས་རྣམས་དང་། ཞུག་ཏུམ་རྣམས་ལ་ཕྱག་དབང་སྩལ། འགའ་ཞིག་ནས་བཀའ་བསྒོ་དང་དམིགས་བརྩེ་མ། རིགས་གསུམ་མགོན་པོ། སྒྲོལ་མ་དཀར་ལྗང་། ཚེ་དཔག་མེད་སོགས་ཀྱི་གཟུངས་སྔགས་རྣམས་ཀྱི་ལུང་དགོས་ཚུལ་གསོལ་བ་འདོད་པ་དང་སྨྲུར་བ་མཛད། དེ་ནས་ཡུད་ཙམ་སོང་བ་ན་རོལ་མོ་སྣ་ཚོགས་པའི་སྒྲ་ཅིག་ཅར་དུ་འཁྲོལ་བ་དང་དུས་མཚུངས་གོང་མ་ཆེན་པོ་ཕེབས་བྱུང་བར་ར་བ་སེར་པོའི་ནང་མཆོད་ཡོན་རྣམ་གཉིས་མཇལ་དར་རྩེ་སྤྲོད་གནང་ཞིང་། གོང་མ་ཆེན་པོ་ནས་རྗེ་བླ་མ་མཆོག་གི་ཕྱག་ནས་བཟེན་ཏེ་གཟིམས་གུར་སེར་པོའི་ནང་མཆོད་ཡོན་རྣམ་གཉིས་ཞབས་སོར་བཀོད་ནས་གོང་མ་ཆེན་པོ་ཞལ་སྔོ་གཟིགས་དང་རྗེ་བླ་མ་མཆོག་ཞལ་ཤར་གཟིགས་ཀྱི་གསེར་ཞལ་ལྷན་ཅིག་ཏུ་རྒྱས་ཏེ་བཞུགས་པའི་སྐུ་མདུན་ན་འདོམ་གསུམ་ཙམ་གྱིས་བར་ཆོད་པའི་གྲལ་གཡས་ཕྱོགས་སུ་བཙན་པོ་སླེན་གྲོལ་ནོ་མོན་ཧན་སོགས་ནང་གི་བླ་མ་རྣམས་དང་། སྐྱབས་མགོན་མཆོག་གི་ཞབས་འབྲིང་པ་དྲུང་འཁོར། སོག་པོའི་དཔོན་པོ་རྣམས་དང་། གཡོན་ཕྱོགས་སུ་ནང་གི་ཕྱང་རྣམས་དང་། ནང་བློན་རྣམས་གྲལ་ལ་འཁོད།

ཡོན་མཆོད་གཉིས་ལ་དཀར་སྒྲོ་དང་གསོལ་ཇ་བཏེག

ཆོས་བཅོ་ལྔའི་ཉིན་ཨོའུ་གན་ཨ་ས་གན་ཨམ་པན་དྭ་པའི་སེ་བློ་བཟང་ཤེས་རབ། ཐུ་མེད་པའི་སེ་ཆེ་བརྟན་དོན་གྲུབ། མཆན་སྒྲིག་མཁན་པོའི་ཕྱག་མཛོད་དྭ་བླ་མ་བློ་བཟང་བཅས་སོ་སོ་ནས་དངོས་འབུལ་གྱི་བདོག་པ་གཏོས་ཆེ་བ་བཏེག དེ་དག་སོ་སོར་ཇ་གྲལ་གྱི་ཐོག་བཀའ་འདྲི་གནང་སྐྱེས་གྱ་ནོམ་པ་བཅས་སྩལ། འདི་སྐབས་ཞི་ཧོར་པོ་ཏ་ལ་དང་དྭ་ཕུ་ཟེ། ཤར་སུ་མི་ཁྲུ་ཁྲུ་སུ་མི། ཡི་ལི་སུ་མི། ཤུ་ཛན་ཟེ་དགོན་གསར་རྣམས་སུ་བཀའ་བསྟན་གསུང་སྒྲོག གསེར་འོད་གྲུངས་གསོག གདུགས་ཤེར། སེང་གདོང་མའི་བཟློག་པ། ཆོས་སྐྱོང་ཡོངས་རྫོགས་ཀྱི་བསྐང་པ་རྣམས་འགྲོ་གང་ཆེ་མཛད་རྒྱུར་མཆོད་ཆས་དང་མང་ཇའི་དོད་དངུལ་སྲང་ལྔ་བརྒྱ་དང་བརྒྱད་རྫས་ཀྱི་དངོས་པོ་སྣ་ཚོགས་བཅས་གཏོང་པ་མཛད། གོང་མ་ཆེན་པོ་ནས་པཎ་ཆེན་ཨམ་པན་ཆེད་གནང་མདུན་བདེ་བ་ཅན་གྱི་ཞིང་བཀོད་སྐུ་ཐང་། གསེར་ལས་གྲུབ་པའི་བུམ་པ་ཁེབས་ལྡན་བཅས་འབུལ་བ་གནང་བ་དགྱེས་གུས་ཆེན་པོས་བཞེས། དེ་རྗེས་འཇམ་དཔལ་མཚན་ལྡན་ལྷ་ཁང་ལ་ཞབས་ཟུང་བཀོད་དེ་བསྐྱབ་བྱ་བཞི་བརྒྱ་དང་བདུན་ཅུ་དོན་དྲུག་བསྙེན་རྫོགས་ཀྱི་ སྡོམ་པ་དང་། ཐོ་རངས་ཐོར་གོད་ཡང་མཁས་གྲུབ་དང་། ཡང་ཤེ་རིང་བཅས་མི་བཅོ་ལྔ་ལ་བསྙེན་གནས་ཀྱི་སྡོམ་པ། མཁས་གྲུབ་ཡང་སོགས་མི་ཉི་ཤུ་རྩ་གཅིག་སྦྱིད་པའི་དགེ་བསྙེན་གྱི་སྡོམ་པ་བཅས་སྩལ། དེ་ནས་རྗེ་བླ་མ་མཆོག་དང་ཞབས་ཕྱིར་ལྷ་སྲས་དྲུག་པ། ཧོར་གེ་ཨམ་པན་ཙང་ཧྲུན་རྫེ་ཨམ་པན། ལིའུ་ཨམ་པན། འདི་ཁའི་གསོལ་གཟིམས། མགྲོན་གཉེར། ལྡེ་ཚུང་བ། མཆོད་དཔོན་པ། སྐུས་འཛིན། འགག་པ་སོགས་ཞབས་ཕྱི་ནང་འཁོར་བཅོ་ལྔ་སྐོར་བཅས་སྟོན་འཁོར་རྣམས་གང་གི་བཀའ་ལྟར་ཞི་ཧོར་གྱི་ཕོ་བྲང་དུ་ཞབས་ཟུང་བཀོད་པར་རིམ་གྱིས་སྐྱིད་སོས་ཚལ་གྱི་མཚོའི་སྟེང་གྲུ་གཟིངས་བརྒྱུད་ཕེབས་ཏེ་གཟིམས་ཆུང་ནང་མར་ཁྲང་ཞིའི་གཟིགས་མོ་སྣ་ཚོགས་དང་བཀུར་བཟོས་བསྙེན་བཀུར་སྤར་བཞིན་གཟབས། གོང་གི་བཀའ་བཞིན་གཟིམས་ཆུང་དང་ལྷ་ཁང་ཁ་ཤས་ལ་ཕེབས་ཏེ་སྙན་ཤལ་མཆོད་འབུལ་གོང་མའི་བཞུགས་ཁྲི་གང་ཡོད་ལ་ཁ་བཏགས་རེ་ཕུལ་ཞིང་ཤིས་པ་བརྗོད་པའི་མེ་ཏོག་གཏོར། ཉི་མ་ས་ནུབ་ཙམ་ལ་སྐྱིད་སོས་ཚལ་གྱི་ལྷུགས་རེ་སེར་པོའི་གཟིམས་གུར་ནང་དུ་ཡོན་མཆོད་གཉིས་གསེར་ཞལ་

ལྷན་ཅིག་ཏུ་འཛོམ་སྟེ་མེ་རྟེ་དང་། བློས་གར་གྱི་རོལ་རྩེད་སོགས་མཐའ་ཡས་པ་གཟིགས་མོར་ཕུལ།

ཆོས་བཅུ་བདུན་གྱི་ཉིན་འཇམ་དཔལ་མཆན་ལྷན་ལྷ་ཁང་དུ་ཏལ་ཏ། ཧུན་གར། ཏར་ཆེན། ཏ་ར་ཆེན་སོགས་བསྐྱབ་བྱ་བཞི་བརྒྱ་དང་བདུན་ཅུ་དོན་གཉིས་ལ་བསྙེན་རྫོགས་ཀྱི་སྡོམ་པ་སྩལ་ཏེ་བསླབ་པ་ཡོངས་སུ་རྫོགས་པའི་གཞི་ལ་བཀོད་དོ། །དེ་ནས་གཟིམས་ཁང་དུ་ཕེབས་བསྒྱུར་གནང་སྐབས་ཕེབས་ལམ་དུ་སྐྱེ་བོ་སེར་སྐྱ་སྟོང་ཕྲག་བརྒྱལ་བར་ཕྱག་དབང་གནང་། འདི་ཉིན་གོང་མ་ཆེན་པོ་ནས་སྐུའི་འཚམས་ཞུར་ཨམ་པན་གཏོང་གནང་མདུན་ལྷ་རྫས་ནང་མཛོད། ཀུ་བ་ཀུ་རིལ་ལས་གྲུབ་པའི་མཆོད་ཞལ་ཡུ་རིང་གཟུགས་གཉིས་དང་། གསེར་གྱི་པར་བུ་ཕྲ་ལྷན་ར་བཅུད་ཕུན་སུམ་ཚོགས་པའི་སྣོན་འབྲས་ཀྱིས་བཀང་བ་བཅས་འབུལ་བ་གནང་བར་དགྱེས་བཞིན་བཞེས་ཏེ་ལན་ཀྱང་ཕུལ།

ཆོས་བཅོ་བརྒྱད་ཀྱི་ཉིན་རྗེ་བླ་མ་མཆོག་གོང་གསལ་གྱི་འཁོར་རྣམས་དང་བཅས་ཞེ་ཧོར་གྱི་ཕོ་བྲང་ལ་ཕེབས། ཕོ་བྲང་ནང་མའི་གཟིམས་ཆུང་ཞིག་ཏུ་རྗེ་བླ་མ་མཆོག་དང་ལྕང་སྐྱ་རོ་རྗེ་འཆང་། བཙན་པོ་སྨིན་གྲོལ་ནོ་མོན་ཧན། རྗེ་དྲུང་རིན་པོ་ཆེ། པཎྜི་ཏ་མཁན་པོ་སངས་རྒྱས་འོད་ཟེར། ཇོ་སག་བླ་མ་དགེ་ལེགས་ནམ་མཁའ། འདི་ཁའི་ཞབས་འབྲིང་པ་སོགས་ལ་བསྙེན་བཀུར་གཟབས། སྐྱིད་སོས་ཚལ་གྱི་གཟིམས་ཆུང་ནང་མ་ཞིག་ཏུ་རྗེ་བླ་མ་མཆོག་ལ་ཞབས་ཕྱིར་ལྷ་སྲུས་དྲུག་པ། གསོལ་དཔོན་མཁན་པོ། ཇོ་སག་བླ་མ་དགེ་ལེགས་ནམ་མཁའ་བཅས་སྟོན་ལ་ཕེབས་ཏེ་དེར་བདེ་མཆོག་དཀར་པོའི་ཕྲིས་འབུར་གྱི་རྟེན་གྱི་དྲུང་དུ་མཆོད་གཏོར་གྱི་ཚོགས་དཔག་ཏུ་མེད་པ་བཤམས་ཏེ་བདེ་མཆོག་དཀར་པོའི་ཚེ་དབང་གི་སྟོན་འགྲོའི་རིམ་པ་རྣམས་ཐུགས་ཉམས་སུ་བཞེས། དེ་ནས་གོང་མ་ཆེན་པོ་ཕེབས་ཏེ་མཇལ་དར་རྩེ་སྒྲོད་གནང་། དེ་རྗེས་ལྕང་སྐྱ་རོ་རྗེ་འཆང་། སྨིན་གྲོལ་ནོ་མོན་ཧན། རྗེ་དྲུང་རིན་པོ་ཆེ། པཎྜི་ཏ་མཁན་པོ་སངས་རྒྱས་འོད་ཟེར། ཇོ་སག་བླ་མ་དགེ་ལེགས་ནམ་མཁའ། གསོལ་དཔོན་མཁན་པོ་བཅས་གྲལ་ལ་འཁོད་དེ། གོང་ནས་རྗེ་ཉིད་ལ་གསེར་གྱི་མནྜལ་ཆེན་པོ་སྣེ་འདོགས་ཅན་འབུལ་བ་གནང་རྗེས། བདེ་མཆོག་དཀར་པོའི་ཚེའི་སྨིན་བྱེད་ཀྱི་རིམ་པ་རྣམས་ལེགས་པར་ཕུལ་བ་ལྕང་སྐྱ་རོ་རྗེ་འཆང་ནས་སོག་སྐད་དུ་བསྒྱུར་ཏེ་ཞུ་བ་གནང་།

གཏང་རག་གི་ཡོན་དུ་སྟོར་བཞིན་མཇལ་འབུལ་གནང་གི་ཐོག་ལྷ་རྫས་ནང་མཛོད། གཡང་ཏི་ལས་གྲུབ་པའི་མཆོད་རྟེན་བཞུགས་ཁང་དང་བཅས་པ། གུ་གུ་ཤ་ལས་གྲུབ་པའི་བཀྲ་ཤིས་རྟགས་བརྒྱད། མཛོད་གོས་ཡུག་བམ་སུམ་ཅུ་སོ་ལྔ། མགོ་སྣམ་དམར་སེར་གོན་འདིང་བདུན་བཅས་འབུལ་བ་གནང་། རྗེ་བླ་མ་མཆོག་ནས་ཀྱང་ལྷ་རྫས། བདེ་མཆོག་གི་དཀྱིལ་ཐང་། ཕྱག་ཧྲར། ཕྱག་དྲིལ། ཀ་པཱ་ལ་བདུད་རྩི་རིལ་བུས་བཀང་བ་རྣམས་ཕུལ་བར་དགའ་སྤྲོ་ཆེན་པོ་དང་བཅས་བཞེས། དེར་འཁོད་གཞན་མ་རྣམས་ནས་ཡོན་མཆོད་གཉིས་ལ་མཇལ་དར་རེ་ཕུལ། མཇུག་ཆོག་སོགས་མཛད་ནས་བཀྲ་ཤིས་ལྷུན་པོར་ཆིབས་ཁ་བསྒྱུར། ཐེབས་ལམ་དུ་སེར་སྐྱ་མང་པོར་ཕྱག་དབང་གནང་། དགོངས་ཁ་ཐུ་མེད་པའི་སེའི་ཤོག་ཏ་ཐོན་སྒྲོལ་མ་ལ་དགེ་བསྙེན་ནས་དགེ་ཚུལ་མའི་བར་གྱི་སྡོམ་པ་གནང་། ཐོར་གོད་ཏན་ཚེ་རིང་རྣམ་རྒྱལ་དང་སྐུ་མཆེད་ཐའི་ཇི་རབ་བརྟན་རྡོ་རྗེ་སོགས་བཅུ་སྐོར་ལ་དགེ་བསྙེན་གྱི་སྡོམ་པ་སྩལ། ཐོར་གོད་ཏན་ཚེ་རིང་རྣམ་རྒྱལ་དང་། ཡུམ་ཏ་ཐོན། པའི་ལི། མཁས་གྲུབ་ཞང་སོགས་སེར་སྐྱ་ལྔ་བཅུ་སྐོར་ལ་ཚེ་དབང་སྨིན་རྒྱས་སུ་སྩལ། གོང་མ་ཆེན་པོ་ནས་རྗེ་བླ་མ་མཆོག་ལ་འབུལ་བར་གུ་གུ་ཤའི་སྟེར་མའི་ནང་གཡུ་ལས་གྲུབ་པའི་ལྗོན་ཤིང་གི་སྟོང་པོའི་སྙིང་རྩེ་མོ་ཡལ་གའི་དབུས་སུ་སྦྱོས་ཤེལ་ངང་སྔོང་ཙམ་ལ་རྒྱ་ནག་ཡུལ་གྱི་ཁམ་བུའི་གཟུགས་རེ་ཡོད་པ་ཆ་གཅིག ཡེ་རྒྱ་ཏོའི་མཆོད་ཞལ་གསེར་གྱི་ནང་ལྡན་བཅུ་དྲུག མཛོད་གོས་ཆོས་ཁ་སྣ་ཚོགས་ཡུག་བམ་བརྒྱ། དཀར་ཡོལ་གྱི་བུམ་པ་བཅུ། དཀར་ཡོལ་སོགས་ཀྱི་སྣོད་པ་ངོ་ཉི་ཤུ། དངུལ་གྱི་ཕོར་མོ་ཁྲམ་བུམ་རེ། གསོལ་ཇའི་ལྡེ་གུ་འཛིམ་རིལ་གཟུགས་དགུ་བཅུ་གོ་ལྔ། ཆེན་ཚལ་ཤ་དམ་ངོ་བཞི་བཅུ་བཅས་དང་། ཕྱག་མཛོད་ཆེན་མོར་རྒྱན་བཞི་སེར་པོ་མངགས་བཏགས་ཀྱི་ལ་པ་ཤག གོས་ཡུག་བམ་ལྔ་སྣམ་ཡུག་བཅོ་ལྔ། གསོལ་དཔོན་མཁན་པོར་རྒྱན་བཞི་སེར་པོ་མངགས་བཏགས་ཀྱི་ལ་པ་ཤག གོས་ཡུག་བམ་གསུམ། སྣམ་ཡུག་བཅོ་ལྔ། གཟིམས་དཔོན་དང་མགྲོན་གཉེར་སོགས་ཞབས་ཕྱི་ནང་འཁོར་སྟོན་ཆེན་བཞུགས་གྲལ་ལ་ཡོད་པ་ཕྱིངས་སོ་སོར་གོས་ཡུག་གསུམ་རེ་དང་སྣམ་ཡུག་བཅོ་ལྔ་རེ་བཅས་ཀྱི་གནང་སྐྱེས་རྫད་དུ་བྱུང་བ་སྩལ། དེ་ཉིན་ཞེ་ཧོར་བཀྲ་ཤིས་ལྷུན་པོའི་མཁན་པོ་གསར་བསྐོས་དང་ཊཱ་བླ་མ་སུ་ལ་བླ་མ། དགེ་སྐོས། དེམ་ཆི། དབུ་མཛད། གཉེར་པ་བཞི། ཕྱིངས་གྲྭ་

དམངས་ཉིས་བརྒྱ་སྐོར་བཅས་ལ་མཇལ་ཕྱག་གི་བྱིན་རླབས་དང་ཇ་གྲལ་གྱི་ཐོག་དགྱེས་པའི་བཀའ་སློལ། ལྷག་པར་གོང་མ་ཆེན་པོའི་གསེར་གྱི་བཀའི་དགོངས་བཞེད་བཞིན། བཀྲ་ཤིས་ལྷུན་པོའི་སྒྲིགས་ལམ་སྐོར་གྱི་འདུལ་བའི་ཀུན་སྤྱོད་རྣམ་པར་དག་པའི་གནད་གཞི་གསུམ་གྱི་ཚོ་ག་ཕྱག་ལེན། གཞུང་ལུགས་ཆེན་པོ་བཞིའི་འཆད་ཉན་ཐོས་བསམ་སྒོམ་གསུམ་སྤྱི་དང་ཁྱད་པར་མདོ་སྔགས་ཟུང་འབྲེལ་གྱི་བསྟན་པ་རིན་པོ་ཆེ་འཛིན་སྐྱོང་སྤེལ་གསུམ་ལ་འགྲན་ཟླ་མེད་པའི་རྒྱལ་མཚན་གྱི་ཏོག་ལྟ་བུ་གསང་སྔགས་རྒྱུད་པ་གྲྭ་ཚང་གི་ཕྱག་ལེན། དབྱངས་རོལ། གར་འཆམ། དཀྱིལ་འཁོར་བྲི་ཐིག བསྐྱེད་རྫོགས་ཀྱི་ཉམས་ལེན་ལ་སོགས་པ་ཐམས་ཅད་མཁྱེན་པ་པཎ་ཆེན་དགེ་འདུན་གྲུབ་པ་དཔལ་བཟང་པོ་ནས་བཟུང་པཎ་ཆེན་བློ་བཟང་ཆོས་ཀྱི་རྒྱལ་མཚན་ལ་སོགས་པའི་སྐྱེས་ཆེན་དམ་པ་རིམ་པར་བརྒྱུད་པ་དང་ད་ལྟའི་བར་གྱི་མཛད་སྲོལ་ཐུན་མོང་མ་ཡིན་པའི་ཕྱག་ལེན་རྣམ་པར་དག་པ་རྣམས་ལེགས་པར་བཙུགས་ཏེ། གོང་མ་ཆེན་པོའི་གསེར་གྱི་བཀའི་དགོངས་བཞེད་དང་མཐུན་ཅིང་། རྗེ་རྒྱལ་བ་གཉིས་པ་ཙོང་ཁ་པ་ཆེན་པོའི་བསྟན་པའི་མིག་རྒྱན་དང་སྐལ་ལྡན་དང་བ་འདྲེན་པའི་ཐབས་ལ་འབད་དགོས་པའི་བཀའ་སློབ་ཞལ་གདམས་དང་། སྲུང་མདུད། དངོས་པོའི་གནང་སྐྱེས་བཟང་པོ་དང་སྤྱི་སོར་སྤྲོར་འཇགས་སུ། གསེར་ཟངས་ཀྱི་སྐུ་བརྙན་སུམ་ཅུ་སོ་བརྒྱད། རག་སྐུ་གཅིག ཁྲི་སྐུ་བཞི། གསེར་ཟངས་ཀྱི་གདུང་རྟེན་བཅུ་གཅིག དངུལ་གྱི་གདུང་རྟེན་གཅིག རག་གི་གདུང་རྟེན་གཅིག བྲིས་ཐང་བཅུ། བསྟན་འགྱུར་སོགས་པོ་ཏི་སུམ་བརྒྱ་དང་བདུན། གསེར་ཆོས་པོ་ཏི་བཞི། མ་ཎི་ལག་སྐོར་གཅིག རྟེན་ཁྲི་སྒོ་ཁྱིམ་ཅན་ཤེལ་སྒོ་བཅུ་དྲུག་ཡོད་པ་གཅིག མཆོད་རྫས་སུ་ཌཱ་མ་རུ་གསུམ། དྲིལ་བུར་རྡོར་བཅས་བརྒྱད། རྒྱ་གོང་གཅིག ནང་མཆོད་ཀ་པཱ་ལ་གཅིག་སོགས་དུ་མ་དང་། གོང་གསལ་བསྟན་འགྱུར་དང་རྗེ་ཙོང་ཁ་པ་ཆེན་པོའི་གསུང་འབུམ། སྐྱབས་མགོན་ཆེན་པོ་སྐུ་གོང་འོག་གསུམ་གྱི་གསུང་འབུམ་བཅས་ལ་ན་བཟའ་གླེགས་ཤིང་། སྐུ་རགས། གླེགས་ཆབ། གདོང་དར་བཅས་གསར་སྒྲིག་བྱེད་རྒྱུའི་དོད་དངུལ་སྲང་སུམ་བརྒྱ་དང་བཅུ་གཅིག གླེགས་ཤིང་ཆ་བཅོ་བརྒྱད། དེ་དག་རྣམས་ཀྱི་མཆོད་ཐེབས་སུ་ཧ་བརྒྱ་དང་ཉི་ཤུ་རྩ་གཅིག ཛ་མོ་བཅུ་བཅས་ཁྱོན་ཧ་ནོར་བརྒྱ་དང་དགུ་བཅུ་གོ་གཅིག རྒྱུན་ཇའི་ཐེབས་སུ་དངོས་པོ་སྣ་ཚོགས་

དངུལ་དུ་ཕབ་པར་དངུལ་སྲང་བརྒྱད་བརྒྱ། དངུལ་རྐྱང་རྡོ་ཚད་དྲུག་དང་སྲང་བཅུ་དྲུག་ཞོ་གསུམ་བཅས་ཁྱོན་དངུལ་སྲང་ཆིག་སྟོང་བརྒྱ་དང་བཅུ་དྲུག་ཞོ་གསུམ། ཡང་མཁན་པོ་རིམ་ཅན་གྱི་རྟེན་ཁྲིར་བྲིས་ཐང་ཉི་ཤུ་རྩ་གསུམ་རྣམས་སྩྲོར་འཇགས་མཛད་དོ། །ཐོར་གོད་ཁན་ཚེ་རིང་རྣམ་རྒྱལ། ཐའི་ཇི་རབ་བརྟན་རྡོ་རྗེ། པའི་ལི། མཁས་གྲུབ་ཕྱང་སོགས་ལ་ཐོན་ཕྱུག་དང་ཇ་གྲལ་གྱི་ཐོག་དགྱེས་པའི་བཀའ་དང་གནང་སྐྱེས་གྱི་ནོམ་པ་སྩལ། པོ་རང་རྣམས་ཀྱང་ས་ཐག་རིང་བའི་ཡུལ་ནས་དཀའ་ཚེགས་ལ་མ་ལྟོས་པར་རྗེ་བླ་མ་མཆོག་མཇལ་བའི་ཆེད་ཁོ་ནར་སོང་གཤིས། འགྲོ་ཁར་མིག་མཆི་མ་དང་བཅས་དད་པ་ཤུགས་དྲག་པོའི་རྣམ་འགྱུར་མངོན་དུ་གྱུར་ཏེ་རྗེས་འཛིན་གྱི་སྐྱབས་འཇུག་ཀྱང་ཞུས་པར་རྒྱལ་བ་ཙོང་ཁ་པ་ཆེན་པོའི་བསྟན་པ་རིན་པོ་ཆེར་གུས་མཆོད་དང་སྲི་ཞུ་ཐུར་རྒྱུན་ལྟར་སྒྲུབ་དགོས་པའི་གསུང་ཡང་ཕེབས། གོང་མ་ཆེན་པོ་ནས་རྗེ་བླ་མ་མཆོག་གི་སྐུའི་འཚམས་ཞུར་ནང་གི་ཨམ་པན་ཞིག་གཏོང་གནང་གི་མདུན་ཕུ་པོ་དར་ཧན་ཕྱུག་མཛོད་ཨེར་ཏེ་ནེ་ནོ་ཡོན་མཁན་པོ་བློ་བཟང་སྦྱིན་པ་དང་གསོལ་དཔོན་མཁན་པོ་གཉིས་ལ་བསེ་ཐེབས་ཐང་ཞྭ་རེ་དང་གཞན་མ་ཐང་ཞྭ་བཅུ་གསུམ་དང་བསེ་ཐེབས་དཀྱུས་མ་བརྒྱ་ཐམ་པ་བཅས་གསོལ་རས་སུ་གནང་སྟེ་ཞྭ་མོ་འདི་རྣམས་པཎ་ཆེན་ཨེར་ཏེ་ནིས་དགོངས་བཅད་ཀྱིས་ཞབས་ཕྱི་རྣམས་ལ་གོ་བབས་དང་བསྟུན་གནང་ཆུག་ཅེས་པའི་བཀའ་དང་བཅས་ཕུལ་བ་ལེགས་པར་བཞེས་ཏེ། ཨམ་པན་ལ་དངོས་སྐྱེས་བཟང་པོ་སྩལ། གོང་མ་ཆེན་པོར་ཡང་འདི་ལྟར་གནང་བ་བཀའ་དྲིན་ཆེ་ཚུལ་གྱི་ལན་ཡང་ཕུལ།

ཚེས་ཉི་ཤུའི་ཉིན་ལྷ་སྲས་དྲུག་པ། ཧོ་པའི་ལི། ཏ་ཧྲ་ཞིན་བཅས་ལ་བདེ་མཆོག་དཀར་པོའི་རྗེས་གནང་སྨིན་རྒྱས་དང་། གོང་ནས་ཕྱག་ཆོད་ཨམ་པན་ཆེད་མངགས་མཛད་དེ་ལྷ་རྫས། གསེར་གྱི་པར་བུ་རིན་པོ་ཆེའི་ཕྲ་ལྡན་དགུ ཤི་ཡང་ཞེས་པའི་རྒྱ་སེར་ཡུལ་གྱི་བཟོ་རྒྱུན་ལས་བྱུང་བའི་མི་ཚད་གཟུགས་འཕྲུལ་གྱིས་འཁོར་ལོས་བསྐུལ་བ་དང་དུས་མཚུངས་ལི་དཀར་ལས་གྲུབ་པའི་ཏིང་ཏིང་གི་སྐད་ཕྲ་སྙོམ་སྣ་ཚོགས་རྒྱུན་རིང་པོའི་བར་བརྡུངས་པ་སྒྲ་སྙན་གྱི་རྒྱུད་བསྐུལ་བ་ལྟ་བུའི་སྙན་འཇེབས་ཀྱི་སྐད་འཁྲོལ་བ་ཁྲི་བཅས་རིན་པོ་ཆེའི་ཕྲ་ལྡན་ཁྱད་མཚར་བཅས་གནང་བ་དགྱེས་པས་བཞེས་ཏེ་ཨམ་པན་ཡང་གནང་སྐྱེས་ཀྱིས་མགུ་བར་

བྱས་ཏེ་གོང་དུ་ལན་ཕུལ།

ཚེས་ཉེར་གཅིག་གི་ཉིན་ཐུ་མེད་པའི་སེའི་ཤོག་ལོ་ རྣ་བ་ཞབས་དྲུང་ཡེ་ཤེས་འཛིགས་མེད་དང་། པའི་སེའི་ཏ་ཐོན་དཀོན་མཆོག་ཆོས་འཚོ་ཐུབ་མོང་ནས་དངོས་འབུལ་སྙམ་མཐོ་བ་བཏེགས་སྟེ་ཞབས་བརྟན་བདེན་ཚིག་བརྗོད། ཤར་རྗེ་ནོ་མོན་ཧན་བློ་བཟང་འཇམ་དཔལ་ནས་ཀྱང་དངོས་འབུལ་སྙམ་མཐོ་བ་བཏེག གོང་གསལ་དེ་དག་ལ་ཕྱག་དབང་། ཇ་གྲལ་བཀའ་མཆིད། རྟེན་སྣ། དངོས་པོའི་གནང་ཆ་གྱ་ནོམ་པ་བཅས་སྩལ། མཆོད་ཁང་ཤར་དང་ཤར་ཕྱིན་གྱི་མདོ་ནས་གསུངས་པའི་མཆོད་རྟེན་བཅས་ལ་རྟེན་གཟིགས་མཛད་དེ་སྙན་ཤལ་མཆོད་འབུལ་སོགས་གནང་། གོང་མ་ལྷས་སྐྱོང་བདག་པོ་ཆེན་པོ་ཉིད་ཀྱི་འཁྲུངས་རབས་དང་འབྲེལ་བའི་བརྟན་བཞུགས་གསོལ་འདེབས་འཇིགས་མེད་གདོང་ལྔའི་སྒྲ་དབྱངས་ཞེས་བྱ་བ་གསར་རྩོམ་མཛད་དོ།

ཚེས་ཉེར་གཉིས་གཟའ་སྐར་འགྲོད་སྦྱོར་ཕུན་སུམ་ཚོགས་པའི་ཉིན་ཞེ་ཧོར་བཀྲ་ཤིས་ལྷུན་པོར་གོང་མ་ཆེན་པོ་ནས་བཀྲ་ཤིས་ལྷུན་པོའི་མདོ་སྔགས་ཀྱི་ཚོ་ག་ཕྱག་ལེན་རྣམ་པར་དག་པ་འཛུགས་པ་གནང་རྒྱུའི་གསེར་གྱི་བཀའ་དགོངས་བཞེད་བཞིན་གསར་བསྐྲུན་གནང་བའི་མཁན་པོ། བྱང་འདྲེན་དེམ་ཆི་བཅས་ངོ་གཡོག་རྣམས་དང་སོག་པོའི་གྲྭ་རྒྱུན་བརྒྱ་དང་བརྒྱད་ཙམ། དེའི་སྟེང་པོ་ཏ་ལའི་མཁན་པོ་སངས་རྒྱས་འོད་ཟེར་སོགས་བླ་མ་ཆེ་ཆུང་ཉི་ཤུ་བཅས་ཚོགས་པའི་མགོན་དུ་ཞབས་སོར་བཀོད་དེ་འཇིགས་བྱེད་ཀྱི་བདག་བསྐྱེད་དང་བཅས་ལྷ་བེག་གཉིས་ཀྱི་བསྐང་གསོ་མཛད། ཕུན་ཚོགས་དཀྱིལ་འཁོར་མ་དང་རྒྱལ་ཀུན་མཁྱེན་བརྩེ་མ་བཅས་ཀྱི་མཇུག་ཏུ་ཚོགས་ཡོངས་ལ་རྗེ་བླ་མ་མཆོག་ནས་བྱང་ཆུབ་ལམ་རིམ་ཆེན་མོའི་དབུ་ནས་བཙམས་ཏེ་བཀའ་ཆོས་གསུང་བཤད་རྒྱས་ཤིང་བསྡུས་དོན་དང་བཅས་པ་ཚང་བའི་ཆོས་ཐུན་གཅིག་གི་མཇུག་ཏུ་སེམས་བསྐྱེད་ཆོ་གས་འཛིན་པ་དང་། མཁན་པོ་ཡེ་ལ་ཀེ་བླ་མ་དང་སུ་ལ་བླ་མ། དགེ་སྐོས་དབུ་མཛད། ཆབ་རིལ་ཛ་མ། ཕྱི་སའི་གཉེར་པ་གཉིས་བཅས་པར་གོ་བབས་དང་བསྟུན་པའི་རྣམ་གཞག དགེ་འདུན་སུམ་བརྒྱ་དྲུག་ཙམ་ལ་འགྱེད་ཆོས་འདོན་ཁ་བཏགས་རེ་དང་དངུལ་སྲང་རེ་བཅས་སྩལ་ཅིང་། ལྟགས་བསྔོ་གནང་སྟེ་གོང་མ་ཆེན་པོ་ཞབས་པད་བསྐལ་པ་ཁྲི་ཕྲག་ཏུ་མར་བརྟན་ཅིང་ཆབ་སྲིད་དར་ཞིང་རྒྱས

པ་སོགས་བསྟན་འགྲོ་ཡོངས་ལ་ཕན་བདེའི་དགའ་སྟོན་འབད་མེད་དུ་སྩོལ་བའི་ཐུགས་སྨོན་ཡང་དག་གནང་། སྐབས་དེར་གོང་མ་ཆེན་པོ་ནས་མུ་མེན་གྱི་ལྷུང་བཟེད། གསེར་སྲང་ཉི་ཤུ་ལས་གྲུབ་པའི་བུམ་པ་དང་པར་བུ་སྲ་ལྡན། སྤོས་ཕོར་བཅས་འབུལ་བར་མཛད་པ་དགྱེས་གུས་ཆེན་པོས་བཞེས། གསོལ་ཚོགས་རྒྱབ་ལ་དྷཱ་ཤུ་ཟེར་ཧྲོན་ཏེ་ཧེན་གཟིགས་མཛད། ཀུན་ཏུ་བདེ་བའི་ལྷ་ཁང་དུ་སྤྱན་རས་གཟིགས་ནམ་མཁའི་རྒྱལ་པོའི་སྐུ་བརྙན་ཕལ་ཐོག་བདུན་ཙམ་གྱི་ཚོད་ཤིན་ཏུ་ཆེ་བ་ཞིག་དང་། དུས་གསུམ་སངས་རྒྱས། འཕགས་པའི་གནས་བརྟན་བཅུ་དྲུག་བཅས་དང་། དེའི་སྟེང་གི་ལྷ་ཁང་རྣམས་ཀྱི་ཧེན་སོ་སོ་ལ་སྣན་ཤལ། མཆོད་རྫས་བཅས་ཕུལ་ཏེ་ཐུགས་དམིགས་མཛད་ཅིང་ཧེན་རྣམས་ལ་ལྷག་པར་གནས་པའི་མེ་ཏོག་ཀྱང་གཏོར། འདུ་ཁང་གི་བཞུགས་ཁྲི་ལ་ཞབས་ཟུང་བཀོད་དེ་བླ་སྤྱི་ནས་དཀར་སྒྲོ་བཏེག ཚོགས་མང་ལ་ཕྱག་དབང་དང་རྗེ་བླ་མ་ལ་བརྟེན་པའི་བླ་མའི་རྣལ་འབྱོར་གྱི་ལུང་སྩལ། དེ་རྗེས་མཚན་སྒྲོག་མཁན་པོ་བློ་བཟང་དར་རྒྱས་ནས་གསར་འདེབས་མཛད་པའི་དགོན་དུ་གདན་དྲངས་པ་ལྟར་ཞབས་ཟུང་བཀོད། མཁན་པོའི་མཛོད་པ་དྷཱ་བླ་མ་བློ་བཟང་ནས་དཀར་སྒྲོ་དང་དངོས་འབུལ་གྱི་བདོག་པ་བཏེག གྲྭ་མང་ལ་ཕྱག་དབང་དང་། གཟིམས་ཆུང་ལྷ་ཁང་སོགས་ལ་ཤིས་པ་བརྗོད་པའི་མེ་ཏོག་ཆར་དུ་བསྙིལ། ཕེབས་ལམ་དུ་སེར་སྐྱ་མང་པོར་ཕྱག་དབང་སྩལ་ཏེ་བཀྲ་ཤིས་ལྷུན་པོར་ཕེབས། བཙན་པོ་སྨིན་གྲོལ་ནོ་མོན་ཧན་པའི་ཅིང་(པེ་ཅིང)དུ་སྡོད་ལ་འབྱོན་རྒྱུར་ཐོན་ཕྱག་གི་ཐོག་གསུང་གླེང་མཛད།

ཆོས་ཉེར་གསུམ་གྱི་ཉིན་གོང་མ་ཆེན་པོ་ཡབ་ཀྱི་དུས་མཆོད་དང་བསྟུན་གོང་ནས་ལྷ་ཁྲུས་དྲུག་པ། ཁམས་པན་ཁ་ཤས་དང་བཅས་མངགས་ཏེ་རྗེ་བླ་མ་མཆོག་བཀྲ་ཤིས་ལྷུན་པོའི་ཚོགས་དབུར་སྤྱན་དྲངས། ལྷ་སྲས་ཡང་ཚོགས་སུ་ཞུགས་ཤིང་ཚོགས་སྐོར་དང་པོར་མང་ཇ་གཉིས་ཀྱི་རིང་ཆོས་སྤྱོད་ལེ་ཚན་འགའ་ཞལ་འདོན་མཛད་པའི་མཇུག་ཏུ། ལྷ་སྲས་ཆེན་པོ་ནས་རྗེ་བླ་མ་མཆོག་ལ་གསུང་བསྒོ་ཞུ་རྟེན་དུ་ནང་མཛོད་ཁ་བཏགས། གོས་དར་ཡུག་མང་བ། ཕྱག་མཛོད་ཆེན་མོར་ནང་མཛོད་ཁ་བཏགས། གོས་ཡུག བླ་མ་གཞན་མ་རྣམས་དང་ཚོགས་པ་བྱིངས་བཅས་པར་ཡང་རྣམ་གཞག་དང་ཕྱག་འགྱེད་སོགས་གཞིས་ལེན་བསྐེན་བཀུར་གྱི་རིམ་པ་ཟབ་རྒྱས་སུ་གནང་ཞིང་། སྐབས་མགོན་ཆེན་པོ་ནས་ཀྱང་བླ་མ་རྣམས

དང་། ལས་སྣེ། གྲྭ་མང་བཅས་ལ་རྣམ་གཞག འགྱེད་སོགས་གཟབས། མཇུག་ཏུ་དགེ་བའི་རྩ་བ་རྣམས་བླ་ན་མེད་པའི་བྱང་ཆུབ་ཀྱི་རྒྱུར་བསྔོ་བའི་ལྷུགས་བསྔོ་གནང་རྗེས་ལྷ་སྲས་སོགས་ལ་དངོས་སྐྱེས་བསྩར། ཉིན་དེར་ནམ་མཁའི་དབྱིངས་སུ་ཆུ་འཛིན་སྔོ་བུར་དུ་འཁྲིགས་པ་ལས་ཆར་གྱི་རྒྱུན་དལ་བུར་བབས་པ་དགེ་བའི་ལྟས་སུ་མངོན།

ཚེས་ཉེར་བཞིའི་ཉིན་གོང་མ་ཆེན་པོ་རྒྱལ་སྲས་དང་བློན་པོའི་འཁོར་གྱིས་བསྐོར་བ་རྣམས་བཀྲ་ཤིས་ལྷུན་པོར་ཕེབས་རྒྱུར། གོང་མ་ཆེན་པོ་ནས་ལྷ་སྲས་སྔོན་ལ་གཏོང་གནང་གིས་ཕེབས་བསུར་གཟིམས་ཆུང་གི་ཕྱིར་མ་ཕེབས་ཤིག་བཅས་ཞུ་བ་གནང་བ་བཞིན་རྗེ་བླ་མ་མཆོག་ཕྱིར་མ་ཕེབས་པར་གཟིམས་ཆུང་དུ་བཞུགས། བྱིངས་གྲྭ་ཚང་པ་རྣམས་དང་དྲུང་འཁོར། སྔོ་གཟན་སྐྱ་བོའི་རིགས་དང་གར་རོལ་པ་སོགས་དགོན་པའི་མདུན་དུ་ཕེབས་བསུར་སྤར་བཞིན་གཏོང་བ་མཛད། གཟིམས་ཆུང་བཀྲ་ཤིས་ཆོས་དཀར་མཆོད་ཡོན་རྣམ་གཉིས་བཞུགས་ཁྲི་གཅིག་གི་སྟེང་གསེར་ཞལ་ལྷན་རྒྱས་ཐོག་ལོ་མའི་མཆོད་ཡོན་བཟང་པོ་བརྟེག་ཅིང་འདི་སྐབས་ཕན་ཚུན་ཐུགས་དགྱེས་པའི་ལུགས་གཉིས་ཀྱི་གསུང་གླེང་མང་དུ་གནང་། ཁྱད་པར་དུ་གོང་ནས། རྗེ་བླ་མ་ཉིད་རྒྱལ་ཁབ་ཆེན་པོར་ཕེབས་སྐབས། ནང་གི་གཟིམས་ཆུང་དང་ལྷ་ཁང་ཁག ཡོ་མི་ཡན། ཕང་ཤུའུ་ཤན། ཤང་ཤན་སོགས་ཀྱི་སྐྱིད་མོས་ཚལ་གྱི་གཟིམས་ཆུང་རྣམས་དང་ལྷ་ཁང་རྣམས་སུ་རྗེ་བླ་མ་མཆོག་གི་ཞབས་ཀྱིས་བཅགས་ཏེ་ཕྱག་ནས་དང་། ཙན་དན་ཇོ་བོ་དང་ཡོང་ཧེ་གུང་སོགས་སུ་སྨོན་ལམ་ཤང་ཤན་གྱི་ར་བ་འཕྲུལ་སྣང་གི་གཙུག་ལག་ཁང་ཧྲེན་དང་བརྟེན་པར་བཅས་པར་རབ་གནས་གནང་རྒྱུ། རྗེ་བླ་མ་མཆོག་གིས་འབྲུངས་སྐར་དང་བསྟུན་བློས་གར་དང་རོལ་རྩེད་སྣ་ཚོགས་པའི་གཟིགས་མོ་དང་། ཉིན་གསུམ་གྱི་རིང་བ་ཡར་གྱི་དགའ་སྟོན་གནང་རྒྱུ། ལྷ་སྲས་རྣམས་དང་ནང་གི་ཕང་རྣམས་ཀྱིས་གསོལ་སྟོན་ཞུ་རྒྱུ། གོང་མ་ཆེན་པོ་ཉིད་ནས་བཀའ་ཆོས་ཞུ་བ་གནང་རྒྱུ། ཕོ་བྲང་གི་གཟིམས་ཆུང་ནང་མ་རྣམས་སུ་སྤྱན་འདྲེན་ཞུས་ཐོག་སྡོད་བཞུགས་དང་ཞལ་འདོན་གནང་རྒྱུ། གོང་མ་ཆེན་པོ་ཉིད་ཞེ་ཧོར་ནས་རྗེ་བླ་མ་མཆོག་ཕེབས་གྲུབ་པའི་རྗེས་ལ་ཞག་གསུམ་བཞུགས། དེ་ནས་རིམ་གྱིས་ཕོ་བྲང་གི་ཤར་ཕྱོགས་ཧུང་ལིང་ཞེས་པའི་སར་ཕེབས་ནས་ཡབ་རྒྱལ་པོའི་སྐུ་གདུང་ལ་ཕྱག་འཚལ་གནང་སྟེ་པའི་ཅིང་ཕོ་བྲང་གི་མདུན་ངོས

ཤར་ཁའི་ར་བ་ཞེས་པའི་སྐྱིད་སོས་ཚལ་གྱི་ནང་ཏས་ཙ་ཞེས་པའི་གཟིམས་ཆུང་གསར་བསྐྲུན་གྱིས་བཞུགས་གནས་གྲ་སྒྲིག་ཡོད་པར་མཆོད་ཡོན་གཉིས་རང་མཇལ་འཛོམས་གནང་རྒྱུ་ཡིན་ཚུལ་སོགས་སྔན་གསན་གྱི་ཚུལ་དུ་རྒྱུ་མཚན་རྣམས་ཞིབ་རྒྱས་ཞུ་བ་གནང་། གོང་ནས་ལྷ་རྫས་ནང་མཛོད། གསེར་གྱི་ཡུ་ཡེ་གཡུ་དང་མུ་ཏིག་སོགས་རིན་པོ་ཆེའི་ཕྲ་ལྡན། ཕེབས་ལམ་ལ་མཉེས་སྒྲོར་བཞེས་འོས་ཀྱི་ལྷུགས་སྨིན་རོ་བཅུད་ཕུན་སུམ་ཚོགས་པའི་ལྗོན་འབྲས་ཁྱད་མཚར་སྣ་ཚོགས་ཀྱིས་བཀང་བའི་དངུལ་ལྷས་ཀྱི་ཡོལ་གོ་ཆེ་བ་ཁེབས་ལྡན་གཉིས་བཅས་འབུལ་བ་མཛད་པས་གུས་པས་བཞེས། རྗེ་ཉིད་ནས་གོང་མ་ཆེན་པོར་ལྷ་རྫས་ནང་མཛོད། སྐུ་བརྙན། ཤལ་པ་དཀར་དམར། དྲི་བཟང་སྤོས་རིང་དམར་སེར་སོ་སོ་ནས་ཁྲིས་ཉི་ཤུ་རེ། མགོ་སྣམ་ཐགས་སྣ་གཅིག་བཅས་འབུལ་བ་གནང་། རྒྱལ་བློན་འཁོར་དང་བཅས་པ་ཕོ་བྲང་ནང་ལ་ཕེབས། ཞི་ཧོར་དུ་གཞིས་ཆགས་པའི་ཧུན་གར་སེར་སྐྱ་མང་པོར་ཕྱག་དབང་སྩལ། དེ་ནས་དམ་ཅན་གཤིས་རྗེ་ཆོས་ཀྱི་རྒྱལ་པོར་མཆོད་གཏོར་ཉེར་སྤྱོད་འདོད་ཡོན་གྱི་ཚོགས་དཔག་ཏུ་མེད་པ་བཤམས་ཏེ་གསུང་བསྐང་དང་འཕྲིན་འཆོལ། མཇུག་ཏུ་སློ་བུར་ལས་སྒྲོར་གྱི་གཏོར་ཆེན་དྲུག་ཅུ་པའི་ཟོར་འཕེན་བཅས་གནང་། ཏར་ཆེན་ཕང་རཏྣ་སིདྡྷི་དང་ཏ་ཐོན་མཙོ་ཧླ་ར་སྤྲས་བཅས་ལ་བདེ་མཆོག་གི་བླ་མའི་རྣལ་འབྱོར། མཁའ་སྤྱོད་མའི་སྒྲུབ་ཐབས། རྗེ་ལྕང་སྐྱ་རྡོ་རྗེ་འཆང་དང་ཐུའུ་ཀྭན་ཧུ་ཐོག་ཐུའི་འབྲུངས་རབས་གསོལ་འདེབས། ཤམྦྷ་ལའི་སྨོན་ལམ། བྱང་བརྒྱུད་དཔོན་པོ་སྤྱི་ནས་ཞུས་པའི་གོང་མ་ཆེན་པོའི་ཞབས་བརྟན་གསོལ་འདེབས་བཅས་ཀྱི་ལྷུགས་ལུང་དང་། མགོན་པོ་བར་ཆད་ཀུན་སེལ་ལ་བརྟེན་པའི་ཐུགས་དམ་བཀའ་བསྐོ་བཅས་གནང་། དེ་ནས་རིམ་གྱིས་ཕེབས་པར་ཕང་ཤྲ་ཐེན་ཞེས་པའི་ས་ཆ་ཞི་ཧོར་དགོན་ཁག་རྣམས་ཀྱི་བླ་མ་ལས་སྡེ་སོགས་ཆིབས་སྐྱེལ་བ་རྣམས་ཕྱིར་ལོག་གདོང་མཇལ་ཁ་གནང་སྐྱེས་བཅས་སྩལ། ཀྭན་ཡིན་ལིང་ཟེར་བའི་ལ་ཞིག་འདུག་པ་བརྒྱུད་གོང་གི་གཟིམས་ཁག་ཏ་ར་ཧོ་ཐོ་ཞེས་པ་འདབ་ཆགས་སྣ་ཚོགས་པ་སྐད་སྙན་སྒྲོགས་པ་དེར་ཞག་བཞུགས་མཛད། དེ་ན་ཡོད་པའི་དཔོན་ཆུང་དང་དམག་མི་རྣམས་ནས་ཕྱག་དབང་ཞུས། གསོལ་ཚོགས་རྒྱབ་ལ་གོང་གི་གཟིམས་ཆུང་རྣམས་དང་སྐྱིད་སོས་ཚལ་རྣམས་སུ་ཞབས་ཟུང་བཀོད་དེ་ཤིས་བརྗོད་མཛད། འདི་ནས་བཟུང་སྟེ་ཞག་བབས་རྣམས་སུ་གོང་གི་

གཟིམས་ཁང་། སྐྱིད་མོས་ཚལ་སོགས་ལ་ཤིས་བརྗོད་གནང་།

ཚེས་ཉེར་དྲུག་གི་ཉིན་རུང་ཤི་ལིང་ཞེས་པའི་ལ་བརྒྱུད་ཕྱང་ཀྱ་ཡིན་ཙོ་ཞེས་པར་གུང་ཇོ་ཕབ། ཁྲུང་ཤ་ཡུ་ཞེས་པར་གོང་མའི་གཟིམས་ཁང་དུ་ཞག་བཞུགས་གནང་།

ཚེས་ཉེར་བདུན་གྱི་ཉིན་ཧྭང་ཐོ་ལིང་དང་ཤི་ལིང་ཟེར་བའི་ལ་བརྒྱུད་མེན་ཙན་ཧང་ཟེར་བའི་གཟིམས་ཁང་དུ་ཞག་བཞུགས་མཛད། དེར་ཨམ་པན་རྣམས་དང་ནང་གི་བླ་མ་ཁ་ཤས། དམག་མི་བཅས་ལ་ཟུར་གསོས་ཀྱང་གནང་།

ཚེས་ཉེར་བརྒྱད་ཀྱི་ཉིན་པང་ཤི་ཡིན་ཙོ་ཞེས་པར་གསོལ་ཇ་བཏེག ལྕགས་རི་ཆེན་པོ་ཧྭ་པེ་ཁུ་ཞེས་པར་ཕེབས་སྐབས་དཔོན་པོ་ཆེ་ཆུང་དམག་མི་སྟོང་ཕྲག་བཀྱལ་བ་ཕྱུས་བཙུགས་ཀྱིས་བསུ་བ་བྱས། རྒྱལ་སྒོ་ནས་ཐོན་ཏེ་ཆུ་པོ་ཆེན་པོ་ཞིག་འདུག་པའི་ཟམ་རིང་གི་ཐོག་བརྒྱུད་ནས་ཐས་མེན་ཟེར་བའི་གཟིམས་ཁང་དུ་གུང་ཇོ་ཕབ། ཡོ་ཐིང་ཙོ་ཟེར་བའི་གཟིམས་ཁང་དུ་ཞག་བཞུགས་མཛད། དེར་རྣམ་རྒྱལ་ཨམ་པན་གྱི་སྲས་དང་། རྗེ་ལྕང་སྐྱ་རྡོ་རྗེ་འཆང་གི་འཚམས་ཞུ་བ་མགྲོན་གཉེར་བསྟན་པ་དེམ་ཆེ་ངོ་གཡོག་ལ་ཕྱག་དབང་ཇ་གྲལ་གྱི་ཐོག་བཀའ་འདྲི་གནང་སྐྱེས་འཚམས་ཞུས་ཀྱི་ལན་བཅས་སྩལ།

ཚེས་ཉེར་དགུའི་ཉིན་ལམ་གྱི་གཡས་གཡོན་དུ་བསིལ་གྲིབ་ཀྱི་དོན་དུ་བཙུགས་པའི་ཤིང་ལྗོན་པའི་སྡོང་པོ་ཚར་དུ་དངར་བའི་གཞུང་ལམ་ནས་བྱོན། རིམ་གྱིས་ལོ་ཅི་ཆོ་ཀོ་ཞེས་པར་གུང་ཇོ་དང་། ཏ་མེལ་ཡུན་ཤན་ཞེས་པའི་གཟིམས་ཁང་དུ་ཞག་བཞུགས་མཛད། དེར་ཕོ་བྲང་ནང་ནས་ཧོང་ཕྱང་དང་། ཨ་གུས་ཨམ་པན། ཡུང་ཧེ་གུང་། ཙན་དན་ཛོ་པོ། ཤ་ར་སུ་མི་སོགས་ནང་གི་དགོན་པ་རྣམས་ཀྱི་བླ་མ། ལས་སྡེ་སོགས་ཉ་པ་སྟོང་ཕྲག་ལ་ཉེ་བ་འཁོར་བར་ཕྱག་དབང་དང་གནང་ཆ་སྩལ།

ཚེས་གནམ་གང་གི་ཉིན་ཁོ་ཡུ་ཤན་དུ་གསོལ་ཇ་བཏེག ནང་ཤིས་སོ་ཞེས་པར་གུང་ཇོ་ཕབ། ལས་ཀཱ་སུ་ཞེས་པའི་གཟིམས་ཁང་དུ་ཞག་བཞུགས་གནང་། ཕེབས་བསུ་བ་མིས་ཆིང་ཕྱང་དཔོན་གཡོག་མང་པོ་འཁོར་ཏེ་དངོས་འབུལ་བསྐྱར་ཞིང་ཕྱག་དབང་ཇ་གྲལ་བཀའ་འདྲི་གནང་སྐྱེས་བཅས་སྩལ།

ཟླ་བ་དགུ་པའི་ཚེས་གཅིག་གི་ཉིན་དེ་ནས་ཆིབས་ཁ་བསྒྱུར་ཏེ་ཆིང་ཁྲི་བ་ཕུ་ཟེར་བའི་

གཟིམས་ཁང་དུ་གསོལ་ཇ་བཏེག འཁོར་ཚོགས་སྟོང་ཕྲག་དུ་མས་བསྐོར་ཏེ་ཙིན་འི་ཡུལ་གྲུ་ཆེན་པོའི་དབུས་ས་གཞི་ཁོད་སྙོམས་ཤིང་ཤིན་ཏུ་རྒྱ་ཆེ། འཁྱོར་བ་རྒྱས་ཤིང་ལོ་ལེགས་པ། སྐྱེ་བོ་མང་པོས་ཡོངས་སུ་གང་བའི་རྒྱལ་ཁབ་ཆེན་པོའི་ཉེ་འདབས་སུ། མཚན་དཔེའི་རྒྱལ་མཚན་མཛལ་བར་འོངས་པའི་ཁྲིམ་ཆེན་པོ་དམར་ནག་ཏུ་འཁྱིལ་བའི་དབུས་གཤགས་ཏེ་ཕེབས་པ་ན། ལྷ་སྲས་དྲུག་པ། ནང་གི་ཨམ་པན་དུ་མ། དགོན་ཁག་རྣམས་ཀྱི་བླ་མ་ལས་སྣེ་སོགས་སེར་སྐྱ་མང་པོ་དང་ཁྲིམས་ལས་ཀྱི་ཏུ་མཆོན། གདུགས། རྒྱལ་མཚན། བ་དན། ལས་དར་སྣ་ཚོགས་ལག་ཏུ་ཐོགས་པའི་དམག་མི་ཏ་པ་སྟོང་ཕྲག་བཀལ་བའི་ཆིབས་བསུ་དང་། དགེ་འདུན་གྲངས་མེད་པས་ཆོས་གོས་སྣམ་སྦྱར་གསོལ། དུར་སྙིག་གི་རྟགས་ཀྱིས་མཛེས་པར་བརླབས་ཤིང་སྤོས་ཕོར་ཐོགས་པས་སྣ་དྲངས་གདུགས་དང་། རྒྱལ་མཚན་དང་། བ་དན་ཐོགས་པ། རྔ་བོ་ཆེ་དང་། དུང་དང་། དུང་དཀར་དང་། རྫ་རྔ་དང་། འཁར་རྔ་དང་། པི་ཝང་རྒྱུད་གཅིག་པ་དང་། སྒྲ་བརྙན་དང་། གླིང་བུ་དང་། རྒྱ་གླིང་དང་། མདོ་དར་སོགས་ཀྱི་རོལ་མོ་དང་། མེ་ཏོག་དང་། ཕྲེང་བ་དང་། བྱུག་པ་དང་། ཕྱེ་མ་ཕུར་མ་སོགས་མཆོད་རྫས་སྣ་ཚོགས་ཐོགས་པའི་སེར་ཕྲེང་གིས་མདུན་བསུས་ཏེ་རྒྱལ་དབང་ལྔ་པ་ཆེན་པོའི་བཞུགས་གནས་ཀུང་མཛད་པ་ལྷ་ཁང་སེར་པོར་གྲགས་པའི་ཁང་བཟང་སྐབས་གསུམ་དབང་པོའི་ཕོ་བྲང་ལ་འགྲན་བཟོད་པའི་ནང་དུ་མི་འཇིགས་སེང་གེའི་ཁྲི་ལ་ཞབས་སྐྱེད་ཀྱི་པདྨོ་ཉེ་བར་བཀོད་དོ། །དེ་ནས་གོང་མའི་མཛོད་ནས་གཞིས་ལེན་གྱི་སྟོན་ཆེན་དང་ཟློས་གར་གྱི་རྩེད་མོ་སོགས་མཆོད་སྤྲིན་རྒྱ་ཆེན་པོ་སྤྲོས། དེ་རྗེས་ཡང་ཐོག་གཟིམས་ཆུང་དུ་ཞབས་ཟུང་བཀོད། ལྕང་སྐྱ་རྡོ་རྗེ་འཆང་མཛལ་དུ་བྱོན་པར་ལུགས་གཉིས་ལས་བརྩམས་པའི་གསུང་འཕྲོས་སྣར། ཕོ་བྲང་དུ་བཞུགས་རིང་སྡེ་ཤན་དུ་བསྐོས་པའི་ཅིང་ཨམ་པན་ཡབ་སྲས་ནས་དཀར་སྤྲོ་དང་དངོས་འབུལ་བསྟར་ཞིང་ཇ་གྲལ་གྱི་ཐོག་དགྱེས་པའི་བཀའ་མཆིད་ཀྱང་མཛད།

ཚེས་གཉིས་ཀྱི་ཉིན་ལྷ་སྲས་དྲུག་པ་ནས་ཞབས་ཏོག་བསྙེན་བཀུར་གཟབས། ཡུན་རིང་ཙམ་བཞུགས་ནས་གསུང་གླེང་མཛད། སྔོན་དུ་ཕེབས་བཞུགས་གང་གནང་གི་སར་ལྷ་སྲས་ནས་གང་ཅིའི་ཐུགས་ཁུར་བཞེས་པ་བཀའ་དྲིན་ཆེ་ཞེས་ནང་མཛོད་ཁ་བཏགས། སྐུ

བརྙན། སྤོས་དང་སྣམ་བུ་སོགས་ཕུལ་ཏེ་མཉེས་པར་བྱས། སྤྱན་གཡས་མཁན་པོ་ཛ་སག་གྲགས་པ་ཕུན་ཚོགས་ནས་དངོས་འབུལ་བཏེག་སྟེ་རྒྱལ་མོ་རོང་ལ་འགྲོ་རྒྱུར་བར་ཆད་མི་འབྱུང་བའི་སྐྱབས་འཇུག་ཞུས། ཇ་གྲལ་གྱི་ཐོག་བཀའ་འདྲི་གནང་སྐྱེས་སྩལ་ཏེ་འཕྲལ་ཡུན་དུ་སྨན་པའི་ཞལ་ཏ་གནང་། ལྷ་ཁང་སེར་པོའི་བླ་གྲྭ་སྤྱི་སོ་ནས་དཀར་སྤྲོ་དང་མཎྜལ་བཅས་ཕུལ། དགོན་ཁག་རྣམས་ཀྱི་བླ་མ་ལས་སྡེ་གྲྭ་མང་རྣམས་དང་། དཔོན་པོ་ཆེ་ཆུང་སོགས་རྒྱ་སོག་གི་མཇལ་བ་སྟོང་ཕྲག་དུ་མར་ཕྱག་དབང་སྩལ།

ཆོས་གསུམ་གྱི་ཉིན་ལྷ་ཁང་སེར་པོ་ནས་ཆིབས་ཁ་བསྒྱུར་ཏེ་པའི་ཅིང་ནས་ནུབ་བྱང་མཚམས་སུ་ཡོ་མི་ཡན་ཞེས་པར་སྐྱིད་སོས་ཚལ་གྱི་ཕོ་བྲང་ཆེན་པོར་རྗེ་ཉིད་དང་ལྷ་སྲས་དྲུག་པ། ལྕང་སྐྱ་རྡོ་རྗེ་འཆང་། ཨམ་པན་རྣམས་བཅས་ཕེབས་པར་ཡོ་མི་ཡན་གྱི་ཉེ་འདབས་སུ་མན་ཇུའི་ལྷ་ཁང་ཡོད་པ་དེར་ཞབས་སེན་བཀོད་དེ་རྟེན་རྣམས་ཀྱི་དྲུང་དུ་ཡན་ལག་བདུན་པ་དང་མཆོད་འབུལ་སྨན་ཤལ་བཅས་བཀྲ་ཤིས་ཀྱི་མེ་ཏོག་གཏོར། དེ་སྐབས་ཞེ་ཧོར་ནས་གོང་མ་ཆེན་པོས་རྗེ་ཉིད་ལ་སྐུའི་འཚམས་ཞུ་དང་། རྒྱལ་དབང་ཐམས་ཅད་མཁྱེན་པར་སྩོལ་རྒྱུའི་འཇའ་ས་དང་གསེར་ཡིག་གི་འཆར་གཞི་ཟིན་བྲིས་བཅས་ལྷ་སྲས་བརྒྱུད་གནང་འདུག་པ་ལྕང་སྐྱ་རྡོ་རྗེ་འཆང་ནས་བོད་སྐད་དུ་བསྒྱུར་ཏེ་ཞུ་བ་གནང་བར་ཐུགས་ཤིན་ཏུ་དགྱེས་ཏེ་གོང་མ་ཆེན་པོར་སྐུའི་འཚམས་ཞུ་དང་། ཁྱད་པར་གོང་མ་བདག་པོ་ཆེན་པོ་ནས་གནམ་འོག་ས་སྟེང་གི་བསྟན་འགྲོ་སྤྱི་དང་། ཁྱད་པར་ཉི་མ་ནུབ་ཕྱོགས་ཀྱི་བསྟན་འགྲོ་ཐམས་ཅད་དུས་དང་རྣམ་པ་ཀུན་ཏུ་ཐུགས་རྗེ་ཡུ་མཐའ་མ་མཆིས་ཤིང་བསམ་གྱིས་མི་ཁྱབ་པའི་བཀའ་དྲིན་ཆེན་པོས་བསྐྱངས་དང་སྐྱོང་བཞིན་པའི་ཐོག་ད་ལམ་རྒྱལ་དབང་ཐམས་ཅད་མཁྱེན་པ་ཆེན་པོར་ལྷ་དང་བཅས་པའི་འཇིག་རྟེན་ན་གཞན་གྱིས་རྙེད་པར་དཀའ་བའི་གསོལ་རས་དང་གཟེངས་བསྟོད་རྡོ་རྗེ་འཆང་ཏཱ་ལའི་བླ་མ་སྐུ་གོང་མ་ལ་ཇི་ལྟར་སྩལ་བའི་སྲོལ་ལམ་ལྟར། ད་ལམ་ཏཱ་ལའི་བླ་མ་ལ་ཆོས་སྲིད་ལུགས་གཉིས་ཀྱི་བདག་པོ་དང་མཚན་གསོལ། གསེར་གྱི་བཀའ་གཟེངས་བསྟོད་བཅས་ཀྱི་གཟོས་སྒོ་བླ་ན་མ་མཆིས་པའི་འཇའ་ས་དང་གསེར་ཡིག་བཅས་སྩོལ་རྒྱུའི་གསེར་གྱི་བཀའ་ཚིག་གཞི་རྣམས་བླ་མ་བདག་ལ་མིག་སྟོན་དུ་སྩལ་ཏེ་བཀའ་བཟང་པོ་བསམ་གྱིས་མི་ཁྱབ་པ་སྩལ་བ་ལ་བླ་མ་བདག་ནས་འདི་ལྟ་བུའི་

ཚད་མེད་བསམ་གྱིས་མི་ཁྱབ་པའི་བཀའ་དྲིན་ཆེན་པོ་གཞལ་ཐབས་སུ་གོང་མ་ཆེན་པོ་ཞབས་པད་བསྐལ་པ་ཁྲི་ཕྲག་གི་ཁྲི་ཕྲག་གི་བར་དུ་བརྟན་པའི་ཆེད་དགེ་འདུན་གྱི་སྡེ་མང་པོ་དང་ལྷན་ཅིག་ཆོས་འདོན་པ་ལས་གཞན་མ་ཡོགས་སུ་ཞུ་རྒྱུ་མ་རྙེད་ཚུལ་སོགས་རྒྱུ་མཚན་ཞིབ་རྒྱས་ལྷ་སྲས་ནས་མན་ཇུའི་ཡི་གེར་བཀོད་དེ་འབུལ་བ་གནང་། དེ་ནས་ཆིབས་ཁ་བསྒྱུར་ཏེ་གོང་མ་བདག་པོ་ཆེན་པོའི་སྐྱིད་སོས་ཚལ་གྱི་ཕོ་བྲང་ཡོ་མི་ཡན་ཞེས་བྱ་བ་ས་གཞི་ཡངས་ཤིང་རྒྱ་ཆེ་བར་ལྡོན་ཤིང་གི་ཕྲེང་བ་དང་ལྗགས་རིས་བསྐོར་བའི་ནང་དུ་རྗེ་བླ་མ་མཆོག་དང་། ལྷ་སྲས་དྲུག་པ། ལྕང་སྐྱ་རྡོ་རྗེ་འཆང་། ཞབས་ཕྱི་ནང་འཁོར་བཅོ་ལྔ་སྐོར་བཅས་ཕེབས་པར། སྐྱིད་སོས་ཚལ་གྱི་ཤར་གྱི་རྒྱལ་སྒོ་ཆེན་མོ་བརྒྱད་མཚོའི་ཐོག་ཏུ་གྲུ་གཟིངས་དང་། རི་ངོས་སུ་ཕེབས་བྱམས་ལ་བརྟེན་ནས་ཕེབས་པར་མཛད། དེར་གཟིམས་ཆུང་ཕོ་བྲང་ཁག་དང་། ལྷ་ཁང་རྣམས་ཀྱི་དྲུང་དུ་ཡན་ལག་བདུན་པ་དང་སྙན་ཤལ་མཆོད་རྫས་བཅས་བསྟར་ཏེ་ཤིས་པ་བརྗོད་པའི་མེ་ཏོག་གཏོར་ཞིང་གོང་མ་ཆེན་པོ་བགྲང་བྱ་ཁྲི་ཕྲག་གི་བར་དུ་ཞབས་པད་བརྟན་པའི་བདེན་ཚིག་གི་མཚམས་སྦྱོར་རྒྱས་པར་གནང་། དེར་རྗེ་ཉིད་ལ་གཟིམས་ཆུང་གསར་བསྐྲུན་ཆེང་ཅིང་དྲིས་ཞེས་པ་བོད་སྐད་དུ་བསྟན་རྩ་ཁང་བརྩེགས་གླིང་ཞེས་པར་ཞབས་པད་བཀོད། ཞག་གཉིས་བཞུགས། སྔོའི་ཕྱི་རོལ་དུ་གུར་བརྒྱབ་པའི་ནང་དུ་ཞབས་ཕྱི་ཕྱིངས་རྣམས་བསྡད། དགོངས་ཁ་ཞལ་བཞི་པ་དང་བེག་ཙེ་ལྕམ་སྲིང་ལ་མཆོད་གཏོར་བསྐང་གསོ་ཕྲིན་འཚོལ་མཛད།

དེའི་ཕྱི་ཉིན་སྐྱིད་སོས་ཚལ་ནང་མའི་གཟིམས་ཆུང་རྣམས་དང་། ལྷ་ཁང་ཁག་རྣམས་ཀུ་རིམ་གྱིས་ཕེབས་ཏེ་གནས་གཟིགས་མཛད། དེ་དག་ཤིས་བརྗོད་དང་བཅས་ཐུགས་སྨོན་བདེན་ཚིག་གོང་བཞིན་གནང་། མཚོ་ལ་གྲུ་གཟིངས་ཀྱིས་ཕེབས་སྐབས་གྲུ་དེ་ཉིད་སྐོར་ཕྱོགས་གཅིག་ལ་ཐོགས་སོ་ཉིས་བརྩེགས་སུ་འགྲོ་བ་དང་། སྐོར་ཕྱོགས་གཅིག་ལ་ཐོགས་སོ་གང་དུ་འགྲོ་བ་སོགས་ངོ་མཚར་བའི་གཟིགས་མོ་ཡང་ཕུལ། སླར་ཡང་བསྟན་རྩ་ཁང་བརྩེགས་གླིང་དུ་ཞབས་ཟུང་བཀོད། གཟིམས་ཆུང་གི་དོ་དམ་པ་ཉུག་རུམ་གྱི་བླ་མས་མཆོན་ཉུག་རུམ་མང་པོས་ཞུས་ངོར་གདུགས་དཀར་གྱི་ལུང་དང་ཕྱག་དབང་སྩལ། དེ་ནས་ཆིབས་བསྒྱུར་ཏེ་ཟེའུ་ཆེའུ་ཁྲིང་ཡན། ཞེའུ་ཅིང་། ཞན་ཁྲང་ཁྲུན་བཅས་ཀྱི་ཕོ་བྲང་དང་ལྷ་ཁང་

རྣམས་སུ་ཞབས་སོར་བཀོད་དེ་སྣན་ཤལ་དང་མཆོད་རྫས། ཤིས་བརྗོད་དང་བཅས་པའི་ཕྱག་ནས་ཐུགས་སྨོན་སོགས་གོང་བཞིན་གནང་། གཟིམས་ཆུང་གི་འགག་ཏུ་ཞུག་ཏུམ་པ་མང་པོས་ནང་མཛོད་ཁ་བཏགས། གསེར་གྱི་ཡུ་ཡེ། བྱུ་རུ་དང་གཡང་ཏིའི་ཕྲེང་བ་རྒྱན་ལྡན་མང་པོ་ཕུལ་བ་བདག་གིར་བཞེས། ལྕང་སྐྱ་རིན་པོ་ཆེ་ནས་རྒྱལ་པོ་ཆེན་པོ་འདི་སྔོན་གྱི་ཐུགས་བསྐྱེད་གཞན་དང་མི་འདྲ་བའི་དབང་གིས་བསྟན་པ་བསྟན་འཛིན་སྤྱི་དང་། ལྷག་པར་རྗེ་ཉིད་ལ་མི་འཁྲུགས་པའི་དད་པ་དང་ལྡན་པའི་རྟགས་སུ་སྐྱིད་སོས་ཚལ་གྱི་ཕྱི་ནང་ཀུན་ཏུ་སྤྱན་དྲངས་ཏེ་ཤིས་བརྗོད་དང་བྱིན་རླབས་ཞུ་བ་གནང་བ་མ་གཏོགས། སྐྱིད་ཚལ་ནང་མར་གཞན་མ་བློན་པོ་རྣམས་ཀྱང་སོང་མི་ཆོག འདི་ལ་དཔགས་ན་ཡོན་མཆོད་རྣམས་གཉིས་སྔོན་དུས་ཞིག་ནས་ཐུགས་བསྐྱེད་ཀྱི་འབྲེལ་བ་ཟབ་མོ་ཡོད་པ་ད་ལམ་མངོན་དུ་གྱུར་པ་ངོ་མཚར་ཆེ་ཚུལ་སོགས་ཞུ་བ་མཛད། དེ་ནས་ཞིས་ནན་མེན་གྱི་རྒྱལ་སྒོ་བརྒྱུད་དེ་ཡུ་གིང་སིའི་ལྷ་ཁང་དུ་མཆོད་མཇལ་དང་། སྣན་ཤལ་འབུལ་བ། ཐུགས་སྨོན་སོགས་གོང་བཞིན་མཛད། ཧྭ་བླ་མ་ནས་དཀར་སྒྲོ་དང་དངོས་འབུལ་བསྟར། དེ་ནས་ཆིབས་ཁ་བསྒྱུར་ཏེ་ལྷ་ཁང་སེར་པོར་ཕྱག་ཕེབས།

ཆོས་དྲུག་གི་ཉིན་ལྷ་ཁང་སེར་པོའི་བདེ་ཡངས་སུ་སྐྱེ་བོ་སུམ་སྟོང་བཀྲལ་བར་མཇལ་བ་ཇ་གྲལ་བཀའ་མཆིད་གནང་སྐྱེས་བཅས་སྐབས་ཐོབ་འོས་རིགས་སྩལ། ཞུག་ཏུམ་བླ་མ་ཡེ་ཤེས་དགེ་འདུན་ནས་དངོས་འབུལ་བསྟར་ཞིང་གསོལ་རས་ཀྱང་གནང་། ཆོས་བདུན་གྱི་ཉིན་ནང་བློན་ཆེན་པོ་ཨ་ལི་ཡ་ཐྭ་ཨ་གུང་དང་། ནང་བློན་ཡུང་ཨ་ལི་ཏ་ཐྭ་གཉིས་སོ་སོ་ནས་མཇལ། གོས་ཆེན། སྤྱད་པ་སྣ་ཚོགས་བཅས་དངོས་འབུལ་བཏེག་པར་ཕྱག་དབང་ཇ་གྲལ་བཀའ་མཆིད་གནང་སྐྱེས་བཅས་སྩལ། ལྕང་སྐྱ་རྡོ་རྗེ་འཆང་ནས་ཟུར་གསོལ་ཕོན་ཆེ་བ་ཕུལ། ཞིང་གཤེགས་དཔལ་འཁོར་ཏུ་ཐོག་ཐུའི་དགོངས་རྫོགས་སུ་སྐྱབས་འཇུག་ཞུ་རྟེན་དངོས་འབུལ་བསྟར་བར་ཏིང་ངེ་འཛིན་གྱི་མཚམས་སྦྱོར་གང་དྲག་མཛད། གུར་པན་སོ་ཐོར་གའི་ཏིང་ཐས་དང་། ཡེར་ཁན་ཕང་གཉིས་སོ་སོ་ནས་ཀྱང་དངོས་འབུལ་གྱི་བདོག་པ་བཏེག དེ་དག་རྣམས་ལ་མཇལ་ཁ་ཇ་གྲལ་བཀའ་འདྲི་གནང་སྐྱེས་བཅས་སྩལ། གོང་མ་བདག་པོ་ཆེན་པོ་ཞེ་ཧོར་ནས་ཧོང་ལིང་དུ་ཕེབས་གྲུབ་འདུག་པར། པའི་ཅིང་གི་སྔ་ཕྱོགས་སུ་ཤར་ཀ་ཞེས

པའི་སྐྱིད་སྨོས་ཚལ་ཆེན་པོ་ཞིག་འདུག་པར་དེར་གོང་མ་ཆེན་པོ་ཕེབས་བསུ་དང་སྦྲགས་ཆོས་དགུ་ལ་ཞལ་འཛོམ་གནང་རྒྱུར། ཆོས་བརྒྱད་ཀྱི་ཉིན་རྗེ་བླ་མ་མཆོག ཞབས་ཕྱིར་ལྷ་སྲས་ཆེན་པོ། རྗེ་ལྕང་སྐྱ་རིན་པོ་ཆེ་སོགས་ནང་གི་བླ་མ་འགའ་དང་། སྡེ་ཤན་ཨམ་པན་གཉིས་སོགས་གོང་མའི་མི་དྲག་རྣམས་དང་། གསོལ་དཔོན་གངས་ཅན་མཁན་པོ་སོགས་ནང་མ། ལས་ཚན་པ། དབུང་འཁོར་གྱི་ཚོགས་དང་བཅས་ལྷ་ཁང་སེར་པོ་ནས་བཏེག རྗེ་བླ་མ་མཆོག་སྔར་ཡང་སྔོན་གྱི་ཕེབས་ལམ་བརྒྱུད་ལྷ་ཁང་སེར་པོར་ཞབས་སྐྱེས་བཀོད། ཆོས་བཅུ་གཅིག་གི་ཉིན་ལྷ་ཁང་སེར་པོར་མོང་གོལ་ཅིན་པའི་ལི་བསོད་ནམས་དཔལ་འབྱོར་དང་། ཆ་གན་ཎི་ཡན་ཆེའི་སྐུ་སྐྱེ་སོ་སོ་ནས་དངོས་འབུལ་ཕྱམ་མཇལ་བ་བཏེག ཕྱག་དབང་ཛ་གྲལ་བཀའ་འདྲི་གནང་སྐྱེས་གྱ་ནོམ་པ་བཅས་སྩལ། ཆོ་དཔག་མེད་དང་སྒྲོལ་དཀར་ཡིད་བཞིན་འཁོར་ལོའི་རྗེས་གནང་། སྒྲོལ་བསྟོད་ཕྱག་འཚལ་ཉེར་གཅིག་གི་ལྟུགས་ལུང་བཅས་གནང་། ཆོས་བཅུ་གསུམ་ཉིན་སྐྱབས་མགོན་མཆོག་དང་ལྷ་སྲས་དྲུག་པ་སོགས་སྟོན་འཁོར་རྣམས་ཕོ་བྲང་ཆེན་པོའི་རྒྱལ་སྒོ་ཨཏྲི་མིན་བརྒྱུད་ཕོ་བྲང་ནང་གི་ཡུང་ཧེ་གུང་གི་གཙུག་ལག་ཁང་གི་ལྷ་ཁང་སྟེང་ཤོད་རྣམས་དང་གོང་མ་ཆེན་པོའི་གཟིམས་ཆུང་སོ་སོའི་སྐུ་གསུང་ཐུགས་ཀྱི་རྟེན་རྣམས་ཀྱི་དྲུང་དུ་མཆོད་འབུལ་སོགས་གོང་བཞིན་མཛད། དགེ་འདུན་མང་ལ་ཕྱག་དབང་དང་། དགའ་ལྡན་ལྷ་བརྒྱ་མ། དམིགས་བརྩེ་མ། རིགས་གསུམ་མགོན་པོའི་གཟུངས་བཅས་ཀྱི་ལུང་སྩལ། གོང་ནས་ལྷ་སྲས་དང་ལྕང་སྐྱ་རྡོ་རྗེ་འཆང་བརྒྱུད་སྐུའི་འཚམས་ཞུ་དང་གཙང་གི་དགོན་པ་བཀྲ་ཤིས་ལྷུན་པོ་དང་ཞེ་ཧོར་གྱི་བཀྲ་ཤིས་ལྷུན་པོ་གཉིས་ལ་ཡི་གེ་གསེར་གྱི་ཕྱག་བྲིས་མའི་གཟེངས་བསྟོད་ཀྱི་པན་སྩོལ་རྒྱུ་ཡིན་པས། གཙང་གི་བཀྲ་ཤིས་ལྷུན་པོར་སྦྱར་རྒྱུའི་འཕན་ལ་ཆེ་ཆུང་དཀྱུས་ཞེང་གི་ཚད་དགོས་པས་གསོལ་དཔོན་མཁན་པོར་ངེད་ཀྱི་བཀའ་ཕབ་སྟེ་འབུལ་ཆུག་ཅེས་ཕེབས། ལྷ་ཁང་སོ་སོར་སྣན་ཤལ་མཆོད་འབུལ་སོགས་གོང་བཞིན་མཛད། དེ་ནས་ཙན་དན་ཇོ་བོའི་ལྷ་ཁང་དུ་ཕྱིན་ཏེ་སྟོན་ཐུབ་པའི་དབང་པོ་སུམ་ཅུ་རྩ་གསུམ་དུ་ཕེབས་སྐབས། རྒྱལ་པོ་ཨུ་ཏྲ་ཡ་ནས་དད་རྟེན་དུ་ཙན་དན་གོ་ཤིར་ལས་གྲུབ་པ་སངས་རྒྱས་དགུང་ལོ་བཅུ་གཉིས་པའི་སྐུ་ཚད་གཡས་སྐྱབས་སྦྱིན་དང་གཡོན་མཆོག་སྦྱིན་གྱི་ཕྱག་རྒྱ་མཛད་པ། ཞབས་གཉིས་བཞེངས་སྟབས་ཅན། མཛོད་སྤུའི་དབུས་སུ་མེ་ཤེལ་དྲི་མ

མེད་པས་བརྒྱན་པ། ལྷ་བས་ཆོག་མི་ཤེས་པ་གཅིག་བཞེངས་པ་ལ་སངས་རྒྱས་དངོས་ཀྱི་རབ་གནས་མཛད་དེ་མ་འོངས་པ་ན་ཙོ་ནའི་ཡུལ་དུ་འགྲོ་དོན་བྱེད་པར་འགྱུར་རོ་ཞེས་ལུང་བསྟན་པ་ལྟར་གནའ་དུས་ཞིག་ནས་རྒྱ་ནག་ཏུ་སྤྱན་དྲངས་ཏེ་སྐྱེ་དགུ་རྣམས་ཀྱི་བསོད་ནམས་གསོག་པའི་ཞིང་དུ་བཞུགས་པ་ཐུབ་པའི་དབང་པོ་དང་དབྱེར་མ་མཆིས་པ། དད་པས་གསོལ་བ་བཏབ་ན་བྱིན་རླབས་དང་དངོས་གྲུབ་ཆར་ལྟར་འབེབས་པ། ཙན་དན་ཛོ་བོ་ཞེས་ཡོངས་སུ་གྲགས་པའི་རྟེན་ཁྱད་པར་ཅན་དང་མཇལ་ཏེ་མཆོད་པ་སྣ་ལྔ་སོ་སོ་ནས་སྟོང་ཚར་རེ། སྤོས་ཤེལ་དང་བྱུ་རུའི་ཤལ་པ་རྒྱན་ལྡན་གྱི་མགུལ་རྒྱན། དངུལ་གྱི་འཁར་གསིལ། ཤེལ་གྱི་ལྷུང་བཟེད། ཤེལ་གྱི་གཞོང་པ། ཤེལ་དམར་གྱི་ཕོར་པ་དང་། ཏིང་ལོ་ཆ་གཉིས། དཀར་ཡོལ་གྱི་མེ་དམ། མེ་ལོང་། དུང་དཀར་དངུལ་གཡོག་མ་དང་ཚེར་མ་ཅན། རྒྱ་སྲུག་ཆ་གཉིས། རྒྱ་སིལ་ཆ། བསེ་རུའི་རྭ་གཉིས། དངུལ་གྱི་བཀྲ་ཤིས་རྟགས་རྫས་དང་རྒྱལ་སྲིད་སྣ་བདུན། དངུལ་གྱི་བུམ་པ་གཉིས། དངུལ་སྲང་བརྒྱ་ལས་གྲུབ་པའི་མཎྜལ་སྣ་འདོགས་ཅན། ལྷ་རྫས་ནང་མཛོད་སྣ་ལྔའི་དང་བཅས་དངོས་བཤམས་ཡིད་སྤྲུལ་གྱི་མཆོད་པ་བྱང་ཆུབ་སེམས་དཔའ་ཀུན་ཏུ་བཟང་པོའི་རྣམ་ཐར་ལ་འགྲན་བཟོད་པ་བཤམས་ཏེ་ཡན་ལག་བདུན་པ། མཆོད་འབུལ་རྒྱས་པ། ལྟུང་བ་བཤགས་པའི་མདོ། མཉམ་མེད་ཤཱཀྱའི་རྒྱལ་པོའི་བསྟོད་པ་སྐབས་གསུམ་པ་དང་སྐྱབས་མགོན་རྒྱལ་བའི་དབང་པོའི་ཞབས་བརྟན་གསོལ་འདེབས་བཅས་ཞལ་འདོན། གོང་མ་ཆེན་པོ་ཞབས་པད་བརྟན་ཅིང་ཆབ་སྲིད་དར་ཞིང་རྒྱས་པ་བསྟན་འགྲོར་ཕན་བདེ་འབྱུང་བ་བཅས་ཀྱི་ཐུགས་སྨོན་བདེན་ཚིག་གི་མཚམས་སྦྱོར་ཡང་དག་གནང་ངོ་། །འདི་སྐབས་ལྷ་སྲས་ཆེན་པོར་ཁ་བཏགས། སྐུ་བརྙན། དྲི་བཟང་དམར་སེར་ཡི་ཚུན་པོ་བཅོ་ལྔ། རྗེ་ལྕང་སྐྱ་རིན་པོ་ཆེ་དང་བཙན་པོ་སྨིན་གྲོལ་ནོ་མོན་ཧན་སོ་སོར་ཁ་བཏགས་གོས་ཡུག ར་ཁོ་ཏུ་ཐོག་ཐུ་དང་ཇ་སག་བླ་མར་ཁ་བཏགས། དངུལ་སྲང་ལྔ་རེ། བྱིངས་གྲྭ་ཚང་གི་མཆོད་འབུལ་བ་སོགས་ལ་ཡང་ཁ་བཏགས། དངུལ་ལ་སོགས་པའི་ཡོན་བཟང་པོ་སྩལ། ཙན་དན་ཛོ་བོའི་ལྷ་ཁང་གི་གྲྭ་མང་ནས་དངོས་འབྱོར་གྱི་འབུལ་བ་གཟབ་སྤྲེ་ཐུལ། རྟེན་འབྲེལ་བསྟོད་པ། དམིགས་བརྩེ་མ། རིགས་གསུམ་མགོན་པོའི་སྙིང་པོ་བཅས་ཀྱི་ལུང་སྩལ། གསོལ་ཚིགས་ཀྱི་རྒྱབ་ལ་བླ་མ། དེམ་ཆེ། དབུ་

མཛད། ལས་སྣེ་བཅས་ལ་བྱིན་རྟེན་གནང་སྐྱེས་སྩལ། འདི་ཉིན་སྟོན་དུ་ལྷ་སྲས་དང་ལྕང་
སྐྱ་རྡོར་རྗེ་འཆང་བརྒྱུད་སྐུའི་འཚམས་ཞུ་དང་། གཙང་དང་ཞི་ཧོར་གྱི་བཀྲ་ཤིས་ལྷུན་པོ་
གཉིས་ལ་ཕན་སྟོལ་རྒྱུའི་བཀའ་བཟང་པོ་སྩལ་བའི་ལན་དུ་ཞུ་ཡིག་ཕུལ་བའི་ཚིག་གཞི་ནི།
གོང་མ་བདག་པོ་ཆེན་པོ་ནས་བདག་ལ་གནས་སྐབས་ཀུན་ཏུ་བྱམས་བརྩེའི་གཟིགས་པ་
གཞལ་དུ་མེད་པའི་ཐོག ད་ལམ་ལྷ་སྲས་དྲུག་པ་དང་། ཧྭ་གཽཾ་ཤྲཱི་ལྕང་སྐྱ་རིན་པོ་ཆེ་བརྒྱུད་ཕོ་
བྲང་གི་འདུག་གནས་རྣམས་དང་། ཞི་ཧོར་བཀྲ་ཤིས་ལྷུན་པོ། གཙང་གི་བཀྲ་ཤིས་ལྷུན་པོ་
རྣམས་སུ་གསེར་གྱི་ཕན་སྟོལ་རྒྱུ་དང་། ཆེ་ཆུང་གི་ཚད་བདག་གི་གསོལ་དཔོན་མཁན་པོ་
ནས་འབུལ་དགོས་ཚུལ་གྱི་གསེར་གྱི་བཀའ་ལུང་བཟང་པོ་ཕེབས་པར་རྗེ་ལམ་ན་ཡང་རྙེད་
པར་དཀའ་ཞིང་གཞལ་བར་མི་ནུས་པའི་བཀའ་དྲིན་ལས་གཞན་མ་ཞུ་རྒྱུ་མ་རྙེད་ཅིང་། རྩ་
བའི་ཡི་གེ་གོང་མ་ཆེན་པོ་གང་གི་ཕྱག་བྲིས་སྟོལ་རྒྱུ་ཕེབས་པ་ཤིན་ཏུ་རྙེད་པར་དཀའ་བ་ཡིད་
བཞིན་གྱི་ནོར་བུ་དང་འདྲ་བའི་གསེར་གྱི་ཕྱག་བྲིས་རྣམས་ངེས་པར་འབད་པས་སྤྱི་བོར་ནོད་
དེ་ཞུས་ནས་རྟག་ཏུ་མཆོད་ཚིག་པ་ཞུ་ཞིང་བཀའ་དྲིན་ལ་གུས་པས་ཕྱིར་བཀྲ་ཤིས་པའི་རབ་
དཀར་ལྷ་རྫས། རྣམ་པར་རྒྱལ་མའི་སྣང་བརྙན་ན་བཟའ་དང་བཅས་པ། གཙང་གི་བཀྲ་
ཤིས་ལྷུན་པོའི་འཕན་ལ་དཔངས་སུ་ཁྲི་ཚེ་བཞི་དང་དཀྱུས་སུ་ཁྲི་ཚེ་བརྒྱད་ཡོད་སྟོལ་བ་
གནང་ཚེ་གཙུང་ལག་ཁང་གི་མདུན་ངོས་ཀྱི་སྒོ་སྟེང་ལ་ཤིན་ཏུ་འོས་བབས་འགྲིག་ཅིང་
འཚམས་པ་ཡོང་འདུག་པ་བཀའ་འབབས་གསོལ་དཔོན་མཁན་པོ་ནས་གསེར་གྱི་བཀའ་ལ་
གུས་པ་ཆེན་པོ་ཞུ་བའི་ཕྱིར་རབ་དཀར་ལྷ་རྫས་འདི་བཞིན་འབུལ་བ་ལགས་ན་བྱམས་བརྩེའི་
ཀློང་ཆེན་པོར་ཡུད་ཙམ་ཆུབ་པ་དང་བཅས་ཞུ་ཡིག རྟེན་སྤྲགས་ཐུགས་ཐམ་འབྱར་བ་ལྷ་
སྲས་ཆེན་པོ་དང་རྗེ་ལྕང་སྐྱ་རིན་པོ་ཆེ་རྒྱུད་འབུལ་བ་གནང་། དེ་ནས་ཆིབས་བསྒྱུར་ཏེ་མི་
རིང་བའི་སར་ཕང་ཤུའུ་ཤན་སྐྱིད་མོས་ཚལ་གྱི་མདུན་ངོས་མཚོ་ཤིན་ཏུ་ཆེ་བ་ཞིག་འདུག་པ།
མཚོ་དེར་གོང་མ་ཆེན་པོའི་མཛོད་ནས་དངུལ་སྲང་ཁྲི་ཕྲག་དུ་མའི་རྒྱུ་རྐྱེན་སྤྱར་ཏེ་གོང་གི་
བཀའ་ལྟར་རྗེ་ཉིད་ལ་ཆེད་མངགས་སུ་བསྒྲུབས་པའི་གྲུ་བོ་ཆེ། སྟེང་དུ་ཐོག་སོ་གསུམ་ཙམ
གྱི་ཁང་བཟང་ཡོད་པ། ནང་དུ་སྐུ་གསུང་ཐུགས་རྟེན་དང་མཆོད་རྫས་དུ་མས་གཏམས་པ།
དབུས་སུ་མཆོད་ཡོན་རྣམ་གཉིས་ཀྱི་བཞུགས་ཁྲི་བཞུགས་སྟན་སོགས་ཉེར་སྤྱོད་ཀྱིས་མཛེས་

པ། སྙིང་འགྲོའི་སྐས་ལ་འཛེག་པ་ན་སེང་གཡབ་ཀྱི་མཐའ་སྐོར་དུ་གཟིམས་ཁང་དང་ལྷ་ཁང་དུ་མས་བརྒྱན་པའི་ནང་དུ་རྟེན་གསུམ་དང་མཆོད་རྫས་སྣ་ཚོགས་བཤམས་པ། གཟིམས་ཆུང་རྣམས་སུ་ཡང་བཞུགས་ཁྲི་སོགས་གོང་ལྟར་ཡོད་པ། གཟིམས་ཁང་གི་དབུས་ཀྱི་རྩེ་མོར་རྒྱ་ཕིབས་དང་ཁོར་ཡུག་ཏུ་མདའ་ཡབ་ཀྱིས་མཛེས་པ། ཚོམས་ཆེན་གྱི་མདུན་ངོས་སུ་ཁྲམས་གྲུ་བཞིའི་ནང་སེང་གེའི་གཟུགས་རིས་ཡོད་པའི་གོས་ཆེན་སེར་པོའི་ཕྱུར་དར་དུ་མས་སྤྲ་བ། སྐུ་རྒྱབ་ཏུ་ཨོག་སྤེའུ་གྲུ་བཞི་དར་སེར་པོའི་བ་དན་གྱི་བསྐོར་བ། གྲུ་བོ་ཆེའི་སྙིང་འོག་ཕྱི་ནང་ཐམས་ཅད་ཚོན་སྣ་ཚོགས་ཀྱི་རི་མོ་དུ་མ་མངོན་པར་བཀྲ་བ། དེ་ཉིད་ཀྱི་སྙིང་བརྒྱུད་མདུན་ངོས་སུ་གཡབ་ཁྲ་སྐྱོར་དང་བཅས་པའི་དབུས་སུ་བཞུགས་ཁྲི་ཁྲིའུ་ཤིང་གི་སྟེང་དུ་རྗེ་བླ་མ་མཆོག་ཞབས་སོར་མངོན་པར་བཀོད་པའི་གཡས་གཡོན་གཉིས་སུ་ལྷ་སྲས་ཆེན་པོ་དང་རྗེ་ལྕང་སྐྱ་རིན་པོ་ཆེ། བཙན་པོ་སྨིན་གྲོལ་ནོ་མོན་ཧན། དེའི་མཐའ་སྐོར་དུ་ནང་གི་ཨམ་པན་རྣམས་དང་ར་ཁོ་ཧུ་ཐོག་ཐུ། རྗེ་ཉིད་ཀྱི་ཞབས་ཕྱི་ནང་འཁོར་དང་བཅས་པ་དང་། ཁྱིངས་རྣམས་གཟིམས་ཆུང་འོག་མའི་ཁྲམས་དང་ཁྲ་སྐྱོར་ནང་འཁོད། གྲུ་དེ་ཉིད་ཀྱི་གཤམ་བང་རིམ་ཁོར་ཡུག་ཏུ་ཡོད་པའི་སྟེང་དུ་མཉན་པ་རྣམས་འཁོད་ནས། ལྷ་སྲས་ཆེན་པོས་བཀའ་ཞིག་བསྒྱུར་འཕྲུལ་དེ་དག་གིས་གླུ་སྙན་པོ་ལེན་བཞིན་སྐྱ་བ་བསྐྱོད་དེ་གྲུའི་སྟེང་ནས་ཕེབས་པར་མཛད་ནས་དཀར་སྤྲོ་དང་གསོལ་ཇ་བཏེག ལྷ་སྲས་དྲུག་པ་དང་ལྕང་སྐྱ་རྡོ་རྗེ་འཆང་གཉིས་ནས་སྐྱིད་མོས་ཚལ་དང་ཡུལ་ལྗོངས་ཀྱི་བཀོད་པ་རྣམས་སྙན་དུ་གསོལ་བར་ཐུགས་དགྱེས་པའི་ཚུལ་གནང་། སྐབས་དེར་གོང་མ་ཆེན་པོ་ནུབ་ཕྱོགས་ཤེ་ཡང་ནས་ཕེབས་ཏེ་མཆོད་ཡོན་རྣམ་གཉིས་ཙན་དན་ཇོ་བོའི་འདྲ་ལྗོགས་སྐུ་མདུན་དུ་གསེར་ཞལ་ལྷན་འཛོམ་གྱིས་མཇལ་དར་རྩེ་སྤྲོད་དང་གོང་མ་ཆེན་པོ་ནས་རྗེ་བླ་མ་མཆོག་ལ་གསེར་གྱི་ཡུལ་ཡེ་རིན་པོ་ཆེའི་ཕྲ་ལྡན་ལེགས་པ། གཡང་ཏིའི་སྤྲོས་ཕོར་དང་བུམ་པ་ཁེབས་སྟེགས་བཅས། གཡང་ཏིའི་ལྕུང་བཟེད་ཕྱི་ངོས་ལ་སངས་རྒྱས་དཔའ་བོ་བདུན་གྱི་སྐུ་བརྙན་འབུར་བཀོས་སུ་ཡོད་པ། འབོབ་ལྷག་གསེར་ཕོམ་མ་ཆ་གཉིས་བཅས་འབུལ་བ་མཛད་པ་དགྱེས་གྲུས་ཆེན་པོས་བཞེས་ཤིང་། རྗེ་བླ་མ་མཆོག་ནས་ཀྱང་སྐུ་བརྙན་ན་བཟའ་ཅན་སོགས་ཕུལ་བ་དགྱེས་བཞེས་མཛད་དེ་པན་ཚུན་ཐུགས་དགྱེས་པའི་གསུང་གླེང་ཞིབ་རྒྱས་སུ་གནང་།

འདི་སྐབས་མེ་ཏོག་གི་ཆར་བབས་པ་སོགས་ངོ་མཚར་བའི་ལྟས་ཀྱང་བྱུང་། དེའི་དགོངས་ཁ་གོང་ནས་པཎ་ཆོང་ཨམ་པན་གཏོང་གནང་གི་མདུན་བཀས་མངགས་པའི་བོད་བཞུགས་ཨམ་པན་ལྷན་རྒྱས་དང་། ཁྲི་ཆེན་ནོ་མོན་ཧན། བསྟན་རྒྱས་གླིང་གི་ཛ་སག་བླ་མ་འཇམ་དབྱངས་བསྟན་པ་བཅས་ནས་རྒྱལ་ཚབ་ནོ་མོན་ཧན་དེ་མོ་རིན་པོ་ཆེའི་ཡང་སྲིད་སྤྲུལ་སྐུའི་སྐོར་ལ་གོང་དུ་ཞུ་ཡིག་དང་ཆབས་ཅིག་དོགས་གནས་བྱུང་རིགས་ཀྱི་མིང་ཐོ་ས་བོན་བཅས་ཕུལ་བ་ངོ་མ་རྣམས་རྗེ་བླ་མ་མཆོག་ལ་འབུལ་བ་གནང་སྟེ། དེ་མོ་ཧུ་ཐོག་ཐུའི་སྤྲུལ་སྐུའི་དོགས་གནས་ཁག་གི་ཐོ་ཕུལ་བ་འདི་ནང་འཁྲུལ་མེད་ཡོད་མིན་པཎ་ཆེན་ཨེར་ཏེ་ནིས་མཁྱེན་པས་ལེགས་པར་གསལ་ཕྱེ་སྟེ་འཕྲུལ་མེད་ཀྱི་སྤྲུལ་སྐུ་ངོས་འཛིན་བྱེད་ལུགས་སྐོར་རྣམས་བོད་ཡིག་ཏུ་བཀོད་དེ་པཎ་ཆེན་ཨེར་ཏེ་ནིའི་ཡི་གེ་ཐམ་འབྱར་ངོ་མ་བོད་ལ་བཏང་ཆོག་པ་ཞིག་དགོས་ཞེས་ཕེབས་དོན་བཞིན། དེ་ནུབ་ཐུགས་དམ་བརྟག་པ་མཛད་དེ། ཆོས་ཉི་ཤུའི་ཉིན་བོད་དུ་གནང་རྒྱུའི་ཐུགས་དམ་བརྟག་པའི་བཀའ་ལན་དུ་པཎ་ཆེན་ཨེར་ཏེ་ནིའི་ཡི་གེ་དགའ་ལྡན་ཤི་རེལ་ཐུ་མཁན་པོ་ནོ་མོན་ཧན་ངག་དབང་ཚུལ་ཁྲིམས་དང་བསྟན་རྒྱས་གླིང་ཛ་སག་བླ་མ་འཇམ་དབྱངས་བསྟན་པ་རྣམས་ལ་བསྐུར་བའི་དོན། དེ་མོ་ཧུ་ཐོག་ཐུའི་སྤྲུལ་སྐུའི་སྐོར་གོང་མ་ཆེན་པོའི་གསེར་གྱི་བཀའི་རྗེས་སུ་ནན་ཏན་གྱིས་འབྲང་སྟེ། མཆོག་གསུམ་ལ་གསོལ་བཏབ་ཀྱིས་བརྟག་པ་བྱས་པར་དོགས་གནས་གསུམ་གྱི་ནང་ནས་ཆབ་མདོ་ས་སྔང་དུ་ཡོད་པའི་དབང་རྒྱལ་རྡོ་རྗེ་ཡིན་པར་བབས་ཤིང་རིམ་གྲོར་གདུགས་ཤེར། གསེར་འོད། འཇམ་དཔལ་མཚན་བརྗོད། གནས་བརྟན་ཕྱག་མཆོད། སྟོན་བསྐྱེད་ཆོས་སྲུང་རྣམས་ཀྱི་བསྐང་འཕྲིན་གང་མང་དང་། ལྷ་མོའི་བསྐང་བ་བཅས་ལ་འབད་ན་བཟང་བར་བབས་པའི་རྒྱ་མཚན་རྣམས་གོང་མ་ཆེན་པོའི་གསེར་སྙན་དུ་ཞུས་གྲུབ་ཅིང་། བཀའ་རྗེས་སུ་ནན་ཏན་གྱིས་འབྲང་སྟེ། ཡི་གེ་འདི་ཆེད་དུ་བསྒྱུར་བ་ཡིན། ཞེས་པ་ཐམ་འབྱར་གོང་མ་ཆེན་པོར་འབུལ་བ་གནང་། ཆོས་ཉེར་བཞིའི་ཉིན་གོང་མ་ཆེན་པོ་ཡོ་མི་ཡན་ནས་པེ་ཅིང་ཕོ་བྲང་ནང་ཕེབས་རྒྱུར་སོང་གཤེས་རྗེ་བླ་མ་མཆོག་སྟོན་འཁོར་རྣམས་ཀྱང་ཕེབས་ཧུང་ཤན་ཏེན་དུ་གོང་ལ་ཕེབས་བསུ་ཞུས་ཤིང་། མཆོད་ཡོན་རྣམ་གཉིས་མཇལ་འཛོམ་གྱིས་ཕན་ཚུན་ཐུགས་དགྱེས་པའི་གསུང་གླེང་ཞིབ་རྒྱས་མཛད། རྗེ་བླ་མ་མཆོག་ནས་གོང་མ་ཆེན་པོར་ལྷ་རྫས

དང་། སྐུ་བརྙན་ན་བཟའ་ཅན་ཞིག་འབུལ་བ་གནང་ཞིང་། གོང་ནས་ཀྱང་ལྷ་རྫས་ནང་མཛོད། གསེར་གྱི་ཡུ་ཡེ་ཕྲ་ལྡན་བཅས་འབུལ་བ་མཛད། གོང་གི་བཀའ་བཞིན། །ཏུང་ཤན་ཏེན་དང་གཟིམས་ཁང་ནང་མ་རྣམས་སོ་སོར་ཕེབས་ཏེ་ཏེན་རྣམས་ཀྱི་དྲུང་དུ་སྣན་ཤལ། མཆོད་འབུལ། གོང་གི་བཞུགས་ཁྲིར་ཁ་བཏགས་རེ་དང་ཤིས་བརྗོད་སོགས་མཛད་དེ་གོང་མ་ཆེན་པོ་སྐུ་ཚེའི་རྒྱལ་མཚན་སྲིད་མཐའི་བར་དུ་བརྟན་པའི་བདེན་ཚིག་གི་ཕྲེང་བ་བརྗོད། སྐབས་དེར་ཕོ་བྲང་ནང་མ་ཞིག་ཏུ་གོང་མ་ཆེན་པོས་ཞུག་ཏུམ་ཞིག་ཆེད་གནང་མདུན་གཡང་ཏི་རྡོག་ཆེ་བའི་ངོས་ལ་ཐུབ་དབང་གནས་བརྟན་བཅུ་དྲུག་དང་ཉེ་སྲས་བརྒྱད་ཀྱི་སྐུ་བརྙན་འབུར་བཀོས་སུ་ཡོད་པ། གཡང་ཏིའི་བུམ་པ། མན་ཧྲ་ཤིང་འབྲས་ཀྱི་གཟུགས་ཅན་རྣམས་འབུལ་གནང་དགྱེས་གུས་ཆེན་པོས་བཞེས། སླར་ཡང་ལྷ་ཁང་སེར་པོར་ཞབས་ཟུང་བཀོད།

ཚེས་ཉེར་ལྔའི་ཉིན་གོང་མ་ཆེན་པོ་ལྷ་ཁང་སེར་པོར་རྗེ་བླ་མ་མཆོག་མཇལ་ཆེད་ཕེབས་པར་ཕེབས་བསུ་སོགས་སྔར་བཞིན་གནང་སྟེ་ལྷ་ཁང་སེར་པོར་གོང་མ་ཆེན་པོའི་གཟིམས་ཆུང་དུ་མཆོད་ཡོན་རྣམ་གཉིས་གསེར་ཞལ་ལྡན་འཛོམ་གྱིས་མཇལ་དར་རྩེ་སྤྲོད་གནང་། གོང་ནས་རྗེ་བླ་མ་མཆོག་ལ་གསེར་གྱི་ཡུ་ཡེ་རིན་པོ་ཆེའི་ཕྲ་ལྡན་ཁྱད་མཚར་ཞིག་འབུལ་བ་གནང་ཞིང་གསོལ་ཇ་ཐེངས་གཉིས་ཀྱི་རིང་མཇུ་དང་བོད་སྐད་སོགས་ཀྱི་སྒོ་ནས་ཕན་ཚུན་ཐུགས་དགྱེས་པའི་གསུང་གླེང་ཞིབ་རྒྱས་སུ་མཛད། རྗེ་བླ་མ་མཆོག་ནས་གོང་དུ་ལྷ་རྫས་ནང་མཛོད། སྐུ་བརྙན་གསུམ། བྱུ་རུ་སྤྲོས་ཤེལ་གྱི་ཤལ་པ། དྲི་བཟང་སྤོས་རིང་ཁྲིས་དྲུག་ཅུ། སྣམ་བུབས་སུམ་ཅུ་བཅས་འབུལ་བ་གནང་། ཚེ་ཉེར་དྲུག་དེ་ཉིན་ཏུང་ཞང་ནས་ཞུས་ར་ཕོ་རང་དང་དགེ་སློང་འོད་ཟེར་ཅན་ཉི་ཤུ་སྐོར་ལ་ཚེ་དཔག་མེད་ཀྱི་རྗེ་གནང་སྩལ། ཚེས་ཉེར་བདུན་ཉིན་ལྷ་ཁང་སེར་པོའི་འདུ་ཁང་དུ་ཡུང་ཧེ་གུང་བླ་སྦྲེ་ནས་དངོས་འབུལ་ཡམ་མགོ་བ་བཏེགས་སྟེ་མཁན་པོ་སངས་རྒྱས་འོད་ཟེར་ནས་ཞབས་བརྟན་གསོལ་འདེབས་ཞུས་གྲྭ་པ་སྟོང་ཕག་བརྒྱལ་བར་ཕྱུག་དབང་བླ་གྲྭ་ཚོགས་ཡོང་ལ་འཚམས་འདྲི་དང་ཆོས་འཆད་ཉན་ཐོས་བསམ་འཕེལ་ལུགས་སོགས་ཀྱི་བཀའ་ཕེབས། ཕོང་རྣམས་ནས་ཞུས་ངོར་བླ་མ་མཆོད་པའི་ཚོ་ག་དགའ་ལྡན་ལྷ་བརྒྱ་མ། རིགས་གསུམ་མགོན་པོའི་གཟུངས

རྣམས་ཀྱི་ལྷུགས་ལུང་དང་ཚེ་དཔག་མེད་ཀྱི་རྗེས་གནང་། བསྲུང་མདུད་སོགས་གནང་། ཆོས་ཉེར་བརྒྱད་ཉིན་ཏར་ཆེན་ཁང་གི་བླ་མ་ཞབས་དྲུག་བཀྲ་ཤིས་བཅས་ལས་ཞུས་ངོར་ཕྱག་ཆེན་གྱི་ཁྲིད་ལུང་བསྩལ།

བོད་ལུགས་ཀྱི་ཟླ་བ་དགུ་པ་དང་རྒྱ་ལུགས་ཀྱི་བཅུ་པའི་ཚེས་གཅིག་གི་ཉིན། གོང་ནས་མན་ཇུའི་སྐད་དུ་བསྒྱུར་བའི་འབུམ་པོ་ཏེ་བཅུ་བཞི་པར་མ་གླེགས་ཤིང་གླེགས་ཐག་སོགས་ཆ་ཚང་འབུལ་ཆེད་ལྷ་སྲས་ཆེན་པོ་དྲུག་པ་དང་ནང་གི་ཨམ་པན། ཅུར་གན་གྱི་ལས་བྱེད་དཔོན་ཆུང་མང་པོ་བཅས་གནང་བར་ལྷ་ཁང་སེར་པོའི་མདུན་ནས་གྲྭ་ཚང་པ་རྣམས་ཀྱིས་མཆོད་རྫས་ཀྱི་བྱེ་བྲག་མང་དུ་ཐོགས་པའི་སེར་སྦྲེང་དང་། གར་རོལ་པ། མགྲོན་དྲུང་མང་པོས་སྤོས་སྣ་དང་བཅས་སྤྱན་དྲངས་པ་དགྱེས་གུས་ཆེན་པོས་བཞེས་ཏེ་ལྷ་སྲས་ཆེན་པོ་དང་ནང་གི་ཨམ་པན་སོགས་ལ་ཕྱག་དབང་གི་བྱིན་རླབས་དང་གསོལ་ཇའི་ཐོག་དགྱེས་པའི་བཀའ་འདྲི་ཕེབས། གོང་མ་ཆེན་པོ་ཐུགས་རྗེ་ཆེ་ཚུལ་དང་བཅས་ལྷ་རྫས་ནང་མཛོད་ཞིག་འབུལ་རྒྱུ་གནང་། ཆོས་གསུམ་གྱི་ཉིན་སྐྱབས་མགོན་མཆོག་དང་ལྷ་སྲས་དྲུག་པ། ལྕང་སྐྱ་རོ་རྗེ་འཆང་། སྨིན་གྲོལ་ནོ་མོན་ཧན་སོགས་ནང་གི་བླ་མ་རྣམས་དང་། ཨམ་པན་ཟུང་། དྲུང་འཁོར་བཅོ་ལྔ་སྐོར་དང་བཅས་ཐོ་རངས་སྔག་གི་དུས་ཚོད་ལ་ཆིབས་ཁ་བསྒྱུར་ཏེ། ཕོ་བྲང་ནང་མའི་ལྷ་ཁང་ཏུང་ཤན་ཏིན་ཞེས་པར་ཞབས་ཟུང་བཀོད། གསོལ་ཇ་སོགས་བཏེག ལྕང་སྐྱ་རོ་རྗེ་འཆང་དང་སྨིན་གྲོལ་ནོ་མོན་ཧན་སོགས་ལ་གསུང་གླེང་མཛད། ཨམ་པན་ཁ་ཤས་ལ་ཕྱག་དབང་ཡང་སྩལ། ལྕང་སྐྱ་རོ་རྗེ་འཆང་ནས་དེ་རིང་སྟོན་ཆེན་གནང་ཡུལ་གྱི་ཕོ་བྲང་ཁ་ཏི་ཉིད་པོ་ཧོ་ཏིན་ཞེས་པ་རྒྱལ་པོ་ན་རིམ་གྱི་ཁྲི་འདོན་གནང་ས་ཡིན། འདི་གྲས་ཀྱི་ཕོ་བྲང་གསུམ་ཡོད་པས་རྒྱལ་པོས་སྨྲས་པ་ཐེངས་གཅིག་ཡིན་ཞེས་ཁྲི་ཁྱད་པར་བ་འདི་དག་གི་སྟེང་ནས་རྒྱལ་སྲིད་ཀྱི་བྱ་བ་གང་མཛད་ལ་འགྱུར་ལྡོག་མེད་ཅེས་ཐན་པོ་རྣམས་གླེང་ཞེས་ཞུས། ཉི་དྲོས་སྐྱུལ་གྱི་དུས་ཚོད་ལ་རྗེ་བླ་མ་མཆོག་དང་གོང་གསལ་མི་སྣ་བཅས་གསེར་ཁྲིའི་སྐུ་མདུན་དུ་ཕེབས་ནས་བཞུགས། མཚམས་ཤིག་ལྟག་སྒོ་ནས་གོང་མ་ཆེན་པོ་ཞལ་རས་ཀྱི་གཟི་མདངས་སོགས་སྔར་ལས་ཟིལ་ཆེ་བ་དང་བཅས་ཕེབས་བྱུང་བར། རྗེ་བླ་མ་མཆོག་གི་ཕྱག་ནས་བཏེན་ཏེ་བླ་མ་ཕེབས་ཞེས་སོགས་བོད་སྐད་དུ་གསུང་གནང་ཞིང་ཁྲི་ཐོག་ཏུ་ཞབས

ཟུར་བཀོད། སྐུ་མདུན་གྱི་གདོང་གྲལ་གཡོན་གྱི་མགོར་ཁྲི་གཉིས་ལ་ལྕང་སྐྱ་རྡོ་རྗེ་འཆང་དང་། བཙན་པོ་ནོ་མོན་ཧན། གདོང་གྲལ་གཡས་ཀྱི་མགོར་ཕྱག་མཛོད་ཆེན་མོ་དང་གསོལ་དཔོན་མཁན་པོའི་ཁྲི། གཞན་ཡང་བླ་ཆེན་དཔོན་ཆེན་ནང་གི་ཞང་དང་ཨམ་པན། གཞུང་གི་མི་སྣ་ཞབས་འབྲིང་རྣམས་བཞུགས་གྲལ་དུ་འཁོད། ཐོག་མར་ཇ་དང་ཆེ་གེ་ དེ་ནས་བཟའ་བཅས་ཕུན་སུམ་ཚོགས་པའི་སྟོན་མོའི་ཚོགས་བསྐྲིགས། གོས་སྣོག་ཧལ་ཧ་གཟུགས་རྫ་ལབ་ཆེ་དང་བཅས་པ། ཞ་ནག་གི་ཞྭ་སྒོར་ཐར་བཅས་ཁྲུ་དང་སྒྲོ་གདོང་གིས་སྤྲ་བ་སྒྲོན་ཅིང་། དཔའ་དམ་བཏགས་པ་ནང་གི་བློན་པོ་དྲུག་ཅུ་སྐོར་ནས་མན་ཧྲུའི་ལུགས་ཀྱི་གར་རྩེད་པ་དང་དུས་མཚུངས་གཟིག་ལྷགས་ཀྱི་གོན་པ་གྱོན་པ་བློན་པོ་བཞི་བཅུ་སྐོར་ནས་ཀོ་ལྷགས་ཀྱི་ཕུབ་གཟུགས་དབྱུག་གུས་བསྣུན་པ་དང་སྐད་བཟང་གཅིག་གིས་གར་དང་བཅས་ཏེ་མན་ཧྲུའི་ལུགས་ཀྱི་གར་གླུ་ལེན་པ་སོགས་རྩེད་མོའི་རྣམ་པ་མང་པོ་གཟིགས་ཡོན་མཆོད་གཉིས་སྒྲོ་ཉམས་ཆེ་བའི་སྒོ་ནས་གསུང་གླེང་གིས་དུས་འདའ་བ་མཛད་པས་དེར་འཁོད་ཐམས་ཅད་ཀྱང་ཡོན་མཆོད་ཟུང་ཐུགས་ཡིད་གཅིག་འདྲེས་ཀྱི་མཛད་པ་ལ་རྗེས་སུ་ཡི་རང་བའི་སྒོ་ནས་བསྟོད་བསྔགས་ཀྱི་ཕྲེང་བ་དར་དེར་དུ་སྒྲོག་པ་ལ་ཆས་པར་གྱུར། སྐབས་དེར་ཕོ་བྲང་ནང་གི་ཡན་ཤིན་ཏེན་ཞེས་པའི་གཟིམས་ཆུང་སྤྱུགས་མ་རྣམས་ལ་ཕྱག་ནས་སྐྱོལ་དགོས་ཚུལ་ཞུ་བ་གནང་སྟེ་གོང་མ་ཆེན་པོ་སྔོན་ལ་ཐེབས། དེ་རྗེས་རྗེ་བླ་མ་མཆོག་དང་ཞབས་ཕྱིར་ལྷ་སྲས་ཆེན་པོ། ནང་བློན་ཆེན་པོ་གཉིས། གསོལ་དཔོན་མཁན་པོ་བཅས་དཔོན་གཡོག་ཉུང་བསྡུས་ཀྱིས་ཐེབས་ནས་ཕོ་བྲང་ནང་མའི་ཡན་ཤིན་ཏེན་ཞེས་པའི་གཟིམས་ཆུང་རྣམས་སུ་ཐེབས་ཏེ། གོང་ནས་གཟིམས་ཆུང་སོ་སོའི་རྟེན་འདི་རྣམས་བསྟན་འགྲོའི་བདེ་ཐབས་སུ་ཆེད་དམིགས་བཞེངས་པ་ཡིན་ཚུལ་སོགས་ཞིབ་ཏུ་གསུང་བར་རྗེ་ཉིད་ནས་ཚུལ་དེ་ལ་བརྟེན་ནས་བསྟན་འགྲོའི་ཕན་བདེ་ཤིན་ཏུ་རྒྱས་པ་བྱུང་བ་ཡིན་འདུག་པས་བཀའ་དྲིན་ཆེ་ཚུལ་སོགས་ལན་རྒྱས་པར་ཞུ་བ་མཛད་པ་རྣམས་གསོལ་དཔོན་མཁན་པོས་ལོ་ཙཱ་བགྱིས་ཏེ་གོང་གི་སྙན་དུ་གསོལ། མཆོད་ཡོན་ལྷན་ཅིག་ཏུ་ཤིས་པ་བརྗོད་པའི་ཚིགས་སུ་བཅད་པ་དང་བཅས་དགེ་ལེགས་ཀྱི་མཚན་མ་མངོན་པར་སྤེལ་བའི་མེ་ཏོག་གཏོར། གོང་མ་ཆེན་པོ་ཞབས་པད་བརྟན་ཅིང་ཆབ་སྲིད་མངའ་ཐང་ཡར་ཟླ་ལྟར་འཕེལ་བའི་ཐུགས་སྨོན

བདེན་ཚིག་ཅན་ནན་ཏན་དུ་གནང་། དེ་ནས་གཟིམས་ཚུར་ནང་མ་ཞིག་ཏུ་ལྷན་ཅིག་ཏུ་ཞུགས་ཏེ་གསོལ་ཇ་དང་དཀར་སྒྲོ་བཏེག གོང་ནས་ནང་མཇལ་ཁ་བཏགས། གསེར་ལས་གྲུབ་པའི་ཡིད་བཞིན་འགྲུགས་པའི་ལྷུགས་ཀྱུ། གཡང་ཏི་ལས་གྲུབ་པའི་མཆོད་ཞལ། གསེར་ལས་གྲུབ་པའི་དུས་ཚོད་ཀྱི་འཁོར་ལོ་ཁྱད་པར་དུ་འཕགས་པ་གཅིག་བཅས་འབུལ་བ་གནང་། རྗེ་ཉིད་ནས་ཀུང་ལྷ་རྫས་ནང་མཇལ། ཚེ་དཔག་མེད་ཀྱི་སྣང་བརྙན་ན་བཟའ་དང་བཅས་པ་རྣམས་འབུལ་བ་མཛད་དེ་གསུང་གླེང་ཡང་ལྷུག་པར་གནང་། ཆོས་བཅུ་གཅིག་གི་ཉིན་གོང་ནས་པཎ་ཆེན་ཨམ་བན་གཏོང་བ་མཛད་ནང་མཇལ་ཁ་བཏགས། བ་སོ་ལས་གྲུབ་པའི་མཆོད་རྟེན་བཀོད་མའི་ནང་དགྲ་བཅོམ་པ་ལྔ་བརྒྱའི་སྐུ་བརྙན་ཡོད་པ། རང་བཞིན་བལྟས་ན་ཡུངས་ཀར་གྱི་དབྱིབས་འདྲ་ལས་གཞན་པའི་གཟུགས་བརྙན་མི་མངོན་ཡང་ཤེལ་མིག་དང་བཅས་བལྟས་ན་ཕྱག་ཞབས་དང་ཞལ་རས་སྤྱན་སོགས་བཀོས་ཤིན་ཏུ་དོད་པ་ངོ་མཚར་ཅན་བཞུགས་ཁང་ཤེལ་སྒོ་དང་བཅས། ཆུ་སྐྱང་གི་རྭ་ལས་གྲུབ་པའི་མཆོད་ཞལ་གསེར་གྱི་ནང་ལྷན་བཞི་བཅས་ཕུལ་བ་གུས་པས་བཞེས་ཏེ་ཕོ་རང་ལ་བཀའ་འདྲི་སོགས་དང་གོང་དུ་འཚམས་ཞུའི་ལན་ཡང་ཕུལ། ཆོས་བཅོ་ལྔའི་ཉིན་གོང་མ་ཆེན་པོ་ནས་ལྷ་སྲས་ཆེན་པོ་གཏོང་གནང་གིས་རྗེ་བླ་མ་མཆོག་ལ་དགུན་གྱི་རིང་ཕོ་བྲང་གི་ནང་འདི་གྲང་ངད་ཤིན་ཏུ་ཆེ་བའི་སྐབས། ལྷ་ཁང་སེར་པོའི་ཡང་ཐོག་དེ་རང་དུ་བཞུགས་ན་ངེས་པར་སྐུ་བསིལ་བའི་སྐྱོན་ཆེ་བ་ཡོང་འགྲོ་བས་དགུན་ཐོག་གྲང་ཟུག་ཆེ་བའི་སྐབས་འདིར་ལྷ་ཁང་སེར་པོའི་སྐྱིད་མོས་ཚལ་གྱི་ར་བའི་ནང་ལྷུགས་རི་གསར་བསྐྲུན་དང་བཅས་གོང་མ་ཆེན་པོ་ནས་སྟོན་སྐྱལ་གཟིམས་གུར་དང་ཡོལ་སྒོར་སེར་པོ་བཅས་ཕེབས་ནས་བཞུགས་ཡུལ་གྲ་སྒྲིག་དགོས་པའི་བཀའ་ཕེབས། དེར་བཞུགས་ན་པཎ་ཆེན་ཨེར་ཧི་ནེ་ཉིད་སྐུ་མི་བསེར་ཞིང་ཐུགས་སྤྲོ་བ་དང་གོང་མ་ཆེན་པོ་རང་ཡང་ཐུགས་བློ་བདེ་བ་ཡོད་ཚུལ་ཞུ་བ་གནང་བར་རྗེ་བླ་མ་མཆོག་ནས་དགྱེས་གུས་ཆེན་པོས་ལྷ་རྫས་ནང་མཇལ་ཞིག་འབུལ་གནང་གིས་གོང་མ་ཆེན་པོ་ནས་བླ་མ་བདག་གི་ལུས་ལ་གྲང་ངད་ཀྱི་ཉེར་འཚེ་མི་འབྱུང་ཞིང་། ལུས་སྐྱིད་པའི་ཐབས་སུ་གཟིམས་གུར་སོགས་གྲ་སྒྲིག་འཛུག་པ་གནང་བ་དང་འདུག་གནས་སྐོར་ལ་གསེར་གྱི་བཀའ་བསམ་གྱིས་མི་ཁྱབ་པ་སྐྱལ་བ་བཅས་ཚད་མེད་བསམ་གྱིས་མི་ཁྱབ་པའི་བཀའ་དྲིན་

ལས་གཞན་མ་ཞུ་རྒྱུ་མ་རྙེད་ཚུལ་ཞུ་བ་གནང་། དེ་འཕྲུལ་ལྷ་ཁང་སེར་པོའི་ཀླུ་སྡིངས་སུ་མཐའ་སྐོར་སོ་ཕག་བརྩིགས་པའི་ལྕགས་རི་གྲུ་བཞི། དེའི་ནང་སོ་ཕག་གཅལ་བསྒྲིགས་ལག་མཐིལ་ལྟར་མཉམ་པའི་སྟེང་ཡོལ་སྐོར་སེར་པོ། དེའི་ནང་རྗེ་བླ་མ་མཆོག་གིས་མཚན་གཟིམས་དབུ་གུར་དང་ཤི་ཡང་ཕང་ཙེ་སོགས་ཕུབས་ཏེ་གསོལ་ཚོགས་གོང་ལ་ཕེབས་པ་ནས་བཟུང་གཟིམས་གུར་རང་དུ་བཞུགས་ཤིང་། གསོལ་ཚོགས་རྒྱབ་ལ་ལྷ་ཁང་སེར་པོའི་འདུ་ཁང་དུ་དམངས་མཇལ་བ་མང་པོར་ཕྱག་དབང་གི་བྱིན་རླབས་གནང་། ཚེས་བཅུ་དྲུག་གི་ཉིན་ལྷ་ཁང་སེར་པོར་བཞུགས་སྟན་འཛུགས། ཚེས་བཅུ་བདུན་གྱི་ཉིན་ཏ་ཟི་དང་ཚན་ཟིན་བཅས་ནས་དངོས་འབུལ་བསྟར། ཕྱག་དབང་ཇ་གྲལ་བཀའ་འདྲི་གནང་སྐྱེས་དང་དགའ་ལྡན་ལྷ་བརྒྱ་མའི་ལུང་བཅས་སྩལ། ཉི་མ་གསུམ་གྱི་རིང་དེར་བཞུགས་སྟན་འཛུགས། ཚེས་ཉེར་གཅིག་གི་ཉིན་པའི་ཅིང་གི་ཆོས་སྡེ་ཆེན་པོ་ཡུང་ཧེ་གུང་ཞེས་པའམ་དགའ་ལྡན་བྱིན་ཆགས་གླིང་དུ་གྲགས་པའི་སྨོན་ལམ་གྱི་ཚོགས་འདུར་སྤྱན་དྲངས་པ་ལྟར་ཕེབས། རྟེན་རྣམས་ཞིབ་ཏུ་མཇལ་ཞིང་སྤྱན་ཤལ། མཆོད་འབུལ། ཤིས་བརྗོད་ཀྱི་མེ་ཏོག་འཐོར་བ་སོགས་མཛད་ནས་གཟིམས་ཚང་གསར་བསྐྲུན་དུ་ཕེབས། དེར་ལྷ་སྲུས་ནས་དཀར་སྒྲོ་བཏེག་པར་གནང་སྐྱེས་སྩལ། སྡོམ་པ་འབོགས་ཚོག་གི་ཁང་པ་རྗེའི་ཐེ་ཟེར་བ་གསར་བསྐྲུན་མཛད་འདུག་པ་དེར་ཕེབས་ཏེ། ཡུང་ཧེ་གུང་གི་གྲྭ་རིགས་བསྒྲུབ་བྱ་བཅུ་བདུན་པར་མ་རབ་བྱུང་དང་། དགེ་ཚུལ་བཅུ་དགུ་བསྒྲུབས། འདི་སྐབས་ཞབས་ཕྱི་སྐྱེ་བོ་རྣམས་ནས་ནང་གི་ལུགས་སྲོལ་མ་ཤེས་པའི་སྟབས་ཨམ་པན་རྣམས་ཀྱི་དགོངས་པར་བབས་མིན་བྱུང་བར་རྗེ་ཉིད་ནས་ཀུན་ལོ་ཡེ་ལ་གསོལ་མཆོད་ཕྱིངས་ཞེས་གསུངས་པ་ལྟར་བསྒྲུབས་པས་འཚུབ་ཆ་རང་སར་ཞི། གསོལ་ཚོགས་རྒྱབ་ལ་ཡུང་ཧེ་གུང་པའི་གྲྭ་རིགས་བསྒྲུབ་བྱ་བདུན་ཅུ་དོན་བརྒྱད་བསྙེན་རྫོགས་བསྒྲུབ་པར་ཉི་མ་ཐུང་སྐད་དུ་སོང་གཤིས་ནམ་ཕྱེད་ཙམ་ལ་གྲུབ་ཚུལ་དེ་ལྷ་སྲུས་སོགས་ཀྱིས་གསན་ཏེ། འདི་ལྟར་མཛད་ན་ཏ་ཅང་ཐུགས་སུན་འགྲོ་བས་མཇལ་ཁ། ཕྱག་དབང་། བཀའ་ཆོས་སོགས་རེ་ཞིག་འཐེན་ན་ལེགས་ཚུལ་ཞུས་ཀྱང་བསྟན་འགྲོའི་དོན་བསྒྲུབ་པ་ཇི་ཙམ་དཀའ་ཡང་ངང་པ་པད་མཚོར་འཇུག་པ་ལྟར་ཐུགས་སྤྲོ་བ་ལས་སྐྱོ་ངལ་མེད་ཚུལ་གསུང་བར་མཛད། ཚེས་ཉེར་གཉིས་ཀྱི་ཉིན་ཡུང་ཧེ་གུང་གི་འདུ་ཁང་དུ

ལྕང་སྐྱ་རོ་རྗེ་འཆང་། བཙན་པོ་ནོ་མོན་ཧན་སོགས་ནང་གི་བླ་མ་རྣམས་དང་། དགོན་ཁག་གཞན་ནས་ཀྱང་འདུས་པ་བཅས་དགེ་འདུན་ཉིས་སྟོང་བརྒལ་བའི་ཚོགས་དབུར་སྤྱན་དྲངས། འདུ་ཁང་གི་སྒོ་འགག་ཏུ་ཡོན་མཆོད་རྣམ་གཉིས་མཇལ་འཕྲད་མཛད། གོང་ནས་གསེར་གྱི་ཡུ་ཡེ་ཞིག་གནང་། འདུ་ཁང་ནང་དུ་གོང་མ་ཆེན་པོ་དང་རྗེ་ཉིད་ཞབས་པད་བཀོད། ལྕང་སྐྱ་རོ་རྗེ་འཆང་སོགས་ནང་གི་བླ་མ་རྣམས་གྲལ་དུ་འཁོད། དགེ་འདུན་ཚོགས་ཡོངས་ནས་ཚེ་འཕྲུལ་སྨོན་ལམ་གྱི་ཞལ་འདོན་རྣམས་མཛད་པའི་མཇུག་ཏུ་སྐྱབས་མགོན་མཆོག་ནས་བསྔོ་སྨོན་སོགས་ཕྱག་སྲོལ་ལྟར་མཛད་དེ་བསྟན་པ་རྒྱས་པ་དང་། གོང་མ་ཆེན་པོ་སྐུ་ཚེ་བརྟན་ཅིང་ཆབ་སྲིད་དར་བའི་ཐུགས་སྨོན་གནང་། གོང་ནས་གཏང་རག་ཏུ་ནང་མཛོད། དངུལ་གྱི་མཎྜལ་བཅས་ཕུལ་ཏེ་གོང་མ་ཆེན་པོ་ཆིབས་བསྒྱུར་གནང་། རྗེ་ཉིད་རྟེན་གཟིགས་ལ་ཕེབས་ཏེ་ཡུང་ཧེ་གུང་གི་འཛིགས་བྱེད་ལྷ་ཁང་། མགོན་ཁང་། རིགས་གསུམ་ལྷ་ཁང་གི་རྟེན་རྣམས་ལ་སྣན་ཤལ་མཆོད་འབུལ་ཐུགས་སྨོན་སོགས་མཛད། སླར་ཡང་ལྷ་ཁང་སེར་པོར་ཕེབས། དེ་ཉིན་གོང་མ་ཆེན་པོ་ནས་པུ་ཆོད་ཨམ་པན་གཏོང་བ་མཛད་དེ་སྐུའི་འཚམས་ཞུ་དང་གོང་གི་སྐུ་ལ་བཞེས་པའི་ཕ་ནག་སུག་བཀྲིགས་ཀྱི་དྭ་གོ་བཅས་འབུལ་བ་གནང་སྟེ་བཀའ་ལས། བླ་མ་མཆོག་ཉིད་ཡུང་ཧེ་གུང་གི་སྨོན་ལམ་གྱི་མགོན་དུ་ཕེབས་ནས་ལྷུགས་བསྔོ་སྨོན་ལམ་སོགས་གནང་བ་དང་། ལྷ་ཁང་ཁག་གི་རྟེན་རྣམས་ཞིབ་གཟིགས་དང་རབ་གནས་གནང་བ། གྲྭ་པ་མང་པོར་དགེ་ཚུལ་སློང་གི་སྡོམ་པ་གནང་བ་སོགས་བརྟེན་སྐུ་འཁྲུགས་ཀྱི་རིགས་བཞེས་པ་མེད་དམ་ཞེས་སྐུའི་འཚམས་ཞུ་དང་ཡང་བླ་མ་མཆོག་གི་འཁྲུངས་སྐར་གྱི་བ་ཡར་ཆེན་པོའི་དགའ་སྟོན་དང་བསྟུན་བླ་མའི་ཕྱག་མཛོད་པ་དྲུང་པ་ཧུ་ཐོག་ཐུ་ལ་ཨེར་ཏེམ་ཐུ་ནོ་མོན་ཧན་གྱི་ཆོ་ལོ་དང་གོས། གསོལ་དཔོན་མཁན་པོར་མེར་གན་མཁན་པོ་ཛ་སག་བླ་མའི་ཆོ་དང་གོས་བཅས་ངེད་ནས་སྤྱན་བསྐྱངས་བདག་རྐྱེན་དུ་སྩལ་ན། བླ་མ་ཉིད་ཀྱི་དགོངས་པ་དང་མཐུན་མིན་སོགས་ཇི་འདྲ་ཡོང་ཞེས་ཞུ་བ་གནང་། རྗེ་བླ་མ་མཆོག་ནས་གནང་རྟེན་རྣམས་དགྱེས་གུས་ཆེན་པོས་བཞེས་ཏེ་ཨམ་པན་ལ་ཕྱག་དབང་གི་བྱིན་རླབས་དང་གསོལ་ཇའི་ཐོག་དགྱེས་པའི་བཀའ་ཕེབས། གོང་མ་ཆེན་པོར་ལྷ་རྫས་ནང་མཛོད་དང་། སྐུ་བརྟན་བཅས་ཕུལ་ཏེ་གོང་མ་ཆེན་པོས་བདག་

ཐུགས་རྗེ་མུ་མཐའ་མེད་པས་རྗེ་མཐོ་རྗེ་མཐོར་བསྐྱངས་པའི་བཀའ་དྲིན་ནམ་ཡང་གཞལ་བར་མི་ནུས་པའི་ཐོག ད་ལམ་སྲིད་ན་རྙེད་པར་དཀའ་བའི་ལྷ་རྫས་ནང་མཛོད། གོང་མ་ཆེན་པོ་གང་གི་གསེར་གྱི་སྐུ་ལ་བཞེས་པའི་ན་བཟའ་གཞན་གྱིས་མཐོང་བ་ཙམ་ཡང་དཀའ་ཞིང་རིན་ཐང་བྲལ་བའི་ཕ་ནག་སུག་བསྒྲིགས་ཀྱི་དྭ་གོ་ཁྲིད་མཚར་ཅན་སྩོལ་བ་དང་ཆབས་ཅིག་ཡུང་ཧེ་གུང་གི་སྨོན་ལམ་གྱི་ཆེད་འགྲོ་འདུག་གི་གནས་སྐབས་ཀུན་ཏུ་གཟུགས་གཞི་འཁྲུགས་པ་བྱུང་མིན་སོགས་གསེར་གྱི་བཀའ་བསམ་གྱིས་མི་ཁྱབ་པ་སྩལ་བར་བདག་ཉིད་སྐབས་དེར་གཟུགས་གཞི་འཁྲུགས་པ་སོགས་ཉེས་སྐྱོན་གྱི་རིགས་ཙུང་ཟད་ཀྱང་མ་བྱུང་བར་མ་ཟད། གོང་མ་ཆེན་པོ་གང་གི་ཐུགས་རྗེས་སྨོན་ལམ་གྱི་སྐབས་གསེར་གྱི་བཀས་གྲྭ་པ་མང་པོ་ལ་དགེ་ཚུལ་སློང་གི་སྡོམ་པ་འབོགས་རྒྱུ། ནང་གི་ལྷ་ཁང་བྱིན་རླབས་ཀྱི་གཞི་འོད་འབར་བ་ཁག་དང་། གོང་མ་ཆེན་པོ་གང་གི་གཟིམས་ཚུང་གཞལ་མེད་ཁང་རྣམས་མཇལ་ཏེ་རབ་གནས་བྱེད་རྒྱུ། དགེ་འདུན་སྟོང་ཕྲག་མང་པོའི་དབུས་སུ་གོང་མ་ཆེན་པོ་གང་གི་གསེར་གྱི་སྐུ་དངོས་མཇལ་བའི་སྐལ་བཟང་དང་ལྷན་ཅིག་སྨོན་ལམ་གྱི་ཆོས་འདོན་པ་དང་བསྔོ་བ་སྨོན་ལམ་བྱེད་རྒྱུ་སོགས་རྙེད་པར་དཀའ་བའི་སྐལ་བཟང་དགའ་བདེའི་དཔལ་ལ་ལོངས་སྤྱོད་ཚོགས་པ་བྱུང་བ་དང་། ཡང་ལོགས་སུ་གསེར་གྱི་བཀས་བདག་གི་སྐྱེས་སྐར་ཉིན་བ་ཡར་གྱི་དགའ་སྟོན་ཆེན་པོ་སྩལ་རྒྱུ་དང་བསྟུན་བདག་ཉིད་ཀྱི་ཕུ་བོ་ཕྱག་མཛོད་དྲུང་བ་ཧུ་ཐོག་ཐུ་དང་། གམ་བཅར་བ་གསོལ་དཔོན་མཁན་པོ་གཉིས་ལ་ཆོ་ལོ་སྩལ་རྒྱུ་སོགས་རྗེ་ལྟར་ཕེབས་པའི་བཀའི་དགོངས་དོན་ནི་ལྷ་དང་བཅས་པའི་འཇིག་རྟེན་ན་གཞན་གྱིས་ཐོབ་པར་དཀའ་བའི་ཚད་མེད་བསམ་གྱིས་མི་ཁྱབ་པའི་བཀའ་དྲིན་ལ་ཐུགས་རྗེ་ཆེ་ཚུལ་སོགས་རྒྱ་ཆེར་ཞུ་བ་གནང་། དེ་ལྟར་གྱི་བཀའ་ལུང་བཟང་པོ་དང་གནང་སྐྱེས་རྫད་དུ་བྱུང་བ་སྩལ་བ་ཡར་ལེགས་འབུལ་གྱི་ཆེད་ལྕང་སྐྱ་རྡོ་རྗེ་འཆང་། སྨིན་གྲོལ་ནོ་མོན་ཧན་སོགས་ནང་གི་བླ་མ་ཁག སྡེ་ཤན་ཧོར་གེ་ཨམ་བན་ཙོང་ཏུན་ཛྫོ་ཨམ་བན་སོགས་ནང་གི་ཨམ་བན་རྣམས་སྐུ་གམ་དུ་བཅར་ཏེ་དྭ་གོ་འདི་ལྟ་བུ་གོང་མ་ཆེན་པོ་རང་མ་གཏོགས་ལྷ་སྲས་རྣམས་དང་ནང་གི་ཕང་སོགས་ནས་ཀྱང་གོན་མི་ཆོག རྒྱ་ཚོགས་ལ་ཡང་དངུལ་སྲང་སྟོང་ཕྲག་དྲུག་གི་རྫས་ཡིན་ཚུལ་སོགས་ཞུས་ནས་ལེགས་སོའི་ལྷ་རྫས་རེ་ཕུལ་བ་དགྱེས་བཞིན་བཞེས་ཏེ་ཕྱག་དབང་གི་བྱིན་

ལྷབས་སྨྲལ་ནས་ཇ་གྲལ་གྱི་ཐོག་བཀའ་ཞིབ་ཏུ་ཕེབས། ཡུང་ཧེ་གུང་གྲྭ་རིགས་སོགས་དགེ་ཚུལ་སློང་གི་སྡོམ་པ་ཞུ་མི་རྣམས་སྤྱི་བསྡུས་ནས་དངོས་འབུལ་ཕྱམ་མཐོ་བ་བརྟེག་སྟེ་ཞབས་བརྟན་གསོལ་འདེབས་ཞུས། སྲུང་མདུད་སོགས་དང་སྒྲོལ་མ་དཀར་ལྗང་གི་བསྟོད་པ། ཤེས་རབ་སྙིང་པོ་རྣམས་ཀྱི་ལུང་སྩལ། ཆོས་ཉེར་བཞིའི་ཉིན་ཕྱག་མཛོད་ཆེན་མོ་ཐང་ཤན་ནས་ཚུར་འཁོར་ཏེ་འབྱོར་ཕྱག་ཞུས་ཤིང་གང་ཅིའི་གསུང་གླེང་ཞིབ་རྒྱས་མཛད། ཕྱོགས་འདུས་སེར་སྐྱ་མང་པོར་ཕྱག་དབང་སྩལ། མན་ཇུ་གསུམ་ལ་དགེ་ཚུལ་གྱི་སྡོམ་པ་གནང་། དགོངས་ཁ་རྗེ་བླམ་ཉིད་ནས་ངེད་ལ་ཡ་མ་ཞིག་འཕར་འདོད་ཡིན་པ་འདྲ། ཡ་ཁྲུང་གཉིས་ལ་བྲུག་ཕྲན་བུ་འདུག་ཅེས་བཀའ་ཕེབས་པར་གསོལ་དཔོན་མཁན་པོ་ནས་སྨན་གཞི་བབས་སྐྱིའི་ཉམས་དང་སྨྲུན་བྲུག་ཆེན་པོ་རང་མེད་ཙམ་ཨེ་ཡོད། སྤར་ཕན་སྐུ་ཞབས་རིན་པོ་ཆེར་ཡུལ་འདི་རྣམས་ཀྱི་ཆབ་སྐྱུ་ལ་མི་འཇུག་པའི་རྣམ་པ་སོགས་མ་བཞེས་པར་མཚན་དཔེའི་དཀྱིལ་འཁོར་སྟོན་བས་ཀྱང་དྭངས་ཚུལ་བཞེས་པ་ནི་ཐུགས་རྗེ་ཆེན་པོ་གཞན་དང་མི་འདྲ་བ་བྱུང་། ད་ལྟའི་དབུ་ཡའི་ཉམས་འདི་ཡང་འཕྲལ་དུ་སེལ་དྭངས་ཡོད་པ་ཐུགས་རྗེ་ཆེ་དགོས། ད་ལྟ་བླ་སྨན་ཨེམ་ཆེར་ཕྱག་རྩ་ཞིག་སྟོན་གནང་གི་གསོས་སྨན་བཞེས་མི་དགོས་སམ་གང་ལེགས་རྣམ་མཁྱེན་གྱིས་དཔྱད་ནས་བཀའ་གསལ་ཐུགས་རྗེ་ཆེ་དགོས་ཞུས་པར། སྐྱོན་མེད། བབས་སྐྱིའི་ན་བྲུག་གང་ཡང་མི་འདུག ཨེམ་ཆེར་ཡང་སྟོན་མི་དགོས། ད་ལྟ་དྲག་འགྲོ་ཞེས་ཕེབས། དེ་སྐབས་ཕྱིར་མངོན་པའི་སྨྲུན་ཉམས་ཆེར་མི་མཛད་པར་མ་ཟད། ཆབ་རྟགས་སོགས་ལའང་དུས་རྒྱུན་ནང་ལྟར་ལས་འགྱུར་ལྡོག་གང་ཡང་མ་མཆིས། ཆོས་ཉེར་ལྔའི་ཐོ་རངས་བཞེངས་འཕྲལ་གསོལ་དཔོན་མཁན་པོ་ནས་ཁ་སང་གི་དབུ་ཡ་ལྟ་བུའི་སྨྲུན་བྲུག་དེ་མདངས་མཚན་སྐད་དང་ནང་ཇི་འདྲ་ལགས་སེང་དྭངས་ཐུགས་རྗེ་ཆེ་ཨེ་ཡོད་ན་ཞུས་པར་དྭ་སྐྱོན་མི་འདུག་དྲག་འདུག་ཅེས་ཕེབས་ཀྱང་། སྔ་བདེ་ཁྲིད་འདུག་པས་བླ་སྨན་ཨེམ་ཆེ་ལགས་ཀྱི་ཕྱག་རྩ་མཇལ་ཚོག་པ་དགོས་ཞུས་ནས་དེ་འཕྲལ་དུ་མཇལ་བཙུག་པར་ཨེམ་ཆི་ནས་ཀྱང་ཕྱག་རྩ་རྒྱུན་རྩ་ལྟ་བུའི་འཇམ་པོ་རང་ལས་གཞི་ཆེའི་རྟགས་གསལ་བ་གང་ཡང་མི་འདུག གསོས་སྨན་རང་ནི་གནང་མི་དགོས་པ་འདྲ། གལ་སྲིད་གནང་ཡང་དབུ་ཡ་དང་སྐྱ་འཁྲུགས་ལ་འཇུག་པའི་གསོས་སྨན་འཇམ་པོ་ཞིག་གནང་ན་ཞེས་ཞུས་པར་བཀའ་ལས། སྨན་རང་

གཏོང་མི་དགོས་པ་འདྲ། ན་ཟུག་ནི་གང་ཡང་མི་འདུག་ཅེས་ཕེབས་ཤིང་། དོན་དུ་འང་དེ་ཉིད་ལྷ་སྲས་ཆེན་པོ་དང་སྔེ་ཤན་ཞབས་ཕྱི་ཧོར་གེ་ཨམ་པན་ཙང་ཧྲུན་ཧྡེ་ཨམ་པན་སོགས་ལ་ཡང་དུས་རྒྱུན་བས་ཀྱང་ལྷག་པར་དགྱེས་ཉམས་ཆེ་བའི་ཚུལ་དང་བཅས་སྐུ་རྟེན་གྱི་རྣམ་པ་ཤས་ཆེ་བའི་གསུང་གླེང་མང་པོ་དང་ཨོང་ཉིད་ཕང་གི་ཏ་ཐོན་གེ་ག་སོགས་མི་དྲག་ཁ་ཤས་ལ་ཕྱག་དབང་གི་བྱིན་རླབས་ཀྱང་སྩལ། གོང་ནས་ཕྱག་མཛོད་ཆེན་མོར་ལྷུགས་རི་ནང་མའི་ནང་དུ་ཤིང་རྟ་ལ་ཕེབས་ཚོག་པའི་གསེར་གྱི་བཀའ་བསྒྱུར་བྱུང་བར་ཕྱག་མཛོད་ཆེན་མོ་ཕྱག་འཚལ་བར་ཕེབས། རྟེན་རྣམས་ཀྱི་དྲུང་དུ་སྐྱན་ཤལ། མཆོད་འབུལ། གོང་མའི་བཞུགས་ཁྲི་ལ་ཁ་བཏགས་འབུལ་བ་དང་ཐུགས་སྨོན་ཤིས་བརྗོད་སོགས་མཛད། དེ་ནས་ཟུང་གྱུ་ཟེའི་གཟིམས་ཆུང་སྨུག་ཏུ་ཞབས་སོར་བཀོད། དཀར་སྤྲོ་བསྙེན་བཀུར་ལེགས་པར་གཟབས། སེར་སྐྱ་བརྒྱ་ཕྲག་མང་པོར་གཙུག་ཏོར་རྣམ་པར་རྒྱལ་མ་ལྷ་དགུའི་རྗེས་གནང་དང་གདུགས་དཀར། བྱམས་པས་དམ་བཅས་པའི་གཟུངས། སྒྲོལ་མ། རྣམ་རྒྱལ་མའི་གཟུངས་བཅས་ཀྱི་ལུགས་ལུང་སྩལ། རྗེ་ལྕང་སྐྱ་རིན་པོ་ཆེ་ནས་གཏང་རག་སྐུ་ཡོན་དུ་ལྷ་རྫས་ནང་མཛོད། དངུལ་དཀར་ལས་གྲུབ་པའི་ཞིང་ཁམས་རྒྱ་མཚོའི་བཀོད་པ་ལྷ་རྫས་སྣ་ལྔའི་སྣེ་འདོགས་ཅན། སྐུ་གསུང་ཐུགས་རྟེན། ལྷ་སྣ་ཚོགས་ཀྱི་སྐུ་ཐང་བྲིས་ལེགས་པ་བདུན། གསེར་ཟངས་ལས་གྲུབ་པའི་ཚེ་བུམ་ཁ་རྒྱན་གྱི་དབུས་རྣམ་རྒྱལ་མའི་སྐུ་བརྙན་ལ་ཚེ་ལྷས་བསྐོར་བ། དངུལ་སྲང་ཉིས་བརྒྱ། མཛོད་གོས་ཡུག་ཆེན་ལྔ་སོགས་ཀྱི་དངོས་འབུལ་གཟབས། ཕུ་བོ་འཕྲིན་ལས་པ་ཆེན་པོ་དང་གསོལ་དཔོན་མཁན་པོ་སོགས་ཞབས་འབྲིང་པ་བྱིངས་ལ་ཡང་ཁ་བཏགས། དངུལ་གོས་དང་དར་སོགས་ཀྱི་དངོས་སྐྱེས་ཕྲུམ་མཐོ་བ་གནང་། ནང་བློན་ཆེན་པོ་ཨེ་ཕུ་གྲུང་དང་ཨེ་ཕུའི་སྲས་གོང་གི་སྐུ་ཚ་གྲུང་ཕེང་ཞི་ཧེ་ལོན་བཅས་ལ་ཕྱག་དབང་གི་བྱིན་རླབས་དང་གསོལ་ཇའི་ཐོག་དགྱེས་པའི་བཀའ་སྩལ། ལྷག་པར་ཨེ་ཕུ་གྲུང་ནས་རྗེ་བླ་མ་མཆོག་གི་འཁྲུངས་སྐར་ཉིན་གོང་མ་ཆེན་པོ་ནས་དགའ་སྟོན་སྩོལ་རྒྱུ་རྣམས་གྲུབ་འཕྲུལ་ཨེ་ཕུ་རང་གི་གཟིམས་ཁང་ལ་སྦྱིན་འདྲེན་ཞུ་རྒྱུའི་སྐན་གསན་ཕུལ་བར་དགྱེས་པའི་ཞལ་བཞེས་གནང་། དེ་ནས་ཟུང་གྱུ་ཟེ་ནས་སྟོན་ཆེན་དང་འབྲེལ་བའི་གསོལ་ཚོགས་བཏེག ཕྱག་མཛོད་ཆེན་མོ་གོང་མའི་བཀའ་དྲིན་ལ་ཕྱག་འཚལ་གྲུབ་ནས་རྗེ་ཉིད་ཀྱི་སྐུ་གམ་དུ་ཕེབས་

ཐོག་གང་ཅིའི་གསུང་གླིང་མཛད། གསོལ་ཚིགས་ཀྱི་སྐབས་དུས་རྒྱུན་ནང་ལྟར་མ་གནང་
བར་བརྟེན། གསོལ་དཔོན་མཁན་པོ་ནས་གསོལ་ཚིགས་ལ་ཞབས་བསྐུལ་ཞུས་པར་རྗེ་བླ་མ་
མཆོག་ནས་དེ་རིང་ཞེ་མེར་ཞིག་གིས་ཟ་མ་ཏ་ཙང་ཟ་འདོད་པ་མི་འདུག་ཕེབས་པར་རྗེ་ལྕང་
སྐྱ་རིན་པོ་ཆེ་དང་ཕུ་བོ་འཕྲིན་ལས་པ་ཆེན་པོ་སོགས་ནས་སྐུ་ཁམས་མི་དྭངས་པའི་རིགས་
མེད་ལས་ཆེ། གསོལ་ཆས་ཐུགས་ཁམས་ལ་མི་འགྲོ་བ་དེ་གང་ཡིན་ཞུས་པར་གཟུགས་གཞི་
མི་བདེ་བའི་རིགས་གང་ཡང་མི་འདུག ཟ་མ་ཟ་འདོད་མེད་པའི་ཞེ་མེར་ལྟ་བུ་ཞིག་ནི་དུས་
རྒྱུན་མཚམས་མཚམས་ལ་ཡོང་གི་ཡོད། གཞན་མ་སྐྱོང་ན་གང་ཡང་མེད་ཚུལ་ཕེབས།
གསོལ་དཔོན་མཁན་པོ་ནས་ཁ་སང་ཚེས་ཉི་ཤུ་བཞི་ལྟའི་མཚམས་ལ་དབུ་ཡ་ལྟ་བུའི་སྙུན་
ཚུལ་བཞེས་པར་ཆབ་རྟགས་སོགས་དུས་རྒྱུན་ལྟར་ལས་འགྱུར་ལྡོག་གི་རིགས་གསལ་བ་ཞིག་
མི་འདུག འོན་ཀྱང་ད་ལམ་སྐྱང་རིན་པོ་ཆེ་ནས་རྗེ་ཉིད་ཀྱི་ཕྱག་རྩ་ཞིབ་མཛལ་གནང་དགོས་
ཞེས་ཞུས་པར། ངེད་ཚོས་རྩ་བལྟ་བ་སོགས་ནི་མི་ཐལ་པ་ལ་མགོ་བསྐོར་གཏོང་བ་ལྟ་བུ་མིན་
སོད། སྐྱབས་མགོན་མཆོག་ནི་རྒྱལ་བ་འོད་དཔག་མེད་དངོས་ཡིན་པས། རྒྱལ་པོ་འདི་ཉིད་
ཀྱི་གཙོས་བསྟན་འགྲོའི་བདེ་སྐྱིད་མཐའ་དག་ཐུགས་ལ་དགོངས་ཏེ་མཚན་དཔེའི་དཀྱིལ་
འཁོར་བགྲེས་རྒུད་སྙུན་ཚུལ་ཕྲ་མོ་ཙམ་ཡང་མི་བཞེས་པར་ཞབས་པད་བསྐལ་པ་རྒྱ་མཚོའི་
བར་དུ་བརྟན་ཅིང་ཆོས་ཀྱི་འཁོར་ལོ་རྒྱུན་མི་ཆད་དུ་བསྐོར་བ་གནང་དགོས་ཞེས་པའི་གསོལ་
འདེབས་ནན་གྱིས་མཛད་རྗེས་ཕྱག་རྩ་མཇལ་བ་གནང་སོང་བར་སྐུ་མཚལ་ཕྲན་བུ་རྒྱས་པའི་
ཉམས་ལས་སྙུན་གཞི་བབས་ཕྱིའི་རྟགས་གསལ་བའི་ངོ་ནི་གང་ཡང་མི་འདུག ཕྱག་རྩ་
འཇམ་པོ་རང་ཡིན་འདུག འོན་ཀྱང་མགོན་པོ་ཉིད་ཀྱི་ཐུགས་བསྐྱེད་རང་གཙོ་ཆེ་བས་གོང་
དུ་གསོལ་བ་ཇི་ལྟར་བཏབ་པ་བཞིན་གྱི་དོན་ལས་མི་འདའ་བའི་རྗོ་རྗེའི་བཀའ་བཞེས་བཟང་
པོ་ཞིག་གནང་དགོས་ཞེས་ཡང་བསྐྱར་ནན་ཆེར་ཞུ་བ་མཛད་པར། བཀའ་ལས། ངེད་ཀྱི་
གཟུགས་གཞི་འདི་ལ་ན་ཚ་གཞི་ཆེ་བའི་སྐྱོན་གང་ཡང་མི་འདུག་ཀྱང་རྗེ་ལྕང་སྐྱ་རིན་པོ་ཆེ་
ཉིད་ནས་ད་ལྟ་གང་གསུངས་པ་བཞིན་དཀོན་མཆོག་ལ་གསོལ་བཏབ་ཀྱིས་རིང་འཚོའི་སྨོན་
འདུན་གང་དྲག་ཞུ་ཞེས་ཕེབས། ཕྱག་མཛོད་ཆེན་མོ་སྐུ་གཟུགས་ཞན་པས་ལྷ་ཁང་སེར་པོར་
ཕེབས། སྐྱབས་མགོན་མཆོག་ཟུང་གྲུ་ཟེའི་ཤར་ངོས་ཀྱི་དགོན་པར་བྱམས་ཆེན་ཆོས་རྗེའི་

གཟིམས་ཆུང་འདུ་ཁང་དང་ལྷ་ཁང་ཁག་ཟུང་གྲུ་ཟིའི་མགོན་ཁང་སྙིང་ཤོད་རྣམས་ལ་ཞབས་སོར་མཛོད་པར་བཀོད་དེ་མཆོད་འབུལ། སྐན་ཤལ། ཐུགས་སྨོན་ཤིས་བརྗོད་སོགས་མཛད། དེ་ནས་གཟིམས་ཆུང་ཐུག་ཏུ་ཕེབས་འཕྲུལ་ཕེབས་སྐྱེས་སུ་ལྕང་སྐྱ་རིན་པོ་ཆེར་ཁ་བཏགས། སངས་རྒྱས་བྱང་སེམས་ཀྱི་སྣང་བརྙན། ན་བཟའ་ཚ་ཚང་། དྲི་བཟང་གི་ཆུན་པོ་དྲུག་ཅུ། སྣམ་བུབས་ཉི་ཤུ་སྐོར་དང་། གཞན་མ་ར་ཕོ་ཏུ་ཐོག་ཐུ། ཛ་སག་ལྷ་མ། བསྟན་པ་དེམ་ཆེ་སོགས་ཞབས་ཕྱི་རྣམས་ལ་སོ་སོའི་གོ་བབས་དང་བསྟུན་པའི་གནང་སྐྱེས་སྩལ། ཟུང་གྲུ་ཟིའི་ཕྱི་སར་སྦྱོར་འཛུགས་སུ་འོད་དཔག་མེད་ཀྱི་སྣང་བརྙན་ཆེ་བ། སྐུ་ཐང་བཅུ་གསུམ། རྗེ་རིན་པོ་ཆེའི་གསུང་འབུམ་ཚ་ཚང་། མང་འགྱེད་དོད་དངུལ་སྲང་བརྒྱ་ལྔ་བཅུ། ཞྭ་སྣམ་བུབས་བདུན་བརྒྱ། རྣམ་གཞག་བཅས་སྩལ། ལྕང་སྐྱ་རྡོ་རྗེ་འཆང་ནས་ཁ་བཏགས། དངུལ་དཀར་གྱི་མཎྜལ། གཡང་ཏི་ལས་གྲུབ་པའི་གནས་བརྟན་བཅུ་དྲུག་གི་སྣང་བརྙན་སོགས་དངོས་འབུལ་བསྟར་ཞིང་གསུང་གླེང་ཞིབ་རྒྱས་མཛད། སྐབས་དེར་རྗེ་ལྕང་སྐྱ་རིན་པོ་ཆེ་དང་། གསོལ་དཔོན་མཁན་པོ་སོགས་ནས་སྐུ་འཁྲུགས་ཀྱི་རིགས་བཞེས་མེད་ལས་ཆེ་ཞུས་པར་རྗེ་བླ་མ་མཆོག་ནས། འཁྲུགས་པའི་རིགས་གང་ཡང་མ་བྱུང་། ད་ལྟ་སྐྱོན་གང་ཡང་མེད་ཚུལ་སོགས་ཕེབས་ཀྱང་རྗེ་ལྕང་སྐྱ་རིན་པོ་ཆེ་ནས་ཀྱང་ཕྱག་རྩ་མཛལ་བ་གནང་བར་ཙུང་ཟད་ཕྱག་རྩ་གྲིམས་ཤིང་སྐུ་མཚལ་རྒྱས་པའི་ཉམས་ལས་གཞི་ཆེ་བའི་རིགས་གཏན་ནས་མི་འདུག ཡིན་ཀྱང་སྐུ་འཁྲུགས་ལ་འཇུག་པའི་གསོས་སྨན་ཞིག་བཞེས་དགོས་ཞུ་བ་མཛད་དོན་བཞིན། ལྷ་སྨན་ནས་གསོས་སྨན་ཞིག་ཕུལ་ཞིང་། གསོལ་དཔོན་མཁན་པོ་སོགས་སྐུའི་གམ་བཅར་བ་རྣམས་ཀྱིས་མཛལ་ཡུལ་ལ་སྐུ་གཟུགས་ཀྱི་སྟུན་བབས་གཞི་ཆེ་བར་རང་གི་ཉམས་མི་འདུག་ཀྱང་། གསོལ་ཚས་ཏ་ཙང་མཆོད་བཞེད་མེད་པ་འདི་ཅི་ཡིན་སྙམ་བློ་གཡེང་ཅི་ཆེའི་ཐོག་རྗེ་བླ་མ་མཆོག་ལ་གོང་མ་ཆེན་པོར་བཀའ་ཆོས་འབུལ་རྒྱུ་འདི་ཞག་ཤས་བར་བཤོལ་ཐབས་ཤིག་ཞུས་ན་ཇི་ལྟར་ལེགས་ཞེས་ཞུས་པར་གོང་མ་ཆེན་པོར་གཏན་ནས་ཞུ་མི་དགོས། ངེད་ཀྱི་འདི་ལ་སྐྱོན་གང་ཡང་མེད་ཅེས་ཕེབས། ཆོས་ཉེར་བདུན་གྱི་ཐོ་རངས་གསོལ་དཔོན་མཁན་པོ་ནས་སྐུ་གཟུགས་ཀྱི་བབས་ལ་ཇི་ལྟར་ཡོད་ཞུས་པར་ཟ་མ་ཏ་ཙང་གིས་ཟ་འདོད་མེད་པ་དེ་ཙམ་ལས་གཞན་མ་སྐྱོན་གང་ཡང་མེད་ཚུལ་

ཕེབས་ཤིང་། ཆབ་རྟགས་སོགས་ལ་ཡང་འགྱུར་ལྡོག་གི་རྟགས་གང་ཡང་མ་བྱུང་། དེ་ནས་སྟོན་འཁོར་རྣམས་ཕེབས་ཏེ་ཕོ་བྲང་གཡིང་ཤུགས་ཀུང་གི་ཉེ་འདབས་གཟིམས་ཆུང་ཞིག་ཏུ་རྗེ་བླ་མ་མཆོག ལྷ་སྲས་ཆེན་མོ། རྗེ་ལྕང་སྐྱ་རིན་པོ་ཆེ་སོགས་དང་བཅས་བཞུགས་སྟན་འཇགས་པའི་ཐོག་གོང་མ་ཆེན་པོས་སྔ་དྲོའི་གསོལ་བ་ཐོག་ནས་སྨྲ་ཐལ་རྒྱས་པར་སྐུལ་ཀྱང་། རྗེ་བླ་མ་མཆོག་ནས་སྔ་དྲོའི་གསོལ་བ་ཕྲན་བུ་ཙམ་ཞིག་ལས་ཆེར་མ་བཞེས་ཤིང་། སྐབས་དེར་ལྷ་སྲས་ཆེན་པོ་དང་རྗེ་ལྕང་སྐྱ་རིན་པོ་ཆེ་སོགས་ནས་རྗེ་བླ་མ་མཆོག་གི་སྐུ་གཟུགས་ཀྱི་བབས་ལ་ཆེད་ཀྱིས་སྐུའི་འཚམས་ཞུ་དང་། ལྷག་པར་ལྕང་སྐྱ་རིན་པོ་ཆེ་ནས་ཞུ་བར་མགོན་པོ་མཆོག་གི་ཕྱག་རྩའི་བབས་སོགས་ལ་ནི་གཞི་ཆེའི་རྟགས་གསལ་བའི་རིགས་གང་ཡང་མི་འདུག་ཀྱང་། འདི་ཕྱོགས་བོད་དང་མི་འདྲ་ཞིང་ཡུལ་དུས་ས་ཆུའི་བབས་དང་བསྟུན་པའི་སྐུའི་ཟབ་བཞེས་འདི་ངེས་པར་གཙོ་ཆེ་བས་ལྷ་སྲས་ཆེན་པོ་བརྒྱུད་གོང་མ་ཆེན་པོར་སྐུ་གཟུགས་ཀྱི་བབས་རྒྱུན་རྣམས་ཟུར་ཙམ་ཞུས་ཏེ་བཀའ་ཆོས་འབུལ་རྒྱུ་འདི་ཞག་ཤས་བར་རང་འཐེན་ཙམ་ཞུས་ན། དེ་རང་ལེགས་པ་འདྲ་ཞེས་ནན་གྱིས་ཞུ་བ་གནང་བར། བདག་ཉིད་ལ་ནད་བབས་གཞི་ཆེ་བའི་སྐྱོན་གང་ཡང་མེད་པར་གོང་གི་གསེར་སྙན་དུ་ཞུ་ཐལ་རིགས་བྱུང་ན་གཏན་ནས་མི་ལེགས། ལྷ་སྲས་ཆེན་པོ་ལ་སོགས་པ་ཁྱེད་རྣམས་ཐུགས་གཡེང་རིགས་གཏན་ནས་གནང་མི་དགོས་ཞེས་ཕེབས་ཏེ་རྗེ་བླ་མ་མཆོག ཞབས་ཕྱིར་ལྷ་སྲས་ཆེན་པོ་དང་ཛ་སག་བླ་མ་དགེ་ལེགས་ནམ་མཁའ། གསོལ་དཔོན་མཁན་པོ་དང་བཅས་བཀའ་ཆོས་གནང་ཡུལ་གྱི་ཕོ་བྲང་གཡིང་ཤུགས་ཀུང་གི་གཟིམས་ཆུང་དུ་སྟོན་ལ་ཞབས་སོར་བཀོད་དེ་འཇིགས་བྱེད་དང་མགོན་པོ་ཕྱག་དྲུག་པའི་བྱིན་འབུར་གྱི་སྣང་བརྙན་རྣམས་བཀྲམ་པའི་མདུན་དུ་མཆོད་གཏོར་ཉེར་སྤྱོད་ལ་སོགས་པ་འདུ་བགྱིས་ཏེ་རྗེ་བླ་མ་མཆོག་ནས་བདག་མདུན་སོགས་བསྒྲུབ་པ་གནང་། ལྷ་སྲས་ཆེན་པོ་ནས་སྤྱན་འདྲེན་མཛད་དེ། གོང་མ་ཆེན་པོ་ཕེབས་ནས་མཇལ་དར་རྗེ་སྲིད་ཀྱིས་ཕན་ཚུན་སྐུའི་འཚམས་ཞུ་ཞུ་རེས་གནང་། དེ་ནས་གོང་མ་བདག་པོ་ཆེན་པོ་ནས་གསེར་གྱི་མཎྜལ་ཕུལ་ཏེ་རྗེ་བླ་མ་མཆོག་ནས་སྦྱོར་མཛད་ཡེ་ཤེས་ཀྱི་མགོན་པོ་ཕྱག་དྲུག་པའི་རྗེས་གནང་གཟབ་བཤད་དང་བཅས་སྩལ་བ་ལྕང་སྐྱ་རིན་པོ་ཆེ་ནས་སོག་སྐད་དུ་བསྒྱུར་ཏེ་ཞུ་བར་མཛད། གཏང་རག་གི་ཡོན་དུ་མཎྜལ། མཛོད་གོས་

ཡུག་བདུན་ཙུ་དོན་གཉིས། མགོ་སྐམ་གོན་འདེང་དགུ་བཅས་གཟབས། རྗེ་བླ་མ་མཆོག་ནས་ཀྱང་གོང་ལ་ཁ་བཏགས་ནང་མཛོད། མགོན་པོ་ཕྱག་དྲུག་པ་དང་དམ་ཅན་གཤིན་རྗེ་ཆོས་ཀྱི་རྒྱལ་པོ། དམག་ཟོར་ལྷ་མོ་བཅས་ཀྱི་སྐུ་བརྙན་རེ། མིའི་འཕྲུལ་འཁོར་འཕེན་བྱེད་རྒྱ་གར་མ་སྤྲུས་ལེགས་གཉིས། རལ་གྲི་ཤུབས་ལྡན་རྣམས་འབུལ་བ་མཛད་པ་དགྱེས་གྱུས་ཆེན་པོས་བཞེས། ཆོས་ཞུ་བ་གཞན་རྣམས་ནས་མཆོད་ཡོན་རྣམ་གཉིས་ལ་མཇལ་དར་རེ་ཕུལ་རྗེས་གོང་མ་ཆེན་པོ་སྔོན་ལ་ཕེབས། དེ་ནས་ལྷ་སྲས་དྲུག་པ་དང་རྗེ་ལྕང་སྐྱ་རིན་པོ་ཆེ་སོགས་ཀྱིས་མདུན་བདར་ཏེ་གཡིང་ཤུགས་ཀྱང་གི་གཟིམས་ཚུང་ཞིག་ཏུ་ཞབས་སོར་བཀོད། གོང་ནས་གསོལ་ཇ་དཀར་སྒྲིའི་བསྙེན་བཀུར་གཟབས་པ་བསྟར། འདི་སྐབས་ཀྱང་རྗེ་ལྕང་སྐྱ་རིན་པོ་ཆེ་དང་གསོལ་དཔོན་མཁན་པོ་ནས་ད་ལམ་བཀའ་ཆོས་ཀྱི་སྐབས་སུ་ཕྱི་སྐྱ་འཁྲུགས་ཀྱི་རྣམ་པའི་ཚུལ་བཞེས་མེད་ལས་ཆེ། ལྷུགས་སྨིན་བཞེས་རྒྱུ་དེ་ད་ཆ་ཇི་འདྲ་ཡོད་ཅེས་ཞུས་པར། གཟུགས་གཞི་འཁྲུགས་པའི་རིགས་གཏན་ནས་མ་བྱུང་། ཞེ་མེར་གྱི་ཉམས་དེ་ད་དུང་དེ་འདྲ་ཞིག་འདུག་ཀྱང་། འདི་ནད་གཞི་རྙིང་པར་སོང་སྟབས་སྨྱིན་གང་ཡང་ཡོང་གི་མེད། ད་ནི་བྱེད་རྒྱུའི་ལས་ཀ་ཐམས་ཅད་ཚར་བ་ཡིན་གཤིས་བློ་ཡང་ཤིན་ཏུ་བདེ། ཞག་ཤས་སྡོད་དེ་བསྡད་ཕྱིན་སྨྱིན་གང་ཡང་མི་ཡོང་ཞེས་པའི་བཀའ་བཞད་མོ་ཙུང་ཟད་བཞད་བཞིན་དུ་ཕེབས་པར། རྗེ་ལྕང་སྐྱ་རིན་པོ་ཆེ་ནས་སྐྱབས་མགོན་མཆོག་ནས་དེ་ལྟ་བུའི་བཀའ་གཏན་ནས་མ་ཕེབས་པ་ཞིག་དགོས། མཛད་པ་ཕྱག་ལས་རྣམས་བསྟན་འགྲོའི་དོན་འབའ་ཞིག་ཡིན་པས་འཁོར་བ་མ་སྟོངས་ཀྱི་བར་ལ་རྫོགས་པའི་མཐའ་ཡོད་དོགས་མེད། རྒྱལ་ཁབ་འདིར་གོང་མ་ཆེན་པོའི་བཞེད་པ་རྣམས་བསྐྲངས་ཏེ། བོད་གངས་ཅན་གྱི་ལྗོངས་སུ་ཞབས་སོར་བཀོད་ནས་ཀྱང་བསྟན་འགྲོའི་དོན་དཔག་ཏུ་མེད་པ་ཞིག་གནང་རྒྱུ་ཡོད་སོད། ད་ལྟའི་བཀའ་དེ་ལྟ་བུ་སྐུ་རྗེད་ཀྱི་ཚུལ་དུའང་གཏན་ནས་མི་གནང་བ་མཁྱེན་ཞེས་ཞུ་བ་མཛད། བཀའ་ལས། རྗེ་ལྕང་སྐྱ་རིན་པོ་ཆེས་དབུས་ཕྱེད་རྣམ་པས་གང་གསུངས་པ་དེ་ལྟར་ཡང་ངེས་པར་རེད་དེ། ངེད་ནས་ཞུ་རྒྱུར། གོང་མ་ཆེན་པོའི་བཞེད་པ་སྐྱོང་རྒྱུའི་ལས་དོན་ཙ་བ་ཆེ་རིགས་རྣམས་ཚར་བ་ལ་བསམས་ནས། ད་རེས་སྐུ་རྗེད་ཀྱི་ཚུལ་དུ་ཞུས་པ་ལས། གཞན་མ་ད་ལྟ་ཇི་ལྟར་གསུངས་བཞིན་འགྲུབ་པའི་སྨོན་འདུན་གསོལ

འདེབས་གང་དྲག་ཞུ་ཞེས་ཕེབས། དེ་ལྟར་མ་ཧཱ་ཙི་ནའི་ཡུལ་གྲུ་ཆེན་པོར་ཞབས་སེན་གྱི་པདྨོ་ནི་མངོན་པར་བཀོད། འཁོར་ལོས་བསྒྱུར་བ་ཆེན་པོའི་ཐུགས་ཀྱི་བཞེད་པ་ནི་བསྐང་། བསྐལ་བ་དང་ལྡན་པ་རྣམས་ལ་ཟབ་པ་དང་རྒྱ་ཆེ་བའི་ཆོས་ཀྱི་འཁོར་ལོ་ནི་བསྐོར། སངས་རྒྱས་འཛིག་རྟེན་དུ་བྱོན་པ་དང་འདྲ་བར་ཤར་ཕྱོགས་ཀྱི་རྒྱལ་ཁམས་མཐའ་དག་བཀྲ་ཤིས་ཀྱི་དགེ་མཚན་རྒྱ་ཆེན་པོས་ཁྱབ་པར་མཛད་དོ། །མཆོག་གསུམ་ནོར་བུའི་ཙོད་པན་མེ་ཏོག་དད་གུས་རལ་པའི་རྩེར་བསྟེན་པའི། །འཛིན་མའི་དཀྱིལ་འཁོར་ཚ་བཞིན་སྐྱོང་བའི་བསྟན་པའི་སྦྱིན་བདག་ས་སྐྱོང་རྣམས། །སྟོབས་འབྱོར་མངའ་ཐང་དཀུང་ལ་རེག་ཅིང་ཆབ་སྲིད་ལྷུན་པོ་ལྟ་བུར་བརྟན། །དགེ་བཅུའི་བཀའ་ཁྲིམས་རིང་དུ་སྐྱོང་བས་སྐྱེ་དགུ་བདེ་ལ་འགོད་གྱུར་ཅིག །ཅེས་པ་འདིའི་དཔྱད་གཞིའི་ཡིག་ཆ་ནི་སྐྱབས་མགོན་རྗོ་རྗེ་འཆང་རྗེ་བཙུན་བློ་བཟང་དཔལ་ལྡན་ཡེ་ཤེས་ཀྱི་མཛད་རྣམ་དང་བཀྲ་ཤིས་ལྷུན་པོ་དགོན་པའི་ལོ་རྒྱུས་དང་གཞན་ཡང་རྣམ་ཐར་དང་ལོ་རྒྱུས་སོགས་ཡིན་ནོ།།

京承两地与六世班禅入觐直接相关的碑刻

安才旦*

摘要　本文所关注的范围限于华北地区涉藏金石中与六世班禅入觐一事直接相关的碑刻。据目前所见，散落在北京和承德两地、可以确认与六世班禅入觐一事直接相关的刻石，至少有二十多处。类型包括石碑、石刻匾额、石刻题额、石刻楹联、石刻经幢等；文种包括汉、满、蒙、藏、梵等；从时间上看，可分事前、事中、事后三个阶段。其中，《须弥福寿之庙下马石》特色独具，值得关注；“德寿寺双碑”则存在诸多难解之谜，例如不同年代的内容为何错落入碑，主碑与其他碑文的錾刻次序，《乾隆四十五年御制德寿寺诗》因何未进德寿寺碑等。从现存碑刻中，还可看到清代皇家的汉藏文翻译特点等。随着文献爬梳和田野调查工作的进一步开展，以及相关历史档案的发掘整理和陆续公布，相信还会有更多的历史文献进入人们的视野，使该专题的研究更加深入、全面。

关键词　六世班禅　入觐　碑刻

凿凿可信的金石文献，对我国史学研究领域诸多涉藏命题（例如断代史、专题史、地方志、人物志、翻译史）研究，对深入考究藏族与各兄弟民族间、藏族地区与祖国内地间源远流长的政治经济文化关系，无疑具有重大学术价值。2008 年以来，中国藏学研究中心把访求全国各地的涉藏金石铭刻作为文献建设的一项重要举措，通过文献专家几年来的搜寻和踏访，收集掌

---

* 中国藏学研究中心图书资料馆馆长、研究馆员。

握的涉藏金石文献信息日趋丰富。根据目前掌握的信息，涉藏金石在我国西北、西南、华北、东北的广大地区总量可观，华中、华东、华南部分地区也有一定分布，数量之大、分布地域之广、历史跨度之大，均超乎常人想象。特别是元明清以来，仅就已知的刻有藏文的石碑、题刻、匾额、摩崖石刻而言，甘青地区已超过三百余处，华北地区已达百余处（仅北京地区已知多达50多处)，若加上其他文种，则数量更大。随着文献检索和寻访踏勘的开展，具体的分布点和分布量还在不断更新。

六世班禅额尔德尼是中国历史上西藏地方杰出的宗教领袖人物之一。乾隆四十五年（1780年）六世班禅入觐为乾隆皇帝贺寿之行，是清代政治生活中的一件大事，也是中国民族关系史和藏传佛教发展史上的重要事件。对于六世班禅东行，自从乾隆四十三年（1778年）确定成行，乾隆四十四年(1779年）六月从日喀则启程，四十五年（1780年）七月廿一日抵达承德，九月二日到北京，十一月初二日戌时在北京西黄寺示寂，乃至相关人和事的后续动向，清宫汉、满、藏文档案中有大量具体记载，《六世班禅传》等多种古籍文献中也有详略不等的涉及。从笔者接触的文献来看，囿于对原始资料了解有限或史料翻译难免失准，相关著述中语焉不详、人云亦云甚至以讹传讹的问题不容忽视。通过梳理相关金石文献，结合研读清宫档案并查检藏文史料，有助于对相关历史信息的全面解读，有助于推进对这一重大历史事件的深入研究。

本文所关注的碑刻，属于华北地区诸多涉藏金石中一个小专题，仅限北京、承德两地，且特定范围是与六世班禅入觐一事直接相关。这里的所谓直接相关，包括下列类型：地处专为迎接六世班禅而新建之建筑群落的石刻(如承德须弥福寿之庙、北京香山昭庙)，附属于六世班禅纪念地的石刻（如北京西黄寺清净化城塔院、德寿寺)，与六世班禅存在因缘的石刻（如北京北海《御制七佛塔碑记》)。据笔者目前所见，散落在北京和承德两地、与六世班禅入觐直接相关的碑刻，可以确认的已有二十多处。

因许多学者在其研究专著或专题论文中对这些碑刻的历史背景、详细内容及多方意义等已多有介绍和阐释，本文仅根据现场考查时的高清照片和文字记录，对刻石本身作扼要简介，不再铺陈赘述其他。

(1) 承德《御制须弥福寿之庙碑记》 石碑。汉满蒙藏四体。1780年六月立（六世班禅当年七月廿一日抵达承德)。在承德须弥福寿之庙碑亭内。

现状完好。汉文题名："须弥福寿之庙碑记"；藏文题名："བཀྲ་ཤིས་ལྷུན་པོའི་ལྷ་ཁང་གི་རྡོ་རིངས་ཀྱི་ཁ་བྱང་།"。

（2－5）承德《须弥福寿之庙下马石》 石碑。汉满蒙藏四体。1779 年立（与须弥福寿之庙建设工程同期）。一式四通——承德须弥福寿之庙山门外左右两侧各一、东西角门外各一。其中三通至今仍在原处（山门外西侧一通，朝北；东角门外北部一通，朝东；西角门外北部一通，朝西）且基本完好，而山门外东侧之碑考察时未见到。均为碑前面右汉文左满文、碑后面左蒙文右藏文。部分文字风化严重，但字迹均可通过相互比对辨认。汉文碑文纵列 7 行，藏文横排 23 行。原碑各文种均无题名。碑文中，汉文称之为"下马石"，藏文的对应名称是"རྟ་བབས།"。

（6）承德《须弥福寿之庙》题额 石刻题额。汉满蒙藏四体（自右至左：蒙、藏、汉、满）。嵌于承德须弥福寿之庙山门额首。与须弥福寿之庙建设工程同期，1779 年或 1780 年。现状完好。汉文"须弥福寿之庙"，藏文"བཀྲ་ཤིས་ལྷུན་པོ།"。

（7）北京香山《昭庙六韵》碑 石碑。汉满蒙藏四体。立于乾隆皇帝专门为迎接六世班禅颁旨建造的香山昭庙内。1780 年立。汉文碑文竖排，正文 6 列，有双行夹注；藏文横排，正文共 18 行，夹注 20 行。汉文题名"昭庙六韵"；藏文题名"ཇོ་བོ་ལྷ་ཁང་གི་ཚིགས་བཅད་དྲུག་ལྡན།"。碑亭 1860 年被英法侵略军焚毁后仅剩台基和础石，碑体保存尚好。

（8）北京香山昭庙琉璃牌楼《法源演庆》匾 汉白玉浮雕金字匾额。汉满蒙藏四体。嵌于北京香山昭庙山门外琉璃牌楼外（东）侧，1780 年刻石。现状完好。汉文"法源演庆"，藏文"བསྟན་ཚའི་བསོད་ནམས་རབ་རྒྱས།"。

（9）北京香山昭庙琉璃牌楼《慧照腾辉》匾 汉白玉浮雕金字匾额。汉满蒙藏四体。北京香山昭庙山门外琉璃牌楼内（西）侧，1780 年刻石。现状完好。汉文"慧照腾辉"，藏文"ཡེ་ཤེས་འོད་སྣང་རབ་གསལ།"。

（10）北京北海《御制七佛塔碑记》 碑塔合一。地处北京北海西天梵境七佛塔亭内，保存完好。塔亭建于清乾隆四十二年（1777 年），重檐八角，绿琉璃瓦顶，黄琉璃脊，内树八面体石塔（亦称八角石塔、八角碑塔），各面分别为根据六世班禅进呈的七世佛唐卡所刻七世佛浮雕、章嘉呼图克图对七世佛的对应说明，以及乾隆皇帝《御制七佛塔碑记》。其中，一面为藏汉合璧碑记（汉文题名"七佛塔碑记"，藏文题名"སངས་རྒྱས་བདུན་གྱི་མཆོད་རྟེན་དང་

ཇོ་རིང་གི་ཁ་བྱང་།”)；另七面，各线雕佛像一尊，佛像上部自右至左各有汉满蒙藏四体偈颂、下部各有藏文题名。七佛塔亭地处西天梵境（在今北京北海公园内），建于清乾隆四十二年（1777 年）。西天梵境坐北朝南，山门内依次为钟鼓楼、天王殿、大慈真如宝殿、华严清界殿。华严清界殿后即为七佛塔亭所在。

（11）**北京西黄寺《清净化城塔记》** 石碑。汉满蒙藏四体。在今北京西黄寺清净化城塔院东碑亭内，1782 年立。保存基本较好。碑阳左满文、右汉文，碑阴左蒙文、右藏文。汉文题名“清净化城塔记”，藏文题名“དངས་གསལ་འཕྲུལ་གྱི་པོ་བྲང་གི་མཆོད་རྟེན་གྱི་ཁ་བྱང་།”。汉文竖排，题名、正文、偈文、落款共 11 列，钤“古稀天子之宝”等印两方；藏文横排，共 51 行。

（12）**北京西黄寺《写寿班禅圣僧并赞》碑** 石碑。汉藏满蒙四体。在今北京西黄寺清净化城塔院西碑亭内。1782 年立。保存完好。碑身正面用浅浮雕技法刻有庚子年（1780 年）十一月初乾隆皇帝为给六世班禅祝寿（当年十一月十二日是六世班禅 42 周岁寿诞）所绘《祈寿长椿图》，图中的娑罗树四周及枝杈间有“古稀天子之宝”“与和气游”“意静妙堪会”“涉笔偶值几闲”四枚印。图的上方，从右到左依次用汉藏满蒙四体文字刻有乾隆御笔《写寿班禅圣僧并赞》，每种文字末尾有对应文种的石刻印章两枚，方圆各一，其中藏文印章分别为藏文乌金体阴刻“གནས”（圆印）、“སྐྱོང་”（方印），印记边框雕龙纹。汉文题名“写寿班禅圣僧并赞”，藏文题名“པཎ་ཆེན་རིན་པོ་ཆེའི་འཁྲུང་སྐར་ལ་རྒྱལ་པོའི་བྲིས་པའི་བསྟོད་པའི་ཚིགས།”。

（13－16）**北京西黄寺清净化城塔经幢** 塔幢合一。共四尊，分别位于清净化城塔金刚须弥基座的四个角，清净化城塔建筑群组成部分。1782 年建。形制规格皆同，均为五层八面，逐层收缩，下大上小。最下面是塔幢底座，其上是经咒题刻层，再往上的三层，各层各面都有浮雕跏趺坐佛像一尊（四个塔各有三八二十四尊浮雕造像）。石刻经咒内容布局：东南塔幢刻《楞严咒》、西北塔幢刻《药师本愿功德经》、西南塔幢刻《观音大悲咒》、东北塔幢刻《金刚经》。部分经咒内容清晰可辨，少数侧面的文字已漫漶不清。

（17－20）**北京西黄寺清净化城塔前后石坊楹联及经咒** 石刻汉文楹联及石刻梵文经咒。1782 年。清净化城塔前后（南北）各有石坊一座，两座牌楼的内外两面各有一组石刻楹联（共四组），均为汉文。其中，塔前牌楼外侧楹联：“香界吉云开，佛日辉悬恒普照；法轮圆镜转，智珠朗印妙同参”，横批“慧因最上”；塔前牌楼内侧楹联：“象教演浮提，常住因缘万归一；鹫光印乾竺，大乘示现幻皆真”，横批“妙谛真空”。塔后牌楼内侧楹联：“圆满证前身，无量人天足欢喜；光明呈宝地，总持龙象护庄严”，横批“圆觉光音”；塔后牌楼外侧楹联：“水月映禅心，金粟影临清净地，露珠明法镜，妙鬘云现吉祥光”，横批“华严海会”。前后两座石坊内外两面的左右额板上，各刻梵文六字大明咒一条（合计八条），内容相同，分别与同面楹联归为一组。

（21）**北京德寿寺《乾隆庚戌仲春月题德寿寺》碑** 石碑。见于“德寿寺双碑”中的西碑－西面。汉文，有双行夹注。题于1790年（乾隆五十五年二月），时在乾隆皇帝与六世班禅在德寿寺见面已接近十年之际。部分碑文已趋漫漶。经借助多种手段现场辨识，原碑文移录如下：

> 庚子临斯地，班禅来祝釐（庚子予七十寿辰，班禅额尔德尼远来祝嘏，因命于是寺驻锡）。相看如旧识，会意亦通辞（夙习唐古特语，故与喇嘛言不须译人也）。示疾何遽尔（班禅额尔德尼以庚子七月至避暑山庄，十一月初二日示寂。今其呼必勒罕已出世八载，以其为衍黄教之宗，去来真幻亦不置问），不迁原在兹。西方化身出，宣法任其为。　乾隆庚戌仲春月题德寿寺御笔

（22）**北京德寿寺《乾隆戊申季春再叠庚子诗韵》碑** 石碑。见于现存“德寿寺双碑”中之西碑－东面。汉文，有双行夹注并用加空方式表示“龙抬头”，落款处钤用“古稀天子之印”（阴文）、“犹日孜孜”（阳文）。1788年（乾隆五十三年）春，时隔近八年，乾隆皇帝再次来到德寿寺时，触景生情，有感而发。碑体下部文字现已漫漶，通过现场反复察看并参考文献记载，原碑面目还原如下：

庚子戊申阅八载，班禅追忆此来朝。班禅额尔德呢以庚子岁为予七旬万寿自后藏不远二万里至避暑山庄祝釐，嗣予恭谒 东陵毕取道南苑恭谒 西陵，班禅又于此寺谒见，偻指已阅八载矣。阐宗似彼真无二，祝嘏嘉其不惮遥。谈偈梵宫元理契，拜膜藩部众诚翘。化身七岁通经始，据留保柱奏，班禅示寂周岁，呼必尔罕生后藏扎什伦布所属地方，年已七岁，能通梵典春至禅枝更发条。

乾隆戊申季春再叠庚子诗韵御笔

通过以上简介可以看出，本文涉及的金石文献类型包括石碑、石刻匾额、石刻题额、石刻楹联、石刻经幢等；文种包括汉、满、蒙、藏、梵等；从时间上看，可分事前、事中、事后三个阶段予以考察。其中，第2－5号为一式四通，分立四处；第13－16号系四座塔幢（各八面，所刻经咒各有其名）；

17－20号，系将两个汉白玉牌楼内外两面的楹联及经咒单独分组；21－22号则是不同年代在同一石碑上的两处碑文。

下面，侧重关注几个需要补充说明的问题。

其一，特色独具的《须弥福寿之庙下马石》

《须弥福寿之庙下马石》本无题名，不少出版物中名之为“须弥福寿之庙遵者诏”，不知来由。

下马碑，汉文文献中目前发现的名称计有“下马石”“下马牌”“下马牌石”“下马石牌”“下马碑石”等，而藏文文献中对应的专名只有一个，叫做“རྟ་བབས།”。根据曾称之为“牌”的现象判断，历史上曾使用过木质下马牌。北京和承德两地，见诸文献的清代下马碑共有22通，且均为多文种合璧（含藏文）立石。其中，北京地区现场确认下马碑10通，都是六体合璧碑（汉满蒙藏及托忒文、察合台文六体）；承德地区，文献记载检索到10通，已现场确认6通，其他有待实地踏访。

上述这些碑石中，须弥福寿之庙的下马碑风格独具，与众不同：（1）碑文中，汉文明确称之为“下马石”，而与“下马石”对应的藏文专名是“རྟ་བབས།”。（2）其他地方的，总共只有“至此下马！”“官员人等到此下马！”两种告示内容，但须弥福寿之庙门外的下马碑，并没有使用上述告示词，反倒详细鋆刻了树碑的缘由、下马石的数量和位置、经和珅与章嘉呼图克图等共同商议并奏报皇上批准的对各色人等的门限管理规矩等。（3）从碑文布局上看，短短七行文字，三处使用“龙抬头”，显示了森严的尊卑等级观念，也从一个小小的侧面昭示出历史悠久的中华金石文化传统印迹。我国历史上不同历史时期的碑文排版布局格式，规矩既严又多，有的甚至到了繁缛的程度。但换个角度看，其中往往蕴藏着很多无可替代、不可再生的历史文化信息。而今，在金石文献学领域，经常遇到横排简化字版式难以全面传递古代金石文化信息的困扰，以及汉字繁简体转换不便或互转时错误频出造成的尴尬（以本文涉及的这些碑刻为例，相关资料中把“乾隆”简化为“干隆”不是个案，而把“祝釐”简作“祝厘”几乎已经是常见病，等等，不一而足）。

此碑汉文纵列共7行，严格按原碑移录并转换为简体字横排如下（换行处用反斜杠“/”标示，句读为笔者简化转换时添加）：

须弥福寿之庙遵/
旨：照/
普陀宗乘之庙，于山门并东西角门外安下马石四座。总理工程大臣英廉、和珅同章嘉胡土克图会议：嗣后，凡蒙古扎萨克等来/
瞻礼者，王以下、头等台吉以上及喇嘛等，准其登红台礼拜，其余有官职者，许在琉璃牌坊瞻叩，余概不准入庙门；其入庙门者不/
得由中路行，俱令走左右两门，以昭虔敬；俟奏准，镌示庙门，俾各永远遵守，等因，于乾隆四十四年九月二十八日具/
奏，奉/
旨：依议，钦赐。①

其二，“德寿寺双碑”难解之谜

德寿寺近代历史上历经兵燹摧残，今已荡然无存，仅存穹碑两座，部分碑面下部风化严重，文字漫漶，所幸大兴区文物部门已复建碑亭予以保护。两碑并立，坐北朝南，东西各一，合称“德寿寺双碑”。双碑规制相同，通高各7.50米，龟座长3.30米，高2.05米，碑身面宽1.80米，厚0.93米，各有四面碑文。通过多次现场踏访详察双碑内容，确认其中有两面与六世班禅有关。

这里要强调的是，考察研究中深感“德寿寺双碑”迷雾缭绕，挥之不去。

首先，不同年代的内容为何错落入碑之谜。八面碑文均为乾隆时期遗存，分别镌刻于1750—1790 年间，也就是说两个碑的四面都分别雕刻于不同的年头。这在我国的金石领域可能是独一无二的特殊现象。具体分布情况，扼要归纳如下（方位代码为英文缩写）：

① 碑文末尾的“钦赐”，原刻如此，显为“钦此”之误。盖因圣上之笔误无人有胆谏言订正而致。

“德寿寺双碑”八面碑文内容及刻年情况示要

位置	朝向	年代	内容
东碑（E）	E－N（北）	1746 年	丙寅仲春德寿寺禅房作
	E－S（南）	1756 年	御制重修德寿寺碑记①（满文）
	E－E（东）	1763 年	癸未仲春月上浣题
	E－W（西）	1767 年	丁亥暮春月中浣德寿寺作
西碑（W）	W－N（北）	1750 年	庚午暮春月题德寿寺六韵
	W－S（南）	1756 年	御制重修德寿寺碑记（汉文）
	W－E（东）	1788 年	乾隆戊申季春再叠庚子韵诗
	W－W（西）	1790 年	乾隆庚戌仲春月题德寿寺

其次，主碑与其他碑文的錾刻顺序之谜。仔细审视上面这个表，通过比对相互间的分布变化及年代错落，双碑的布局成因令人困惑不已。显而易见的是，两碑的南面，即赑屃面朝的这一面，理应是乾隆二十一年（1756 年）竖立的主碑，但是双碑上居然有此前的碑文（东碑之 1746，北向；西碑之 1750，北向），这是否表明 1756 年之前双碑已树，且背面分两次刻了字，但正面一直空着？

再次，《乾隆四十五年御制德寿寺诗》未解德寿寺碑之谜。双碑中没有一面属于乾隆皇帝与班禅在德寿寺晤面当年。其中与六世班禅相关的诗作共两首，即 1788 年的《乾隆戊申季春再叠庚子诗韵》和 1790 年的《乾隆庚戌仲春月题德寿寺》分别作于乾隆皇帝与六世班禅“在海子晤面”已经过去八年、十年之际。最初令人百思不解的是那首作于戊申年（即乾隆五十三年，1788 年）的《乾隆戊申季春再叠庚子诗韵》。既然是“再叠庚子诗韵”，可那庚子年（1780 年）的“诗韵”在哪里呢？费了一番周折，终于在《钦定日下旧闻考》中找到了乾隆皇帝 1780 年的“庚子诗韵”，即《乾隆四十五年

① 另有资料认为东首碑南面为满文，镌刻乾隆帝《御制德寿寺古鼎歌》。详见《北京文史资料精选·大兴卷》，政协北京市大兴区委员会编，2005 年 6 月。

御制德寿寺诗》:①

> 德寿禅林成世祖（德寿寺建于顺治十五年，详见丙子重修寺碑记），尔时达赖喇嘛朝。何期一百经年久（五辈达赖喇嘛以顺治九年十二月来京，时我世祖驻跸南苑，即于此迎谒、赐宴，至今百二十余年。班禅额尔德呢祝釐来觐，又复于此谒见。后先辉映，实为国家盛事），又见班禅祝嘏遥。适我东归西去便（今岁以余七旬初度，敬谒东陵，礼毕取道南苑恭诣西陵，适为经行顺路），许其驻锡谒銮翘。翻经揭律寻常谨，可悟钟声披七条（喇嘛教以讲经持律为事，虽有悟无我无生者，不似禅僧之竖拂棒喝，单提向上流而为口头禅者）。

从前面的介绍不难看出，1788年和1790年之前，德寿寺双碑中有两面可能一直是空白，双碑的八个碑面直到1790年才全部刻满占完。乾隆皇帝年幼时即曾在风光旖旎的南海子读书，毕其一生，常来常往，且留下大量诗作，其中仅在德寿寺就有二十多首。与六世班禅有关的三首诗中，两首刻于碑石，系乾隆皇帝故地重游时睹物思人之作，而1780年当年这首《乾隆四十五年御制德寿寺诗》则收录在乾隆皇帝本人“钦定”的《日下旧闻考》中。为何没能刻在德寿寺石碑上，的确令人费解。

德寿寺现有的关于六世班禅的两面碑刻中，字里行间流露出乾隆皇帝触景生情缅怀圣僧的眷眷深情。不仅如此，此后他还多次在诗作中提及六世班禅。曾有人说乾隆皇帝对六世班禅的感情缘于他信佛、是佛教徒，但从碑文和大量历史档案来看，乾隆皇帝最关心的是江山社稷。

其三，从碑刻看清代汉藏文翻译特点

比较本文前述碑刻的汉藏文碑文，可以看出乾隆盛世汉—藏、藏—汉翻译的某些特点，有助于通过比对，学习清代翻译达人的高妙之处，了解清代文献中的对音关系和双语双解资料，特别是清代藏汉文中历史地名和佛教术语的严整对应关系。其中的大量词汇，《五体清文鉴》中并没有收录。

通过比较，可以看出清代的翻译大家根据具体语境灵活选择体现“信达雅”原则的对应词汇。下面顺手拈出几例，相信可以窥斑见豹：

---

① 《钦定日下旧闻考》卷七十四。

华夏（ཡུལ་དབུས།——《御制须弥福寿之庙碑记》）

中华（ཆབ་སྲིད་དབུས།——《昭庙六韵》）

震旦（ཡུལ་དབུས།——《御制须弥福寿之庙碑记》，རྒྱ།——《昭庙六韵》，རྒྱ་ནང་།——《写寿班禅圣僧并赞》）

京师（རྒྱལ་ཁབ་ཆེན་པོ།——《清净化城塔碑记》《御制须弥福寿之庙碑记》）

内地（ནང་ཕྱོགས།——《清净化城塔碑记》）

内地人民（ནང་ཕྱོགས་ཀྱི་འབངས་རྣམས།——《清净化城塔碑记》）

神僧（པཎ་ཆེན་བླ་མ་དམ་པ།——《昭庙六韵》）

圣僧班禅（སྐྱེས་ཆེན་དམ་པ་པཎ་ཆེན་རིན་པོ་ཆེ།——《清净化城塔碑记》）

圣僧西来（འཕགས་མཆོག་བོད་ནས་འཕྲད་དུ་འོང་།——《写寿班禅圣僧并赞》）

梵域（འཕགས་ཡུལ།——《写寿班禅圣僧并赞》）

祝釐（དགེ་བར་སྨོན་པ།——《御制须弥福寿之庙碑记》）

“香山之静宜园”（ཤང་ཤན་རི་བོ་ཅིང་ཡི་ཡུན་ཚལ།——《昭庙六韵》）

“雪山和震旦，一例普庥嘉”（དེང་ནས་བོད་དང་རྒྱའི་སྐྱེ་བོ་ལྷན་ཅིག་ཏུ།། རྣམ་པ་ཀུན་ཏུ་བཀྲ་ཤིས་དགེ་མཚན་འཕེལ་བར་གྱུར།།——《昭庙六韵》）

“因教仿西卫，并以示中华”（ཐུབ་ཕྱོགས་དབུས་ཀྱི་དབྱིབས་དང་འདྲ་བར་གསར་དུ།། སླར་ཡང་ཆབ་སྲིད་དབུས་སུ་མངོན་དུ་དར་བར་བྱས།——《昭庙六韵》）

“卫藏虽徼外，实在震旦中”（དབུས་གཙང་ལྕགས་རིའི་ཕྱིར་ཡོད་ཀྱང་། ཡུལ་དབུས་ཁོངས་སུ་འདུ་བ་ཡིན།——《御制须弥福寿之庙碑记》）

“梵域娑罗，震旦交让”（འཕགས་ཡུལ་ས་ལའི་སྡོན་ཤིང་ཡོད། རྒྱ་ནང་འདིར་ཕན་ཚུན་སྤེལ་ཤིང་འཚེར།——《写寿班禅圣僧并赞》）。

其四，乾隆皇帝与六世班禅之娑罗宝树

《写寿班禅圣僧并赞》碑所刻，由图文两部分组成。图，即“祈寿长椿图”；文，即《写寿班禅圣僧并赞》中的四体偈颂赞辞。原件是乾隆皇帝为贺六世班禅四十二岁寿诞亲笔绘写之物，乾隆皇帝在十一月一日驾临西黄寺探望六世班禅时赐予，但次日圣僧班禅遽尔示寂，距其诞辰仅十天。此后，乾隆皇帝下令将这幅作品完整刻石，立于清净化城塔院，而原件仍送西藏扎什伦布寺，今存西藏自治区博物馆，保存完好。有资料表明，原件纸质彩绘，纵 204 厘米、横 90 厘米。上方分别以汉、藏、满、蒙四种文字书赞，每段书后分别相应字体的印文“乾隆”御印，共四组八枚。画幅上娑罗树四周及枝杈间，另有乾隆帝“古稀天子之宝”朱方、“与和气游”白方、“意静妙堪会”朱方、“涉笔偶值几闲”白长方印共四枚。娑罗树又称圣树，乔木，叶如手掌，为掌状复叶，每年五六月间开花，花为宝塔状圆锥花序。娑罗树被看成是佛门宝树。乾隆皇帝御笔书画此树，是为了赞扬班禅世代相袭，绵延不绝，弘扬佛法，至诚积善的伟大功德。①

值得注意的是，图中刻绘的“祈寿长椿”实际上指的是“生同大椿，其寿无量”的娑罗树，藏文《六世班禅传》中明确地将其记载为“娑罗树”可作明证。藏文版《六世班禅传》中，以《娑罗树韵》（སཱ་ལ་སྡོང་པོའི་ཚིགས་སུ་བཅད་པ།）之名收录了《写寿班禅圣僧并赞》中的藏文偈颂赞辞，文字差别细微，大体一致。

乾隆皇帝对娑罗树情有独钟，多次题写吟咏。西黄寺的这首偈颂词，与北京香山公园内至今仍矗立着的《娑罗树歌》碑（藏文题名：“སཱ་ལའི་གླུ།”，满汉蒙藏四体，立于1773年）之间也不无联系，碑文中有“笑我卅年未经咏，或者有待今斯过”句，诗中夹注说“癸亥始游香山，至今三十年矣。成诗不下数百首，而未经咏此树”，表示了对此前未咏娑罗树的遗憾。而此后，他对这种树多次表示了关注。继乾隆四十五年（1780年）十一月为六世班禅绘写《写寿班禅圣僧并赞》之后，又于乾隆五十年（1785年）六月中旬在香山御书《题娑罗树一首》，诗中再次运用了当年因六世班禅进呈七佛唐卡并经章嘉呼图克图诠释获得的关于“七佛”的知识。诗云：

> 香山寺里娑罗树，种自何来不得知。翠色参天叶七出（是树为毗舍浮佛倚以成道者，叶皆七出，虽万千中间见有五六出者，实为大奇矣，验之果然），恰如七佛偈成时。②

其五，乾隆皇帝与清朝僧俗大员学藏语的热情

很多人都知道一条重要掌故，即乾隆皇帝为了迎接六世班禅而学习了很多藏语日常用语。藏文记载表明，乾隆皇帝学藏语还着实下了一番功夫。

出自与六世班禅同时代的藏族学者、第二世嘉木样活佛之手的《六世班

---

① 详见达娃、索朗卓玛：《乾隆御笔写寿娑罗树并赞——西藏博物馆的一件珍贵书画》，《中国西藏》2005年第3期；李德成：《“写寿班禅圣僧并赞”碑述略》，《中国藏学》1998年第2期。

② 《香山石刻石雕》一书中有此刻石的照片（香山公园管理处编，新华出版社2009年9月，第44页）。《御制诗文集·高宗诗五集》卷十五亦见收载。

禅白丹益喜传》中，至少有十多处被明确指出或者可以明显看出乾隆皇帝用藏语在对话。例如：乾隆四十五年七月二十一日双方第一次见面，当天“班禅额尔德尼至避暑山庄，于澹泊敬诚殿丹墀跪请圣安”① 时，乾隆皇帝赶忙扶着班禅的手并用藏语说：“喇嘛别下跪”（བླ་མ་ཞབས་སྤུས་འཛུགས་པ་མ་གནང་།），还问候班禅“喇嘛贵体安康否？”（བླ་མ་སྐུ་ཁམས་དྭངས་པོ་ཨེ་བྱུང་།）“长途劳顿，受累了吧”（ས་ཐག་རིང་པོའི་ཕེབས་ལམ་ལ་ཐུགས་སུན་པོ་བྱུང་ཡོད་འགྲོ།）。② 次日，乾隆皇帝到须弥福寿之庙“拈香”，一见六世班禅就用藏语问候道：“喇嘛贵体好！”（བླ་མ་སྐུ་དྭངས་པོ།）③ 他询问说：“我为了在来路上迎接喇嘛您，派去了六阿哥，不知他这一路上是不是敬诚恭信地尽心照顾周到了？”他还关切地问候六世班禅：“这一路上给那么多人做法、讲经、摩顶，感到劳累疲倦了吗？”在当天的交谈过程中，乾隆皇帝对六世班禅说：“我以前不懂藏话，但是为了喇嘛您的到来，我向［章嘉］呼图克图下功夫努力学了些日常用语，不过还不熟练，佛法中的那些深奥话，得呼图克图翻译才行”（ང་ནས་སྔར་བོད་ཀྱི་ཕལ་སྐད་མི་ཤེས་ཀྱང་བླ་མ་ཉིད་ཕེབས་རྒྱུར་འཕྲལ་དུ་ཧུ་ཐོག་ཐུ་ལ་ཉེ་བ་མཁོ་བའི་ཕལ་སྐད་གང་ཟིན་འབད་རྩོལ་གྱིས་བསླབས་པ་ཡིན་ནའང་བྱང་པོ་མི་འདུག ཆོས་ཀྱི་གཏམ་ཟབ་མོ་རྣམས་ཧུ་ཐོག་ཐུས་ལོ་ཙཱ་བྱས་ནས་བསྒྱུར་ཚོག）。④ 这样的语句还有多处，限于时间和篇幅，不再逐一列出。从《六世班禅传》的记载来看，传记作者对许多口语进行了适当的书面化润饰，这是藏语口语进入藏语书面语时经常需要的技术处理。不过，阅读藏文记载的过程中发现一个很有趣的现象，乾隆皇帝讲的藏语多为拉萨话而且用当时西藏贵族圈所推崇的敬语，时而还夹杂着短促直白的安多口语。

从清代的档案文献看，那个时代，除了乾隆皇帝带头学习，在接待六世班禅的官吏队伍中，不仅可以看到青藏陕甘一带懂藏语的官吏，还有身居要职的和珅、巴忠，贵为皇子的六阿哥永瑢，等等，其中有满族、蒙古族、汉族。时下某些理应学习应用藏语文以利工作，而实际上最多只会一句“扎西德勒”的官员们，实在有必要学学先贤的素养和情怀。古代的很多优良传统，作为历史积淀形成的中华优秀传统文化的有机组成部分，理应继承和发扬。

---

① 详见《六世班禅朝觐档案选编》，第 230 页。

② 详见《六世班禅白丹益喜传》下册，第 930 页。

③ 详见《六世班禅白丹益喜传》下册，第 942 页。

④ 详见《六世班禅白丹益喜传》下册，第 946—948 页。

至于藏文在清代的应用，显而易见的是藏文在清代金石文献中的显赫地位，四体合璧碑刻之多、分布范围之广，成为一道蔚为大观的场景。本文前面罗列的京承两地与六世班禅东行直接相关的22处碑刻中，带有藏文的石刻占到12处，且均为皇家建树。囿于论题限制，这里不便对清代的藏文石刻展开来说，只简要谈谈与本文相关的一个问题。

乾隆时期，几乎所有镌刻藏文的“御制”碑，藏文部分的落款照例都署着“皇帝御笔”（例如“རྒྱལ་པོས་བྲིས་པའོ།”）。那么“御碑”中的藏文到底是不是或者有没有乾隆皇帝御笔呢？如果有，哪个碑上刻的是御笔藏文？应该说，我们到目前为止还没有发现这位皇帝学习并书写藏文的可靠证据。即便如此，大名鼎鼎的《昭庙六韵》碑的特别之处还是引人遐想，令人好奇。

结合藏文传统书法规范和众多的藏文碑刻来看，《昭庙六韵》碑最大特点就是藏文书体特征风格与众不同。简要地说，《昭庙六韵》碑上的藏文，与同时代、同等级的其他藏文碑刻（主要指乾隆时期带藏文的“御碑”）相比，显得很另类。特别之处主要在于：藏文书写风格很特别，与经典藏文书法的审美境界有一定差别，并不是说它藏文书体写得不好看，而是给人若拙若巧的感觉——举个不很恰当的例子，看惯了颜柳欧赵，转眼却又是个郑板桥。

根据“大胆胡说，小心求证”的解题思路，笔者冒昧地认为，《昭庙六韵》碑上的藏文不大像是藏族学者的手笔，也不大可能是乾隆皇帝御笔，而更像是满族藏传佛教寺庙中的高僧大德的作品。

满族在关外时尚未接受佛教信仰，顺治时期，清朝定鼎中原之后，国势初定，朝廷方允许满族人建庙出家，但满族藏传佛教寺庙的出现是在乾隆朝。[①] 而清代京城满族藏传佛教寺院建筑群主要集中在香山一带，包括宝谛寺、宝相寺、常龄寺、方园庙、梵香寺、实胜寺等，其中宝谛寺最大最重要（清朝在此专设管理宝谛寺事务大臣，专管满族藏传佛教寺庙事务）。附近还有清漪园（今颐和园）的大报恩延寿寺，圆明园的正觉寺、功德寺等。[②] 这些历史线索，对于破解《昭庙六韵》藏文碑文书写者之谜，兴许会有一定帮助。对这一问题进行比较、分析和研判，既需要用同时代、同等级、同规格

① 参见王家鹏：《乾隆与满族喇嘛寺院——兼论满族宗教信仰的演变》，《故宫博物院院刊》1995年第1期，第58—65页。

② 阿旺平措：《清代藏传佛教在内地的传播与影响》，《法音》2012年第6期。

的数十处藏文碑刻与之进行比对以利得出令人信服的辨析意见，也需要满族藏传佛教寺庙的相关历史记载，更期待第一历史档案馆所藏清宫档案中有所记载。

其六，乾隆皇帝与六世班禅的“七佛”之缘

乾隆四十二年（1777 年）十月树立的《七佛塔碑记》，与班禅东来之间存在因缘契合，与六世班禅入觐直接相关。

首先，据《七佛塔碑记》记载，所刻七佛、偈颂及藏文名称均据六世班禅呈进的七佛唐卡并经由章嘉呼图克图释解而成。名物缘起于六世班禅呈进的七佛唐卡，继而是乾隆皇帝在“问之僧人皆不知其所以”的情况下“咨之章嘉国师”并翻阅了许多“番经、汉经”，终于对七佛得以认知，然后才有了建碑塔、刻七佛、题碑记之举措。舒乙先生用一段通俗的语言对塔碑成因脉络做了清晰梳理①：

> “七佛”是怎么回事，乾隆皇帝闹不明白，问僧人也不知所以，最后询问在京的总理蒙古喇嘛教教务的国师查嘉大师，又查阅了多部佛经，才考证出来。原来佛教在印度有七佛，于是，乾隆皇帝写了一篇论文，把这七佛都叫什么，姓什么，是属于什么部族，父亲是谁，母亲是谁，徒弟是谁，儿子是谁，都一一写明，而且叫人都一一刻了像，共七幅，刻在七块石板上。加上他本人这篇论文用四种文字刻在第八块石头上，组成一座塔。塔的框架是木质的，石板镶嵌在木框中，塔基是石头的，整合起来组成一座空心的八角形塔，塔外面再加盖一个很大的漂亮亭子，叫做“七佛塔碑亭”，原来是属于大西天（西天梵境）的重要组成部分。

其次，不仅限于名物的关联。此碑塔虽建树于乾隆四十二年（1777 年）十月，而奏议及准其入觐是第二年（1778 年）、成行于乾隆四十四年（1779 年）六月，到达承德的时间是乾隆四十五年（1780 年）七月二十一日，可见时间上也存在关联性。

---

① 舒乙：《见证亲密——纪北京承德两市带藏文的石碑和藏式建筑》，北京：民族出版社，2011 年。

接着，六世班禅九月初二日到京后，围绕七佛的故事仍在继续。据清宫档案和《六世班禅白丹益喜传》记载，根据乾隆皇帝旨意，六世班禅于九月十四日①在大西天（七佛塔碑亭即位于该地）礼佛，并在大西天就近驻锡一夜。皇六子永瑢在奏折中只是心照不宣地禀报“住大西天迤西所建之楼”且“照住清净地之例演戏”②，而藏文史料则明确记载具体驻锡地点是“大圆镜智宝殿”（ཡེ་ཤེས་མེ་ལོང་ཆེན་པོའི་རིན་ཆེན་གླིང་།）。③“大西天”即西天梵境，始建于明代、扩建于清乾隆二十四年（1759 年），是一处兼具汉藏风格的寺庙建筑群，因与北海西边的“小西天”相对，故有此称俗称。“西天梵境之西，有琉璃墙，墙北为真谛门，门内为大圆镜智宝殿，殿后有亭，曰宝网云亭，亭北及左右屋宇四十三楹，皆贮四藏经板之所。”④ 大圆镜智宝殿旧址在今北海公园西北部，位于太液池北岸的土山北面。1900 年八国联军入侵北京时大圆镜智宝殿遭到抢劫和破坏，1919 年又遭受火灾化为灰烬，仅存琉璃墙（即九龙壁）及真谛门。真谛门的天花板上的六字真言，揭示此地曾是一座藏传佛教寺庙。

以上是笔者对目前所知与六世班禅入觐直接相关的石刻文献的初步梳理。随着文献爬梳和田野调查工作的进一步开展，以及中国第一历史档案馆、西藏自治区档案馆等机构所藏相关档案的发掘整理和陆续公布，相信还会有更多的历史文献进入人们的视野，使学术界的研究更加深入、更加全面。因水平所限，难免会有疏误，欢迎大家随时指教。

① 藏文记载与清宫档案对这个日子的记载有一天的差别，军机处满文录副奏折中明确记载是九月十四日（《六世班禅朝觐档案选编》，第 278 页），但藏文记载是九月十三日（《六世班禅白丹益喜传》下册，第 1036 页）。造成计日不同的原因很可能在于藏历当月存在重日或缺日。待考。

② 《六世班禅朝觐档案选编》，第 278 页。

③ 详见《六世班禅白丹益喜传》下册，第 1037 页。在“ཨེ་ཤེས་མེ་ལོང་ཆེན་པོའི་རིན་ཆེན་གླིང་།”这个藏文名称后面，作者特意添加了表示引用的字符，显示这是“大圆镜智宝殿”匾额上的藏文题名，且表明作者援引了六世班禅随行人员所作的现场记录。

④ 《国朝宫史》卷十六。

六世班禅承德入觐前后

毕国忠*

摘要 “因其教不易其俗”是清代处理民族宗教事务的基本指导思想。康熙、乾隆在避暑山庄做出的一系列关于民族宗教问题的决策，使得康乾时期的民族融合超越了历史任何时期。乾隆四十五年（1780 年）六世班禅热河入觐，清政府做了大量细致的准备工作：花费巨资在热河兴建了须弥福寿之庙；乾隆学习藏语；停止本年木兰秋狝；制作大量仪仗法器；乾隆为须弥福寿之庙题写了大量匾额、对联。班禅到达承德后，清廷予以隆重接待：在避暑山庄澹泊敬诚殿会见；在山庄礼佛；乾隆亲自参加须弥福寿之庙开光典礼，三次到庙看望班禅；命各皇子参拜班禅；万树园四次举行野宴，两晚放焰火；清音阁大戏楼连续十天上演大戏。本文从《清实录》、朝鲜朴趾源《热河日记》等文献中对六世班禅在承德的活动进行梳理和分析。

关键词 班禅 入觐 乾隆 决策

清王朝鼎盛时期，民生得以休养生息，生产力得以持续发展，民族关系融洽，宗教和谐发展，为多元一体的中华民族共同体的形成奠定了基础。清朝统治者为了贻万世之缔构，在处理民族关系时注意从细微处着眼，因而取得了超越前代的成就。以宗教政策为例，清政府相继在避暑山庄周围建造了十二座寺庙（俗称外八庙），主要是藏传佛教寺庙，在山庄周围形成众星捧月之势，呈现出“五服俱向，天下一统”的态势，还先后正式册封达赖、班禅、章嘉、哲布尊丹巴四大活佛，收到了“敬一人而千万人悦”的效果。乾

* 河北民族师范学院副教授

隆四十五年（1780 年）六世班禅额尔德尼赴热河觐见，正是其中最具代表性的重要历史事件之一。

六世班禅额尔德尼（1738—1780 年），法名罗桑贝丹意希巴桑布，出生于后藏，两岁被认定为转世灵童，在扎什伦布寺坐床，先后得到七世达赖喇嘛、章嘉国师的传授，乾隆三十一年（1766 年）清政府向其颁发用满蒙藏文字镌刻的金册和金印。乾隆中期，漠北、漠西俱已安顺，多元一体的封建王朝得以巩固和发展，一派盛世景象。六世班禅审时度势，通过章嘉国师，在乾隆四十三年（1778 年）提出觐见。乾隆联想到顺治“敦请”五世达赖喇嘛进京之事，以六世班禅不因招致而自愿来京，“实属吉祥之事”，同意班禅于四十五年自己七旬万寿时，来热河觐见，并动用了大量的人力物力财力，迎接班禅。乾隆在《须弥福寿之庙碑记》中讲：“然昔达赖喇嘛之来，实以敦请。兹班禅额尔德尼之来觐，则不因招致而出于喇嘛之自愿来京，以观华夏之振兴黄教、抚育群生、海宇清晏、民物宁敉之景象。适值朕七旬初度之年，并为庆祝之举也。夫朕七旬不欲为庆贺繁文，已予颁谕旨。而兹喇嘛之来则有不宜阻者，盖国家百余年升平累洽，中外一家。”

仿照后藏扎什伦布寺建造班禅在热河的行宫——须弥福寿之庙。为迎接六世班禅，乾隆于四十四年（1770 年）开始兴建须弥福寿之庙，备其居住。在乾隆帝的亲自督促下，这座规模宏伟的融汉藏寺庙文化于一体的“班禅行宫”仅用一年便告蒇竣。须弥福寿之庙分为前、中、后三部分，占地 37900 平方米。山门碑亭内《须弥福寿之庙》碑高 8 米，宽 2.5 米，用满蒙藏汉四种文字镌刻，品质长 4 米，宽 3 米，系一块巨石雕成；赑屃质下为“海水江崖”石墁浮雕；琉璃牌坊用黄绿琉璃瓦构造，嵌龙戏珠图案；大红台融合了汉藏建筑艺术，中央“妙高庄严”殿，是六世班禅讲经之地，三层上下贯通，顶覆鱼鳞状鎏金铜瓦，屋脊波浪形，每个屋脊上相向两条鎏金巨龙。六世班禅卧室“吉祥法喜”殿，亦为金顶。琉璃万寿塔耸立在最后。整座寺庙既有皇家寺庙的气派，又富于藏传寺庙的神采。朝鲜使团成员朴趾源在《热河日记》中对须弥福寿之庙有如下描写：

自避暑山庄循宫城右望，盘捶山益北行十余里，渡热河，依山为苑，凿冈斸麓，呈露山骨，自为裂崖断壁，磊砢错落状。十洲三山，兽呀禽翘，云崩雷灪，有五空桥。自桥道皆墄其平，皆刻龙凤。缘道白石栏，曲折抵门。又有二角门，皆蒙古兵守之。入门铺砖为地。阶三道，白石栏刻，皆云龙会。一桥桥五空，台高五丈，周以栏干，皆文石，雕海马、天禄、角端、鳞角、謷蹄，皆从石肤为色。台上置二殿，皆重檐黄金瓦。屋上起行六龙，皆黄金躯。其圆亭曲榭、复楼重阁、危轩层寮，皆覆青绿紫碧琉璃瓦，工费千亿百万万。采色叱咬，蜃雕镂耻，鬼神丘灵，雷霆渺漭若昏晨。苑中新栽幼松连络山谷，皆矫直丈余，系纸为标，计日前所植也。杂植奇花异草，皆初睹不识其名。

为修建须弥福寿之庙，清廷不惜重金，整个工程耗资巨大。乾隆四十五年（1780 年），内务府一次就拨付工项银十五万三千多两。据乾隆四十四年（1779 年）九月奏销档记："须弥福寿之庙都罡殿、住宿楼铜瓦俱照布达拉庙一样镀金两次，……共需用头等金叶一万五千四百二十九两八钱五分四厘。"须弥福寿之庙内部装饰，也是按照藏传佛教仪轨和参照扎什伦布寺样式来的，乾隆亲自精心加以指点，细致入微，摆放了甘珠尔、丹珠尔佛经各类佛经，制作了大量的藏传佛教所用佛像、法器、供器、画像等。乾隆于四十五年（1780 年）五月二十七日抵达避暑山庄，二十八日即亲诣须弥福寿之庙拈香，指点备办；为六世班禅打造了伞、扇、旗、幡、瓜、斧、杖等一套仪仗；乾隆题写了各殿主要匾额，诸如"宝地祥轮""万法宗源""芬陀普涌""南无阿弥陀"等。为庆祝须弥福寿之庙落成，乾隆写下了《扎什伦布庙落成纪事》诗：

华言福寿等须弥，建以班禅来祝釐。旧例已遥遵顺治，新工犹近比康熙。

层楼初耸辉佛日，万树分栽蔚慧枝。一语欲询驻锡者，有为法也抑无为？

须弥福寿之庙地位特殊，章嘉国师规定："凡蒙古扎萨克等来瞻礼者，王以下头等台吉以上及喇嘛，准其登红台礼拜，余者有官职者只许在琉璃牌坊瞻仰，余概不许入庙门。"须弥福寿之庙的另一个特殊之处，就是匾额题写与众不同。《清代蒙藏回部典桑・高宗卷・二四》记：乾隆四十五年

(1780 年）十月二十三日军机处“遵旨查各处匾额清汉字如何分别左右书写之处。查宫殿及各门匾额俱系清字在左边书写，汉字在右边书写，复看得宁寿宫匾额亦系如此书写，惟查新建之须弥福寿庙匾额碑文俱系四样字，清字居右，汉字居左，其因何改写及起自何时之处，询之懋勤殿首领太监等俱称记忆不清，亦无记载可查。”个中缘由，耐人寻味。

乾隆亲自规划班禅进京往复行程，关怀备至。乾隆四十四年（1779 年）二月，驻藏大臣留保住到后藏扎什伦布寺宣布圣谕，并颁给珍珠，圣谕里规划了班禅的具体行程：“班禅额尔德尼若于本年七月十五自扎什伦布启程，行二十四五日刻越过诺门浑乌什巴岭，得过此岭，即可避雪，由彼缓行，抵塔尔寺过冬，来年二月启程东行，七月尽可抵避暑山庄。”六世班禅就是按照上谕的时间路线图赴热河的。乾隆四十四年（1779 年）六月十七日班禅启程，七月十三抵达那曲（黑水），先期赴京的堪布喇嘛降白洛桑带回了乾隆御容（皇帝画像），表示皇帝亲自迎接之意；七月二十八日班禅越过诺门浑乌什巴岭，乾隆谕旨留保住，班禅接旨领赏无需下跪；九月初一又讲对御容不必跪拜，并赐金表等物品；派理藩院侍郎保泰、散佚大臣万福迎班禅至塔尔寺，赐东珠、朝珠、鞍马、银币，乾隆自己用的貂帽、貂袍；派专人送来哈密瓜。班禅在青海塔尔寺驻锡四个月又二十天，于乾隆四十五年（1780 年）三月启程，过黄河，四月十四日到达银川，演戏三日，特制重楼大船和三百民船，并黄轿骡马，以备渡河；六月初一班禅一行至鄂托旗，乾隆赐金顶御轿，黄、红伞，马上仪仗及黄围蒙古包，宝石御帽等；过乌鲁木齐（归化城），乾清门侍卫乌尔图那逊、銮仪卫大臣达福迎送，并将夏季衣帽、药物赐予班禅；班禅进入蒙地，皇六子永瑢、章嘉国师、尚书永贵应至代噶；御前侍卫丰绅济伦接至多伦脑（诺）尔，并告诉班禅，皇帝已到热河避暑山庄，须弥福寿之庙已经建好；七月二十一日，班禅抵达热河。

对于沿途护送班禅的官员，清政府也给予了奖赏，如乾隆四十五年（1780 年）七月二十五日谕旨，沿途照料班禅额尔德尼的黄检、永保均赏戴花翎。当然，也有人受到申斥，如《清实录》高宗实录载：四十五年八月十一日寄谕湖北巡抚郑大进：“本日郑大进所进贡物内金器甚多，已为非是。且复有备赏金锭一千两，更属不成事体。除将金器酌留一件给班禅额尔德尼为佛前供奉之用，其余金器金锭俱着发还郑大进并着传旨申斥。”看来乾隆是看在班禅的面子上给郑大进留了点面子。乾隆四十七年（1782 年）十二月初二的上谕则严厉得多，谕旨称："前因班禅额尔德尼来京庆祝，于热河建造扎什伦布庙需金两及金如意等件，以备颁赏，其时各督抚既有呈进备赏金器者，以作加赏班禅之用，因量为赏收。此系朕失检点处，或督抚等即借此名色，向属员勒索，亦未可定。现在此事已过，不可不严行饬禁。"

乾隆四十五年（1780 年）十月二十三日军机处寄谕喀宁阿，"预备明岁班禅额尔德尼回归路程，自五台起身，出杀虎口至归化城，俱就现有寓店庙宇修葺安设公馆，所有桥梁道路一律修理，倘遇屋宇不敷，仍修垫营盘搭架蒙古包账房居住等语。班禅额尔德尼回程所经地方自应沿途照料，兹绥远城将军弘晌来京已面为训谕。只须将桥道修治平坦，即需住营盘亦不过修垫打扫，不可涉于张皇，如巡幸时预备营盘道路也。"（《清代蒙藏回部典桑·高宗卷·二四》）令人扼腕的是，六世班禅不幸于乾隆四十五年十一月初二圆寂，未能回到后藏扎什伦布寺。

超规格的隆重接待，超君臣之礼的情谊表达。乾隆以七十高龄，班禅入觐一年前开始学习藏语。七月二十一日，班禅抵达热河，先到普宁寺章嘉国师讲经处稍事休息，然后乘大黄轿，在沿途蒙古王公、大臣、喇嘛、僧众顶礼膜拜中，赴避暑山庄，进丽正门，至澹泊敬诚殿前下轿，上丹墀跪请圣安，乾隆亲手扶起，并用藏语问候"长途跋涉，必感辛苦"，班禅答以"远叨圣恩，一路平安"。礼毕乾隆引班禅至四知书屋，赐茶、赐坐，赐予大量物品，随后乾隆引导班禅在"宝筏喻""烟波致爽""云山胜地"各处佛堂上香，随后班禅乘坐御用黄盖肩舆回须弥福寿之庙。二十二日，乾隆参加须弥福寿之庙落成开光典礼，与班禅在各处佛堂礼佛，一同进膳，两人用藏语交谈(当然只限简单对话，复杂的由章嘉国师翻译)；二十三日，皇六子永瑢、皇八子永璇、皇一十子永瑆、和孝公主等来庙拜见班禅，握手问候，互赠礼物，欢聚一堂，班禅为七岁的和孝公主起法名"四朗白吉竹玛"（意为吉祥的度母)：八月初三日，和珅、福隆安将玉册、玉印送至须弥福寿之庙，用满、藏语分别宣读册文；八月初六、八月二十四日，乾隆两次到须弥福寿之庙拈香，并接受班禅无量寿佛大灌顶；从七月二十四日起，乾隆在万树园举行四次大型野宴，两晚放焰火，宴会中间穿插表演相扑、赛马、什榜、杂技等富有民族特色的节目，东宫清音阁大戏楼连续十天上演大戏。七月二十四日野宴后，乾隆作《于万树园宴班禅额尔德尼成什纪事》诗一首：

圣僧永佑小栖迟，神御巍临欲观宜。今佛云当拜古佛，古时希有见今时。

旧藩新部益生敬，社席承筐共受釐。中外一家逮葱岭，大清万载巩天禧。

诗原注：永佑寺在万树园张幕赐宴之东，内有神御。是日班禅因候宴寺中小憩。班禅与达赖喇嘛本西藏宗喀巴二大弟子之转世，众蒙古尊之为佛，此间世俗呼为佛云；我朝家法：凡喇嘛入觐惟令跪，不受其拜。班禅云："此古佛，宜行拜礼。"遂听之，益见喇嘛之敬诚，为可嘉也。

八月十三日为乾隆七旬万寿，为表虔诚，六世班禅自八月初六就率领喇嘛僧众为乾隆诵经祈福，连续七天，晨昏不辍。万寿节当日，在澹泊敬诚殿举行隆重的庆典，乾隆与班禅并肩携手，同登宝座，接受扈从满汉大臣、蒙古王公、各少数民族头领、朝鲜、缅甸等外国使臣的庆贺，章嘉国师、随从班禅来热河的三大寺堪布、藏传佛教一些大活佛在班禅带领下，齐声咏诵无量寿经。庆典结束后，乾隆写了《八月十三日于避暑山庄行七旬庆典即事成什》一诗：

御殿庚寅礼未仍，山庄聊听庆冈陵。七旬屈指数今古，六帝因心验法惩。

北塞骈田朝众部，西天欢喜祝神僧。宜言吉日弗言戚，东望松斋戚不胜。

诗原注：班禅额尔德尼自后藏远来庆祝，各蒙古王公、台吉，喀尔喀、卫拉特等一闻其来，无不欢忭踊跃，实为我国家吉祥盛事。

朴趾源在《热河日记》中记录了乾隆和班禅的一次会见，他写道：

皇帝放梅花炮于苑中，召使臣入见。殿重檐，中庭黄幄，殿上日月龙凤宝屏，陈设宝扆甚严。千官班立。时班禅独先至，坐榻上。一品辅国公辈及廷绅贵显者多趋榻下，脱帽叩头，班禅皆亲手为一（一）摩顶。则起，出，向人举，有荣色。良久，天子乘黄色小舆，侍卫只佩钮五六双，导驾鼓吹角栗一双，龙笛一双，金钲一双，琴、瑟、笙簧、琵琶、笳、欧罗巴铁琴二三对、檀板一双，无仪仗，从者百余人，乘辇至。班禅徐起，移步立榻上，东偏，笑容欣欣。皇帝离四五间降辇，疾趋至。两手执班禅手，两相揞搦，相视笑语。皇帝冠无顶红丝帽子，衣黑衣，坐织金厚褥，盘股坐。班禅戴金笠，衣黄衣，坐织金厚褥。跏趺稍东前坐。一榻两褥，膝相联也。数数倾身相语，语时必两相带笑含惧。数数进茶，户部尚书和珅进天子，户部侍郎福长安进班禅。长安，兵部尚书隆安弟也，舆和珅俱侍中贵，震朝廷。日既暮，皇帝起，班禅亦起，舆皇帝偶立，两相握手，久之，分背降榻，皇帝还内如出仪，班禅乘黄金屋轿还扎什伦布。

殷殷之情，切切之意，令人感动。六世班禅在热河驻锡三十五天，乾隆(清廷)、皇室宗亲赐予大量礼物，蒙古王公、满汉大臣及信众纷纷供养。仅乾隆与六世班禅第一次会面，赏赐的礼物计有：“三十两金曼达一个，三十两银曼达一个，金座磁把碗一个，金水壶一件，金盒一件，金碟一件，金香炉一件，玻璃碗 10 件，玻璃盘 10 件，玻璃瓶 10 件，瓷碗 10 件，磁盘 10 件，瓷瓶 10 件，玉鞍 1 付，哈达 500 方。黄金 500 两，绣珠九龙袍一件，大卷八丝缎 9 匹，经 1 份，绮佛像 3 轴，经衣 2 件，铁镀金钵 2 件，仿古螭鹿金樽 1 对，嵌松石金盒 5 件，青玉盖碗 1 件，铜绦丝珐琅把碗 2 件，雕漆圆盒 1 对，鼻烟 4 瓶，洋花缎 20 匹，海龙皮 9 张，黑狐皮 9 张，黑豹皮 9 张，银鼠皮 1000 张，羊皮 1000 张。”（引自杜江：《须弥福寿之庙碑记与六世班禅额尔德尼》）

为了接待六世班禅，乾隆四十五年（1780 年）未举行木兰秋狝。

六世班禅热河觐见乾隆，体现了国家统一、民族团结、宗教和谐发展的时代精神，是清初民族宗教政策带来的必然结果，顺应了不可抗拒的历史潮流。乾隆皇帝与六世班禅，可以称得上是引领潮流的佼佼者。

参考文献：

《清实录高宗纯皇帝实录》，中华书局影印本。

《清代蒙藏回部典桑高宗卷》，国家清史编纂委员会文献丛刊。

《御制诗集》（清乾隆撰），蒋溥、于敏中、董诰、王杰编，《四库全书》，上海古籍出版社，1987 年。

《钦定热河志》（清）和珅、梁国志纂，《四库全书》文渊阁本，上海古籍出版社，1987 年。

《承德府志》（清）海忠，光绪十三年（1887）热河文庙尊经阁刻版。

《清史研究与避暑山庄》戴逸主编，辽宁民族出版社，2003 年。

《热河日记》（朝鲜）朴趾源，北京图书出版社，1996 年。

《避暑山庄论丛》，避暑山庄研究会编，紫禁城出版社，1986 年。

六世班禅与圆明园

刘　阳

摘要　六世班禅大师千里迢迢来北京给乾隆皇帝祝寿，乾隆皇帝很是重视，在圆明园特意为其改造了月地云居景观作为其驻跸之用。六世班禅在圆明园期间对乾隆皇帝的安排非常满意，在皇六子的陪同下参观了圆明园、长春园等。圆明园也因此见证了民族大团结的伟大一幕。

关键词　六世班禅　圆明园　西洋楼　月地云居　清净地

据《清实录藏族史料》记载："乾隆四十三年十二月乙丑（1779 年 1 月 26 日），谕军机大臣曰：昨据章嘉呼图克图奏称，班禅额尔德呢因庚子年为大皇帝七十万寿欲来称祝（朕本欲见班禅额尔德呢，因道路遥远，或身子尚生，不便令其远涉）今既出于本愿，实属吉祥之事，已允所请（是年朕万寿月，即驻热河，外藩毕集）班禅额尔德呢若于彼时到热河，最为便益。"

"六世班禅"罗桑华丹益希（1738—1780 年），是于藏历第十二饶迥之土马年（1738 年，清乾隆三年）生在襄地扎西则（今后藏南木林宗扎西则）地方；父名唐拉，咒师出身；母名尼达昂茂，是贵族宗室之女。

1740 年，经过扎什伦布寺喇嘛寻访、考察五世班禅转世情况，在拉萨请护法神"降神"之后，七世达赖喇嘛派代表，会同噶厦政府官员，共同求证；最后确认罗桑华丹益希就是前一世班禅的转世灵童。七世达赖喇嘛便正式通知扎什伦布寺，并通知驻藏大臣纪山，请他转告清朝高宗皇帝；不久便得到了乾隆皇帝的恩准。七世达赖喇嘛给六世班禅取法名"罗桑华丹益希"。金鸡年（1741 年）六月四日，将灵童迎到扎什伦布寺日光殿举行了"坐床"典礼；乾隆帝特派专使与七世达赖喇嘛的代表一起，由颇罗鼐陪同到扎什伦布寺祝贺“坐床”典礼。

火牛年（1757年）二月，七世达赖喇嘛在拉萨圆寂，六世班禅对七世达赖喇嘛的逝世，感到十分悲痛，下令扎什伦布寺全体僧众哀悼三天，并诵经祈祷七世达赖喇嘛早日转世。这一年六月，由经师罗桑群佩在扎什伦布寺为六世班禅授比丘戒。1760年，六世班禅派人在后藏托布嘉地方寻访到了八世达赖喇嘛的转世灵童后，经乾隆皇帝恩准，接到了扎什伦布寺，由六世班禅为他剃发并起了法名。1762年，在六世班禅的主持下，为八世达赖喇嘛在布达拉宫举行“坐床”典礼。1766年，乾隆皇帝遣使到扎什伦布寺册封他为六世班禅，颁给了金册、金印。金册的大意是：“赞叹班禅是扎什伦布寺的一名德高望重的高僧，且是达赖的上师，精通佛法，要向僧俗公众宣传善法，要整体发展卫藏的佛教事业，努力使卫藏的每一位百姓都能知书达理、幸福安康。”班禅大师写了一封奏折向皇上谢恩。1769年，他31岁时，乾隆皇帝又赐给了一颗用230两黄金铸成的有藏、满、蒙三种文字的“班禅额尔德尼”金印。

乾隆四十三年（1778年），乾隆皇帝为庆贺自己的七十大寿，邀请六世班禅进京。西藏宗教首领进京朝觐清帝，始于五世达赖喇嘛。据“顺治九年（1652年）十一月癸丑，达赖喇嘛至，谒上于南苑”，顺治皇帝以南苑射猎为名，采取了与五世达赖喇嘛偶然相遇的方法，避免了相见时礼节的繁缛。相见后，顺治皇帝为达赖喇嘛赐坐，赐宴。达赖喇嘛则向顺治皇帝进献马匹等物品。顺治皇帝还“特建西黄寺于京师，以居五世达赖喇嘛”。五世达赖喇嘛在京住了两个多月，于顺治十年（1653年）二月离京返藏。乾隆皇帝认为六世班禅来京为其七旬万寿节祝寿，是清王朝“吉祥盛世”的象征。因此，不惜动用大量的人力和物力，为六世班禅额尔德尼一行的到来做了周密的迎接工作。在京师西北部三山五园之一的静宜园和承德避暑山庄北仿照西藏扎什伦布寺修建了“昭庙”和“须弥福寿之庙”供班禅大师驻跸，并同时命人在圆明园最大的藏传佛教寺庙“月地云居”添建“法源楼”供班禅大师游览圆明园时休憩礼佛。

乾隆四十四年（1779年）六月，六世班禅额尔德尼率领三大寺堪布及僧职人员百余人开始离藏赴承德，当时，护送的僧俗官员和马队多达两千人，盛况空前。七月六日到达拉萨，六世班禅额尔德尼与八世达赖喇嘛辞别，互献哈达，各道珍重。十三日队伍到达黑水（今那曲），在此遇由京复命之堪布降白洛桑奉来谕旨，并颁乾隆皇帝御容（皇帝画像）一幅，以表皇帝的欢迎。年底，班禅一行抵达青海塔尔寺，又接到御赐朝珠、鞍马、哈达等物。因天渐寒冷，六世班禅要在塔尔寺过冬，乾隆特赏御用水獭皮大衣、水獭皮帽给班禅，并特别嘱咐："见物如晤面，望冬季穿用，速来会晤。"乾隆四十五年（1780 年）三月，六世班禅等人从塔尔寺启程继续东行。至阿拉善时，气候渐暖，决定安排班禅一行在此放痘，接种天花，以备免疫。随行苏本（管活佛膳食的人）劝班禅接种，班禅说："我却无碍，惟汝等将入人烟稠密之地，恐染此疾。"六月，收到乾隆派人赠送的御用金顶黄轿一乘、红黄伞盖各二顶、幢幡四套、仪仗四十件。自此，六世班禅由骑马改乘黄轿。到多伦诺尔时，命御前侍卫丰绅济伦"赐敕书及嵌珠帽、金丝袈裟等物"，并告知班禅，皇帝五月初已赴避暑山庄，佛的居处须弥福寿之庙已落成，寺内陈设齐备，专待驾至。七月，乾隆又派人赐西瓜、香瓜等水果。

七月二十一日，六世班禅额尔德尼一行在皇六子永瑢和章嘉国师、尚书永贵的陪同下来到了承德，当日至避暑山庄的澹泊敬诚殿朝觐乾隆，并向乾隆皇帝敬献吉祥哈达、无量寿佛及跪请圣安。六世班禅额尔德尼在承德一月有余的时间里，乾隆为他在避暑山庄的万树园举行了四次大型的夜宴，其中包括两次夜晚观火戏（燃放烟花）。夜宴之际举行了具有民族特色的相扑、杂技、赛马、什榜（音乐舞蹈）等文体活动，并在避暑山庄东宫清音阁大戏楼连续演戏至十日。

六世班禅额尔德尼在皇六子永瑢的陪同下，于八月二十六日离开承德，九月初一进驻北京西黄寺。乾隆皇帝并没有陪同六世班禅额尔德尼一行一起回京，而是用了大概十多天时间，从承德避暑山庄至东陵祭奠后返回京师城外的南苑与班禅大师相见。过后，又用大约十天时间至西陵祭奠后与班禅大师在香山静宜园昭庙会面。清东陵位于京东河北省遵化县瑞昌山脚下，离京大约 125 公里。清顺治和康熙帝陵寝都在东陵。西陵位于北京西南方向河北省易县梁各庄西永宁山下，乾隆皇帝的父亲雍正皇帝与乾隆的母亲孝圣皇太后就葬在此陵中，离京大约 120 公里。为什么在六世班禅额尔德尼一行人来京这么重要的时候，乾隆还要往返奔波于东西二陵祭奠？这和此前在承德及六世班禅额尔德尼一行人东行以来乾隆百般照顾的态度有很大区别。其实这些安排都是乾隆皇帝为了避免与班禅大师在礼仪上的冲突，乾陵皇帝恰恰是在其奔波于东西陵祭奠的时候安排六世班禅额尔德尼参观京师各大皇家园林。

据《章嘉国师若必多吉传》记载：当班禅大师在圆明园观赏胜景时，章嘉国师对大师说："圣上因前世所发殊胜心愿，为表示对佛教领袖尤其是对您的崇信，才请您到此为园林内外祝福加持。此园是不许其他大臣进入的御花园，由此观之，福田施主前生结有深缘，今日才得以实现，实在奇异。"如果当时乾隆帝在京，那么作为"主人"又是班禅大师的受法弟子，如不陪同则有欠礼数；如陪同，那么许多皇家园林连朝廷重臣都不被准许入内，唯独藏地而来的番僧却能在皇帝的陪同下自由进出，则更不合礼数。因此，乾隆皇帝就刻意在此期间避离京城前往东西二陵祭奠，等班禅大师最后在香山昭庙进行开光仪式后一同与大师入京，减少了礼制冲突，又维护了团结，可谓一举两得！

九月初四，六世班禅额尔德尼在皇六子永瑢、章嘉国师的陪同下游览了有着万园之园美称的圆明园，乾隆为了这次班禅大师圆明园之行早在乾隆四十三年（1778 年）就下令在圆明园最大的一组藏传佛教建筑——月地云居东侧添建"法源楼"。

月地云居，亦总称"清净地"，是圆明园四十景之一，南北长 190 米，东西宽 230 米，占地 4.3 万平方米，建筑面积 6100 平方米。月地云居一景，原称安佑宫，曾是供奉雍正帝神御之所。乾隆二年（1737 年）二月御书"安佑宫""清净地""妙证无声""大觉真源""莲花法藏""戒定慧"和"妙群生"匾文，于同年十二月挂讫安佑宫。乾隆三年（1738 年）正月乾隆登基后首次驻跸圆明园，三月二十五日迎奉雍正帝御容于安佑宫，乾隆皇帝并屡至行礼。乾隆五年至八年（1740—1743 年），在此景西北旷地另建皇家祖祠安佑宫之后，此处改建成佛寺，乾隆九年六月御书"月地云居"匾，次年六月挂于三世佛殿内。乾隆四十四年（1779 年）月地云居东侧添建"法源楼"。并亲笔御书"法源楼"匾。同年五月降旨，法源楼匾额四样字，交造办处做铜字，九月中旬自热河回銮时安挂。

六世班禅额尔德尼游览西郊诸多皇家园林时就暂住月地云居景区。班禅大师住月地云居时，其随行僧侣一同前往，其中近侍喇嘛二十二人住在月地云居东侧新修的法源楼周边房屋内。在月地云居周边支蒙古包一个，帐房两个，以备为班禅大师熬茶之用，其余僧侣则在月地云居景区西南门外搭帐房居住。乾隆皇帝还安排圆明园内府三旗护军统领及护军轮番演戏，并派内府捕役昼夜在圆明园内巡逻，以确保六世班禅额尔德尼一行人的安全。

根据皇六子永瑢九月初七奏报给乾隆皇帝的奏折内容记载：九月初四班禅大师一行至长春园含经堂等地游览并参观了西洋楼景区。在参观大水法西洋喷泉后，班禅大师极为赞赏，对陪同的皇六子永瑢说："此次所见，小僧不仅见所未见，而且闻所未闻，想必额斯润宫亦不过如此。此水法能够喷水，甚属奇特，其如何制造，实难想象，诚属完美之至。"在福海乘坐瀛海飞龙船时，将船楼升高凭观，班禅大师更是赞叹其做工之精巧！九月初五，班禅大师前往圆明园舍卫城和长春园法慧寺拈香，返回月地云居时再次经过大水法，班禅大师登上台阶仔细观赏水法，赞叹不已。九月初六，班禅大师游览完圆明园九州清晏、茹古涵今、长春仙馆等景区后回到黄寺。

班禅大师在圆明园游览的三天期间，凡是经过乾隆皇帝御座时，均合掌献上哈达，在圆明园重要景点或寺庙供佛处，班禅大师均诵念吉祥诗叩献哈达。

十月二十七日，班禅微感不适，乾隆遣御医诊视，发现天花。乾隆亲临问候，并命皇六子永瑢加倍注意病情和饮食状况。十一月初一，班禅高烧，乾隆派人送去貂皮大氅、皮褥等物。当日下午四时，六世班禅圆寂，享年42岁。

乾隆厚祭班禅，亲率王公大臣谒灵，由章嘉国师撰写祈祷文，在黄寺内建起灵堂。乾隆四十六年（1781年）二月十二日，六世班禅灵柩在理藩院尚书与班禅随从护送下，从京师起程，沿途受到各族群众的礼拜。

二月十三日，首领董五经奉旨：在圆明园月地云居法源楼下明间北墙靠背上用淳化轩御制笺万福流云绿色纸二张，写御制辛丑送圣僧班禅额尔德尼舍利归后藏诗，以志惜诗。

八月下旬，安抵扎什伦布寺，被供奉于该寺建造的银塔之内。

六世班禅额尔德尼作为清代历史上唯一一位曾进京觐见的班禅，生前受到了乾隆皇帝超越常规的隆重接待和无上尊崇。乾隆皇帝以三世章嘉为师，听其讲授佛法并接受灌顶。他和这位国师在佛法方面发生密切联系的过程，既是他研究藏传佛教理论和教义的过程，同时也是乾隆皇帝信仰藏传佛教的历程。因此，对于六世班禅的到来，乾隆表现了超乎寻常的热情。在六世班禅主持须弥福寿之庙的开光仪式后，陪同乾隆皇帝的三世章嘉活佛，感慨万分地对六世班禅说：我在皇帝身边多年，从未见到他如此高兴过……圣上对您专程来祝寿，是十分满意的，他对您的信仰和喜爱超乎寻常！

六世班禅朝觐乾隆皇帝，密切了清中央政府与西藏地方的联系，增强了西藏地方对祖国的向心力，促进了中华民族的大团结和多民族国家的巩固和发展。这是历史发展的必然趋势，也是乾隆皇帝和六世班禅顺应历史潮流的结果。

圆明园月地云居景区在咸丰十年（1860 年）被英法联军焚毁，今遗址上还保留有四个当年乾隆皇帝为了迎接六世班禅大师的到来而在清净地山门前添建的牌楼夹杆石让我们凭吊那段历史。

六世班禅入觐的历史背景

许得存　文厚泓*

摘要　全面展示六世班禅入觐的社会历史背景，才能全面解析该事件的历史意义。与以往的历史背景研究不同，文章以社会总体史的综合视角，结合心态史学的主体视域，全面研究六世班禅所处的时代背景、政治变迁、经济状况、社会文化、周边交往、后藏史地、班禅社会活动等，首次综合性地展示了六世班禅入觐所处的整体历史背景。

关键词　清代西藏　六世班禅　入觐　历史背景

六世班禅洛桑巴丹益希（1738—1780年）进京入觐，是我国清代史、民族关系史、西藏历史上的大事。但要挖掘其历史意义，需要先全面把握历史事件所处的社会背景。目前，学界研究六世班禅朝觐的文章不少，但研究这一史事背景的成果不多；《六世班禅进京史实研究》（王晓晶，博士论文，中央民族大学，2011年）、《六世班禅额尔德尼研究》（柳森，博士论文，中央民族大学，2012年）有专章分析，然仍缺乏对历史背景综合分析的研究成果。

"新史学"的主要代表法国年鉴学派所倡行的"社会总体史"方法②，在现当代史学界具有重要地位，值得长期关注史料志的西藏史学界借鉴采用。

以汉藏相关史料为基础，以法国年鉴学派所主张的"总体史学"为视

---

* 许得存：西藏民族学院民族研究院院长、研究员，华东师范大学中国哲学博士生导师；文厚泓：贵州大学马克思主义学院讲师。

② 法国第一代年鉴学派的代表人物史学家吕西安·费弗尔（Lucien Febvre，1878—1956年）和马克·布洛赫（Marc Bloch，1886—1944）主张融合地理学、经济学、社会学、心理学、人类学、语言学等各门社会科学甚至自然科学为一体，历史不再是政治史，而是社会的历史，是"总体史"。

角，以中时段方式①，本文首次从政治、地理、外交、经济、文化等宏观背景与人物史、人物心态等微观背景方面，全面展示六世班禅入觐所处的整体历史背景，冀以有助于全面把握六世班禅入觐的历史原因与历史意义。

一、六世班禅所处的清帝国时代背景

18 世纪中叶，清朝正处于康乾盛世。中原地区经济发达，社会安定；文化重新繁荣，编纂了《康熙字典》《古今图书集成》《四库全书》等；对外贸易发达，茶叶行销于俄国，丝制品见爱于日本，瓷器、漆器、地毯、首饰盛销于欧洲；国库充盈，并规定以后皆以 1711 年为准，不再增加丁税；军事强盛，采取西式地车，昭莫多一战结束了游牧民族骑兵占优势的历史；在边疆地区采取了“众建而分其势”的策略，并以武力成功平息了蒙、藏贵族所发动的一次又一次叛乱，先后将西藏、外蒙古、新疆纳入行政管辖与沙俄确立了北部疆域，国土面积远较明时辽阔；高丽、暹罗、安南、尼泊尔、不丹皆为属国。对外贸易，清政府长期实行海禁政策；乾隆时，仍设立江苏松江、浙江宁波、福建厦门、广东广州四个对外贸易的窗口。乾隆二十二年（1757 年），清政府颁布了更为封闭的“一口通商”政策，只允许广州十三洋行从事对外贸易。英国东印度公司对中国的商业贸易状况不佳：“1710—1759 年，即新、旧英国东印度公司合并的五十年间，英国东印度公司向东方中国输出金银硬通货为 26,833,614 英镑，而输出货物仅为 9,248,306 英镑。”② 已在印度和孟加拉建立据点的英国东印度公司极力想改变这一状况。

清朝建立了更加遍及全国四通八达的驿道及驿传制度。入藏交通更为发达，内地往西藏的三条道路，都设有台站，并派官兵驻守巡查。青海至藏约 5000 余里，设 73 台站，四川至藏约 6000 余里，设 60 台站，云南至藏 800 余里，设 59 台站。③ 这些台站一般都派兵驻守，储蓄粮草，供应官员、军队的

---

① 第二代年鉴学派的代表人物费尔南·布罗代尔（Fernand Braudel，1902—1985 年）的《腓力二世时代的地中海和地中海世界》一书中，提出了三种历史时段（长时段、中时段、短时段）的设想，成为历史认识论上的重要贡献。

② Hosea Ballon Morse, *The Chronicles of the East India Company Trading to China 1635-1834*, Volume 1, Oxford: The Clarendon Press, 1929, p. 8.

③ 马大正：《清代的边疆政策》，北京：中国社会科学出版社，1994 年，第 421 页。

住宿，传递公文。

由于推崇黄教，蒙古诸部日渐臣服。正如乾隆皇帝所言："盖国家百余年升平累洽，中外一家。自昔达赖喇嘛之来，至今亦百余年矣。且昔为开创之初，如喀尔喀（漠北蒙古）、厄鲁特（西部蒙古），尚有梗化者；今则重熙休和，喀尔喀久为世臣，厄鲁特亦无不归顺。"① 在《钦定大清一统志》中，西藏与内蒙古、察哈尔、喀尔喀、青海等一同被列入"新旧蒙古统部"。②

二、六世班禅入觐前的西藏政治变迁及政体演变

六世班禅所处的时代，正是清政府逐步加强对西藏治理的初期，也是西藏政局由动荡渐趋平稳的时期：自1652年和硕特蒙古汗王固始汗、五世达赖喇嘛与四世班禅所派的代表入京朝觐清顺治帝并受册封以来，蒙古汗王与西藏格鲁派共同执掌西藏的局面得到了近半个世纪的稳定；但到了1705年，第巴桑结嘉措与和硕特蒙古汗王拉藏汗斗争失败被杀，拉藏汗自立新的第巴和新的六世达赖，格鲁派主政的甘丹颇章政权瓦解。

康熙四十八年（1709年），清朝政府以"西藏事务不便令拉藏独理"为由，派侍郎赫寿前往西藏"协同拉藏办理事务"，此为驻藏大臣管理西藏之始。1713年，为了平衡拉藏汗与达赖喇嘛的势力，康熙册封五世班禅为"班禅额德尔尼"；1717年，蒙古准噶尔部派兵袭据拉萨，杀拉藏汗，抢劫寺院与藏民；1720年，清军自青海、四川分两路进军西藏，封三大寺找出的达赖转世灵童格桑嘉措为六世达赖喇嘛（后默认为七世）；同年8月，清军首次进入拉萨，平定了准噶尔叛乱；1721年，清廷废除了蒙古汗王与西藏第巴联合统治体制，实行由藏人治藏的四噶伦制（首席噶伦兼管后藏与阿里），但接受清军首领的监督（一年后撤走，仅在边境、站台驻有少量兵力）。这表明蒙古汗王独掌西藏的政权体制也退出了西藏的历史。

1723年，青海和硕特部罗卜藏丹津因不满在西藏的权利被夺，带头叛清。1724年，清军入青海平叛，清廷又派兵由四川入西藏与众噶伦共同防

---

① 《清代喇嘛教碑刻录》，引自张羽新《清政府与喇嘛教》，拉萨：西藏人民出版社，1977年，第463页。

② （清）和珅等纂修：《大清一统志》卷410，清光绪二十三年杭州竹简斋石印本。

敌；事后设西宁办事大臣；1727 年，清廷决定正式在拉萨设常驻西藏办事大臣；同年夏，两位驻藏大臣在途中时，众噶伦内斗，首席噶伦康济鼐被杀，卫藏战争爆发；1728 年 8 月，清军再次入藏，协助颇罗鼐处置阿尔布巴等噶伦；清廷实行由颇罗鼐总理前后藏事务（后发展为郡王制）与驻藏大臣执行监督的管理体制；七世达赖喇嘛的权力被严格限制在宗教事务上；后又授权五世班禅对整个后藏的管辖权，五世班禅只接受了拉孜、昂仁、彭措林三个宗的管辖权。自此班禅拉章成为西藏管理一部分土地与属民的地方政权，受驻藏大臣监督，直接由中央政府领导。这表明，清廷对西藏采取了分而治之的策略。藏人噶伦联合政权模式亦告失败。

1750 年，经过二十多年的平静岁月之后，颇罗鼐之子珠尔默特那木扎勒企图谋反，被驻藏大臣设法剪除，但两位驻藏大臣被杀；七世达赖领导了平叛，六世班禅也从后藏帮助驻藏清军。清军再次进藏平乱。这表明西藏郡王专制政权模式的失败。

1751 年，也就是在六世班禅十二岁时，清廷颁定《西藏善后章程十三条》：正式废除郡王制，成立噶厦（bkva-shag），设立三俗一僧的四噶伦制，作为行政办事机构，处理日常事务；但凡重要事务，则要请求达赖喇嘛与驻藏大臣批准，钤用达赖印信与驻藏大臣关防遵行；并对西藏官员的任免作了规定；噶伦、代本等要职，需奏请中央批准；藏北三十九族和达木蒙古八旗等地方，划归驻藏大臣直接管辖，照内地例置各级官职；同时恢复西藏驻兵，均依驻藏大臣调拨。这表明清朝中央政府重新启用格鲁派势力执政，但采取了达赖喇嘛与驻藏大臣共管模式，对西藏的管理步入制度治理阶段。

1757 年，七世达赖去世，乾隆委任第穆呼图克图代理其职，掌办商上事务，被后世称为“摄政”的制度由此确立了。自此，清朝在西藏建立了驻藏大臣与达赖（更多时候是清朝中央政府任命的摄政）联合执政、由噶厦执行行政事务的政权体制。1793 年廓尔喀事件后，清廷重订藏内善后章程，进一步加强了驻藏大臣的权利。这种政权模式一直延续到清末最后一任驻藏大臣联豫退出拉萨。①

可以看出，清朝中央政府对西藏的治理是逐步加强加深的。在六世班禅

① 与五世达赖时的甘丹颇章政权不同，此种政权模式虽然也由格鲁派主理行政，但它是一种由驻藏大臣与达赖喇嘛（后藏与班禅拉章）共理西藏的政权模式。故可称为在中央政府管辖下行使权利的噶厦政权。

所处的时代，西藏已初步形成了由达赖或班禅与驻藏大臣共同执掌西藏事务的政权形态。

三、六世班禅入觐前西藏社会经济状况与内外贸易

18 世纪，清朝对西藏采取追求稳定而不是发展的政策，纳入中央管理体系的西藏在动荡中走向平稳。据《西藏志》《卫藏通志》等清代文献，乾隆二年（1737 年）时，西藏地区总人口数约 938651—1002746 人，喇嘛 316231 人，约占总人口的 31.5%—33.7%。① 政府、寺院、贵族占有全区绝大多数土地与财富，但土地的分封，皆需“奉皇帝圣谕”或得到驻藏大臣的封文。

清代西藏社会宗谿制度已成熟，社会经济结构已定型。畜牧业是西藏的主要产业。畜产品是藏民衣食之源，食物、衣裙、鞋帽多来源于畜牧产品；牦牛是主要的运输工具，牛皮船是渡河运输工具，马是主要的个人出行工具。对外贸易也依靠畜产品，牛、马、氆氇、羊毛等各种畜产品是西藏地区向尼泊尔、不丹等国和内地输出的主要商品。

农业是清代西藏社会第二大产业部门。粮食作物有青稞、小麦、豌豆、蚕豆、水稻、荞麦等，经济作物有油菜、向日葵等，蔬菜和园艺作物有圆根、葱、蒜、芫荽。种植最广的作物有青稞、小麦、豌豆、油菜。主要采取“二牛抬扛”的农耕模式，采用不锄草、不施肥的种植模式。有些地方也采取了轮种与休耕模式。

清代西藏手工业最发达、最普及的是毛纺织业，主要是氆氇。金属加工业其次，主要有佛事用品、农业用具及生活用具，如藏刀、刀鞘、镯子及鼻烟壶等。另外石器、木器、泥塑、印刷等手工业也有一定程度的发展。总体上讲，清代西藏社会经济处于落后状态。

这一时期，占统治地位的格鲁派系统已拥有了社会的主要财富及大量寺院。《西藏志》记载，在颇罗鼐时期，达赖喇嘛系统共有城池六十八处，共

① 张世明：《从清代西藏地区的经济开发看文化因素的影响》，《清史研究》1991 年第 2 期，第 40 页。

百姓一十二万一千四百三十八户，寺庙三千一百五十座，共喇嘛三十万二千五百六十众。班禅额尔德尼管寺庙三百二十七座，共喇嘛一万三千七百六十一众，境内大城池一十三座，共百姓六千七百五十二户。①

班禅系统的经济基础由五世班禅奠定，但其经济实力远小于达赖系统，扎什伦布寺属地不仅未得到扩充，加上西藏中心向拉萨转移，僧侣数量也减少到历史最低点。班禅系统的影响力呈渐弱之势。到六世班禅时期，据《大清一统志》载，扎什伦布庙楼房三千余间，有喇嘛五千余人，所属小庙五十一处，共喇嘛四千余人，庄屯十六处，部落十余处。②

清代西藏对内地的经济依赖进一步加剧。顺治初年，清政府沿袭明代茶马之制，于西宁、洮州、庄浪、河州、兰州五处设“茶马司”，西宁一度成为西藏与内地贸易的中心。但随着政府对马匹需要的下降，汉藏交易的扩大，雍正十三年（1735 年）撤销茶马司，茶马互市寿终正寝，民间汉藏贸易不绝。

同治十八年（1661 年），经达赖喇嘛请求，在云南北胜州进行互市，以马易茶。西藏输往云南的商品主要有毛织品、藏红花、贝母、鹿茸、虫草等等，从云南输往西藏的商品则以茶叶、糖等为主。雍正十三年，清政府规定，云南商贩所贩卖的茶叶每百斤为一引。

西藏与四川的贸易最为发达。四川输往西藏的货物有砖茶、哈达、靴鞋、棉布等，其中输入量最大的是砖茶。康熙四十年（1701 年），清政府在打箭炉设立关卡，雅州府所属各州向西藏运销的茶引也有规定的数额。历史上著名的打箭炉四十八家锅庄应运而生。从雍正年间起，打箭炉取代了西宁，成为西藏与内地贸易的中心。

清代西藏长期与尼泊尔、拉达克等保持贸易关系。克什米尔商人主要在阿里、拉萨、日喀则等地经商，在日喀则的克什米尔商人为数甚多。由噶厦政府任命的克什米尔头人管理。尼泊尔是西藏对外的重要通道。经尼泊尔到印度，是历史上印度与西藏的传统古道。直到 1792 年，西藏延续使用尼泊尔为藏人制造的章噶铜币。尼泊尔商人自康熙年间即在前藏居住，皆有眷属，人户众多，不下数千口。此外，藏尼边境的聂拉木、定日也是西藏与尼泊尔

① 《西藏志》卷下《附录》，清乾隆五十九年石门马俊良大西山房刻本。

② 《大清一统志》卷 413，清光绪二十三年杭州竹简斋石印本。

进行贸易的门户。清代因不丹是宗藩，西藏对不丹商人实行优惠政策，双方经济联系十分密切。

清初，英国东印度公司通过尼泊尔和不丹向西藏输入商品。后来东印度公司两次派军攻打廓尔喀，廓尔喀禁止英人及英货入尼，由尼入藏的路线遂绝。乾隆三十八年（1773 年），英国打败不丹，与不丹订立协议，由不丹向西藏输出商品的渠道遂固定下来。但英国人还不能直接进入西藏进行贸易。

四、六世班禅入觐前西藏社会文化状况

清代西藏，藏传佛教已成为社会主流的文化与最普遍的信仰，藏传佛教文化深入到人们社会生活的各个层面，佛教派别林立，寺院众多，基本上人人信佛，活佛转世制度也普遍实行于各教派。在拉萨苦心经营三十多年的罗马教廷所属的卡通清教会，也在格鲁派的打压下，被迫于 1745 年 4 月完全撤出。整个西藏社会即是藏传佛教的天地。居统治地位的格鲁派把持着社会的文化取向，五世达赖对其他教派，如觉囊派也采取了打击、排斥的态度，致使觉囊派从卫藏退出；其他教派这时也放弃了与格鲁派的争斗。在清朝中央的大力支持下，格鲁派建立了封闭式的社会文化系统。

这一时期的文化得到了全面的发展。西藏的教育被寺院教育垄断。格鲁派已建立了成熟的寺院教育体制。佛教大小五明学，成为西藏的知识体系。藏医学得到了很大发展。出现了《蓝琉璃》《医学总纲仙家盛宴》。在药学方面，绘出了 79 幅彩色的药材挂图。1730—1731 年，颇罗鼐主持重刻了《甘珠尔》；1741—1741 年，又刻完了《丹珠尔》；也出现了一批优秀的历史文学著作，如《达陇教法史》《西藏王臣史》《五世达赖自传》《颇罗鼐传》《噶伦传》《多仁班智达传》等，同时出现了西藏文学史上著名长篇小说《旋努达美》和《郑宛达瓦》；《仓央嘉措情歌》更是家喻户晓。这一时期的西藏艺术如壁画、唐卡、酥油花、木刻、雕版，取得了很大的成就。口头文学史诗《格萨尔王》进入转化期，开始佛化。羌姆舞蹈也基本定型。在五世达赖的推动下，藏戏得到了发展与丰富；丰富多彩的佛教节日，使藏区社会在动荡中保有了祥和之象。文化呈现兴盛之象。

五、六世班禅入觐前西藏与周边国家和地区的关系

因与拉达克、尼泊尔、不丹、锡金、印度接壤或相邻，西藏与这些国家和地区皆有不同程度的交往。其中，不丹、锡金、拉达克为西藏的藩属，为清朝“藩部之藩属”①。了解这些国家和地区与西藏的关系，构成了六世班禅对外交往的背景。

对于达赖和班禅与藩属国的交往，清政府规定：“廓尔喀、布鲁克巴、哲孟雄、宗木等外番部落，如有禀商地方事件，俱由驻藏大臣主持，其与达赖喇嘛、班禅额尔德尼通问布施书信，俱报驻藏大臣译出查验，并代为酌定回书。”②

拉达克在历史上信仰藏传佛教止贡噶举派，有“小西藏”之称，元时纳入中国版图。1630 年，拉达克王僧格拉杰派兵灭古格王国，占据古格、日土、普兰等地后，拒绝向西藏地方政府纳贡。1681 年，因拉达克在布鲁克巴和西藏的争端中支持布鲁克巴，引起西藏地方政府蒙藏联军的进攻。1684 年，西藏和拉达克签订和约，重申拉达克为西藏藩属，拉达克恢复每三年向西藏入贡的旧例。在六世班禅时代，拉达克与西藏的关系是稳定的。

布鲁克巴历史上为噶举派统治的地区。1637 年，主巴噶举派高僧纳姆加尔成为布鲁克巴第一任宗教和政治领袖；1644 年，他的政权得到西藏地方政府的承认；1629 年至 1714 年，布鲁克巴与西藏多次爆发战争；1731 年，布鲁克巴内乱，清政府派颇罗鼐调停，布鲁克巴归顺清朝；六世班禅两岁时，1736 年布鲁克巴第十任第巴米旁旺布接受清朝册封为“额尔德尼第巴”，此后按岁到拉萨朝贡，拜会驻藏大臣与达赖喇嘛。

公元 7 世纪，哲孟雄已是吐蕃的一部分。后来一直是宁玛派和噶举派流行的地区。1641 年，在宁玛派的支持下，来自西藏康区的蓬楚格·纳穆加尔建立君主世袭制国，但历代国王也是藏传佛教寺院的转世活佛。1700 年，布

① 这是扎洛提出的概念。详见扎洛《清代西藏与布鲁克巴》，北京：中国社会科学出版社，2012 年。

② 《卫藏通志》，上海：商务印书馆，民国二十六年（1937），第 202 页。

鲁克巴入侵锡金，锡金国王逃亡西藏避难。在藏军帮助下，锡金国王回国后，按岁到拉萨纳贡。18 世纪中叶，尼泊尔廓尔喀人和布鲁克巴不断入侵哲孟雄；1770 年，布鲁克巴再次侵占锡金；1777 年，清军进入锡金，赶走侵略者。锡金复国后，按岁到拉萨朝贡，拜会驻藏大臣与达赖喇嘛。

作为古老的多民族山地国家，尼泊尔与西藏有着长期的文化与贸易往来。尼泊尔向西藏出口大米、小麦、酥油、纸张、铁，以及铜制品，还有香料、烟草、辣椒、花生和宝石，从西藏进口盐、硼砂、金粉、羊毛制品、牦牛尾等。尼泊尔与西藏的交通主要通过后藏的聂拉木。18 世纪初，尼泊尔西部的廓尔喀部落发展起来，1742 年，普里特纳·纳那扬·沙阿登上了廓尔喀王位。1769 年，他结束了马拉王朝的统治，迁都至加德满都，基本上统一了尼泊尔各部落。到 18 世纪末期，廓尔喀人统治的尼泊尔成为向外扩展势力的国家。以后还发展到入侵后藏，抢劫班禅的扎什伦布寺。

18 世纪中叶，侵占印度的欧洲帝国主要有英国和法国的东印度公司，这是一类拥有武装、代表本国利益的特殊公司。经过斗争，法国只在科罗曼德尔等海岸拥有几个小殖民点，英国占领了绝大多数印度的土地。随着占领地的扩大，军备和管理支出不断增加，欧洲贸易下降，1770 年英国控制下的孟加拉发生大饥荒，英国东印度公司陷入财务危机；为此，东印度公司不断加强其侵略措施。1773 年，东印度公司在孟加拉取得鸦片贸易独占权。以此为据点，向中国大量走私鸦片，力图以邪恶的方式扭转中英贸易逆差，以后几年大量向中国走私的鸦片每年高达 900 吨。1773 年，不丹内乱，东印度公司出兵不丹，占领大岭、奇哈可塔和布华等地。第二年，双方订立条约，不丹每年向东印度公司纳税。这表明，英国东印度公司已向喜马拉雅山地区伸出了侵略的魔爪。正如英国学者阿拉斯太尔·兰姆（Alastair Lamb）说："如果不采取措施，通过相对容易穿越的喜马拉雅山区来发展中英贸易关系，那简直是不可思议的事情。"① 他认为西藏是"英国东印度公司对中国外交的后门"。②

---

① Alastair Lamb, Tibet in Anglo-Chinese Relations: 1767-1842, *Journal of the Royal Asiatic Society of Great Britain and Ireland.* No. 3/4 (Oct., 1957), p. 161.

② Alastair Lamb, Tibet in Anglo-Chinese Relations: 1767-1842, *Journal of the Royal Asiatic Society of Great Britain and Ireland.* p. 165.

六、后藏所处的地理位置与历史地位

后藏处于西藏的西南部，西藏周边的诸多小国家和地区，如尼泊尔、拉达克、不丹（布鲁克巴）、锡金（哲孟雄）多与后藏接壤或相邻，因此在对外交往、边境贸易、边境防务等方面皆具有重要地位。

自吐蕃王朝定都逻些（拉萨）以来，西藏的政治、经济与文化中心主要在前藏的拉萨地区，但历史上，后藏的日喀则也多次成为整个西藏的政治与文化中心：元代时，八思巴在后藏建立了以萨迦寺为中心的地方政权，统治西藏；明代，仁蚌巴以后藏日喀则为中心建立了西藏新政权；后藏巴汗基于此建立了第司政权，在这些政权统治时期，后藏的日喀则地区一度成为整个西藏的政治、经济与文化中心。

日喀则曾是帕竹地方政权时五世达赖家族的领地，他家世袭日喀则宗宗本。1642 年，固始汗与五世达赖喇嘛的联军在日喀则对藏巴汗开战，并获胜；五世达赖在日喀则宗举行过执政庆典；并将后藏地区交由四世班禅管辖。这是班禅系统管理后藏之始。1721 年，清廷废除了蒙古汗王的统治，由首席噶伦康济鼐兼管后藏与阿里；1728 年 8 月，卫藏战争中，颇罗鼐领导的后藏军队打败了前藏卫地的叛军；战后，由颇罗鼐总理前后藏事务；后又下诏授权五世班禅管辖后藏和阿里地区，但五世班禅只接受了拉孜、昂仁、彭措林三个宗的管辖权。此后，日喀则成为仅次于拉萨的西藏第二大政治、经济与文化中心。至此，清中央政府分治卫藏的管理格局基本形成。

七、六世班禅入觐前内外社会活动与影响

四世、五世班禅在西藏民众中具有的崇高威望，为六世班禅在西藏的地位打下了坚实的基础。但在七世达赖去世前，六世班禅的社会活动并不多。1740 年，被乾隆批准为六世班禅额尔德尼，第二年六月坐床。1749 年，入拉萨由七世达赖授沙弥戒。1752 年，为防准噶尔叛乱，被迎入布达拉宫住半年。1757 年，七世达赖圆寂，噶厦请他写文告通告全藏。1758 年，章嘉活佛

来后藏看望班禅，共议政务。第二年在拉萨向章嘉传授时轮灌顶；在多方就七世达赖喇嘛转世方向争议不下时，班禅指认七世达赖喇嘛在后藏转生。次年底认定后藏灵童为七世达赖转世。1761 年在扎什伦布寺为灵童剪发取名，即八世达赖强白嘉措。后为达赖戒师与经师。

对外交往方面，六世班禅是西藏历史上第一位与西方势力直接接触的宗教领袖。乾隆三十七年（1772 年），不丹国王出兵库奇·比哈尔，在逃到英属孟加拉比哈尔土王的要求下，东印度公司驻孟加拉总督赫斯汀（Warren Hastings）派军进入库奇·比哈尔，赶走不丹人，还乘机入侵不丹，侵占了阿姆巴里（Ambarli）、法拉卡塔（今噶伦堡，Kalimpong）等地区。[①] 不丹国王请求六世班禅出面斡旋。

班禅系统长期在西藏对喜马拉雅山诸国之间扮演调停者。[②] 1774 年，班禅派人带着礼物，送信给赫斯汀，申明不丹大公是达赖喇嘛的臣属，要求英国停止对不丹的侵略。赫斯汀在收到此信函后，给予了积极回应，与不丹展开谈判，双方于 1774 年 4 月 25 日在孟加拉国的威廉堡（Fort William）签订了《东印度公司与不丹之间的和平条约》。同年 5 月，赫斯汀派波格尔（Ge Qrge Bolge）以回复班禅来信为名，进入西藏，企图与西藏建立商业联系，但无功而返。

1748 年，尼泊尔俺部与廓尔喀间发生战乱，大师遣译师噶钦益希群佩前往调解。次年六月，尼泊尔与西藏边境发生战乱，大师一边书信予摄政王要求和解，一边遣译师噶钦益希群佩往尼泊尔。尼泊尔官员表示愿意遵命和解。[③]

① 到底是不丹入侵库奇·比哈尔，英国人被比哈尔国王要求出兵帮忙，还是英国人干预不丹内政，学界未有定论。但是，1773 年 4 月 5 日，库奇·比哈尔土王卡金德拉纳拉扬与英国东印度公司在加尔各答签订了条约，其主要内容包括：规定库奇·比哈尔土邦付给东印度公司五万卢比作为出兵费用；赶走不丹军队后，库奇·比哈尔将承认东印度公司在库奇·比哈尔享有最高权力；库奇·比哈尔归属孟加拉国，每年将其一半的土地税上交东印度公司。

② 1646 年、1657 年，四世班禅曾两次成功调停固始汗、五世达赖与不丹国王之间的战争。1715 年，五世班禅调停了拉藏汗与不丹国王之间的战争。

③ 嘉木央·久麦旺波：《六世班禅洛桑巴丹益希传》，许得存、卓永强译，祁顺来、李钟霖校，拉萨：西藏人民出版社，1990 年，第 84 页。

总　结

与五世达赖入京时，格鲁派在蒙古汗王的帮助下初主政权的社会背景不同，六世班禅入京前，清朝已完成了全国统一的大业，国内一片盛世景象；西藏本地的政治格局也已成型，即由达赖喇嘛与驻藏大臣联合领导下的噶厦政权管理模式，西藏政治局势已经平稳；西藏经济与内地贸易进一步发展，拉达克、不丹、锡金已成为西藏藩属，与尼泊尔的交往得到发展；与英国东印度公司有了初次联系；西藏的文化在这一时期有了很大发展，六世班禅也基本完成了对八世达赖的教育，六世班禅的社会地位与声誉日益提升，可以说，他完全具备了东行入京的条件，可以一了前两世班禅未完成的入觐之愿。

《大乘要道密集》与西夏文本关系再探

孙伯君*

摘要 此前，通过黑水城出土西夏文本目录和已经刊布的汉文本，人们曾感到《大乘要道密集》中所收萨迦派、噶举派传承的“道果”法、“大手印”法经典与西夏所传藏传密法有很大关联，并猜测《大乘要道密集》所收诸多汉文本可能最早是西夏时期翻译的。通过对勘，我们发现有些西夏文本题名与内容均可以勘同，但有些虽然题名一致，而实际内容却不一样，这一事实提醒我们注意：西夏文本与汉文本有千丝万缕的联系，反映了西夏与元代的藏传密教之间有很深的渊源，这是毋庸置疑的，但不能只根据西夏文本的题名就判断汉文本可能最早是西夏时期翻译的。

关键词 西夏学 藏传佛教 《大乘要道密集》 俄藏黑水城文献

一

如所周知，西夏曾经盛行藏传密法，尤其是在西夏仁宗（1139—1193 在位）时期，萨迦派和噶举派等教法甚为流行，据西夏仁宗乾祐二十年（1189年）御制《观弥勒菩萨上生兜率天经发愿文》记载，当时在西夏首都兴庆府附近的大度民寺所做的大法会上，曾“延请宗律国师、净戒国师、大乘玄密国师、禅师、法师、僧众等，请就大度民寺内，具设求修往生兜率内宫弥勒广大法会，烧施道场作广大供养，奉无量施食，并念诵佛名咒语。读番、西

* 中国社会科学院民族学与人类学研究所研究员

番、汉藏经及大乘经典，说法作大乘忏悔”。[①] 而据《大乘要道密集》卷四中“大手印伽陁支要门”，其中的“大乘玄密国师”，即“玄密帝师”，是噶举派著名祖师米拉日巴（铭啰辢啰悉巴）的再传弟子。[②] 此前，学者曾通过黑水城出土西夏文本的内容，发现《大乘要道密集》中所收萨迦派、噶举派传承的“道果”法、“大手印”法经典与西夏所传藏传密法有很大关联。这一现象是西田龙雄先生首先指出的，他在1977年出版的《西夏文华严经》第3册中把《道果语录金刚句记》与《大乘要道密集》中的同名经典联系到一起，[③] 之后又在《西夏语佛典目录编纂之诸问题》中介绍了西夏文《大印究竟要集》《大手印顿入要门》《大手印定引导要门》等与藏密“大手印法”有关的经典，并简要翻译了其中有关传承体系的内容。[④] 此后，这一现象受到了藏学界的普遍重视，陈庆英、沈卫荣等先生先后撰写了系列文章，就西夏帝师与藏传佛教祖师的传承关系、西夏遗存文献与《大乘要道密集》汉文本的关联加以论述，并通过黑水城出土西夏文本目录和已经刊布的汉文本，进一步指出《大乘要道密集》所收诸多汉文本可能最早是西夏时期翻译的。[⑤] 索罗宁则通过对俄藏西夏文 инв. №2841、№7216 所收大手印经典以及《大印究竟要集》内容的考察和分析，指出《大印究竟要集》所代表的是12世纪西夏的“大手印”法传承体系，而《大乘要道密集》则代表的是西夏晚期的“大手印”传统。[⑥] 最近，笔者也对俄藏“大手印”法经典的几种西夏文本进行了解读，并通过与《大乘要道密集》中汉文本的对勘，发现有些西夏文本虽然与汉文本题名完全相同，但内容不一致，并提醒学界注意：首先，不

---

① 聂鸿音：《乾祐二十年〈弥勒上生经御制发愿文〉的夏汉对勘研究》，载杜建录主编《西夏学》第4辑，银川：宁夏人民出版社，2009年，第42—45页。

② 元八思巴等编：《大乘要道密集》卷四，台北：自由出版社，2003年，第107页。

③ 西田龙雄：《西夏文の华严经》第3册，京都：京都大学出版社，1977年，第24页。

④ 西田龙雄：《西夏语仏典目录编纂の诸问题》，载 Е. И. Кычанов, *Каталог тангутских буддийских памятников*, Киото: Университет Киото, 1999. XXXⅧ – XLV.

⑤ 陈庆英：《〈大乘要道密集〉与西夏王朝的藏传佛教》，《中国藏学》2003年第3期；陈庆英：《大乘玄密帝师考》，《佛学研究》2000年，总第9期，第138—151页；沈卫荣：《序说有关西夏、元朝所传藏传密法之汉文文献——以黑水城所见汉译藏传佛教仪轨文书为中心》，载沈卫荣《西藏历史和佛教的语文学研究》，上海：上海古籍出版社，2010年，第440—459页；沈卫荣：《〈大乘要道密集〉与西夏、元朝所传西藏密法》，载沈卫荣《西藏历史和佛教的语文学研究》，上海：上海古籍出版社，2010年，第347—391页。

⑥ 索罗宁：《西夏文“大手印”文献杂考》，载沈卫荣主编《汉藏佛学研究：文本、人物、图像和历史》，北京：中国藏学出版社，2013年，第235—267页。

能只根据西夏文本的题名就判断《大乘要道密集》中的同名汉文本可能最早是西夏时期翻译的；其次，西夏时期盛行的萨迦派、噶举派教法或许与元代的传承文本颇有不同。① 本文拟在此前研究的基础上，通过西夏文本和《大乘要道密集》汉文本的对勘，梳理两种文本的复杂关系，从而为进一步判断《大乘要道密集》汉文本与西夏文本的关联，进而讨论元代藏传佛教与西夏的传承关系提供参考。

二

在进一步把多部黑水城出土西夏文本与《大乘要道密集》汉文本综合比较之后，我们发现它们之间大概有几种复杂关系：

1. 正如此前学者注意到的，黑水城出土几种“大手印”法经典的西夏文本与《大乘要道密集》中所收汉文本题名与内容基本可以勘同，可确定两种译本均自藏文原本翻译而成。如：俄藏 инв. №2841 号中所收《大手印八镜要门》《大手印九种光明要门》《大手印十三种法喻》等与《大乘要道密集》中所收同名经典内容基本一致。此合抄本索罗宁曾介绍过，② 下面选择《大手印八镜要门》中卷首一段加以对勘：

西夏文：

[illegible]！

[illegible]

①　孙伯君：《黑水城出土〈大手印定引导略文〉考释》，《西夏研究》2011 年第 4 期，第 12—19 页；孙伯君：《俄藏西夏文〈大手印定引导要门〉考释》，载沈卫荣主编《西域历史语言研究集刊》第五辑，北京：科学出版社，2012 年，第 189—208 页；孙伯君：《黑水城出土藏传佛典〈中有身要门〉考释》，载四川大学中国藏学研究所主编《藏学学刊》第九辑，北京：中国藏学出版社，2014 年。

②　索罗宁：《西夏文“大手印”文献杂考》，第 235—267 页。

[illegible]，[illegible]。[illegible]，[illegible]。）[illegible]（[illegible]，[illegible]。[illegible]、[illegible]，[illegible]。[illegible]，[illegible]，[illegible]，[illegible]，[illegible]。）

译文：

敬礼最妙上师等！

《大手印之八种明镜要门》。**见色眼之明镜者**（所有诸色，种种显现，皆心影像。镜中影像，虽略有，实无体，不离于镜）；有空不二界内真（身自心起，有相无体。不离于识，若了空有不二，即是双融清净）；**听声耳之明镜者**（声性本无，虚从因起，犹如响声，实无所有。闻好声时，爱着；闻恶声时，生憎嫌。推察实体，不可得声也）；声空不二界内净（声性即空，空性即声。双了不二，声性无生）；**闻香鼻之明镜者**（声性本空，从妄分别。能知觉所知觉，俱无自性。犹如清风，好香恶香，虚假知觉。根本不了，则双融不二成也）。

汉文本：

《大手印八镜要门》①

敬礼最妙上师等！

见色眼之明镜者（所见色境，皆心影像，与空不二。如镜中像，现而无体，不离于镜）；色空双融界内净（色自心起，有相无体。不离于识，若了空有。不二即是双融清净）；**听声耳之明镜者**（闻性本无，声从因起，犹如响声，实无所有。闻好声时，有何爱着？闻恶声时，岂可憎嫌？推察其体，别无所得）；声空无生界内净（声性即空，空性即声，双了不二。声性无生，五色八相，都无所有）；**闻香鼻之明镜者**（其性本空，从妄分别，能闻所闻，俱无自性。犹如清风，香之好恶，虚假闻觉，若了无根本，成双融不二）。

通过对勘，夏、汉文本的内容可以勘同，据此判定两种译本均自藏文原本翻译而成，当无疑义，惟两种文本是否同时翻译尚待进一步确定。

2. 黑水城出土西夏文本与《大乘要道密集》中所收汉文本题名稍有差

① 《大手印八镜要门》，载《大乘要道密集》卷四，第415—416页。

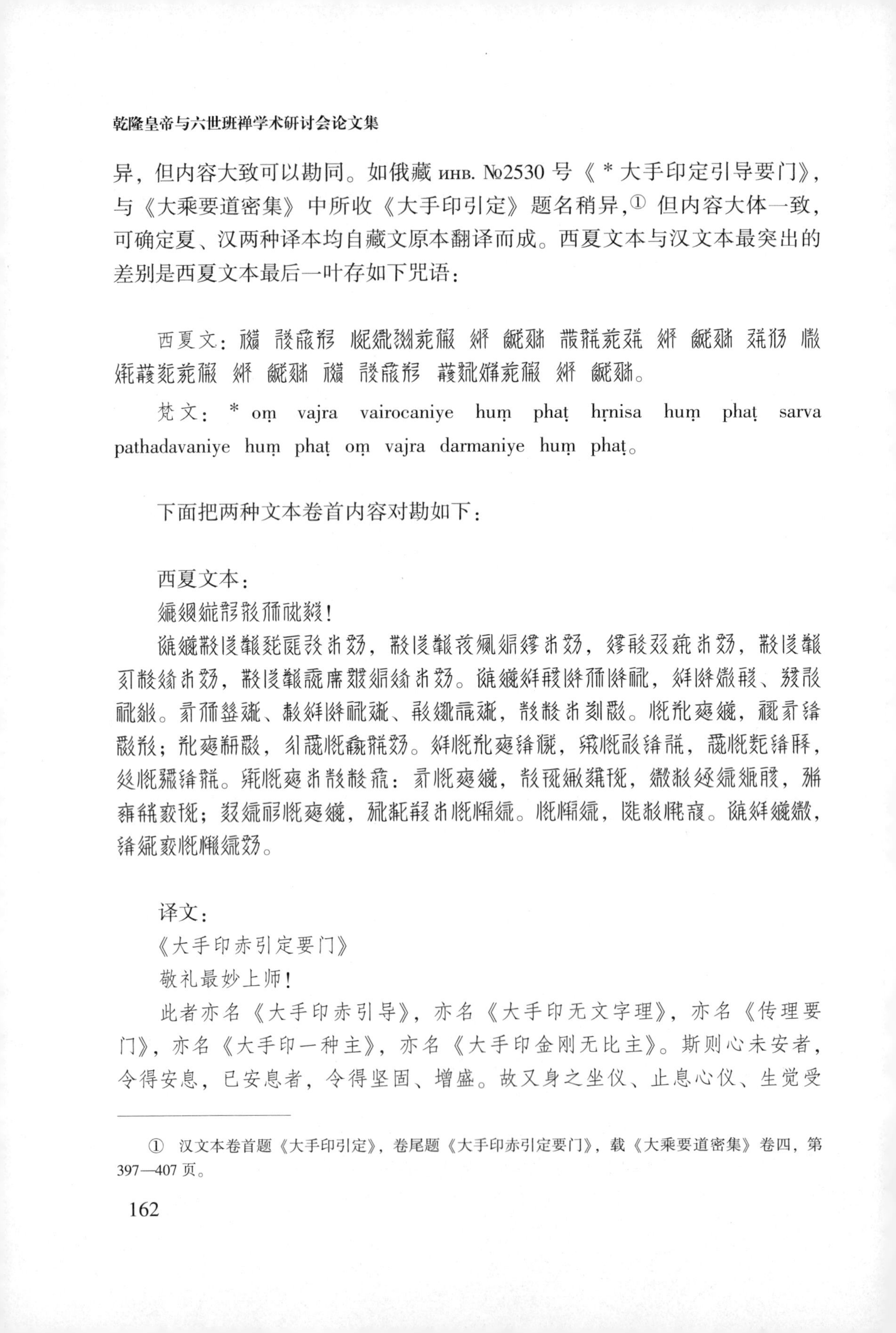

异，但内容大致可以勘同。如俄藏 инв. №2530 号《 * 大手印定引导要门》，与《大乘要道密集》中所收《大手印引定》题名稍异，[1] 但内容大体一致，可确定夏、汉两种译本均自藏文原本翻译而成。西夏文本与汉文本最突出的差别是西夏文本最后一叶存如下咒语：

西夏文：[illegible]

梵文： * oṃ vajra vairocaniye huṃ phaṭ hṛnisa huṃ phaṭ sarva pathadavaniye huṃ phaṭ oṃ vajra darmaniye huṃ phaṭ。

下面把两种文本卷首内容对勘如下：

西夏文本：

[illegible]！

[illegible]

译文：

《大手印赤引定要门》

敬礼最妙上师！

此者亦名《大手印赤引导》，亦名《大手印无文字理》，亦名《传理要门》，亦名《大手印一种主》，亦名《大手印金刚无比主》。斯则心未安者，令得安息，已安息者，令得坚固、增盛。故又身之坐仪、止息心仪、生觉受

---

① 汉文本卷首题《大手印引定》，卷尾题《大手印赤引定要门》，载《大乘要道密集》卷四，第397—407 页。

仪，三种之法，亦如也。不修整者，正是法身；修整是过，不获圣道。心不整则明，水不动则澄，道不谬则近，果不缘则证。不修有三：身不修者，如旷野弃尸，纵任而住，如草绳断；语不修者，不思何意；（心）不思者，以紧缠缚。纵任此心，则解脱不疑。

汉文本：

敬礼最妙上师！

然此引定，亦名《大手印赤引导》，亦名《大手印无文字理》，亦名《传理要门》，亦名《大手印一种主》，亦名《大手印金刚无比主》。斯则心未安者，令得安息；已安息者，令得坚固；坚固者，令增盛。故又身之坐仪、止息心仪、生觉受仪，三种之法，唯斯是矣。所以云：不修整者，正是法身，修整是过，不获圣道。心不整则自明，水不动则自澄，道不谬则自近，果不缘则自证。不修有三：身不修者，如旷野尸，纵任而住，或如柴蔞断，任运而住；语不修者，不应谈说；心不修者，意勿缘虑。故有颂曰：不须急切系缚心，纵任解脱无所疑。

通过对比可知，除了题名稍异外，两种译本内容上并无太大差别，个别字句的区别，如西夏文本“已安息者令得坚固、增盛”，汉文本作“已安息者令得坚固，坚固者，令增盛”等，只是翻译表述上的问题，可确定夏、汉两种译本均自藏文原本翻译而成。

3. 黑水城出土西夏文本与《大乘要道密集》中所收汉文本内容基本可以勘同，如俄藏 инв. №892 和№7216 号所收《大手印顿入要门》，与《大乘要道密集》中《新译大手印顿入要门》内容一致。不过，汉译本不仅题名上较西夏文本增加了“新译”二字，而且款题“果海密严寺玄照国师沙门慧贤传，果海密严寺沙门慧幢译”亦不见于西夏文本。这两点不同，可能预示着《大乘要道密集》汉译本是元代新译的。下面是两种文本卷首一段的内容：

西夏文本：

《[illegible]》

[illegible]！

[illegible]，[illegible]：[illegible]（[illegible]，[illegible]

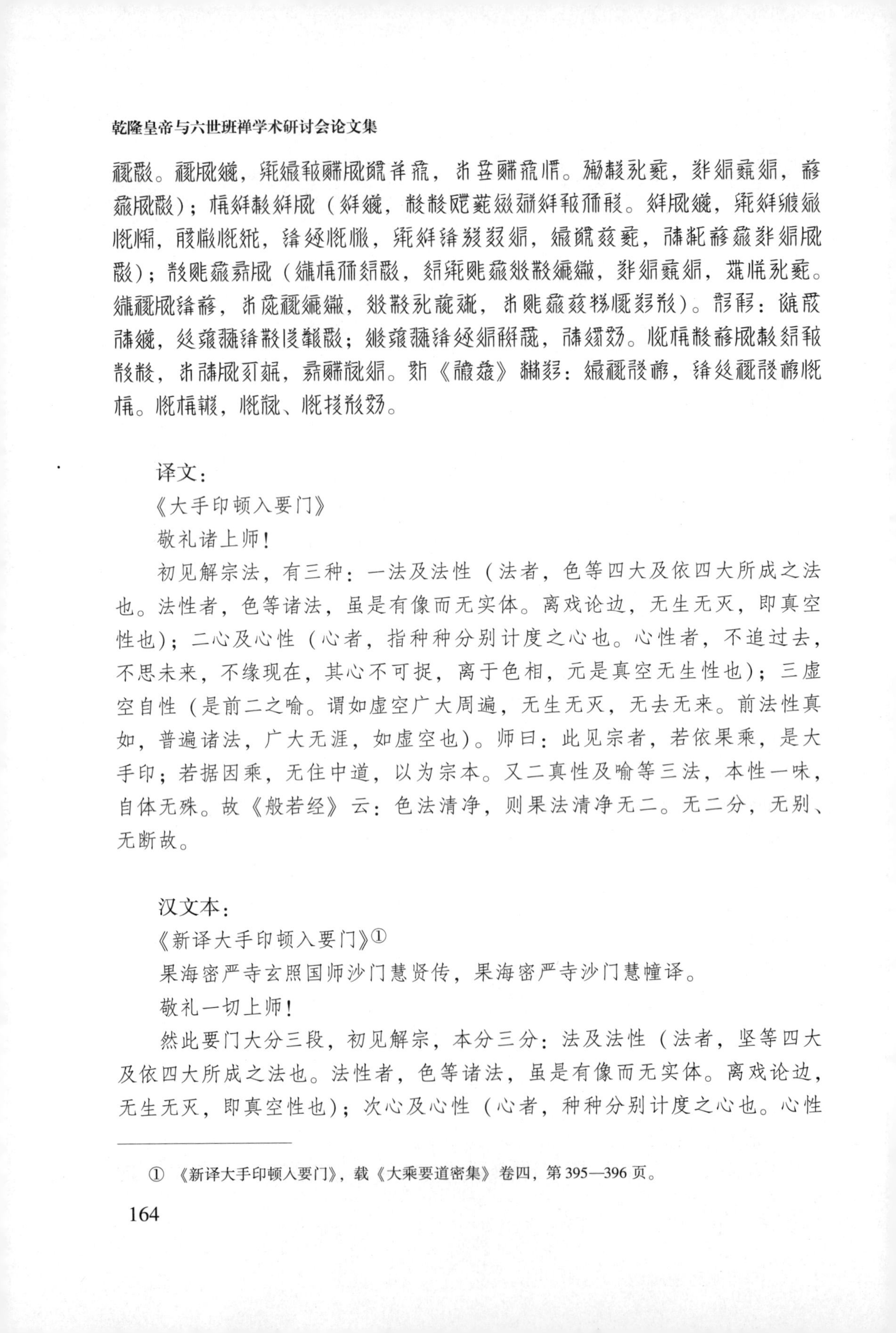

[illegible]

译文：

《大手印顿入要门》

敬礼诸上师！

初见解宗法，有三种：一法及法性（法者，色等四大及依四大所成之法也。法性者，色等诸法，虽是有像而无实体。离戏论边，无生无灭，即真空性也）；二心及心性（心者，指种种分别计度之心也。心性者，不追过去，不思未来，不缘现在，其心不可捉，离于色相，元是真空无生性也）；三虚空自性（是前二之喻。谓如虚空广大周遍，无生无灭，无去无来。前法性真如，普遍诸法，广大无涯，如虚空也）。师曰：此见宗者，若依果乘，是大手印；若据因乘，无住中道，以为宗本。又二真性及喻等三法，本性一味，自体无殊。故《般若经》云：色法清净，则果法清净无二。无二分，无别、无断故。

汉文本：

《新译大手印顿入要门》①

果海密严寺玄照国师沙门慧贤传，果海密严寺沙门慧幢译。

敬礼一切上师！

然此要门大分三段，初见解宗，本分三分：法及法性（法者，坚等四大及依四大所成之法也。法性者，色等诸法，虽是有像而无实体。离戏论边，无生无灭，即真空性也）；次心及心性（心者，种种分别计度之心也。心性

① 《新译大手印顿入要门》，载《大乘要道密集》卷四，第395—396页。

者，不追过去，不思未来，不缘现在，不可识认，离于色相，元是真空，无生性也）；后虚空自性（斯乃即是前二之喻。谓如虚空广大周遍，无生无灭，无去无来。法性真如，亦复如是。普遍诸法，广大无涯，如虚空也）。师曰：此见宗者，若依果乘，是大手印；若据因乘，无住中道，以为宗本。又二真性、喻等三法，本性一味，自体无殊。《般若经》云：色法清净，故果法清净无二。无二分，无别、无断故。

通过对勘可知，两种文本内容上只有几处稍有区别，如西夏文本“初见解宗法，有三种”，汉文本作“然此要门大分三段，初见解宗，本分三分”，这些差异不过是译法的不同，可确定夏、汉两种译本均自藏文原本翻译而成。

4. 西夏文本与汉文本同名，但内容完全不能勘同。比如俄藏西夏文本инв. №0913，题名为“[illegible]”，直译作“道果语录金刚句之解释记”，意译为“解释道果语录金刚句记”，[1] 此本与《大乘要道密集》中所收汉文本《解释道果语录金刚句记》同名。西田龙雄先生曾认为两种本子可以勘同，且均译自藏文本，[2] 藏学界也曾把它作为有力的例证讨论《大乘要道密集》中的汉文本可能是西夏时期翻译的。[3] 经过对勘，西夏文本与汉文本的内容迥然有别。下面是夏、汉两种文本卷首内容：

西夏文本：

[illegible]

[illegible]！

[illegible]，[illegible]。

[illegible]，[illegible]。

[illegible]，[illegible]。

[illegible]，[illegible]。

[illegible]（[illegible]）：[illegible]，[illegible]，[illegible]。[illegible]

---

① Е. И. Кычанов, *Каталог тангутских буддийских памятников*, Киото: Университет Киото, 1999. стр. 545.

② 西田龙雄：《西夏文佛经目录》第 76 号，《西夏文华严经》Ⅲ，京都：京都大学文学部，1977 年，第 24 页。

③ 陈庆英：《〈大乘要道密集〉与西夏王朝的藏传佛教》。

[illegible]
[illegible]
[illegible]

译文：

《解释道果语录金刚句记》第一

敬礼诸上师！

妙音摄受深慧□，□□经义诸智照。

难时生死如顶珠，堕金刚渡坏有度。

见义名者皆爱乐，悲他饶足实恭敬。

如意宝解金刚句，集妙师语利益彼。

默有自在觅栗瓦巴大师之金刚句三分：一初义，二体义，三尾义。一初义者，是妙真等二句，敬礼上师并明解说传语。谓妙真上师者，身体上独依功德有四种解：一种增睦禁断金刚上师；二种□□智金刚上师；三种密等生智解金刚上师；四种究竟真如一切义法说最胜清净金刚上师等。

汉文本：

《解释道果语录金刚句记》①

北山大清凉寺沙门慧忠译，中国大乘玄密帝师传，西番中国法师禅巴集。

五密义相续不绝处，令获成就及生诸功德，故以四耳传教示道者。即文云：密乘耳传，四母不绝故也。释曰：此有义句，相续不绝二母中。今此言义相续不绝者，有四：一、主戒江河不绝；二、摄受相续不绝；三、师要绳墨，了不误谬；四、以敬信力，充足自心。

第一复三：一、因主戒河不绝；二、道主戒河不绝；三、果主戒河不绝。一、因主不绝者，谓自未得主，不可与他受主戒，故须自己先于上师上、中、下三法事中选依一种，备受四主。其师亦须相续得主，如觅栗瓦巴师，于化身智空行母等处，全得四主，以迄于今时者也。

通过对勘可知，两种文本内容完全不能勘同。不过我们注意到文中均提

① 《解释道果语录金刚句记》，载《大乘要道密集》卷三，第171—200页。

到了“觅栗瓦巴大师”，可以推测两种译本均属于传自觅栗瓦巴大师的“道果”法经典。觅栗瓦巴（Virvapa）大师，又译作必哩(二合)啞巴、密哩斡巴、密哩啞巴、觅啞巴等，是将“道果”法传入吐蕃的印度八十五成就师之一，《大乘要道密集》中《密哩斡巴上师道果卷》《修习自在密哩啞巴赞叹》《修习自在拥护要门》的“修习必哩(二合)啞巴观想次第”、《成就八十五师祷祝》等等，[①] 均有谈及或赞叹觅栗瓦巴大师的语句。据传他颇能饮酒，《成就八十五师祷祝》中曰：“善能逆流大江河，饮酒指住红日轮。其名号为密哩(二合)啞巴，上师尊处我敬礼！”一行沙门慧觉亦曾在《大方广佛华严经海印道场十重行愿常遍礼忏仪》卷第十四中辩证地谈及大师的饮酒，曰：“如觅啞巴大师，虽则饮酒，吐出其乳。又为助禅定力，则于大象囊中，饮一皮囊，亦则无妨。若非助定力，如水滴许亦不应饮。以此观之，于放逸中，虚浪妄饮，岂可得也？诸僧俗等应诫慎之。”[②]

5. 除了《大乘要道密集》之外，俄藏汉文文献中也存有很多译自藏文的密教经典，有些经典与黑水城出土同名西夏文本也不能勘同，比如俄藏 инв. №7116 号《中有身要门》，此经《大乘要道密集》未见收录。两种译本题名虽然一致，但内容却大相径庭，最明显的区别是汉文本为散文，西夏文本几乎全篇为便于诵读的七言偈颂。下面是两种文本卷首的内容：

西夏文：

《[illegible]》

[illegible]

[illegible]

---

① 上述记载分见《大乘要道密集》卷三、四，第 169、304—305、313、320 页。

② 唐兰山云岩慈恩寺护法国师一行沙门慧觉依经录，宋苍山载光寺沙门普瑞补注，明钦褒忠义忠荩四川布政佛弟子木增订《大方广佛华严经海印道场十重行愿常遍礼忏仪》，载《卍新纂续藏经》第 74 册，No. 1470。

译文：

《中有身要门》

大度民寺内中国觉照国师　法狮子　传

oṃ namo guru 以修觉证而拙火，以梦觉证而幻身，以睡觉证而光明。不修觉证之夺舍，夺舍法与迁识异。此者现世之正觉，乃说令其得达法。此世正觉如不证，密意方便之上道。中有身之证法说，已灭上师如此求。中有身亦有二种：谓之耳传中有身，要论总论之纲要。所修不惟十五法，如以下说所了解。彼者中有身本体，中有十五法亦谓。前面耳传中有者，有三种义当了解：一者生死中有身，二者梦之中有身，三者有之中有身。

汉文本：

《中有身要门》①

糖麻蘖上师传　官厮当译

夫中有身者，各有三种。中有三者，谓生死、梦想、轮回也；身三种者，谓熟习气、意、身是也。然此三种，何法系属？与贪、嗔、痴而相系属。谓生死中有身，与慧主系属；梦想中有身，与忆识系属；轮回中有身，与师父、师母系属。

很明显，上述夏、汉两种译本并非出自同一原本，这一现象可以佐证这部“大手印”法经典在河西地区有不同的传承体系。

三

《大乘要道密集》与西夏的关联，还体现在诸文本的译音用字颇有西夏时期汉语河西方音的特点，下面是相关的梳理：

---

① 汉文本《中有身要门》，刊布于俄罗斯科学院东方研究所圣彼得堡分所、中国社会科学院民族研究所、上海古籍出版社编《俄藏黑水城文献》第五册，上海：上海古籍出版社，1998 年，第 106—112 页。

1. 卷一《依吉祥上乐轮方便智慧双运道玄义卷》《拙火定》中,[①] 梵文 Avadhūti，对译为“阿斡⿰寧六帝”，其中 dhū 对“⿰寧六”，符合夏译佛经陀罗尼中与梵文 tu、du、nu 对音普遍使用“切身”字“⿰丁六”“⿰寧六”“⿰寧各”和“⿰丁各”的典型特征;[②]

2. 卷四《金瓔珞要门》中梵文 Vajra 对译为“末⿰口则啰(二合)”，j－“⿰口则”相对；梵文 Indrabhūti，对音为“因嘚啰(二合)波矴”,[③] dhi 对“矴”；藏文 Tilopa，对译“丁哴巴”，lo 对“哴”等,[④] 符合河西方音梗摄“矴”字失落辅音韵尾－ŋ；宕摄“浪”字失落辅音韵尾－ŋ 之后元音高化等典型特征；

3. 卷四《师承等处奉集轮仪》中梵文 gana，对译作“遏捺”，ga 对“遏”，符合河西方音影母开口字“遏”读 g－的典型特征。

由此，我们可以推断，《大乘要道密集》中上述汉文本与西夏有关，换句话说，凡是对音用字与西夏时期河西方音特点相符的汉文本，极有可能是西夏时期翻译的，如果是元代翻译，其译者也可能是来自西夏故地河西。

值得注意的是，《大乘要道密集》中有些篇章的对音用字与西夏时期译音用字特点大不相同，不具有河西方音的典型特征，如：

1. 卷四《北俱卢洲延寿仪》中有咒曰：“捺麼 孛塔牙 捺麼 塔哩麻牙 捺麼 僧伽牙 怛的牙塔 唵 啞得(一字念)爹 癹爹 必爹 孤难爹 怛葛(一字念)隔 塔怛隔 怛啰葛(一字念)隔 呼噜 麻帝 兮里兮里 密里密里 三巴葛(一字念)尼牙 尾巴葛(一字念)恰癹 目捺赞南细萨 萨埵 班荅 莎曷。”此陀罗尼所用汉字除了未见西夏译经常见的对音用字外，还有一个突出地方与西夏时期的对音传统不甚符合，即对译梵文复辅音，用“一字念”来标记，而西夏陀罗尼对音遵循唐宋传统用“二合”两字来标记，由此，可以推测此仪轨是元代翻译的，可以佐证沈卫荣先生关于其成书年代不应早于元朝末年的猜想。[⑤]

2. 卷四《五方佛真言》中所收录真言，只可见到河西方音的一些痕迹，下面是“阿弥陀佛根本咒”与梵文和西夏智广于西夏天庆七年（1200 年）编定的《密咒圆因往生集》的对比：

---

① 见《大乘要道密集》卷四，第 46、53 页。

② 孙伯君：《西夏新译佛经的对音研究》，北京：中国社会科学出版社，2010 年。

③ Indrabhūti，在《大乘要道密集》卷四《成就八十五师祷祝》中对音为“因得啰(二合)部底”。

④ 见《大乘要道密集》卷四，第 425、430 页。

⑤ 沈卫荣：《〈大乘要道密集〉与西夏、元朝所传西藏密法》，第 369 页。

梵文:

namo ratna trayāya namo ārya-amitabhaya tathāgataya arhate samyaksaṃbuddhaya tadyathā oṃ amṛte amṛtisambhave amṛta saṃbhave amṛtagarme amṛtasiddhaṃ amṛtateje amṛta vikrānte amṛta vikrānta gāmini amṛta gagana girtikari amṛta garhavisvare sarva arthasādani sarva garma garśa gśayo gare svāhā.

《五方佛真言》汉译本:①

唵 那谟 癹葛斡谛②哑篾达癹耶 荅塔葛达耶 哑哩合(二合)谛 三藐克(二合)三勃塔耶 荅牒塔 唵 哑梅哩(二合)谛 哑梅哩(二合)都忒③(二合)癹微 哑梅哩(二合)荅 三癹微 哑梅哩(二合)荅葛哩昆(二合)哑梅哩(二合)荅些提 哑梅哩(二合)荅的济梅哩(二合)荅 月葛囒(二合)都 哑梅哩(二合)荅 月葛囒(二合)荅 葛(引)篾尼 哑梅哩(二合)荅 葛葛那 吉哩的(二合)葛哩 哑梅哩(二合)荅 敦④合撒莎哩 萨哩呃 哩塔(二合)萨塔尼 萨哩斡(二合)葛哩麻(二合)鬲梨(二合)摄 彻扬 葛哩 莎诃

《密咒圆因往生集》汉译本:

捺么 啰捺 嘚啰(二合)也(引)也 捺麻 啊(引)吟拽(二合)啊弥怛(引)末(引)也 怛达(引)遏怛(引)也 啊啰诃(二合)矴 萨灭三莫嚓(引)也 怛涅达(引)唵 啊密嘌(二合)矴啊密嘌(二合)多纳末(二合)永 啊密嘌(二合)怛三末永 啊密嘌(二合)怛遏吟喻(二合)啊密嘌(二合)怛西寧 啊密嘌(二合)怛矴啨 啊密嘌(二合)怛觅悔磷(卢间反二合引)矴 啊密嘌(二合)怛觅屹磷(上同)怛遏(引)弥你 啊密嘌(二合)怛 遏遏捺鸡(引)吟帝(二合)葛吟啊嘧嘌(二合)怛嫩努觅厮斡(二合)吟 萨吟末(二合引)吟达(二合)萨(引)嚓你 萨吟末(二合)葛吟麻(二合)屹令(二合)折 疙折(二合)哊 葛吟 莎(引)诃(引)

我们知道,《密咒圆因往生集》汉译本中用“矴”对梵文 te,“啨”对梵文 je,“遏”对梵文 ga,“涅”对梵文 dya,“哊”对梵文 yo 等等,反映了 12

① 《五方佛真言》,载《大乘要道密集》卷四,第 293—294 页。

② 《五方佛真言》汉译本首句“唵 那谟 癹葛斡谛”,对应的梵文当为 * oṃ namo bhagavate,与梵文原文 namo ratna trayāya namo ārya 有所不同。

③ 都、忒,分别与梵文 ti 和 sam 对译,与北方汉语和河西方音均不合,疑误。

④ 敦,与梵文 gar 对应,不合,疑误。

世纪河西方音梗摄字“矴”“精”等字失落辅音韵尾 - ŋ，影母开口字“遏”读 g -，泥母字“涅”读 nd -，宕摄字“养”失落韵尾 - ŋ 之后元音高化等特点，具有西夏译经用字的典型特征。而《五方佛真言》汉译本中这些用字换作“谛”对梵文 te，“济”对梵文 je，“葛”对梵文 ga，“牒”对梵文 dya，符合元代北方方音的特点，只有宕摄字“扬”对梵文 yo，还可以看出一些河西方音的遗迹。由此，我们推测，《五方佛真言》的翻译可能已经到元代中晚期了。

上述对音情况与两种文本对勘所呈现的特点可以互相佐证。

四

如所周知，夏元之交，西夏故地河西，尤其是与藏区毗邻的甘州、永昌、凉州等处，是藏传密教“大手印”法广为传行之地，这些密法随着元代西夏遗僧到中原传法而被带往内地。据现藏洛阳白马寺《故释源宗主宗密圆融大师塔铭》所载一行慧觉的生平：“公讳慧觉，杨氏，姑藏人，父仕西夏为显官。夏亡，易服为苾刍，隐居求道，物论美之。公幼读书，聪颖不群，少长，志慕佛乘，遂祝发为僧。时西北之俗笃信密乘，公服膺既久，深得其道。……世祖皇帝诏海内德望校经于燕，公从护法，以见赐宗密圆融大师之号。会永昌王遣使延公启讲于凉，公之道大振于故里，创寿光、觉海二寺。……真觉殁，公亦西归，群雄乖竞，释源鼎沸。诏以公为宗主，错枉举直，因能任事，逾期而百废具修，寺以大治。寻以太后诏驰驲适凉，修佛事，为国延釐。公有家童四十余人，至是，悉良之。以皇庆二年五月甲寅卒于白马寺。”由此可知，“大手印”法在夏末元初仍广泛传播于西夏故地，期间内地和河西的密法交往颇为密切。

尽管如上所述，有些西夏文本与《大乘要道密集》汉文本存在不能对勘的情况，但毋庸置疑，多数文本内容关系密切，尤其是“大手印伽陀支要门”所反映的传承体系与俄藏西夏文№7216 号中《大手印伽陁支要门》（[illegible]）残存部分的传承惊人一致，即：

[illegible]①[illegible]……[illegible]……[大手印要门师承者，真实究竟名满传与菩提勇识大宝意(解脱)师，此师传与萨啰曷师，此师传与萨啰巴师，此师传与哑斡诺帝巴，此师传与辢麻马巴，此师传与铭哆辢啰悉巴，此师传与(辢)麻辢征，此师传与玄……]。

上述师承中，西夏文“[illegible]”，与汉文本“铭哆移辢啰悉巴”对应，此师学界一般认为即噶举派在西藏的第一位祖师米拉日巴（1040—1123年），藏文 Mi-la-ras-pa。② 按照宋代河西方音的读音规则，“铭哆辢啰悉巴”当拟为 mi-zi-la ras-pa，其中“哆”多见于《番汉合时掌中珠》的对音汉字，放在精母字前面描摹西夏语的齿头浊音 z，如“[illegible]”，对音汉字为“哆则”，拟音为 *zjɨr²。③ 西夏文“[illegible]”，在俄藏西夏文 инв. №2885 中又译为“[illegible]”，两种译名均可拟为 mi-zi-la ras-pa。④ 奇怪的是，这两个译名与汉语一致，却与藏语有些差别；此外，“玄密”，在俄藏西夏文 инв. №941《弥勒上生经御制发愿文》中曾译为“[illegible]”，此处残存“[illegible]”，当是“玄（密）”之音译。⑤

《大乘要道密集》的对音用字情况与西夏文本与汉文本的对勘所呈现的复杂关系促使我们得出如下结论：1. 西夏文本与汉文本有千丝万缕的联系，反映出西夏与元代的藏传密教之间有很深的渊源，甚至可以说有些文本最早

---

① [illegible]，原文误作“丑”。

② 陈庆英：《〈大乘要道密集〉与西夏王朝的藏传佛教》。

③ 龚煌城：《西夏语言文字研究论集》，北京：民族出版社，2005年，第16—20页。

④ 西田龙雄：《西夏语仏典目录编纂の诸问题》；克恰诺夫：《西夏佛典目录》第XXXIX页，京都：京都大学，1999年。

⑤ “[illegible]”，西夏语拟音为 ŋwer¹，属疑母字，音译匣母字“玄”（胡涓切，匣先合四平山），可以做如下解释：河西方音疑母合口字与匣母四等合口字读音相近。《大乘要道密集》中有喻四母三等字“馀”与匣母四等字“兮”同用与 yi 对译的例子，如：lūyipa 大师，在《大乘要道密集》卷四《金璎珞要门》（第426页）中对译为“噜馀巴”，而在《成就八十五师祷祝》（第319页）中对译为“噜兮巴”，说明喻四母三等字与匣母四等字读音相近，而西夏文献中既有疑母开口四等“霓”与喻四开口三等“荑”同用一个西夏字注音，又有疑母合口三等“原”与喻四合口三等“沿”同用一个西夏字注音的情况（龚煌城：《西夏语言文字研究论集》，北京：民族出版社，2005年，第515—516页），说明疑母合口字“[illegible]”用作匣母字“玄”注音是可能的。

是西夏时期翻译的；2.《大乘要道密集》中的有些汉文本可能是河西僧人在夏末元初新译的，就像《新译大手印顿入要门》提示给我们的一样；3. 有些西夏文本和《大乘要道密集》同名汉文本内容上并不能勘同，因此，不能只根据西夏文本的题名就判断汉文本可能最早是西夏时期翻译的；4. 西夏文本与同名汉文本可能是出自同一个传承体系的不同文本。

浅析明代宗教建筑彩画

李沙　任军*

摘要　明代宗教建筑彩画是我国建筑文化遗产的重要组成部分，它承载着丰厚的多民族传统文化基因。藏传佛教当时在中央腹地得以广泛传播，与汉传佛教建筑同时并存，相互影响，已形成内地与西藏文化相互交融态势。于是，明代的宗教建筑彩画常带有浓郁藏文化元素，传达出丰富的藏族特有的美学观念，它与建筑构架一同营造了朴素端庄而充满对比变化的宗教建筑环境。深入研究宗教建筑彩画的演变，将有助于理解我国多民族文化发展脉络。鉴于当时汉藏多领域充分的交流互通，导致建筑彩画表现出异彩纷呈的局面。从建筑彩画的纹饰图案、设色规律、结构布局等均体现多民族文化艺术间相互影响与渗透。经过调查分析研究汉藏结合的建筑彩画珍贵资料，不仅可以充分理解汉藏文化艺术的融合意义，而且对于继承和发扬优秀的古代建筑文化具有现实意义。

关键词　明代　宗教建筑　彩画　文化　交流

一、古代建筑彩画的基本功能

（一）建筑学层面

以木构架为主要结构方式的东方建筑体系，因其建筑材料的物理特性以

---

* 本文为北京市哲学社会科学规划项目（项目编号：13WYB035）研究成果之一。
李沙：北京建筑大学教授；任军：北京建筑大学硕士研究生。

及所处地理环境，必须得到相应手段的维护，中国古代建筑彩画的根本意义是对木构起到保护作用。而传统建筑彩画工艺正是针对木构特性所形成的彩画油饰系列保护性措施之一，是因建筑结构导致的必然性。

（二）伦理学层面

中国古代建筑彩画的形成与完善历程中，被注入了明显的儒家文化基因。从而承担着彰显伦理、区别建筑物主人的社会地位之作用，是体现建筑等级的主要标志之一。通过不同的图案纹饰和不同的材料与施工工艺，即可明确建筑物的等级以及建筑功能。

（三）宗教学层面

明代宗教建筑彩画承载着藏传佛教的文化信息，表现佛教题材愈加丰富，隐喻传达趋吉向善、祈祥纳福。表达精神层面的追求，是宗教文化在建筑形式上的延伸。

（四）美学层面

以丰富的形式语言、精美的色彩元素以及传统工艺来构筑中国传统木构建筑的形式美，其精致的雕刻和华丽的彩画令木构建筑本体熠熠生辉，折射出中华民族的审美取向与审美情趣。

二、宗教建筑彩画题材的融合

早在元代，朝廷曾拨巨款资助在内地大规模修建汉藏结合的佛教寺院，并在西藏建造装修萨迦南寺①等宗教建筑群。建筑型制同时融入汉族、印度和宗教的建筑设计语汇，宗教的典型装饰元素显而易见。壁画与内檐彩画形象生动，色彩绚丽，骑象献宝图以及甬道壁画有边舞边演奏胡琴或边舞边吹奏笛子的乐舞菩萨，形象妩媚动人。这是西藏与汉地文化交流的见证。

---

① 萨迦南寺：位于西藏仲曲河南岸的玛永扎玛平坝上。1268 年萨迦第一任本钦释迦桑布奉八思巴之旨，以杰日拉康为蓝本设计，建筑平面呈方形，东西长 214 米，南北宽 210 米，占地面积 44940 平方米，建筑结合了汉、印、藏建筑风格，建筑平面酷似坛城。

明代汉藏之间政治、经济、文化、艺术交流得以繁荣发展，西藏与内地使节往来穿梭，之后兴建许多汉藏结合的佛教寺院，虽然建筑型制接近传统汉族建筑，但内部空间、壁画、彩画、雕刻等则呈现出明显的宗教特征。

三、宗教建筑彩画形式的融合

明代早期，宗教建筑彩画艺术形式呈现出三种不同的特点。第一是典型的汉式风格，其纹样元素、结构形式及色彩规律均不同程度地遗留着宋代《营造法式》中五彩遍装与碾玉装的模式。上述传统工艺及其设色规律不同程度地显现于早期明代旋子彩画之中；第二种为典型的藏式风格，如佛陀、观音、菩萨、护法神形象的曼荼罗藻井以及长城箭垛等藏传佛教的经典题材和藏族传统图案彩画；第三种为汉藏风格的结合形式。多以典型的藏式唐卡风格呈现于天花，同时梁枋彩画则是典型的汉式风格，二者在此有机地融合于一体。其中青海乐都县瞿昙寺①便是典型例证。可见汉藏艺术文化的融合是明代内地宗教寺院流行的一大趋势。

明代宗教建筑彩画形式主要以旋子类图案出现。金、青、绿色彩画的色彩规律业已基本形成，其图案形象变化多端，特别是旋花心造型更是形态各异，进而发展为以“一整两破”为基础，根据找头的长短进行增加或减少旋花单元，形成多样的旋子结构形式。

明代宗教建筑彩画，融入了大量的唐卡表现手法，它与汉族传统建筑彩画的表现手法相互渗透，形成更加生动的建筑艺术效果。

藏族的唐卡原本是按《量度经》标准绘制的藏式卷轴画。被称为“可以流动的壁画”和“流动的寺庙”，逐渐构成它在宗教中的稳固地位。唐卡艺术作为宗教艺术门类之一，其产生与藏传佛教的产生紧密相连，其发展也与宗教的发展紧密相关。公元 629 年，松赞干布统一西藏，他曾先后迎娶了尼泊尔赤尊公主和唐朝文成公主，这两位公主分别从尼泊尔和中原内地带来了

---

① 瞿昙寺：位于青海省乐都县的大型明代宗教建筑群，始建于 1392 年。明太祖朱元璋亲笔题写“瞿昙寺”，明朝初年的四位皇帝（明太祖、明成祖、明仁宗、明宣宗）先后下了 7 道敕谕，历时 36 年修建完成瞿昙寺。1427 年仿北京紫禁城太和殿的隆国殿落成，瞿昙寺的规制更加宏伟。成为安多政教合一的大寺，是朝廷同青海藏区进行联系，推行“抚边”政策的枢纽。

大量的佛教经典、营造工艺以及大批工匠，这对西藏文化的发展起到了积极的推动作用。

四、宗教建筑经典彩画分析

通过对瞿昙寺内各主要建筑彩画的实地调研，发现该宗教建筑群的建筑彩画保存完好，可谓汉藏结合建筑彩画表现手法相互渗透的典型代表，特别是其室内天花及梁坊彩画展现了十分生动完美的艺术效果。

瞿昙寺建筑群中等级最高的是隆国殿①的建筑彩画，从建筑伦理学视角分析，这与其建筑物自身定位相符。尽管外檐原有彩画大部分已经剥落，但从残存部分尚可看出系青绿旋子彩画，在构图和设色方面属于明代晚期风格。由于瞿昙寺地处青藏高原，空气干燥，室内彩画保存尚好，却与殿外檐彩画型制有所不同。色彩以石青、石绿和银珠为主。彩画基础构图为一整两破形式。将其视为最高等级的彩画源于殿内彩画重点部位使用了金黄色。虽然未用贴金工艺，然而视觉效果却不亚于点金旋子彩画。

在这座宏伟大殿的内檐，天花采用朱红色退晕的佛像及宝杵图案的枝条形式，形成以佛像为中心的构图，周围环绕以八尊小佛像，四角有宝杵的纹饰，呈现以朱色退晕和金色为主的基本色调，伴随青绿退晕的点缀色。天花枝条纹饰很有特色，除了在十字交叉口有宝杵的纹饰外，枝条中间也有宝杵的纹饰。值得注意的是，这在常见的明代彩画天花形式中极为少见。因此成为瞿昙寺彩画的独特之处。由此可见，明代建筑彩画的纹饰设计多受宗教影响，是汉藏文化艺术融合的例证，其颜色搭配以及比例关系均显示很强的秩序感，颇具唐卡风韵。

整个宗教建筑群中历史最悠久的是瞿昙殿②，其建筑彩画以明代官式风格与地方风格并举。经考证，自1393年瞿昙殿落成以来，其内檐彩画基本未曾重修，已保存了622年。依稀可见明太祖朱元璋亲笔题写的“瞿昙寺”巨

---

① 隆国殿建于1427年，是瞿昙寺的主体建筑，重檐庑殿顶，面阔七间，进深五间，面积912平方米，建于3.2米月台之上。

② 瞿昙殿建于1393年，重檐歇山顶，面阔五间，前抱厦三间，周围厚墙内筑有一圈暗廊，为宗教早期殿宇格局。

型匾额，艺术价值和历史价值不可小觑，时间给予建筑彩画的重量感让人无不为之动容。

通过对比分析，瞿昙殿内檐彩画的色彩配置以朱红色为基调，檐檩彩画基础构图为一整两破的如意云旋子，如意云纹成为瞿昙殿内檐彩画的基础纹饰，莲花座纹饰写实度颇高，栩栩如生，寓意着宗教圣地之纯洁。方心与找头的比例和谐，方心内的纹饰是以朱红色衬托的佛像，其神情安详，服饰飘逸，仪态自然。这与明代官式彩画空方心的特征有所不同。殿内天花的另一形式为朱红色基调的佛像图案，三尊佛像位于朱、绿相间的莲花之上，佛像身后绘有灿烂佛光。令殿内彩画的色彩趋于完整统一。

从色彩学视角分析，瞿昙寺建筑群彩画的整体色彩配置以朱红、青绿退晕①并点缀金色，与常见的以青绿退晕为主的明式彩画有一定差异，更似于宋代五彩遍装的艺术特征，笔者认为这是明代具有上承宋代下启明清艺术特征的建筑彩画形式，具有重要的参考价值。

三世殿位于瞿昙寺建筑群的东侧，其北次间脊檩彩画与众不同。梵文包袱方心被设置于石榴花旋眼无金旋子彩画中央。在色彩设置方面，青绿相间缠枝纹的软包袱边、朱红色包袱衬托出醒目的梵文成为点睛之笔（见图 1）。显而易见，此彩画同时融入了汉藏建筑彩画的设色理念，表现了藏区在高原地域文化影响下偏爱暖色调和强烈对比的艺术审美观。在彩画的整体构图上，充满着图案的对称均衡、色彩的对比统一、整体的比例严谨，又不失灵动，体现了和谐的构图节奏与韵律。

图 1　瞿昙寺三世殿　石榴花旋眼梵文包袱方心无金旋子彩画

复原：彭梅　李佳曈

大鼓楼是瞿昙寺建筑群的侧翼建筑，壁画精美生动，斗拱玲珑剔透，雕卷云绘佛像，彩画纹样古朴雅致，令整个建筑空间熠熠生辉，堪称汉藏结合

① 青绿退晕，常规的青绿退晕是指石青和石绿两种颜色的退晕对比，而瞿昙寺的青绿退晕除了常规的石青石绿对比还包括石青与灰色的退晕对比，用灰色代替青色，达到区分等级的目的。

建筑彩画的经典之作。斗拱间端庄的佛陀稳坐于朱红与青绿相间莲花宝座之上，衬以五彩斑斓之佛光，极具宗教象征性的唐卡装饰图案使整体空间强调向心和聚集的理念，力图达到藏传佛教精神境界的追求，蔚为壮观（见图2）。垫板绘制互补形式降魔云，额枋呈现出石榴花心凤翅瓣旋子彩画，明代彩画形式特征暴露无遗。

图2　瞿昙寺大鼓楼　墨线无金旋子彩画

复原：李沙　田民岚

四、结论

基于对明代宗教建筑彩画实例分析，可见汉藏文化交流在明代的大政治背景下，无论是在建筑学层面、伦理学层面、宗教学层面，还是美学层面上均得以充分展现。而上述领域充分的融合导致其宗教建筑彩画表现出异彩纷呈的局面。纹饰图案、设色规律、结构布局等体现汉藏文化及艺术的相互影响与渗透。瞿昙寺建筑彩画不仅是明代宗教建筑彩画与西藏唐卡相结合的典型代表，而且融入了雪域高原的艺术特征，所以彩画在汉藏文化的融合下，令当时的宗教建筑兼具多种文化气质，引导着人们对审美的更高追求。这些具有宗教意蕴的建筑彩画将明代的文化特征精彩呈现，属于珍贵的古代建筑彩画典范，具有特殊的艺术研究及历史研究价值，对于继承和发扬优秀的古代建筑文化具有现实意义，值得更加深入地研究和发掘。

中国古代建筑彩画艺术不仅给人带来视觉愉悦，同时饱含着多民族传统文化之深邃底蕴，经过综合分析明代宗教建筑彩画的功能、题材、形式特点，以彩画经典案例研究中国古代建筑彩画的内涵，从深层次理解明代历史文化背景下宗教建筑彩画的深邃意蕴和精彩表现，将有助于继承、保护和弘扬这一传统建筑艺术形式，探索传统建筑彩画创新发展途径，也需要在融会贯通的基础上，将包含多民族传统元素的建筑文化遗产完整地传承，给建筑彩画这一独特的艺术瑰宝赋予新的生命力。

参考文献

[1] 张秀芬：《元、明、清官式旋子彩画分析断代》，中国文物保护技术协会第六次学术年会论文集，北京：科学出版社，2010 年。

[2] 彭梅:《明早期官式建筑彩画研究》,北京:北方工业大学,2013 年。

[3] 刘鹏、李沙：《瞿昙寺建筑彩画形式美研究》，《建筑学报》2013 年第 52 期。

[4] 李沙、彭梅：《中国古典建筑彩画的新生》，《中国建筑装饰装修》2012 年第 5 期。

[5] Andrew Bowie, *Aesthetics and Subjectivity*: *from Kant to Nietzsche*, Manchester: Manchester University Press, 1990.

[6] 李沙、彭梅：《明式建筑彩画色彩控制，建筑我们的和谐家园》，《2012 年中国建筑学会年会论文集》，北京：中国建筑工业出版社，2012 年。

[7] 李沙、侯启月：《中国经典建筑彩画继承与设计实践》，《第五届全国环境艺术设计大展优秀论文集》，北京：中国建筑工业出版社，2012 年。

[8] 王晓珍：《从河湟地区传统建筑彩画看藏汉文化交融》，西安美术学院，2013 年。

从香山静宜园造园特点看昭庙的植物景观营造

李　博*

摘要　宗镜大昭之庙坐落于以自然景观为主，具有浓郁山林野趣的大型山地皇家园林香山静宜园之中，植物景观是宗镜大昭之庙的重要组成部分之一，也是昭庙景观空间的构成要素，同时作为一种重要的媒介，既传播了宗教文化，又表达了宗教理念。本文通过阐述香山静宜园的造园特点，以此对昭庙植物造景艺术特征进行总结，分析昭庙的造景手法及绿化的表象特征，并提出昭庙今后园林植物配置中的发展优化建议。

关键词　香山　造园特点　昭庙　景观　营建

一、香山静宜园及昭庙简述

香山静宜园位于北京西北郊西山东麓，是一座以自然景观为主，具有浓郁山林野趣的大型山地皇家园林，其沟壑起伏、林木繁茂，清康熙皇帝在西郊开始兴建香山行宫，将其作为临时驻跸的一处行宫御苑，至乾隆十年，乾隆皇帝利用康熙“旧行宫之基，葺垣筑室”，并御题二十八景，赐名“静宜园”。静宜园依山而建，景致“惟山林最胜”。1780 年香山的最后一组建筑宗镜大昭之庙建成后，形成内垣、外垣、别垣的造园格局，景观建筑近百处，亭台楼阁、云蒸霞蔚，在“三山五园”中占一山一园，于西山皇家园林群中独领风骚。

---

* 北京市香山公园管理处助理工程师。

宗镜大昭之庙为香山静宜园最后一组落成的建筑，它坐落在静宜园别垣中部山麓，占地9100平方米，原建筑约15330平方米，属汉地藏传佛寺，其坐西向东，主体呈方形碉式，条石为基，高厚坚固，规模宏伟。总体为藏式建筑，但细部装修又体现出汉式风格，是一座汉藏混合样式的大型喇嘛庙，建成于乾隆四十五年（1780年），是为迎接六世班禅进京向乾隆皇帝祝贺七十大寿而修建的。

二、静宜园造园特点

香山选址不仅符合《园冶》中所述“园地惟山林最胜，有高有凹，有曲有深，有峻有悬，有平有坦……自成天然幽趣，不需多费人力之功”的山地园特点，更符合坐西向东依山而面水拱卫京城之意向的帝王造园思想。

中国自古就有借景造园的传统，而香山亭台楼阁，依山而起，红墙绿瓦掩映于松柏青藤之中，处处体现“借山林造景”的特点。香山山环水抱、重峦叠嶂的自然环境和居高临下俯瞰全局的地貌形胜，营造出山峦屋宇若隐若现，庭中松柏浓荫蔽天，伫立檐下尽收远山翠色，置身林中草木芳香萦身的园林意境，尽显旷奥相融、虚实互借、动静相宜的造园理念。

静宜园的营造反映了造园主人谙熟中国古典园林艺术，它继承了中国古典园林“崇尚自然、妙造自然、艺师造化、中得心源”的原则，承载着乾隆皇帝的哲学、政治、宗教、文学艺术等观点，反映了他多方面的修养和爱好，可谓园林景观与山林风景互为渗透，汇山川之秀。“极目所至，俗则屏之，嘉则收之”，体现了天造地设、天地人合一、景色秀美、奇景百变的极致。可以说香山这幅山水画卷充满诗情画意，映射着千年文化积淀的皇脉景致，尽显尊贵大方，其意境高远而独一无二。

香山静宜园不同于其他皇家园林，它继承和发展了中国古典园林“以人为之美入自然，符合自然而又超越自然”的传统造园思想，按照地形地貌特征进行选址和总体设计，完全借助于自然地势，因山就水，顺其自然，集传统造园艺术之大成，借景周围的山水环境，它追求象外之象、言外之意的意境。是造园者的内心情感、哲理体验及其联想最大限度的凝聚物，有着浓厚的文化积淀。进入园林，不仅可以品位其建筑文化、山水文化、诗词文化，还可以揣摩蕴涵其中的弘历皇帝的人文心态，以及园景与诗文相统一的深邃意境，饱含中国皇家园林的恢弘富丽气势及自然之趣，高度体现了“虽由人作，宛自天开”的造园准则。

三、昭庙的植物造景艺术特征

昭庙择址于西山山脉静宜园之内，倚自然山体之势，处皇家御苑之中，其植物景观的经营布置，充分考虑人与自然的情感交流，形成了“自然性、文化性、生态性”的艺术特征。

（一）自然性

仁者乐山、智者乐水，丰富的香山天然风景地貌和千变万化的自然景观，为宗镜大昭之庙的园林环境提供了丰富的构景条件，建在风景优美的环境中，崇山峻岭、溪谷沟壑。昭庙建筑周边凡有隙地，必然栽花植木，且栽植时绝无人工意味，同时，寺庙园林崇尚清静无为的修身境地，主张将人的作用隐藏于自然背后，注重和自然景观的有机融合。

（二）文化性

昭庙的造景也较注重文化内涵，古人对植物具有深厚的感情，更把植物性格拟人化，将植物的某些特性结合传统诗画艺术，进行比德颂赏，吟诵传赞，体现了昭庙传统造园植物造景的人文意境美，比如：乾隆四十年在静宜园中这样描写古松：

融神精舍咏松

精舍就松筑，常披太古风。
耳根清谡谡，眼界满童童。
寿阅百千岁，宾延十八公。
心凝形释处，与尔正相融。

（三）生态性

传统造园讲究传统生态，根据植物的生态习性和庭园具体环境特点进行植物种植。像陈淏子《花镜》："草木之宜寒宜暖，宜高宜下者，天地虽然生之，不能使之各得其所，栽种植位置有方耳！"文震亨《长物志》："土松宜植土岗之上。"

松柏因其耐寒和长青特性，在北方大多数山林地区都是基调树种，因此昭庙的绿化种植也以长寿、常绿的松柏为主，使整个昭庙的建筑具有一种苍劲古朴的情调，体现了自然植物景观的山林之趣。

四、昭庙植物造景手法

昭庙的植物造景手法主要体现在以下几方面：

（一）自然之景

昭庙由于是皇家寺庙，它在构成园林手法上更依附于统治阶级的精神寄托，主要体现在皇家气派雍容华贵的风格上，但又不失传统寺庙园林质朴典雅的格调，其在寺庙园林的表现上，更多地强调了人文景观和宗教景观，以四季常青、庄严肃穆、挺拔苍翠的油松、柏树为主要构园植物，配植在昭庙周边的山坡及道路两侧，或疏或密，在布局上求其自由曲折，幽邃深远；在构景手法上强调因借，以达到"屏俗收佳"的艺术效果。而那些苍古挺拔的高大松柏，经风雪而不凋的强大生命力，衬托得主体建筑更加宏伟壮观，给人的感觉更加强烈。在昭庙周边的山坡上，自然生长的植物如国槐、侧柏等乡土树种，再加上球迷草等野生地被植物都起到陪衬的作用，更显自然之美。

昭庙周边的植物造景，主要以油松为主，油松树干挺拔、树姿优美、色彩浓重、四季常青，弥补了冬季的色彩。使得昭庙在寺庙园林中独树一帜。它既融汇了传统寺庙园林的艺术特征，又充分显示了皇家寺庙的崇高气派。

（二）空间组景

传统造园植物造景的空间组景是根据各种植物景观在园林空间中的位置关系，进行巧妙布局，合理安排，创造丰富多彩的园林景观与空间艺术效果。

昭庙的造园手法采用了中国传统造园"山重水复疑无路，柳暗花明又一村"的景观空间特色，昭庙东侧的山坡正好遮挡住了主体建筑，沿着两旁幽深的寺径西行突然豁然开朗，一座雄伟的宗镜大昭之庙映入眼帘，达到了“先藏后露、欲扬先仰”的观景效果，其道路、树木、山石依山就势，按照地形变化自然地域与人工建筑组合成景，曲折蜿蜒的山道旁，汉藏风格相融的建筑稍加人工山石的点缀，显得十分活泼有趣。

（三）风水择景

中国封建王朝传统风水理念深深地根植于中国传统文化，昭庙的择址必然会受到影响，其处皇家御苑之中，依自然山体之势，选取在具有极佳地理位置的香山山坳之中，昭庙四面被山坡保护，整体建筑物的最前端有一人工开凿的方河，负阴抱阳、背山面水，被认为是“藏风聚气”、利于生态的最佳风水格局，“内气萌生，言穴暖而生万物也；外气成形，言山川融结而成形象也。生气萌于内，形象成于外，实相成也”。阐明了微地形、小气候、生态和自然景观的依从关系，达到了昭庙风水择景的最佳要求。

五、昭庙绿化的表象特征

昭庙中的植物配置与特色，并不复杂，但有其特殊的表象特征。

首先，昭庙选用了符合寺庙园林风格的植物，如松柏等姿态优美、树龄长寿的植物以示佛教香火不断，源远流长。这些植物不仅为寺庙增添景观特色，还满足寺庙对植物的文化需求，更体现了佛教的生命观，既强调了生命主体与自然环境的整体性，又强调了万物共生、相互依存的关系。这些朴素的生态伦理思想为解决当今的环境问题提供了一个精神基础。

其次，古树名木在昭庙中的地位和价值得到充分肯定和认知，并且付诸一定的保护方法、管理模式等。古树名木是代表昭庙悠久历史的象征，树木在历史的长河中保存下来，成为名副其实的“古树”，它不再是单纯的生态物种，更多的是作为一种遗产见证佛寺鼎盛恢弘的场面，向人们讲述着昭庙的历史。

然而，昭庙的植物群落表象特征中也存在不足之处，其周围绿化配置中常绿和落叶树种的搭配欠佳，因多选用常绿树种，而落叶树种较少。应适当增加色彩丰富的落叶乔木，与常绿树种以一定的比例搭配，构成复层群落的上木部分。

六、昭庙园林植物配置发展优化建议

（一）优化周边环境植物融合度

昭庙的花木配置应利用较高观赏价值和鲜明特色的植物，给人以时令的启示及视觉上美好的感受，表现出中国传统园林景观中植物特有的艺术效果。

园林植物种类繁多，每种植物都以各自的花、果、叶、干显示其独特的姿态、色彩、芳香、神韵等美感，比如花红如火的石榴、枝干斑驳或洁白的白皮松、秋叶金黄的银杏、姿态优美的楸树，还有给人嗅觉带来享受的花香醉人的桂花、腊梅等，可在昭庙的建筑庭院中及周边山坡适当种植，营造出优美动人的植物景观。

（二）增加具有宗教文化内涵的相关植物

随着昭庙的复建，其花木配置也应多开发些与佛教文化有关的植物。佛教的经典著作中记载了很多与佛教文化有关的花木，这些植物都蕴含着深刻的教义，体现宗教内涵且营造宗教意境，比如睡莲，在佛寺中表达佛国净土的意境，可在昭庙方河中适当进行栽植。

（三）增大地被资源的应用力度

地被资源是寺庙园林的重要组成部分，适当增大地被资源的应用力度，既可增加昭庙的绿化覆盖率，同时适当选用耐旱、耐高温、耐贫瘠、耐碱性、能安全越冬的草种，也可起到护坡防止水土流失的作用，且还可以丰富昭庙周边乔灌草的层次，特别是野生地被资源适应性极强，同时栽植成本较低，不会影响昭庙的总体美观。

（四）加强对昭庙现有古树的养护管理

古树是昭庙景观重要的组成部分，加强对古树的养护管理责无旁贷。威胁古树安全最大的隐患是病虫害，其中蛀干害虫更是树木的天敌，一旦害虫蛀入树干，几乎没有办法防治。因此病虫害防治工作一直是古树养护工作的重中之重，针对蛀干害虫一定要做好监控工作，以预防为主，提前防治。

参考文献

1. 周维权：《中国古典园林史》，北京：清华大学出版社，1999 年。

2. 王小玲：《中国宗教园林植物景观营造初探》，北京林业大学硕士论文，2010 年。

3. 马锦义、武涛：《中国传统造园植物造景艺术特征与手法》，《南京农业大学学报》（社会科学版），2003 年第 2 期。

4. 仇银豪：《北京藏传佛教寺院环境研究》，北京林业大学博士论文，2010 年。

乾隆御题清净化城塔楹联解读

李德成*

摘要　著名的清净化城塔是六世班禅额尔德尼·洛桑巴丹益希（1738—1780年）的衣冠塔，为北京西黄寺标志性建筑，现为全国重点文物保护单位。乾隆四十五年（1780年），为向乾隆皇帝祝寿，六世班禅额尔德尼来京驻锡西黄寺。同年十一月初二日因天花圆寂。为表彰六世班禅爱国爱教的无量功德，乾隆下令于西黄寺西偏建清净化城塔及清净化城塔院，塔内葬六世班禅衣冠经咒等物，以志胜因。乾隆所题清净化城塔楹联，将对六世班禅的高度评价寓于佛学术语之中，构思巧妙，深入浅出，情境生动，意蕴深刻，既反映出了乾隆皇帝对六世班禅的褒奖，也反映出了乾隆皇帝对清净化城塔院寄予的厚望。

关键词　乾隆皇帝　六世班禅　清净化城塔　楹联

著名的清净化城塔是六世班禅额尔德尼·洛桑巴丹益希（1738—1780年）的衣冠塔，位于北京西黄寺内，是西黄寺的标志性建筑，现为全国重点文物保护单位。西黄寺是北京著名的藏传佛教寺院，始建于清顺治八年（1651年），是清政府为五世达赖喇嘛阿旺罗桑嘉措（1617—1682年）进京朝见顺治皇帝时供其驻锡而建造的，后成为清代达赖喇嘛和班禅额尔德尼在京驻锡地。

乾隆四十五年（1780年），为表明拥护清中央政府治藏政策和反对帝国主义入侵西藏的坚定立场，六世班禅额尔德尼启程东行，为乾隆皇帝祝寿，

* 中国藏学研究中心宗教研究所所长、研究员。

当年九月来京，驻锡西黄寺。十一月初二日下午，因天花于西黄寺内圆寂。为表彰六世班禅爱国爱教的无量功德，乾隆下令于西黄寺西偏建清净化城塔及清净化城塔院，塔内葬六世班禅衣冠经咒等物，以志胜因。乾隆四十七年（1782 年）十一月，塔及塔院建成，乾隆御书《清净化城塔记》，以示纪念。这便是西黄寺清净化城塔及清净化城塔院的由来，后亦称西黄寺为清净化城。

清净化城塔和清净化城塔院是西黄寺保留至今的唯一一处历史遗址，尤其是清净化城塔名扬中外，成为西黄寺传世的标志和历史象征。清净化城塔建筑群由塔前牌楼、护塔兽、塔、塔后牌楼以及东西碑亭组成，是汉、藏以及印度等佛教建筑艺术的完美结合，主塔的结构和形制是藏传佛教佛塔的建筑式样，而整塔的布局及总体结构则采取了印度的菩提伽耶式，塔上花纹装饰、图案造型等是汉族艺术的传统手法。这种三位一体，融汇诸家艺术风格的建筑方式，成为我国清代佛塔建筑艺术上的杰作，也是边疆民族同中原民族亲密凝聚的象征。

塔前塔后牌楼，建筑形式相同，均呈屋宇式，主要以汉白玉石建成，并雕有梵文“六字真言”和精美的“八瑞相”图案，在北京古建筑中独树一帜，特色鲜明。

前后牌楼内外两侧共有四幅楹联，均为乾隆御笔。乾隆皇帝自幼与三世章嘉·若必多吉活佛（1717—1786 年）等人读书、研习佛法多年，具有较高佛学造诣。所题清净化城塔楹联，将对六世班禅的高度评价寓于佛学术语之中，构思巧妙，深入浅出，情境生动，意蕴深刻，既反映出了乾隆皇帝对六世班禅的褒奖，也反映出了乾隆皇帝对清净化城塔院寄予的厚望。

一、塔前牌楼阳面楹联

塔前牌楼阳面楹联为：“香界吉云开佛日辉悬恒普照；法轮圆镜转智珠朗印妙同参。”横批为“慧因最上”。

所谓“香界”，为“香林法界”之略，指寺院，在此指清净化城。“佛日”为佛教术语，因佛能除众生之昏暗、破众生之迷惘，故喻佛为佛日。“圆镜”为佛教术语，有“大圆镜智”之说，比喻佛法犹如大圆镜，既可显众生相，使众生鉴净无垢，光明遍照；又可使众生处净而不动摇，以致自心圆明。“智珠”即智慧明珠，在此比喻佛法。所谓“印”指众生的善根佛性，类于“法印”。“慧因”，观达佛法为“慧”，依靠佛力为“因”，指以佛法的帮助而获福德的因缘。

上下联字面意思是，香界、吉云竞相开放，佛日与阳光将永久地普照世间；法轮、圆镜竞相奔转，佛法智慧与众生善根佛性将美妙地结合在一起。横批“慧因最上”的意思是说佛性因缘是最重要的。

乾隆皇帝在此借佛教术语，将清净化城塔院的落成与吉云开放相提并论，衬托出了塔院的庄严与吉祥；将六世班禅的无量功德以佛日、阳光相比喻，希望六世班禅的爱国爱教功绩永耀神州。同时以“法轮”“圆镜”比喻六世班禅的智慧和修养能够照亮众生的善根佛性，能够引导众生将自己的善缘善愿与佛法智慧结合在一起。“慧因最上”既强调了佛性因缘的重要，又喻示着六世班禅与祖国内地的殊胜因缘。

二、塔前牌楼阴面楹联

塔前牌楼阴面楹联为：“象教演浮提常住因缘万归一；鹫光印乾竺大乘示现幻皆真。”横批是“妙谛真空”。

所谓“象教”即佛教。“浮提”即“阎浮提”之略，为佛教宇宙观“瞻部洲”之意，可理解为世界。所谓“鹫”指文殊圣境灵鹫峰；“乾竺”即“天竺”，为印度的别称，这里借指清净化城。“幻皆真”源自佛教术语“真幻不二”，阐述的是幻，即真的佛法之理和以幻悟真的般若空观智慧。“妙谛”即指佛教的完美真理；所谓“空”是佛教术语，即佛教所认为的世间万物都是依因缘而生，不是实有的，所以自性为空。

上下联字面意思是，佛教弘扬于世间，警示众生各种因缘诸种事物和现象总归一统；佛居圣地的光辉映照着清净化城，大乘佛教所演示的教法可谓真幻不二。横批“妙谛真空”意为佛教的深奥妙理在于真空不空、妙有非有。

乾隆皇帝借宣扬佛法“常住因缘万归一”，称赞六世班禅以身演教的高超境界，与其在《清净化城塔记》中赞扬六世班禅“生灭同源，来去一法，遂乃入寂，莫非宣教”以及“有为者非法、常住者非道”① 遥相呼应，相得益彰。同时，乾隆借大乘佛法的“真幻不二”之理，赞颂了六世班禅对大乘佛法“阐宗风、扬妙谛”的炽热感情，以及所示现的“虚空非虚空”② 的佛法妙理。此联从总体上赞扬了六世班禅以身入寂所演示的诸种教法，并以此称赞了六世班禅的爱教情怀。

三、塔后牌楼阳面楹联

塔后牌楼阳面楹联为：“圆满证前身无量人天足欢喜；光明呈宝地总持龙象护庄严。”横批为“圆觉光音”。

所谓“宝地”指清净化城；“总持”即持善不失、持恶不起之意，佛教认为，菩萨修法具有闻教法不忘、诸法理不失，除众生之灾、实相不失之德，故称为“总持”。“总持”的另一种解释是统领一切法门，佛教以菩萨有总持之德无量，具有法、义、咒、忍之四总持，故又称为“总持之法门”。所谓“龙象”，佛教以龙和象力量最大来比喻佛和罗汉，并以此比喻佛法或护法。“庄严”，佛教上有二义，德义所强调的是爱教、爱国、爱人民、爱一切有情众生；饰义所强调的是以善美饰国土、以功德饰法身（使佛法清净、使佛身光明）。“圆觉”，为佛教术语，又称“觉行圆满”，是佛教中觉的三种境界之一，指自觉觉他的智慧和功行都已达到最高的、最圆满的境地。

上下联的意思是，六世班禅圆满悟道解脱，广大无边的天上人间皆大欢喜；其爱国爱教的无量功德光耀清净化城，将指引僧众庄严国土、利乐有情。横批“圆觉光音”意指六世班禅觉行圆满。

乾隆在此直接用佛教术语赞颂了六世班禅爱国爱教的无量功德，并希望六世班禅成为僧众的楷模，其圆满觉行可指引僧众，化导有情。

---

① 乾隆《清净化城塔记》，乾隆四十七年（1782 年），《清净化城塔记》碑现存西黄寺。

② 乾隆《清净化城塔记》，乾隆四十七年（1782 年），《清净化城塔记》碑现存西黄寺。

四、塔后牌楼阴面楹联

塔后牌楼阴面楹联为："水月映禅心金粟影临清净地；露珠明法镜妙鬘云现吉祥光。"横批为："华严海会"。

所谓"水月"，比喻诸法无常不住、变幻而无实体，如《智度论》上说"解了诸法如水中月，镜中像"。所谓"禅"，汉语意为"静虑""思维修""弃恶"等，佛教中因"禅"而成"禅宗"一派，自称"传佛心印"，以觉悟众生本有之佛性为目的，"禅心"即清净寂定的心境。"金粟"，为过去佛名，即"金粟如来"者。所谓"露珠"即甘露，佛教将如来教法喻为甘露。《法华经》上说，"我世尊无能及者，安稳众生故现于世，为大众说甘露净法"。"法镜"，即喻佛法为镜，能照彻万物。所谓"妙鬘云"，本指如美人发一般美妙的云，在此比喻六世班禅。乾隆在《清净化城塔记》中称赞班禅时有"又如宝鬘云，须臾即时灭"的诗句。"华严"，指证得大方广之理的佛，即其功德如华可庄严佛果和法身，有时也指《大方广佛华严经》。

上下联的意思是，正像无常诸法映照众生佛性一样，金粟如来光临清净化城；正像如来教法能够照亮法镜一样，六世班禅显现出吉祥之光。横批"华严海会"意为华严妙理深广如海。

乾隆在此将六世班禅隐喻为金粟如来，并以佛教术语喻示六世班禅的光辉将永远照耀信众的心灵，永远指引僧众的行动。

乾隆御题清净化城塔楹联，以清净化城塔及塔院的落成为殊胜因缘，赞颂了六世班禅的佛学智慧和修养；通过赞扬六世班禅以身演教的高超境界，彰显了六世班禅的爱教情怀；通过肯定六世班禅的圆满觉行，赞扬了六世班禅的爱国行动；最后以六世班禅所演妙理为吉祥之光，希望其爱国爱教功德能够发扬光大。楹联表现了乾隆皇帝对六世班禅的赞扬有加和爱护之诚，也深刻反映出修建清净化城塔的重要意义。清净化城塔是六世班禅爱国爱教的象征，乾隆御题清净化城塔楹联与清净化城塔一样，已成为藏传佛教界维护祖国统一、维护民族团结的历史见证。

清净化城塔牌坊题字考

宋筱清*

摘要 西黄寺清净化城塔前后分别竖立着两道牌坊，牌额上从前至后分别有四款充满佛教文化特色，深蕴禅机，含义晦涩的题字，本文结合题字的历史背景，分别就这四段题字作一征义与考据。

关键词 清净化城塔 题字 考据

六世班禅的衣冠塔前与塔后分别竖立着一前一后两道牌坊，牌额上从前至后分别有四款充满佛教文化特色、深蕴禅机，含义晦涩的题字，分别是：慧因竟上 、妙谛真空、圆觉光音、华严海会。四款题字因宗教话语体系与传统文化话语体系风格上的迥异，而引出众说纷纭的解读，本文结合题字的历史背景，分别就这四段题字作一征义与考据，以期抛砖引玉。

一、慧因竟上

此题字位于佛塔之前牌楼的前额。

慧，指智慧，在佛教中通常是对般若的意译。慧是推理、判断事理之精神作用。由听闻佛法而来之慧，称作闻慧；由思考义理而来之慧，称作思慧；由修行证悟而来之慧，称作修慧；以上三者合称闻、思、修三慧。

因，指能引生结果之原因。从狭义而言，引生结果的直接内在原因，称为因（内因），由外来相助的间接外在原因，则称为缘（外缘）。广义之因，

* 中国藏语系高级佛学院西黄寺管理处助理研究员

包含内因与外缘二者。

冣，是异体字，检《汉语大字典》和《说文解字》均无此字。与此字形相近的有“最”“冣”“冣”三个字，“冣”与“冣”音义相同，实为同一字的异写，在南北朝之前，这三个字的异体字字形极相近，由此“冣上”两字就有了“最上”和“冣上”两种截然不同的理解。

第一种字形的理解是“最上”，这里“最”是副词，表程度，是“极”的意思，修饰后面的“上”，法华经授记品曰：“诸菩萨智慧坚固，了达三界，求最上乘。”则“慧因最上”的涵义就是：（称赞六世班禅）前世有着最上乘的因缘，今生得到了最上乘的智慧，来世一定能够成就最上乘的佛果。

第二种字形的理解是“冣上”，冣，《说文》注““冣”与“聚”音义皆同……至南北朝，“冣”“最”不分。由于历史上的书写错误，这两字经常混同，以至于后来的《汉语大字典》最终在“最”的释义中增加了“聚合、聚会”这一义项，并明确注明，这一义项是来源于历史上与“聚”字的混同。据此考证，结合六世班禅来京觐见乾隆皇帝这一君臣聚会的历史史实，“冣”的说法是可以成立的。上，君也，指皇帝，这里可以理解为乾隆自称。由此，慧因冣上，更可以理解为：（六世班禅）前世有着最上乘的因缘，今生又得成最上乘的智慧，因此殊胜因缘而来与我（乾隆）相聚。既有对六世班禅倾心内向，拥护中央政府的嘉许，也有对六世班禅来京与我（乾隆）聚会的纪念。与牌坊东侧碑亭内的《清净化城塔碑记》的内容相呼应。

结合史实，笔者的观点是乾隆在题字时，兼有两种想法，而第二种涵义更多。理由是，以乾隆的博学多才，在没有避尊长的名讳的情况下，是不会把“最”这一常用汉字写错的。他更像是故意借最、冣两字古已有之的谬写，和这两个字形似而迥异的两层涵义，表达自己复杂的两种心情，这也符合他喜爱夸耀的个性，和天意难测故作神秘的帝王之术。

他的这一心态在《喇嘛说》中也可以得到佐证，佛本无生，何来转世。作为政治家，他内心深处更多的是把藏传佛教作为统治工具，但在行动上，却处处表现出对格鲁派和喇嘛的尊崇。牌坊上这一故意写错的题字，正是他作为君王难以言行如一的表现。

此题字立于六世班禅的衣冠塔前，有称赞六世班禅之意，六世班禅在三宝中为僧的代表，此题字即为赞僧。

二、妙谛真空

妙，在佛教中意为：不可思议、不能比较者。如殊胜之经典，称作妙典（特指法华经）；无法比较不可思议之法，称作妙法（法华经之美称）；深妙不可思议之道理，称作妙理；不可思议之境界，称作妙境；依妙因妙行而得之证果（佛果），称作妙果。

谛，指真实无误、永远不变之事实，即真理。增一阿含经卷十七载，如来所说之理法，真实不虚，称为谛。诸经论关于谛之种别，有诸多异说，如唯一之真理，称为一谛；此外又有真俗二谛、空假中三谛、苦集灭道四谛，及七谛、十谛、十六谛、二十五谛等。

真空，指远离一切迷情所见之相，杜绝“有、空”之相对，故称真空。如大乘起信论所说之空真如、唯识所说之二空真如、华严所说三观中之真空观等均属之。又大乘以非有之有，称为妙有；非空之空，称为真空。此乃大乘至极之真空。

谛真空的意思是：赞扬赞叹佛陀的教法殊胜难得，真实不虚，深妙不可思议，远离一切迷情所见之相。

此题字，称赞三宝中的法宝，因为法赖僧传，因此位于塔前牌坊赞僧题字的背后。

三、华严海会

华严，是大乘佛教修学最重要的经典之一。华，即成就万德圆备之果体的因行譬喻；故开演因位之万行，以严饰佛果之深义，则称为佛华严。如日出先照高山，华严经是释迦牟尼佛成道的最初二十一天里在禅定中为文殊、普贤等最上根器的菩萨解释无尽法界时所宣讲的经典。

海会，谓诸尊圣众之会聚。以海比喻其德高、数众，故称海会。华严经随疏演义钞卷一（大三六・五下）：“云被难思之海会者，以深广故。谓普贤等众，行德齐佛，数广刹尘，故称为海。”佛在说华严经之时，十方世界微尘数菩萨乃至金刚力士诸神诸天等各具无量功德一时云集，各各说颂赞佛，所有的华藏庄严世界海中一切世界也都同样入佛境界，一齐称扬赞叹佛。

此题字，是称赞三宝中的佛宝。题字位于塔后牌坊外侧，背朝佛塔。

四、圆觉光音

圆觉指圆满之觉性，谓如来所证之理性具足万德，圆满周备，灵明朗然。又以一切有情皆有本觉、真心，自无始已来常住清净，昭昭不昧，了了常知，就体而言，称一心；就因而言，称如来藏；就果而言，则称圆觉。佛教中有《圆觉经》，《圆觉经》略疏序载，统众德而大备，烁群昏而独照，称为圆觉。终日圆觉而未尝圆觉者为凡夫，欲证圆觉而未极圆觉者为菩萨，具足圆觉而住持圆觉者为如来。

光音，指光音天，在佛教的宇宙观中，此光音天为色界十八天之第六，二禅天之第三，即最上天。此界众生不使用语言，仅以定心发出光明，以互通心意，故云光音天。相传劫初之人类，即自此天下降而来。依印度人之传说，现代人类之祖先，系来自光音天。人类即由之辗转繁衍而成。

圆觉光音，题字位于塔后牌坊面朝衣冠塔一侧，此题字涵义晦涩，难以理解，而又如禅宗公案，见仁见智，又似乎可以引申出多种理解。圆觉在佛教的思想中是极高的境界，但光音天却并不是佛教修行所要达到的最高境界，仅是人天乘，甚至还没有达到小乘四果的境界。最终还要受报，天福享尽后还要下生人间，甚至堕落地狱。

又或者此题字只是借用了光音天众生不用语言，而以心中发出的光明，互通心意的涵义，表达对六世班禅的一种怀念，虽然六世班禅已经圆寂，不能再以言语沟通，但期望着和六世班禅的在天之灵，可以像光音天众生一样能够心意相通，寄托哀思和想念。

之所以如此理解，是因为纵观有清一代，六世班禅是得到清王朝最高礼遇的藏地高僧，而他之所以得到乾隆的如此重视，宗教上的成就只是一个方面。更重要的是：一、在八世达赖成年前，六世班禅是藏地最有势力的政教领袖，他不请自来，不远万里主动朝觐，从行动上体现了西藏地方政府对清中央政府的认可和支持；二、面对东印度公司的挑衅，六世班禅坚定地站在了清中央政府的一边，表示了一切听从大清皇帝的政治立场；对于忠臣的逝去，作为一个君王，会有着常人一样的哀痛与惋惜，但他却不能像常人一样自由地流露自己的内心。因此他故意撰写了这样令人百思不解的题字，晦涩地表达自己与六世班禅这一政治同盟者的心心相印，以及对六世班禅英年早逝的痛惜之情。如此，题字的内涵便与化城塔西侧碑亭内的《祈寿班禅圣僧赞》和《祁寿长椿图》的内容得到了呼应。

对于此四段题字，一直未见过专门的、权威的解读。本着奇文共欣赏、疑义相与析的想法，以此文抛砖引玉，恳请各位方家批评指正。

关于香山昭庙的三重要义

张渝丽*

摘要　昭庙全称宗镜大昭之庙，位于香山公园见心斋以南，清乾隆四十五年（1780 年）为接待西藏班禅来京而建，故世人称之为班禅行宫。乾隆四十五年九月十九日，宗镜大昭之庙开光。六世班禅额尔德尼来到香山静宜园，在其行宫内休息。昭庙为藏式佛教建筑，仿西藏扎什伦布寺建造。1860 年遭英法联军焚毁，现仅存琉璃牌坊、白台、红台、石碑和琉璃塔。本文围绕昭庙的政治、历史及复建意义等方面进行阐述，希望能对昭庙的复建和研究提供一些参考。

关键词　香山　昭庙　意义

一、香山昭庙的政治、历史意义

据史料记载，香山昭庙是乾隆皇帝为西藏六世班禅进京为自己祝寿所建。这是迄今为止所有权威资料和历史记载一致公认的昭庙的意义所在。

然而，依据本人在香山公园三十余年的工作经历和实地考察研究，结合清朝政治、历史背景以及昭庙的具体建筑位置、形制、规范，我认为昭庙的建立，其内在意义远不止于单纯为六世班禅进京贺寿驻锡之用，实际上这是清朝政府于顺、康、雍和乾隆前期一百多年间，在总结蒙藏政策得失的基础上，对西藏政权采取的一种尊崇、怀柔、一体、扶持新政的体现，它蕴含了消弭对立、国家统一、领土完整、民族团结、共同御敌，休养民众等多重政

* 北京市香山公园管理处，香山公园原园长、党委副书记。

治、经济、文化、军事意义。历史证明，这项政策的成果和福泽一直延续到了今天。

为阐明我的观点，我想从昭庙为什么选址于香山来剖析这一要义。

首先，简单介绍一下香山静宜园和昭庙的情况。众所周知，包括香山静宜园在内的京西“三山五园”，建成于清朝国力最强盛的时期，它们虽然是皇宫之外的离宫，但若仔细查阅史料可知，“三山五园”却是康、雍、乾、嘉几代皇帝生活和工作过的地方，甚至许多国家政事、重大典仪都在这里进行和举办，这种情况一直延续到道光前期。

和紫禁城相比，“三山五园”更像是皇家的私邸。昭庙之所以建在静宜园内，正是为了体现乾隆皇帝采用“一家人”的姿态来迎接并款待六世班禅的深刻用意。

从昭庙在静宜园内的选址上来看，也极富深意。昭庙的位置原是静宜园的鹿苑，我认为选择这里有两重含义：一是它位于静宜园和皇家寺庙碧云寺之间的中心位置，建在这里能够较好地展现出园林的完整性，也更突出清朝皇室对藏传佛教的尊崇；二是鹿苑象征着古印度波罗奈城的鹿野苑，那是释迦牟尼法轮初转，阿含经开光的地方，释迦佛祖首次将开悟的佛理在鹿野苑与别人进行交流研讨。因此，香山鹿苑是佛教圣地的最具代表性的象征。选址于此的意义不言自明，那就是恭请班禅大师在佛祖曾设坛诵经的地方讲佛说法为天下祈福。乾隆四十五年农历九月十九日，乾隆皇帝与六世班禅在昭庙会见，共同参加了昭庙的开光大典，从十九日到二十一日，六世班禅在昭庙连续做了三天法事，乾隆皇帝亲临了十九日和二十一日的法会，并亲自上了头炷香。

但从造园学的角度来看，昭庙建在这个位置也稍嫌不足。由于受环境的局限，昭庙的体量比承德的相同建筑要小很多。为了弥补这一不足，园林设计者采用了遮挡的艺术手法，用山丘和树木遮挡昭庙远景，缩短景深，以期达到小中见大的效果。这一良苦用心今天我们仍然能体察到，并能从中看到古人造园的智慧与技巧。

总之，清政府对西藏地方采取尊崇、怀柔、一体、扶持的新政，以期实现民族团结、共同御敌的政治目的，是香山昭庙所蕴含的第一重要义。

二、昭庙复建的意义

史料记载，香山昭庙毁于1900年，距今已经110多年。根据实地考证，昭庙被毁的主要是内部陈设和建筑，其城郭与庙后琉璃塔、庙前琉璃牌坊等遗存仍较完整，尤其是六韵碑等重要文物保存下来了。

因此，复建昭庙，重振昭庙往日风采，重张昭庙政治寓意，历史性地摆在了当代人的面前。保护这一重要的历史、政治、文化遗存，得到了党中央和北京市委、市政府的高度重视。为此，市政府领导同志亲临视察，多次组织专家论证，开展可行性分析。2008年，在社会各方的密切关注和北京市公园管理中心的主持下，香山公园启动了昭庙遗址保护工程。全部工程分三期开展：2009年一期工程廓清遗址；2012年二期工程进行周边清理；目前昭庙整体修缮的第三期工程方案正在拟定审批当中。不远的将来，乾隆盛世时期的昭庙将重现香山，人们将重新看到这座宏伟的建筑，并重睹这座象征着国家统一、民族团结历史丰碑的风采。

可见，重振昭庙往日风采，重申昭庙政治主张，是香山昭庙所蕴含的第二重要义。

三、此次研讨会的意义

截至目前，从香山昭庙整体修缮这个角度来看，这项工程的规划已经制定，资金投入应该说也已经到位。但今后面临的一个更为重要的问题是：建成后如何使用？如何更好地发挥它的政治功能、教育功能、社会功能以及园林功能？这些问题期待着专家的研究。对昭庙所蕴含的各种功能发掘得越深，就越有利于今后的利用和发展。

围绕昭庙的各种往事，其实离我们并不远，不过300年左右，而且古人为我们留下了大量的文字材料，可以帮助后人的研究。但是尽管如此，学术界目前仍没有形成一个关于昭庙的专题研究，各种信息仍处于碎片化、离散性状态散见于各种史籍。因此，我认为，把昭庙放进宗教领域进行考察，放进当时的社会政治、经济、文化大背景去考量，放进当时的民族政策背景之下去研究，这些都可以成为昭庙研究的方向。换句话说，整合相关信息，筛选提炼内容，形成具有准确性、科学性、权威性的研究成果，不仅可以向广大游客提供真实、准确、完整、丰富的昭庙游览指南，也能够为昭庙、为香山公园的可持续发展提供不竭的原动力。

可见，探索一个学术界参与园林文化内涵发掘和利用的新模式，是香山昭庙于本次研讨会的第三重要义。

试论六世班禅“宿寺祈愿”对雍和宫历史地位所产生的影响

阿·巴德夫*

摘要 18世纪80年代，清朝历史上发生了一件大事：清乾隆四十五年(1780年)，第六世班禅大师跋涉万里，进京朝觐乾隆皇帝。在大师居京的短短两个月中，六次为雍和宫众僧摩顶授戒；三次莅临雍和宫拈香顶礼并“宿居寺内”亲与乾隆面会开示、弘法授教，且为“戒、药二坛”（戒坛、药师坛）开光加持。

乾隆皇帝几乎一生都在雍和宫进行着宗教管理的实践活动，从而确立其为“京都第一皇家寺院”的历史地位，通过管理藏传佛教诸事务中，在促进中央政府与蒙、藏地方政府间的政治联系等方面，雍和宫都发挥了不可替代的重要作用。

六世班禅的莅临及其“宿寺祈愿”，为进一步强化和提高雍和宫“京都第一皇家御用寺院”的地位产生了深远的影响。

关键词 六世班禅 宿寺祈愿

在北京为数不算多的藏传佛教碑刻文物中，雍和宫御制《喇嘛说》碑可谓最受藏学界重视的碑刻之一。碑文中一句“兴黄教，即所以安众蒙古，所系非小，故不可不保护之!”道出了清政府宗教政策的精髓。而实施之达到的必然结果可“安藏辑藩，定国家清平之基于永久”，又透出乾隆皇帝毕生扶持藏传佛教格鲁派的真正目的。这句著名的话既是清政府的既定方针，又

* 北京雍和宫研究室

是针对宗教实行的基本国策。在这一基本国策的影响下，18 世纪七八十年代，中国历史上发生了一件"轰动事件"：乾隆四十四至四十五年（1779—1780 年），六世班禅额尔德尼・洛桑巴丹益希，不远万里，艰苦跋涉，历时一年有余，先达清廷"夏都"承德，恭贺"皇寿"、朝觐皇帝；进而入京"谢恩谒佛""弘法授教"，最终因染"天花"不治，圆寂于北京。

六世班禅进京朝觐，成为清朝中国民族关系史上一个重要历史事件，对于清王朝加强西藏地方政权管理有着重大的影响；而在这个事件发生、发展过程中，六世班禅大师莅临雍和宫"宿寺祈愿"，为确立和强化雍和宫作为清政府"管理藏传佛教事务中心"以及京都"首位皇家御用寺院"的地位同样亦有着深远的影响。

一、清"钦崇佛教"的基本国策是雍和宫成为"皇家首位御用寺院"的基础

"优礼大德、钦崇佛教"，尤其对藏传佛教给予极大的重视，是清既定方针及基本国策的实质内容，在后金时期就已制定并实施。最初只为争取蒙古各部的归顺，在平定大小金川和数次抗击廓尔喀入侵之后，清廷逐渐将政策的"内涵"加以扩延，最终完善成为既可"安众蒙古"也能"安藏辑藩"的宗教政策。雍和宫"改宫为寺"就是乾隆落实此（扩展了的）政策的具体方式，也是对宗教加强管理的具体措施。

改寺后，乾隆在此对藏传佛教进行了深入的研究，并对其如何有效地管理进行了长期探索，最终将雍和宫这座京都"首位皇家御用寺院"置于清中央政府联结西藏地方的"枢纽"和清朝廷管理藏传佛教事务的"中心"地位。不过这一历史地位的形成是随着乾隆的研究、探索和实践而逐步达到的。

雍和宫初为皇子府邸，因诞出"两代皇帝"在清前期突显神圣，被视作"潜龙之第"。胤禛继位清帝的第三年，"升府为宫"，敕名"雍和宫"。雍正十三年（1735 年），胤禛突驾崩，乾隆决定其灵柩停厝于此，并易覆黄瓦，亲诣行礼。继而设立雍正"影堂"及诵经佛堂，同时降旨"三年之内不行庆

贺礼"①，极尽表达怀念与敬仰父亲之心。当时的雍和宫规格已与宫殿同制，且是清代唯一一处"升府为宫"的地方，其时被视作"龙诞"圣地，一开始就享有较高名誉和地位。

乾隆九年（1744 年），根据"凡先帝临御燕处之适且久者多尊为佛地"②的惯例，将雍和宫正式改建为藏传佛教格鲁派寺院。而就在此前一年，乾隆传达给三世章嘉活佛的旨意，揭示了"改宫为寺"的缘起。

据三世章嘉活佛的弟弟三世却藏活佛阿旺图丹旺秋的《金刚持章嘉·若必多吉意希丹贝准美贝桑布传——使具信莲花开放之阳光》一书中记述："水猪年（乾隆八年，1743 年）十二月二十九，文殊大皇帝赐给这位上师（三世章嘉活佛）以从前从未赐给过任何人的有金龙图案的黄缎伞盖。在该年冬天，皇帝派内大臣公爷（注：掌管内务府的大臣富查·傅恒）和巴剌阿里哈安班、讷阿里合安班等到这位上师处传达皇帝的殊胜旨意，说：'京城北京地面广大，父皇先祖之时都大力弘扬佛法，但是没有广传闻习所有内外学处的例规。现今，朕为了弘扬佛法尤其是黄帽派的教法，圆满实现先帝列祖的心愿，为了增益众生的利乐，供奉三宝和上师，故决定在父皇受封为王时所住的寝宫处兴建佛殿、经堂、僧舍等，建立一座大寺院，并新建讲习五明知识的扎仓。'当时两位上师（章嘉和色赤活佛）同声回答：'至尊文殊菩萨为利乐宗喀巴大师教法及所有众生，在金銮宝座上转动大力法轮，又生如此愿心，我等心中喜悦，生起无量信仰。以前西藏佛法未弘传时曾从印度迎请许多贤明大德及成就者，建立佛法的例规，使得佛教极为兴盛，至今依然。人主大皇帝陛下若从西藏召请贤哲，建立讲习显密学处的善规，将会因大皇帝的与众不同的发心的愿力，使佛法在京城建立弘传的根基。'（皇帝后来）接受上师的意见，向西藏的三世诸佛的共相达赖喇嘛发出了命其派来各扎仓讲习佛法的上师、格贵、领诵师等人的诏命。"

第二年（乾隆九年，1744 年），乾隆在与三世章嘉活佛的一次面谈时，再次更加详细地询问"佛教在雪域是如何弘传的、出现过哪些大师、讲论佛法的寺院是如何建立的？"章嘉活佛在一一详细解答后，乾隆谕示："佛教之弘传及长久住世，全仗讲论佛法之寺庙。若兴建闻修显密教言等一切学科之

① 中国第一历史档案馆馆藏档案军机处上谕档 乾隆元年八月初九日。

② 《雍和宫·建庙御碑文》，北京：当代中国出版社，2002 年，第 478 页。

经院，对佛教传习大有利益。过去怙主萨班和八思巴大师等在此方建有讲习佛法的寺院，而今徒余其名。皇祖先帝在位时，广弘佛法，康熙皇帝与前辈章嘉活佛虽然在多伦诺尔之汇宗寺建立了讲修显宗的扎仓，但在京城未建讲经之扎仓。现在我们施主与上师若在皇城宫中创建寺院，内设闻思全部显密知识的若干扎仓，定会使佛教复兴。”章嘉活佛说道：“皇帝陛下发心与众不同，若下令建立寺院，使佛教在此方如日普照，小僧唯有竭尽全力，充当仆役。”① 乾隆听后大悦。就这样，经乾隆亲自倡导并与章嘉活佛商议后，“改宫为寺”这件大事决定下来。不久，乾隆皇帝敕重资，调拨国库“一半的布施”② 开始改寺。

用了大约一年的时间，“修建了围墙坚固、周围宽广的大经堂，大经堂的右面是佛堂，左面是依怙殿，此外还有传授比丘戒的传戒堂，白伞盖佛殿、药师佛殿、供奉印度贤哲大德影像的神殿，供奉宗喀巴师徒影像的神殿，曲科热杰林的佛殿（法轮殿）等许多有身语意三所依处的殿堂，还有显宗扎仓、密宗扎仓、声明诗律扎仓、医学扎仓等四个扎仓的经堂，供各个僧人居住的大小不等的僧舍等。寺院殿堂众多，规模宏大，设计和工艺巧妙，犹如将祇陀林寺搬到了中国大地一般”③。经乾隆皇帝赐寺名“噶丹敬恰林”（意为兜率壮丽洲），“章嘉和赤钦两位活佛率众僧举行三天三夜的开光仪式”④后，一座恢宏、壮丽的寺院展现在京都东北角。

“改宫为寺”基础工程完成后，清朝廷依然对部分建筑不断地进行修改，使其功能根据需要而更加完备。在寺院组织建设上，乾隆经过摸索、探究，最终亦制定出一整套的管理方式。

在基础建设方面，寺院建成后基本保持原王府的建筑布局。按照内地佛教寺院应具备“七堂伽蓝”的惯例，增建了钟、鼓二楼和“山门”昭泰门。为突显“皇家寺院”性质及皇帝进香、行礼所需，昭泰门南修有“御辇步道”，而这“辇道”是其他寺院极少见的，规制独特，这也是有别于一般寺院的地方。现在人们所看到的寺院坐北朝南，中路殿宇由南往北依次为雍和

---

① 土观·洛桑却吉尼玛：《章嘉国师若必多吉传》，陈庆英、马连龙译，北京：中国藏学出版社，2007 年，第 91 页。

② 王璐：《从藏文古籍中关于雍和宫的记载所想到的》，《中国西藏》增刊，1994 年，第 63 页。

③ 陈庆英主编：《藏族历史宗教研究》（第一辑），北京：中国藏学出版社，1996 年，第 119 页。

④ 土观·洛桑却吉尼玛：《章嘉国师若必多吉传》，第 137 页。

门、雍和宫、永佑殿、法轮殿、万福阁、绥成楼，地势逐渐升高；西侧由南往北配以显宗殿、时轮殿、西配殿、戒台楼、雅玛达嘎楼；东侧由南往北配有密宗殿、药师殿、东配殿、班禅楼、昭佛楼。人们现在看到的雍和宫与“改宫为寺”初期的建筑，在局部有所变化，是为时“事”需要，边使用边改造而改变的。例如万福阁，是为置立七世达赖进贡的粗大白檀木雕成的巨大佛像，在拆改一座观音殿的基础上建成的。主楼动工在乾隆十三年（1748年）十月二十日，当时将景山内的万福阁拆卸之后，连石带木运至雍和宫。十二月开始组装楼阁进行复建，并雕刻大佛。乾隆十四年（1749年）九月三十日，雍和宫举行了万福阁落成和弥勒大佛开光大典。为此工程先后从国库支出白银八万余两，赤金八百多两①。乾隆十五年（1750年）二月二十一日海望等官员奏报：“油漆彩画装颜扫金，并装庆佛藏等项工程，俱已完竣”②，标志着历时三年的营造万福阁工程至此结束。

现在的戒台、班禅二楼也是专门为迎接六世班禅进京朝觐，于乾隆四十四年（1779年）底至四十五年（1780年）间，在拆改原戒坛、药师坛两殿之上而建的。至此，雍和宫寺院区域内的建筑格局基本定型。与其他寺院不同之处是，寺区从改寺开工到土建及改建基本完成，一共用了整整36年！之后僧舍区陆续仍有佛仓等一系列的改建，足见乾隆对这座皇家寺院之重视和倾注的心血。

在寺院教习建设方面，“改宫为寺”不久雍和宫即“成立显宗、密宗、杂明、医学四个扎仓，大皇帝命令从西藏派遣各扎仓的喇嘛和经师，圣旨经驿递送到后，遂派哈东热绛巴阿旺群培为显宗扎仓的喇嘛，色居上师官却丹巴为密宗扎仓的喇嘛，摩觉夏仲为杂明扎仓的喇嘛，彭措扎林为医学扎仓的喇嘛，并从三大寺和上下密院等处派十八名格西前往协助”③。同时，雍和宫内聚集了内蒙古49旗、喀尔喀7部及汉藏等聪颖学经僧人共500名。一个具有“教习正规、三宝俱全”的藏传佛教格鲁派寺院圆满建成，为雍和宫定位成“皇家寺院”奠定了基础。

雍和宫自“改宫为寺”开始，除承载“弘扬佛法、利乐众生”这一宗教使命之外，即被乾隆赋予了“安众蒙藏、治理蒙藏、稳定蒙藏、巩固统治”

---

① 李立祥：《雍和宫万福阁与景山寿皇殿》，《雍和宫》2012年第3期。

② 中国第一历史档案馆藏：《内务府奏销档22册》。

③ 陈庆英主编：《藏族历史宗教研究》（第一辑），第119页。

的政治意义。因此，雍和宫除具备一般寺院“念经”功能之外，还承担了“灌输政策，行‘怀柔’之道”的义务。

在清代，每年农历的五月夏至“地坛祭地”，八月二十三“雍正忌日”和十月三十“雍正诞辰”，乾隆必到雍和宫雍正影像前“荐新行礼”（注：“荐新”即在影像前供新麦食品）；嘉庆之后各朝，又增加在乾隆的忌、诞日前来行礼，成为定制。改寺后，乾隆便经常来寺里奉养供灯、拈香敬佛，请西藏格西们为他讲经说法或遣臣接待蒙、藏贡使，这就使雍和宫在职能上发生了重大变化。在宗教礼仪、法事活动之外，每遇年班蒙藏地区王公、贵族、喇嘛、活佛或其贡使入京朝觐进贡，乾隆均遣臣在雍和宫内接待并御赐厚礼。不仅如此，改宫为寺开光之时，乾隆还“高兴地让显宗扎仓堪布阿旺群培和密宗扎仓堪布官却丹达二人在御驾前进行辩论”，这种“特权”在京城其他庙宇是极少见的。这样的做法无疑在地位上给了雍和宫一个明确定位：京都“首位皇家御用寺院”。由此，决定了雍和宫与众不同的宗教职能。

1. 念经。念经是出家人的必行课，雍和宫僧人除每日“早课”和初一、十五大法会外，清朝时每逢朝廷重大活动，像皇上万寿、圣诞、驾崩、皇子出生、皇后后事等，都要视不同情况上法轮殿或四个扎仓念经。这种在雍和宫内的念经称作“本课”。另一种念经叫“内课”，即每天派喇嘛若干进皇宫念经。还有一种念经叫做“随营”，即僧人被派到军营内出“经差”。

2. “传召法会”和“跳（打）鬼”（即“金刚驱魔神舞”），每年农历正月二十三至二月初一日，雍和宫都要像拉萨大昭寺一样举办祈愿大法会并按藏传佛教仪轨跳“金刚驱魔神舞”，是为京城一大盛事。

3. 接待朝贡、“贡使”。蒙藏喇嘛年班进京朝贡，是“优礼大德、尊崇佛教”宗教政策的展现。而每次蒙藏人喇嘛朝贡必安排到雍和宫礼佛，在宣示清朝的宗教政策的同时，扩大了雍和宫在蒙藏地区的影响。

4. 谒佛。到寺院谒佛本是僧众修行与修心的功课之一，然而还有一类特殊的信众被“安排”到雍和宫拜佛、修心。例如，乾隆四十一年（1776 年）“十二月二十一日，额附公爷、何大人等带领金川人到雍和宫拜佛并瞻仰各处殿宇”①。显然，清廷这种安排的用意，是让这些已降服的藏人看到满族统治者的首都，也修建有如此恢宏的藏传佛教寺院，以体现“从俗从宜，不易

① 中国第一历史档案馆藏《内务府杂件 3885 卷》。

其俗”；另外，还有一层用意，即让他们在宗喀巴面前心悦诚服，安分守己地归附于大清。

这其中第3、4项职能有别于其他寺院，是雍和宫的“特殊”之处，体现出乾隆运用藏传佛教为政治服务、通过宗教手段维系蒙、藏民族关系的韬略。也清楚地反映出，乾隆为践行清朝的宗教政策，一直通过雍和宫这个平台研究和探索着如何对藏传佛教进行利用和管理的问题，也充分显示出乾隆对于雍和宫的重视程度。

乾隆对雍和宫的重视和优礼，还表现在给予寺院内喇嘛的特殊待遇和教务组织的设置、管理上。

改宫为寺后，在给予喇嘛的待遇上相当优渥，除了俸米饷银外，还赐给大喇嘛九龙曲柄黄盖、黄缎宝车、金顶黄轿等供其享用；对于一般僧人在着装上，容许其出寺“褪下戒衣袈裟，换着俗人衣衫”，这最高“待遇”亦是其他庙所没有的。另在组织管理上，清朝廷制定出一整套严格的制度，在教务及行政管理方面均设立上、下级组织，明确隶属关系。寺院管理的上级组织叫“总管驻京喇嘛印务处”，其最高首领为“总管喇嘛班第掌印扎萨克达喇嘛”，创立于改宫为寺的第二年。初设在旃檀寺，光绪三十四年（1908年）迁至雍和宫。后随时代变迁更名为“北平喇嘛事务处”“北平喇嘛生计处”“北平喇嘛寺庙整理委员会”。

雍和宫这一级组织的最高首领，即“管理雍和宫总堪布喇嘛”，监督寺院内一切宗教事务。总堪布之下设“管理雍和宫事务扎萨克喇嘛”一缺，总管寺院一切事务。两职人选由“驻京喇嘛印务处”提名，报朝廷批复后，再以达赖喇嘛“委派”的名义委任。

为制约和监督雍和宫宗教情况，在“行政”管理方面，朝廷确立一个最高首长“领雍和宫事务大臣”，下面还设有“总理雍和宫东书院后佛楼事务大臣”。

管理雍和宫行政上的最高统治机关是理藩院，乾隆十一年（1746年）朝廷把雍和宫喇嘛的行政事务归入其中。管理雍和宫宗教上的最高统治机关是内务府，设立了一个机构“中正殿管理雍和宫喇嘛念经处”进行管理。

改宫为寺之后，在雍和宫建立驻京呼图克图佛仓，是乾隆尝试对藏传佛教强化管理的重要手段之一。由于藏传佛教格鲁派的大小活佛对当地政治、经济、文化起着重要的主导作用，因此，乾隆将青藏地区九位活佛聚集在雍和宫梵修、弘法并修建了七大佛仓。这样做不仅加强了有崇高威望的活佛与清朝廷的关系，增加了雍和宫在青、藏、蒙古地区的知名度和影响力，更重要的是这些活佛与青、藏、蒙古地区有着千丝万缕的联系，成为清朝廷与边疆地区联系的纽带，发挥着他人无法替代的作用。管住活佛就管住了寺院，进而就管住了僧侣、更管住了整个藏传佛教，这是乾隆探索的成果之一和成功之处。

另外，雍和宫喇嘛的定额，各僧职的设立、任免，理藩院在相关《则例》中都有详细、具体的规定。这套管理虽然繁琐，但操作性强，行之有效。

就此，雍和宫成为清朝廷直接参与管理的“三宝齐全、教习完整”的学府型寺院。每年乾隆皇帝数次“临宫”拈香顶礼，并常与驻锡寺内的各驻京呼图克图大喇嘛“谈经论法”，标志着雍和宫已经具备京都“首位御用寺院”的资格。

二、六世班禅大师“宿寺祈愿”对确立雍和宫“藏传佛教管理中心”核心定位的影响

六世班禅进京朝觐之所以成为“轰动事件”是有其原因的。早在康熙时，就曾有过邀请五世班禅取道蒙古草原朝觐，旨在对噶尔丹作战时安抚蒙古人民心，巩固蒙藏的内向力。当时五世班禅虽亦有此意，但因种种原因未能成行。到了乾隆年代，在清朝廷解决了额鲁特四部问题及康济鼐被杀等事件之后，乾隆更加清醒地认识到，欲要巩固对蒙藏地区的统治并使那里长治久安，光靠军事慑服是不够的，必须要借助宗教的力量使其悦服。达赖、班禅两大活佛，深受蒙藏民族的敬仰，更是“各部蒙古一心归之”的宗教领袖。所以，邀请“朝觐”是最佳选择。由于顺治年间五世达赖喇嘛曾经进京朝觐，乾隆朝时，八世达赖喇嘛年少则“不谙政治”，而班禅世系从未来京觐见。邀请六世班禅进京朝觐，不仅可扩大班禅的政治、宗教影响，还可以借助朝觐稳定蒙藏地区形势。况且六世班禅本人所具有“爱国爱教、护国利民、一心内向”的爱国情结，亦早有朝觐意愿，进京朝觐便成为历史的必然。

六世班禅大师居京整整两月，三次莅临雍和宫拈香顶礼，并“宿居寺内”亲与乾隆面会开示、讲经授教、弘法祈愿，为“戒、药二坛”（戒台、班禅二楼）开光加持，同时七次为雍和宫众僧摩顶、授戒。大师在雍和宫活动的时间虽然不长，只居一宿，但令人瞩目。根据有限的史料可以看出，是乾隆皇帝经过深思熟虑后“钦定”安排了六世班禅到雍和宫“拈香顶礼”“宿寺祈愿”。从清廷内务府“奉旨”派人“踏勘雍和宫内班禅额尔德尼‘坐落’处”①，亦能清楚显示这一点。因此，“宿寺祈愿”具有其更深的目的和意义。

乾隆四十五年（1780 年）九月十三日，六世班禅大师首次莅临雍和宫，为僧人摩顶并传授《兜率上师瑜伽论》《大慈悲经》《三时怙主陀罗尼经》。

十月二十一日，大师再次莅临雍和宫为“新建卧室（班禅楼）”开光，同时在“吉太房”（戒台楼）为僧众授戒。当晚，六世班禅“宿居寺中”。次日上午，与乾隆皇帝、章嘉活佛等共同出席有两千余僧人参加的祈愿大法会，“在大经堂门后谒见皇帝，受赏金炳一把。尔后，供施双方同临大经堂，章嘉呼图克图等宫中喇嘛列立两旁，诸位僧人诵法会祝词，大师诵经回愿，一切按照程序进行，祝愿佛法昌盛，皇帝长寿。……若尔，供施双方互相赞颂，皇帝赠送上等哈达、银曼陀罗等表示感谢，然后起驾回宫”。皇帝走后，“大师观看佛塔，向雍和宫大威德殿、护法殿、三时怙主殿佛塔献供哈达、祭品，诵经发愿，一切结束后返回黄寺”②。

二十八日，“班禅大师和章嘉国师一同（再）去雍和宫，为文殊大皇帝讲经说法。班禅大师给文殊大皇帝讲解‘迅捷智慧六臂依怙随许法’”③，敬献了依怙护法天女三尊像、印度火枪、宝剑等物。

六世班禅莅临之前的雍和宫，其京都首位御用寺院的特殊地位虽已基本确立，但管理藏传佛教事务方面在蒙藏地区的权威性还十分有限。因此借大师觐见之机，提升雍和宫在蒙藏民族及地区的威望和影响力，无疑是个事半功倍的极好机会。于是便有了“钦定”改建大师居寺“坐落处”的谕旨，也

---

① 中国第一历史档案馆、中国藏学研究中心合编：《六世班禅朝觐档案选编》，北京：中国藏学出版社，1996 年，第 77 页。

② 嘉木央·久麦旺波：《六世班禅洛桑巴丹益希传》，许得存、卓永强译，祁顺来、李钟霖校，拉萨：西藏人民出版社，1990 年，第 532 页。

③ 土观·洛桑却吉尼玛：《章嘉国师若必多吉传》，第 350 页。

就有了改建工程火速完工的情况发生。

六世班禅“宿寺”主持祈愿大法会及两次面会乾隆讲经说法，进一步强化了雍和宫的权威，扩大了雍和宫的影响。然而意想不到的是，就在六世班禅于雍和宫为乾隆皇帝最后一次讲经的第三日，便离世圆寂。这“突发情况”让乾隆悲痛晕厥。这晕厥不仅仅是感情上的表露，从国家的层面去考量，八世达赖喇嘛还未亲政，英帝国妄图染指西藏之心未死，朝廷与西藏地方政府之间还有诸多问题需要大师来平衡，这些都是乾隆悲痛欲绝的原因。因此，六世班禅大师的突然圆寂也促使乾隆考虑必须尽快调整、出台治藏政策，以保障蒙藏地区的稳定，这从乾隆改变“摄政”具体做法上略可见一斑。

众所周知，清对西藏政治体制几经变易后，最终在乾隆十五年（1751年）确定为由达赖喇嘛兼摄政教两权的“政教合一”制度。由于藏传佛教格鲁派采用活佛转世的传承方式，达赖喇嘛圆寂后，其转世灵童从寻访到18岁亲政，至少需二十年左右的时间。这期间若无人主持西藏政教事务，就会形成权力真空。清朝政府为防止噶伦等人“擅权滋事”，遂命西藏地方当局从三大寺、四大林中推选学识渊博、声望卓越之大活佛为摄政候选人，由驻藏大臣奏请清廷任命。清廷视其出身及勋绩赏给呼图克图、诺门汗、禅师等名号后，颁给金册、银印，在达赖喇嘛新灵童坐床后但尚未达到法定执政年龄之前，暂行代理达赖喇嘛总理西藏一切政教事务。一旦达赖喇嘛成年亲政，摄政使命即刻完成，须还权予达赖喇嘛。因此，每逢达赖喇嘛圆寂、转世灵童未成年之时，由皇帝钦定呼图克图任职摄政，成为定制。然而就在六世班禅圆寂的翌年，这个政策即被乾隆进行了“调整”。

早在乾隆四十二年（1777年），八世达赖喇嘛的摄政第穆诺门汗圆寂，乾隆命一世策墨林·阿旺楚臣进藏摄政。四十六年（1781年）乾隆皇帝命八世达赖喇嘛亲政的同时，又以“藏中诸事务必须一晓事大喇嘛帮同达赖喇嘛办理方为有益”为由，仍命一世策墨林继续“掌办商上事务”，协助达赖喇嘛管理田产、办理政务。至五十六年（1791年），一世策墨林圆寂，乾隆又调任八世济隆呼图克图继续“掌管商上事务”。此时，八世达赖喇嘛亲政已达十年之久，而六世班禅的转世灵童年纪尚幼。很显然，乾隆此举的目的是将摄政做为“藏内大臣耳目，使达赖喇嘛不致擅权自恣”。这被“调整”的政策一直执行到道光二十三年（1843年）《酌拟裁禁商上积弊章程》的颁布。特别值得注意的是，乾隆所任命八世达赖喇嘛的“摄政”一世策墨林，赴任前正在雍和宫总堪布职缺上，而他的继任八世济隆呼图克图也曾任雍和宫掌印喇嘛。这不是历史的巧合，而是乾隆经过慎重考虑之后的严谨安排。其充分表明了乾隆皇帝对雍和宫的重视和信赖，同时也显露出乾隆有意识地“强化”雍和宫在蒙藏地区及藏传佛教界高层的影响。在六世班禅大师莅临雍和宫后乾隆皇帝的这一重大举措，使雍和宫的威望在蒙藏地区迅速扩大，其管理藏传佛教的核心地位也在逐渐形成并加强。

乾隆五十七年（1792 年），耄耋老皇帝将毕生探索和实践的成果写成划时代文章《喇嘛说》，刻满汉藏蒙四种文体立碑于宫中。同时御制两尊金奔巴瓶，一贮雍和宫，一存大昭寺，实施“掣签认定”。次年，在雍和宫就掣出喀尔喀赛音诺彦部额尔德尼班第达呼图克图，在体现中央政府权威之时无疑也树立了雍和宫在蒙藏地区，特别是蒙古地区的威信。据不完全统计，至 1949 年的 156 年间，雍和宫金瓶掣定的蒙藏地区大小活佛达二十余位。乾隆五十八年（1793 年），清中央政府正式颁行了对后世颇具深远影响的《钦定藏内善后章程二十九条》，除对西藏地方的行政、人事、国防、外交、财政等诸方面权力都做了明确具体规定外，在宗教制度上亦做出涉及三个方面的规定：第一，关于达赖、班禅及其他呼图克图灵童转世问题的规定；第二，关于达赖、班禅与驻藏大臣相互关系及职权问题的规定；第三，关于寺院的管理、堪布任免、僧众供养及青海、蒙古迎请西藏活佛批准手续等问题的规定。《章程》就“金瓶掣签”制度，以法律的形式明确由中央政府掌握确认达赖、班禅及蒙藏地区其他各大活佛转世灵童的大权。乾隆五十九年（1794 年）“改宫为寺”五十周年大庆时，乾隆特下两道“训谕”，着重强调雍和宫作为“供奉三宝”场所永世不得更改，告诫子孙后代要“永远钦承，用昭法守”①。乾隆皇帝如此一系列举措无不是基于六世班禅莅临雍和宫“宿寺祈愿”形成的影响，并有意识地将这种影响扩展和延续。特别是象征着中央权威的两尊金瓶分置京藏两地，昭示着清廷视北京雍和宫与西藏大昭寺在藏传佛教界中的地位等同无异，在藏传佛教领域具备同等的权威。

至此时，雍和宫既保持着藏传佛教的规制，又执行和贯彻着清政府制定的宗教政策，以它自身对蒙藏地区强有力的影响，协助中央政府维护边疆稳

① 《国朝宫史续编》卷十四，北京古籍出版社，1994 年，第 37 页。

定，在“安众蒙古”与“安藏辑藩”中，发挥着无可替代的作用。并以此为标志确立了其“京都第一皇家御用寺院”和“中央政府管理藏传佛教事务中心”这一核心定位。

三、六世班禅“宿寺祈愿”的意义及其影响

六世班禅大师进京朝觐，在雍和宫逗留虽仅两日，但其“不因招致而自愿来朝”一心内向的爱国举动，对雍和宫产生了深远的积极影响。

六世班禅大师是位爱国爱教的宗教领袖，其爱国情怀源于他所处的那个年代和当时的西藏处境，有其特殊的社会背景和原因。

17、18 世纪，英国资产阶级革命及工业革命后，资本主义迅速发展，便将殖民主义的魔爪伸向世界各地，极力向外扩张。乾隆二十九年（1764 年）英国在征服了孟加拉后，很快就把视点转移到尼泊尔、不丹和我国的西藏地区。其东印度公司对西藏早存觊觎之心，欲以列强方式逼迫西藏开放贸易，多次提出通商要求，一直遭到六世班禅的严词回绝和坚决抵制。大师站在维护国家主权的立场明确答复：“西藏属中国大皇帝管辖，通商事必须经大皇帝批准，我无权做主。”然而面对英帝一再的无理要求，大师也迫切地感到西藏这方净土单靠呗赞之音的精神力量已不可抵挡西方列强的染指野心，神权亦不足以控制这块国土的完整无损。社会的发展需要进一步加强神权与君权的关系，神权亦必须要依靠君权即国家的力量才能保住藏地免受外族入侵。“我能自治，外人无隙可乘，自泯其觊觎之心”。因而萌生了进京觐见，亲向皇帝禀报英人潜藏活动的情况。

对于大师的“自愿来朝”乾隆皇帝同样表现了超出想象的重视和关注。乾隆对于安排接待精心设计、缜密部署、事必躬亲，倾注了极大的心血。特别是乾隆不顾“有违祖制”暂停当年的“木兰秋狝”，并接受六世班禅大师的“既跪又拜”。不惜动用大量的人力和物力新建、改建寺庙，库拨大量金银、玉石、珐琅、绸缎等制造赏赐。就雍和宫而言，乾隆敕重金在极短的时间里改建戒、班二楼，并在法轮殿中两次“洗耳受教”大师的弘法开示，这些超乎寻常的举动，都充分体现出“优礼大德、钦崇佛教”的既定方针，还明示了乾隆皇帝与六世班禅之间亲密的君臣关系。

六世班禅"宿寺祈愿"，与满蒙藏王公及上层大喇嘛进行了广泛的接触，密切了与他们的关系，增强了在他们中间的影响。因此，大师在蒙藏地区的影响力无疑会有极大提高。同样，随着六世班禅的"宿寺祈愿"，雍和宫这所"首位御用寺院"在蒙藏地区的影响力、声誉及威望客观上亦得到提升；其历史地位也随之得以擢升和稳固。

乾隆皇帝精心安排六世班禅"宿寺祈愿"，既是研究藏传佛教理论与教义的过程，又是探索对藏传佛教进行管理的实践活动，还是其在蒙藏民族面前彰显"钦崇佛教"施以"怀柔之道"的形式，收到了"敬一人而千万人悦"之良效。因而增进了中央政府与蒙藏地方的关系，加强了蒙藏民族对祖国的向心力。对于稳定边疆，巩固和发展统一的多民族封建国家有着积极的作用。

六世班禅是唯一一位在雍和宫"宿寺祈愿"的大师，在历世达赖和班禅中，是首位莅临雍和宫讲经弘法并用行动践行"一心内向"、宣示"爱国爱教、护国利民"的宗教领袖。其"宿寺祈愿"给后世达赖和班禅传下的一个范例和传统，十世、十一世班禅均继承了前世班禅的这个传统，多次亲临雍和宫举办重大宗教活动，同时每次在开示中都阐述"爱国、爱教、爱民族"的道理和理念。至今此传统已经规为惯例。

结论：六世班禅数次莅临雍和宫为乾隆皇帝及诸多僧众讲经说法并"宿寺祈愿"的举动，加强了雍和宫与蒙藏地区的关系，扩大了雍和宫在蒙藏地区的影响，加深了雍和宫在蒙藏民族信众心目中的"神圣"程度，在京都树立了藏传佛教"圣寺"的形象，进一步提高了雍和宫在藏传佛教界的声誉，极大地稳固了雍和宫皇家"第一御用寺院"及清朝廷"管理藏传佛教中心"的核心定位。

对六世班禅进京多角度多层次的探讨

陈庆英*

摘要 乾隆皇帝对西藏宗教领袖六世班禅进京朝觐的安排和对六世班禅的态度，牵扯到清朝对蒙、藏地区的治理，乾隆皇帝对蒙藏地区的藏传佛教的态度，学术界对这一问题的研究发表和出版了众多的论著，表现出对这一历史事件的研究多角度多层次的特点。

关键词 六世班禅 乾隆 藏传佛教 朝觐

对于藏学研究工作者来说，讨论乾隆皇帝和六世班禅，最主要的自然是关于六世班禅进京朝觐的各个方面的研究和探讨。因此我想在这里对学界探讨六世班禅进京的问题做一个回顾。

一

六世班禅进京是清朝中期西藏地方和中央王朝关系方面的一件大事，也是当时西藏地方历史的一件大事。六世班禅进京的时代背景是清王朝统治的鼎盛时期，清王朝解决了蒙古、西藏、新疆等地区的地方势力长期纷争的问题，其边疆民族政策在乾隆皇帝的主导下正处于一个巩固中央王朝在边疆民族地区的统治的转变阶段。乾隆皇帝对西藏宗教领袖六世班禅进京朝觐的安排和对六世班禅的态度，牵扯到清朝对蒙、藏地区的治理，以及巩固清王朝和蒙藏地区的宗教领袖人物的关系的政治策略。而这一系列的关系之相互影

* 中国藏学研究中心研究员，历史研究所原所长。

响，又同时集中体现于六世班禅大师朝觐的过程中。由于六世班禅进京事件的重要性，从上个世纪80年代初开始，我国藏学界、清史学界、民族学界的学者和清代档案资料工作者围绕这一事件做了大量的资料整理和学术研究工作，取得了丰硕的成果。综合起来看，这一研究具有资料发掘，与多学科学术研究互相配合、互相促进，使得研究领域逐步扩大和深入的特点。

在档案资料的整理方面，有关班禅大师东行的文献资料有许多是清朝的原始档案史料，将这些档案资料汇集起来，对于学术研究无疑具有重要的意义。档案整理工作方面取得的成绩为学术研究打下了坚实的基础，已经出版的有关的资料汇编有：

《六世班禅朝觐档案选编》（中国第一历史档案馆、中国藏学研究中心合编，中国藏学出版社1996年），其中收录的档案是最直接、最具针对性的。时间跨度自乾隆四十三年十二月初六至乾隆四十六年九月十二日；收录档案主要限于中国第一历史档案馆馆藏清代汉文、满文和藏文档案文书。

《雍和宫档案》（雍和宫管委会编）、《清宫热河档案》（国家清史编纂委员会编，中国档案出版社2003年），其中所记载的班禅在热河行事的情况，极为详细，虽然不若《六世班禅朝觐档案选编》那样有直接的针对性，但是在同时期对不同人物及事件作横向上比较时，运用《热河档案》也有重要的作用。就六世班禅大师朝觐而言，该档案汇编收录了当时乾隆在热河所发上谕以及对热河大事件所发旨意的档案，包括了部分满文档案。因为是以地理范围作为收档标准，《热河档案》中还有许多文档再现了当时的历史环境等情况。比如南府学艺人随往热河的情形以及内务府承做送往热河的活计档等。在有关大师东行的文档中，不但收录了大师沿途呈献的贡物内容，而且详细记录了朝觐祝贺乾隆万寿时贡送的物品以及所放置归属的地方。更有其他呼图克图、王公等进贡的礼品清单，方便研究者全面了解当时各民族上层领袖人物、各藩属国向乾隆祝寿时的盛况。

同样，对六世班禅大师朝觐的史料进行专题整理汇编的还有1994年中国藏学出版社出版的《元以来西藏地方与中央政府关系档案史料汇编》（第二册）。虽然《六世班禅朝觐档案选编》中所收录的档案已十分详细，但缺陷在于仅囊括了以清廷为主导的中央政府档案，而很少涉及西藏地方的资料。在《元以来档案史料汇编》中则部分地弥补了一些缺憾，将西藏馆藏的原文部分收录其中。再结合《清实录》，使读者能从汉文（包括部分藏文档案的汉译）档案史料的角度将大师东行的过程，从中央以及西藏地方政府两者结合的官方角度有一个较完整的呈现。

在藏文史料中，记述六世班禅进京旅程最为详细的著作当属甘肃省的格鲁派六大寺院之一的拉卜楞寺的二世嘉木样活佛·久麦旺波所写的《六世班禅洛桑巴丹益希传》（有许得存、卓永强汉译本，西藏人民出版社 1990 年出版）。该书是在六世班禅圆寂后不到十年时在扎什伦布寺应七世班禅和寺院上层的要求编写的，而且作者与六世班禅有过密切的宗教联系，在六世班禅进京途经青海、甘肃、宁夏时曾经参与接送并发挥过重要的作用，作者能够利用六世班禅随行人员大量的藏文记录，因而内容详实，细致到六世班禅在各地接受的各种供施物品、所授经论等都一一罗列。其中的部分内容还是嘉木样活佛在大师朝觐途中从青海到宁夏随行时的亲历亲见，可信度很高。虽然该书的记载以佛教叙事为中心，在供施物品的记录上多费笔墨，而对人物介绍、重要事件的记载有所欠缺，但是若将该书与汉文、满文史料对照结合，仍然有不可替代的重要价值。此外，对于此次大师东行的记载，还以不同形式散见于不同的藏文史料中，如土观·洛桑曲吉尼玛的《章嘉国师若必多吉传》、章嘉·若必多吉的《八世达赖喇嘛传》等。

近年来，随着承德、北京的文物保护和整理研究事业的发展，与六世班禅进京有关的建筑和文物得到了很好的维护和整理，并且有一些学者对相关文物进行深入研究，出版了王家鹏编著的《故宫藏传佛教艺术》，王家鹏、罗文华主编的《梵华楼》，罗文华著《龙袍与袈裟》，雍和宫管委会编著的《雍和宫金铜佛像》《雍和宫唐卡》等书籍，故宫博物院、雍和宫等单位还陈列展出了一些重要的文物。对雍和宫、西黄寺、故宫博物院的藏传佛教文物的研究又往往和六世班禅进京密切相关。可以说，文物古迹的维修、保护和研究，又为学术界、史学界的研究提供了重要的生动形象的资料，极大地推动了对六世班禅进京相关问题的研究。

1997 年上海书店出版社出版了 1780 年到热河为乾隆皇帝祝寿的朝鲜使团成员朴趾源所著的《热河日记》，提供了朝鲜使者在热河见到六世班禅的情况以及他们听到的有关六世班禅朝觐的一些民间的传闻。

2002 年中国社会科学出版社和四川民族出版社联合出版了英国人克莱门茨·R. 马克姆著，张浩、姚乐野翻译的《叩响雪域高原的门扉——乔治·波格尔西藏见闻及托马斯·曼宁拉萨之行纪实》，2004 年西藏人民出版社出版了英国人塞缪尔·特纳著，苏发祥、沈桂萍翻译的《西藏扎什伦布寺访问记》，这两本书向我们介绍了英国东印度公司当年派人和六世班禅交往的经过以及他们期望通过六世班禅进京打开东印度公司和清朝朝廷联系渠道的图谋。后一本书中附有一篇据称是随从六世班禅到承德和北京的一个印度游方僧浦南吉尔的口述报告，其中讲述了六世班禅东行的情况，有些内容使人真假难辨。这些英文的资料，表现了英国人对六世班禅进京的认识和相关记述，同时也给我们的六世班禅进京研究提出了新的问题。

因此，我们亟须将各种文献资料综合整理，去粗取精，详细考究六世班禅大师朝觐的整个过程，为更深入研究这一历史事件提供有力的资料保障。

二

在初期对六世班禅进京的研究论著中，大多将大师进京作为一件单独的事件来讨论，大多集中于讨论事件的历史作用和意义，档案资料的整理者则集中于资料的汇集，或者以某些档案资料说明某一具体的问题，而忽略综合整个行程中的各个小事件与人物的微观研究，以及将微观研究和历史大背景结合起来深入探讨。若六世班禅朝觐之旅的路途近而耗时短，其中的事件进程因时空的限制可以探讨的问题很少，则以上两种研究的思路尚无大碍；然大师自扎什伦布寺启程至黄寺圆寂，历时一年又五个月，其中所遇事与人繁多，而且这些事情在当时是清朝朝廷和西藏僧俗共同关注的大事，参与的人物有许多在清朝的历史上也是赫赫有名的人物，若将这些事情与人物简而化之，则很难对此事件进行全面的客观评述。

另有一些论著偏重于对整个班禅活佛系统的纵向评价与梳理，着重于这一活佛系统总体在政教方面的影响，虽对某些历史事件有所评价，但碍于篇幅未能详细评述。比如牙含章先生所著《班禅额尔德尼传》（西藏人民出版社 1987 年）、江平等所著《班禅额尔德尼评传》（中国藏学出版社 1993 年）都对班禅大师朝觐之行有一定的叙述，可能由于史料的关系，观点评述都是从清中央政府（乾隆）角度出发，对班禅大师本身的行事都以客观论述的形式铺陈。认为清高宗以“必当众建而分其势”的思想来治理西藏事务，其中抬高班禅地位是在当时西藏政教历史环境下最为明智的举措。用乾隆的话说就是“敬一人而千万人悦”（《承德府志·卷首》）。牙含章先生在撰写大师觐见时是以纵向的历史关系间接评写，之前对六世班禅大师与第七、八世达赖喇嘛之间的关系以及与英东印度公司之间的联系都有一定的论述，借此间接凸显大师东行的起因及影响。丹迥冉纳班杂、李德成的《名刹双黄寺——清代达赖和班禅在京驻锡地》（宗教文化出版社 1997 年），在论述双黄寺的历史时，用较大的篇幅对六世班禅在黄寺的生活和活动做了深入的分析。又如黄崇文先生撰写的《历代班禅与雍和宫》（民族出版社 2004 年）以雍和宫与六世、九世、十世及十一世班禅大师之间的关系作了论述。雍和宫与班禅大师结缘，源自六世班禅大师进京朝觐，因此对班禅大师的东行文章做了详细的评述。黄先生对班禅大师朝觐的起因所持的观点是被普遍认同的，“班禅大师为了维护祖国尊严，在严厉斥责英国染指西藏事务的形势下，从西藏启程，跋涉万余里，进京朝觐皇帝，以表诚悃之心”。

另有一类论文以微观入手，从一个佛像或碑文为切入点逐渐梳理物件的来源以及历史经历，以小见大重构当时朝觐盛事，表现当时皇室与西藏宗教首领之间的关系，意在点明班禅大师朝觐的意义：发展藏汉文化交流，促进民族统一。比如李德成的《“写寿班禅圣僧并赞”碑述略》（《中国藏学》1998 年第 2 期），对乾隆皇帝的《写寿班禅圣僧并赞》进行了分析，王子林先生撰写的《〈六世班禅画像〉唐卡考证》（《故宫博物院院刊》总第 108 期 2003 年），以历史考证的手法加之艺术鉴赏，论证了六世班禅大师的“写真画”唐卡画像样式直接影响了之后宫廷唐卡绘画风格，促进了文化的交流。与此相同的还有秦凤京撰写的《从清宫档案中探寻乾隆款“金胎绿珐琅嵌宝石靶碗”仿器的制作与流传》、王家鹏的《一件六世班禅奏书》等。也有直接从碑文上解读当时情况的论文，比如布莉华撰写的《〈须弥福寿之庙碑记〉解说补正》等。

还有一些论文以整个班禅大师东行之旅整体为分析对象，论述此次行程在当时的政治意义以及历史价值。认为班禅大师的朝觐举动维护了国家统一，更紧密联系了中央和西藏地方，促进了民族团结，使西藏地方更加繁荣稳定。比如星全成所写的论文《从五世班禅受封及六世班禅进京看清朝对西藏的治理》（《青海民族学院学报（社会科学版）》2006 年 4 月）、胡希英撰写的《一人来朝、万众归心——六世班禅朝觐乾隆皇帝的政治意义》（《河北省社会主义学院学报》2004 年 4 月）等论文。有的观点认为乾隆通过班禅朝觐能够达到稳定蒙古的政治目的，比如张凯旋所写《略论西藏政教首领的三次觐见》(《承德民族职业技术学院学报》2002 年第 4 期)。也有观点认为，班禅朝觐是乾隆有意促成，其目的是兴黄教、牵制世俗贵族势力，更好地治理西藏。持此观点的有索文清等人，撰写有《乾隆鼎盛时期中央治藏政策的推演与完善》(《藏学研究》2004 年 4 月)。也有论点认为通过班禅大师朝觐过程中乾隆皇帝所做种种准备以及供施双方的相互赠礼内容表明乾隆皇帝崇信藏传佛教，并以此撰写论文，如马云华所写《留保柱献佛》(《紫禁城》2006 年第 Z2 期) 等。

还有一些学者分析，六世班禅大师朝觐的目的之一是为了以实际行动抵御英东印度公司对西藏的窥视，维护国家的统一。持有这一观点的有许彬的《论 18 世纪后期英国对中国西藏的渗透政策及其破产》(《湖南科技大学学报(社会科学版)》2005 年 9 月)，以及李然所撰写的《六世班禅朝觐与廓尔喀入侵》(《承德民族师专学报》2004 年 8 月) 等。

三

我们看到，关于六世班禅进京的研究，近年来又取得了一些新的重要的进展。2008 年中国人民大学清史研究所张双志的博士论文《清代朝觐制度研究》(学苑出版社 2010 年出版)，结合清朝的朝觐制度以及五世达赖喇嘛和十三世达赖喇嘛的朝觐情况，以专节讨论六世班禅朝觐的问题。文章认为，朝贡制度首先是针对国内边疆民族实施的一种政治制度，也是一种行政管理制度，随着古代中国的发展，所施行的范围逐渐扩大，进而发展成处理中外关系的一种模式。历代中原王朝施政的重点是在国内，与对外关系相比较而言，国内边疆民族地区的统一和稳定，更直接关系到内地的安危和长治久安。所以，对于中原王朝与国内边疆民族之间的朝觐纳贡制度本身以及对该制度下关系模式等方面的研究，更能够挖掘朝贡制度本身的特点和历史作用。这篇博士论文从制度的层面来探讨六世班禅的进京，提供了一个新的研究观察角度。2011 年，张亚辉博士在中央民族大学民族学社会学学院的博士后出站报告中，也是从清朝的民族和国家观念出发，以民族和国家的宏观理论结合六世班禅进京的具体事例，详细探讨了六世班禅进京的相关理论问题。从清朝开国初的自认为“夷”与天下中国观，到统合汉、满、蒙、维、藏的多民族统一的国家意识的演进，以及六世班禅进京过程中乾隆皇帝对这种汉、满、蒙、维、藏的多民族统一的国家意识的运用。2012 年青海省社会科学院马连龙研究员完成的国家社会科学研究基金资助项目《历辈班禅与中央政府关系研究》，也对六世班禅进京的经过及其意义进行了探讨和分析。这几部著作，可以说是从宏观的角度对六世班禅进京的历史意义和作用进行详尽分析的新的学术著作。

也是在 2011 年，中央民族大学有两位博士生的毕业论文以六世班禅进京为研究题目，一是王晓晶的《六世班禅进京史实研究》，民族出版社 2013 年 7 月出版；另一是柳森的《六世班禅额尔德尼研究》。这两篇博士论文都是依据藏汉文史料对六世班禅进京的历史事件进行深入的学术探讨，关注到六世班禅进京过程中的一些具体问题，进行了新的分析和探索，取得了新的研究成果。

哈佛大学燕京学社的李若虹博士在《中国藏学》2013 年第 3 期发表了一篇《论六世班禅进京前后与东印度公司的交往》的论文，文章认为，在“综合中外学者现有的研究成果之余，把六世班禅和东印度公司之间的交往这一重要历史事件放到 18 世纪后期跨国界交流的背景下来审视，意在突破原有的清朝大一统的理论框架，为分析六世班禅时期西藏与外界的交往提供一个新的视角。研究六世班禅和东印度公司交往的重点不仅在于梳理与这一事件有关的多语种的史料，而且至关紧要的是需要对班禅进京的历史事件加以全面的分析。从史料看清朝和西藏的关系的同时，我们尚需突破固有的视角和观念，还要从喜马拉雅山的另一边来看西藏在 18 世纪与周边地区的交流”。文章还指出，值得学者们关注的是 18 世纪末史无前例的跨国和跨地区之间交往在很多区域产生。为了走出财政困境，打通东亚的贸易渠道，东印度公司从印度向周边的地区发展，喜马拉雅山脉都挡不住他们要打开西藏和中国市场的迫切愿望。无独有偶，在东边，我们有朝鲜使团频频来访北京，朝鲜学者和汉学家之间的密切交往和学术交流以往是从未有过的，更有英国访华使团和西藏喇嘛贵族进京的记载。以葛兆光的话来说，这无疑说明这一时期已形成了一种“早期全球化”的现象，为 19 世纪的暴力冲突和正面接触埋下了一个深深的伏笔。在这么一股“早期全球化”的潮流中，诸多事件和各种交流的契机也把西藏纳入了这种开放的、流动的商贸和外交关系之中。其实，

18 世纪后半期的西藏并非与世隔绝，具有开放眼光的六世班禅和清朝的盛世使这种交往成为可能。可是，1788—1792 年间尼泊尔和西藏之间的两次大规模的廓尔喀战争促使清廷紧紧地关闭了西藏的西大门。从此，这种封闭的状态一直持续到 20 世纪初。这篇文章对 18 世纪后期的西藏局势和六世班禅进京的事件以及廓尔喀战争的影响等清代西藏历史的重要问题从新的角度做了与前人不同的诠释，值得学界关注。

四

对于六世班禅进京的研究，正在进入一个深入发展的阶段。对于这一历史重大事件的意义，学界的认识也正在进一步深入。

乾隆朝的中后期，清朝的国力处于鼎盛时期。同时，西方正经历第一次工业革命，各国为了寻找更多的贸易与殖民资源，纷纷将目光投向了亚洲。西藏，作为中国的西大门，毗邻印度半岛，同时又因地区宗教信仰的缘故与蒙古地区有着紧密联系。因此，不论对内还是对外，西藏的政教局势对整个中国都具有举足轻重的影响力。从乾隆二十年至六十年，在这段时间内，西藏的政教局势由于七世达赖喇嘛的圆寂开始有了较大的变化：首先，七世达赖喇嘛圆寂后，中央政府为了稳定西藏地方政教局势，防止再出现达赖喇嘛圆寂后的权力真空，引起贵族上层擅权事件，选择了任命一名僧人代理达赖喇嘛的权力，暂时代办西藏地方政教事务，开创了“摄政”制度。而就在这一时期，六世班禅的地位有了迅速的提升，特别是他和章嘉国师若必多吉在认定八世达赖喇嘛时发挥的重要作用，使得六世班禅的重要性凸显出来。有清一代，就政教影响力来讲，六世班禅喇嘛可以说是一个特例。除四世班禅喇嘛在五世达赖喇嘛年轻时所处的导师地位外，只有六世班禅喇嘛所具有的宗教地位高于了当时刚坐床的八世达赖喇嘛；而于毗邻的印度诸邦国，班禅喇嘛的政教地位对印度半岛局势起了很大的影响。在国师章嘉若必多吉的促成下，六世班禅大师于 1779 年踏上东行入京面圣的路途，使得西藏地方与中央政府间的关系更加紧密。这种紧密，表现在西藏地方达赖喇嘛和班禅两大系统以及全藏僧俗对六世班禅进京的热烈支持和对六世班禅东行的热情祝赞和欢欣，其程度远超过了一百多年前五世达赖喇嘛进京朝觐。而六世班禅本人进京朝觐的热情和克服旅途的各种艰辛困难的决心，对皇帝的拥护之情也超过了五世达赖喇嘛。乾隆皇帝对六世班禅进京的热情期待和周密安排也超过了顺治皇帝。对这样一个重大事件的历史意义的阐发，仍然有许多可以深入发挥的余地，需要我们继续努力。

六世班禅进京的汉文和藏文史料的记载，也是非常完整丰富的。经过多年的努力，这些史料，有许多已经汇编出版，为进一步研究这一历史事件的各个方面，乃至很多细节的问题提供了极大的方便。同时这一重大历史事件日益引起各方面的学者和文物管理部门的关注。在这种情况下，对六世班禅进京多角度多层次的探讨，不仅有了新的必要，而且有了取得新的重要研究成果的可能。我们相信，经过大家的共同努力，在这一重要的研究领域，会取得更多新的研究成果，加深社会各界对六世班禅进京的各个方面的认识。

六世班禅进京前后的藏传佛教建筑艺术交流及影响

陈立健*

摘要 有清一代，由于清廷的大力推崇和扶持，新建和修复的藏传佛教寺院建筑遍布藏传佛教主要传播和影响的区域，本文以六世班禅大师进京所涉及的相关藏传佛教寺院和建筑的叙述为主，简单涉及了日喀则的扎什伦布寺、北京雍和宫、西黄寺、香山昭庙、承德外八庙的普陀宗乘之庙及须弥福寿之庙等建筑文化交流和影响，希望抛砖引玉，能有更多人关注这方面的文化艺术交流。

关键词 六世班禅大师 乾隆皇帝 扎什伦布寺 雍和宫 西黄寺 香山昭庙 普陀宗乘之庙 须弥福寿之庙

藏族地区严格意义上的佛教建筑最早出现在吐蕃时期。15 世纪以后，随着格鲁派大型经院式寺院建筑群的出现，藏族寺院建筑在形式、格局上发展成为庞大复杂的经院式建筑群，寺院不仅行使着宗教职能，还渗透到政治和社会文化生活的各个层面。随着清政府的大力推崇和引导，出资建造和修缮了不少藏传佛教寺院，藏传佛教的建筑艺术也随之大规模传入中原和内蒙古、辽宁、甘陕等地区，主要分布在北京、承德、五台山、沈阳、呼和浩特、多伦等地，在外蒙古以及新疆的蒙古族聚居区也有影响，甚至在江南和沿海一带也有不少传播。藏传佛教寺院建筑特点为规模庞大、功能齐全。大的藏传佛教寺院一般是以主体建筑为中心，环绕分布众多从属建筑共同组成的建筑群，一般按学经的不同分为若干个扎仓（即学院），按功能可分为措钦①、扎

* 中国藏学研究中心宗教研究所副研究员

① 即藏传佛教寺院的大经堂。

仓、佛殿、拉让①、康村、灵塔殿、佛塔、辨经场、印经院等，寺院建筑的结构形成了“措钦——扎仓——康村”和经堂内的转经道从内部向外部逐步扩大的分布格局。在藏族地区，宗教建筑风格以山寺合一的寺院建筑模式最具特色，主要以拉萨地区的布达拉宫、哲蚌寺、甘丹寺，日喀则地区的扎什伦布寺等为代表；在内地则以皇家城郭式（或宫殿式）的藏传佛教寺院模式为典型，主要以北京地区的皇家寺院雍和宫、西黄寺、香山昭庙、承德地区外八庙的普陀宗乘之庙（又称“小布达拉宫”）、须弥福寿之庙（又称“扎什伦布寺”）等为代表。

在藏族地区，地位显赫的寺院，往往依山势而巧妙构建，坐落在日喀则城西尼玛山南坡的扎什伦布寺就是其中的代表之一。扎什伦布寺始建于1447年9月，一世达赖喇嘛根敦珠巴为纪念去世的经师喜绕僧格大师，聘请藏族和尼泊尔工匠在日喀则精心制作了一尊高达2.7米的释迦牟尼镀金铜佛像，为了安放此佛像，又花费十二年时间建造了措钦大殿，也就形成了扎什伦布寺最初的样子。扎什伦布寺全称为“扎什伦布巴吉德钦却唐南巴杰巴林”，意为“吉祥宏图资丰福聚殊胜洲”，简称“吉祥须弥”。1600年后，四世班禅罗桑·确吉坚赞任主持并担任该寺第十六任法台期间，进行了大规模扩建，奠定了该寺现今的主体建筑结构和布局，并使扎什伦布寺成为历辈班禅的驻锡地，同时班禅世系也成为该寺终身法台。② 英国人塞缪尔·特纳1783年被东印度公司派往出使日喀则时这样描述他第一次见到的扎什伦布寺：“只不过要旅行大约10英里的路程，但我们手持火把，骑在马背，在太阳升起的时候到达扎什伦布。如果一个地方的壮丽可以被任何外在的因素强化的话，没有什么能比初升的阳光照射到数量众多的鎏金华盖和四角尖塔上所形成的辉煌壮丽更美妙的了。此处所呈现出的景色的美丽和辉煌令人称奇，效果有点类似魔术的瞬间辉煌，它在我的脑海里留下了永远无法抹去的印象。”③ 作者被扎什伦布寺整体的建筑在初升的太阳光照射下的场景所震撼，对这一宏伟高大壮观的藏传佛教建筑群留下了极为深刻的记忆。而印度人萨拉特·钱德

---

① 指寺院活佛及其属从居住的院落。

② 宫蒲光、洛松次仁主编：《西藏日喀则建筑与工艺美术》，珠穆朗玛文化丛书之一，北京：中国藏学出版社，2006年，第11、13页。

③ ［英］塞缪尔·特纳：《西藏札什伦布寺访问记》，苏发祥、沈桂萍译，拉萨：西藏人民出版社，2004年，第166、167页。

拉·达斯1881年在参观扎什伦布寺时也同样对这一宏大的建筑群发出赞叹："落日的光辉照在这座寺庙的殿堂及佛塔的镀金尖顶上，构成一幅极为迷人的画面。"① 1907年2月，著名瑞典考古探险家斯文·赫定在日喀则住了7个星期，拜访了九世班禅，并参加了扎什伦布寺的辩经法会和庆祝藏历新年的各种活动，"赫定与随从换上最漂亮的礼服，骑上骏马穿过摩肩接踵的香客来到了气势不凡的扎什伦布寺。赫定被安排到一处视线极好的位置，从这里，他可以看到来自拉达克、不丹、锡金、尼泊尔以及蒙古的香客在隆隆法号中向班禅叩拜，戴着面具的喇嘛在舞蹈中举行奇特的宗教仪式"。② 由此可见，发展到20世纪初期的扎什伦布寺在藏族和蒙古族地区以及周边国家佛教徒中具有重要的影响力。现在的扎什伦布寺占地面积15万平方米，整个寺院沿山势逶迤蜿蜒而筑，长达3000余米，楼房经堂坐北朝南依次递接，建筑结构造型多与拉萨市的布达拉宫相仿。扎什伦布寺还有一座西藏其他寺院不多见的殿堂"甲纳拉康"，意为"汉佛堂"，里面珍藏着历代皇帝赠送的名贵瓷器、金银器皿、纺织品等诸多礼物，最早的有唐代的九尊青铜佛像，相传是文成公主带到西藏的；还有元代的绿度母铜像，清代朝廷赐给班禅世系重达16.5斤的汉、满、藏三文金印等。甲纳拉康的偏殿，为清代驻藏大臣与历辈班禅的会晤场所，挂有清乾隆皇帝身穿袈裟、手端法轮的画像，并立有清道光皇帝的牌位。这些都与布达拉宫所藏珍宝极为相似。

乾隆四十四年（1779年），六世班禅大师一行进京为乾隆皇帝祝贺七十寿辰，六月十七日六世班禅大师率领甘丹、哲蚌、色拉三大寺堪布喇嘛及随行人员、马队2000多人从扎什伦布寺出发，历经一年又一月余，于乾隆四十五年（1780年）七月抵达承德。我们不妨用瑞典考古探险家斯文·赫定承德旅行的描述来看一下其在20世纪30年代对承德的认识："承德建有清代诸皇帝的避暑山庄。这座城市是奉两个皇帝（康熙皇帝和乾隆皇帝）之命辟建的。价值连城、壮丽无比的众多建筑使承德焕然一新。……它成了信仰的中心，变为一个色彩斑斓、殿塔林立的寺庙之城。在远离内地的边塞前哨建有

① ［印度］萨拉特·钱德拉·达斯著，［美］W. W. 罗克希尔编：《拉萨及西藏中部旅行记》，陈观胜、李培茱译，北京：中国藏学出版社，2004年，第47页。

② 李军、邓淼：《走进中国西部的探险家斯文·赫定》，北京：中国民族摄影艺术出版社，2002年，第109、110页。

这样的城市，本身就有着重要的政治作用。”① 为迎接六世班禅一行，乾隆皇帝安排了隆重的接待礼仪，并谕令理藩院对六世班禅由西藏启程后的沿途各项事宜作了详细的部署。同时，早在乾隆四十三年（1778 年）的十二月初九日，为接待六世班禅大师还在承德兴建了位于承德避暑山庄北，东临普陀宗乘之庙的须弥福寿之庙，“以备我佛驻锡”；在北京的藏传佛教寺院雍和宫内改建了两座灰瓦顶楼，即班禅楼和授戒殿（后改称“戒台楼”），这两座楼成为六世班禅在雍和宫讲经、礼佛和休息的重要场所。承德须弥福寿之庙在建筑风格、规模布局以及殿堂外观等都刻意模仿扎什伦布寺，虽映射着藏式但又非道地的藏式风格，藏传密宗建筑造型严格意义上说应为“在内地仿建的藏式样建筑”。② 为建此庙耗费了大量的人力与物力，同时清廷还向六世班禅大师提前告知此寺的修建过程，彰显对六世班禅大师的恭敬。从外观来看，须弥福寿之庙占地面积虽小，但同是效法承德外八庙的普陀宗乘之庙，两者皆有金顶，特别是须弥福寿之庙北端建有七层琉璃宝塔，宏伟气势不在普陀宗乘庙之下。③ 而普陀宗乘之庙始建于乾隆三十二年（1767 年），乾隆三十六年（1771 年）竣工，历时四年，是乾隆皇帝为了庆祝自己六十大寿仿照西藏布达拉宫而建的，所以又被称作小布达拉宫。斯文·赫定先生第一次到承德对普陀宗乘之庙的第一印象是：“雄伟，而且富有魅力。虽然现在（1930 年）它的光辉不再，很多佛堂出现了坍塌的征兆，也有不少松柏被无情的大兵用斧头砍倒；然而，其线条所显示的力感，建筑物所体现出来的磅礴气势和迥异的情趣，却经受住了劫难而得以保存。我陶醉在无与伦比的美感之中，在中国文化鼎盛时期最为崇高的纪念物前，唯有肃然屹立。” ④斯文·赫定先生对于这一组藏传佛教建筑群的评价如此之高，在建筑群整体遭受破坏并出现衰败迹象的情况下，仍然被其雄伟庞大的气势和无与伦比的美感所震撼，认为是中国文化鼎盛时期的经典宗教建筑代表作，于是想把代表普陀宗乘之庙最高建筑水平的木制万法归一殿（斯文·赫定称之为“都纲殿”）拿到国

① ［瑞典］斯文·赫定：《帝王之都——热河》，于广达译，北京：中信出版社，2008 年，第 2 页。

② 华汉旅、赵向东：《略论藏传佛寺建筑的变异化型态》，古建筑网（http//www. hhlv. net）；另参见龙珠多杰：《藏传佛教寺院建筑文化研究》，中央民族大学博士学位论文，2011 年 5 月，第 36 页。

③ 王晓晶：《六世班禅进京史实研究》，北京：民族出版社，2013 年，第 165 页。

④ ［瑞典］斯文·赫定：《帝王之都——热河》，第 16 页。

外去展出①。1930年元旦期间，斯文·赫定分别与中国古物保护协会的主席以及北大校长进行协商，希望能够采取向政府与古物协会捐赠保护文物的方式换取以南京政府的名义向斯德哥尔摩、芝加哥两地捐赠藏传佛教寺庙，但迟迟未得到南京政府的答复。由于当时的政局是冯玉祥和阎锡山联合反对蒋介石，加之也有人反对将藏传佛教寺庙卖给外国人，斯文·赫定与随行的人商定复制两座藏传佛教寺庙，复制的样本大家一致推举热河②普陀宗乘之庙的万法归一殿。经人介绍，斯文·赫定认识了梁启超先生的长子中国著名古建筑学家梁思成先生，在梁思成先生的陪同下，1930年6月斯文·赫定等一行前往承德进行考察，在热河省主席的授权下，可以自由测量、绘图、照相，斯文·赫定一行对普陀宗乘之庙万法归一殿集中体现藏传佛教寺院精髓的建筑进行考察，斯文·赫定聘请梁思成先生负责测量万法归一殿的各种数据，指导该殿的复原工作。③ 这一复原的普陀宗乘之庙万法归一殿至今还保留在美国的博物馆中。当时，斯文·赫定与梁思成先生签订合同，由梁先生复制万法归一殿，该建筑的所有构建都在中国完成，计划1931年春天运往美国安装。为此，梁思成先生制作精美的1∶10的万法归一殿模型，原本是送给美国工人在组装时做样本用的，但斯文·赫定先生对此爱不释手，很快说服梁先生留下这件万法归一殿模型作品，作为他的母国瑞典斯德哥尔摩人种科学博物馆的一件精美建筑作品予以展出。

在京城郊外的香山，仿大昭寺样式的昭庙④在寺碑中也证实该寺是为班禅大师驻夏而建，香山的昭庙和承德的须弥福寿之庙都建有一座七层琉璃塔，相同样式的结构风格都反映出二者之间修建目的的关联性，即昭庙是在北京香山静宜园内仿建西藏拉萨最早也是最负盛名的寺院；而在承德建造仿西藏六世班禅大师驻锡地扎什伦布寺的须弥福寿之庙，这些都是为了表达对六世班禅喇嘛从远地而来为国政传盛“黄帽之教法”（即藏传佛教格鲁派的教法）的高度赞赏。在昭庙的御制诗文碑上明确写到，此庙是为六世班禅大师而建。

---

① 斯文·赫定在其《帝王之都——热河》（第17—18页）一书中称：“我们受美国的委托，要把这一佛殿精确地仿造出来。”

② 热河，省会承德市，是民国时期行政区划的省份之一，1914年2月划出，1955年7月30日撤销。位于目前河北省、辽宁省和内蒙古自治区交界地带。包括今河北省的承德地区，内蒙古的赤峰地区，辽宁的朝阳、阜新地区。

③ 李军、邓淼：《走进中国西部的探险家斯文·赫定》，第204—206页。

④ 香山昭庙汉文称为“宗镜大昭之庙”。

两座寺庙大致是在同一时间段，即乾隆四十四年开始修建，并在六世班禅大师抵达北京之前修葺完毕。乾隆四十四年（1780年）七月二十二日，六世班禅一行到达承德与乾隆皇帝会面；九月初二，一行抵达京城，都有盛大的欢迎场面。九月初二当天就到了西黄寺，在此多次讲经弘法，僧俗信众纷至沓来顶礼膜拜。六世班禅在京城的另一个重要讲经礼佛场所是如今北京最大的藏传佛教寺院雍和宫。在雍和宫院内法轮殿东侧有一座二层阁楼式建筑，其中的楠木佛龛内供奉着一尊做工精细、形象庄严慈悲的银质镏金佛像，即六世班禅大师像。西黄寺和雍和宫皆是当年六世班禅大师在京城重要的讲经说法以及休息之地，此后，成为中央政府和蒙藏地区联系的纽带和桥梁。而雍和宫内这座供奉六世班禅的阁楼被称为“班禅楼”。当年六世班禅大师从九月二日抵京至同年十一月二日圆寂，在两个月的时间里，共有六次莅临雍和宫。

乾隆四十四年十一月初二，六世班禅大师因染天花，医治无效，在西黄寺圆寂。此事震惊朝野。乾隆皇帝辍朝一日，命京城所有佛寺诵经49天，为班禅超度。为悼念六世班禅，颂扬其伟大功绩，乾隆皇帝还命造办处制造了两尊银质鎏金六世班禅像，一尊供奉于故宫乾隆皇帝自己修行藏传佛教场所雨花阁西配楼班禅影堂中，一尊供奉于雍和宫班禅楼内。此六世班禅大师像头戴桃形帽，身着法衣，面部慈祥，右手当胸，作说法印。此像造型饱满、圆润，极好地表现了班禅大师慧性澄圆、佛学精深的伟大形象。同时，以七千两黄金造金塔一座，供养大师法体，次年春，运回日喀则的扎什伦布寺。乾隆皇帝为了纪念六世班禅大师，特命在他生前住过的西黄寺西侧，敕命建造六世班禅大师的衣冠塔供人瞻仰，即现今依然坐落在西黄寺中宏伟的“清净化城塔”，并将其所用的衣冠经卷等物安放于塔内。寺内有清高宗御制的用汉、满、蒙、藏四种文字书写的碑文。乾隆皇帝亲书《清净化城塔记》，对其一生做出了高度的评价。雍和宫还藏有纸本墨拓六世班禅大师唐卡，为纪念六世班禅，每年农历十一月初一，僧众要在西黄寺和雍和宫诵《六世班禅功德经》和《平安经》，缅怀这位爱国爱教的宗教领袖。

结语：有清一代，由于清廷的大力推崇和扶持，新建和修复的藏传佛教寺院建筑遍布藏传佛教的主要传播和影响的区域，在京城地区藏传佛教就有

30多座寺院；承德也有12座[①]；五台山地区也发展到藏传佛教和汉传佛教平分秋色的局面；内蒙古的归化城（呼和浩特）、多伦诺尔（今内蒙古多伦县）因集中众多的寺院成为漠南蒙古藏传佛教中心，乌兰巴托（库伦）地区修建的庆宁寺成为漠北的藏传佛教中心；在新疆伊犁修建的普化寺也成为新疆的藏传佛教中心；另外辽宁的沈阳、阜新和陕西的西安以及甘肃的临洮、岷县等地也都有不少藏传佛教寺院分布；在今河北境内的清东陵、清西陵修建隆福寺、永福寺两座单独的满族藏传佛教寺院，满族僧人20名。本文以六世班禅大师进京所涉及的相关藏传佛教寺院和建筑的叙述为主，简单涉及了日喀则的扎什伦布寺，北京雍和宫、西黄寺、香山昭庙，承德外八庙的普陀宗乘之庙和须弥福寿之庙等建筑文化交流和影响，希望抛砖引玉，使更多的人能关注这方面的文化艺术交流。

① 其中的罗汉堂、广安寺、普乐寺因一直未设藏传佛教僧人而归于内务府管理。

试论六世班禅在北京香山昭庙的活动及其意义

周润年　张屹*

摘要　香山昭庙的建造与六世班禅的驻跸，乃是班禅一行赴京觐见之重要一环，这些活动既是中央与西藏地方的交流互动，也是中华民族多元文化间的交流和学习。不仅密切了格鲁派上层与清廷的关系并借以巩固了班禅自身的宗教地位，还可收到平衡达赖系统在西藏地方影响力之效用，同时在客观上亦有助于强化清中央政府对于西藏地方的稳定与治理。

关键词　香山昭庙　六世班禅　民族关系

香山昭庙位于北京香山，该寺集汉藏风格于一体，建筑精美，全称为"宗镜大昭之庙"，系六世班禅觐见清朝乾隆皇帝时，于乾隆四十五年（1780年）所兴建，乃六世班禅在北京期间的一处驻锡之地。故此，昭庙之落成，既是清朝中央政府笼络藏传佛教的格鲁派上层，冀强化对于西藏地方治理的手段之一，也是彼时民族关系日臻繁盛的历史见证。

* 中央民族大学藏学研究院教授，博士生导师；张屹：西藏民族学院讲师，博士。

一、六世班禅赴京觐见及建造昭庙的原因

第六世班禅洛桑贝丹益西①于清乾隆五年（1740 年）被认定为五世班禅额尔德尼的转世灵童，藏传佛教格鲁派领袖六世班禅。其曾于乾隆四十三至四十五年间，积极筹划，并亲赴北京觐见清高宗乾隆皇帝，这乃是藏传佛教史上的一件大事，究其成行及建造昭庙之原因，主要包含以下的几点内容：

第一，清廷欲借重六世班禅之影响力，进一步绥服蒙藏各部。

鉴于藏传佛教在当时蒙藏僧俗中的影响，而六世班禅又为格鲁派之重要领袖，其时，清高宗乾隆冀通过班禅在热河的觐见，以及漫长的赴京之旅，一路上可于蒙藏诸部僧俗民众面前，充分展现格鲁派上层对于清廷的拥戴之意，以利于巩固清廷对蒙藏地方的治理。于此，从乾隆的敕谕中即可显见："朕本欲见班禅额尔德尼，……，已允所请。是年朕万寿月，即驻热河，外藩毕集，班禅额尔德尼若于彼时到热河，最为便益。"② 而且，乾隆亦曾详言道："诏瞻礼之，益以绥靖荒服，非惟阐扬格鲁派为也。"③ 可见，此次诏见班禅之举，不唯弘扬黄教，更为安抚蒙藏地方，并借以展现清廷对于西藏地方的主权管辖，亦可视其为清代治藏政策日趋成熟的一种体现。

第二，六世班禅亦欲早日成行，以便入京觐见。

根据《六世班禅朝觐档案选编》所载，有关此次朝觐的往来档案文书等就多达五百余件，凭此足见当时双方于此事备极重视。其中，在《留保住等奏报赴扎什伦布传旨商议启程日期路线并班禅谢恩折》④ 中，六世班禅曾言道：

---

① 六世班禅（1738—1780 年）法名贝丹益西，系西藏南木林县扎西则地方人，生于藏历第十二饶迥土马年（1738 年），父名唐拉，母名宁达旺姆。乾隆三十一年（1766 年）清朝高宗皇帝册封六世班禅为"班禅额尔德尼"。翌年，入后藏扎什伦布寺坐床，并由安钦·罗桑苏巴为其教授经典和授沙弥戒。乾隆十四年（1749 年），前往拉萨布达拉宫，拜七世达赖喇嘛格桑嘉措为师，学习佛法。

② 《高宗实录》卷 1072。

③ 《皇朝藩部要略·卷十八》。

④ 中国第一历史档案馆、中国藏学研究中心合编：《六世班禅朝觐档案选编》，北京：中国藏学出版社，1996 年，第 32 页。

据我所闻，前赴西宁途中诺门浑乌巴什等岭每年八九月大雪，即不能通行，需至雪融，至来年四五月方可行走。倘我于来年四五月启程，恐误瞻仰文殊菩萨大皇帝圣颜，小僧诚望尽早瞻仰文殊菩萨大皇帝圣颜，拟趁诺门浑乌巴什等岭未降大学前通过，于本年六月自扎什伦布启程，俟抵西宁，路经塞外阿拉善、鄂尔多斯、归化城，则于小僧极为有利。

显而易见，乾隆原意是“着留保住于乾隆四十五年陪侍班禅额尔德尼来京”①，以便六世班禅届时方便为自己祝贺七十大寿，但六世班禅为了能够保证克期而至，遂主动提议宜应当年就出发。由此可见，班禅本人对于此次朝觐之态度也是相当积极的。当然，六世班禅的积极态度也与其能通过觐见以加强自身及格鲁派影响力的考量有着必然联系，而且这种考量也恰与清中央政府的统治需求相适应。

第三，循清世祖与五世达赖喇嘛之旧例，展现中央政府治藏政策的连续性。

鉴于清世祖顺治时曾与五世达赖喇嘛阿旺罗桑嘉措会面，并且建造黄寺供其驻跸，因此，援故例与藏传佛教宗教领袖再次会面，再建须弥福寿之寺及昭庙等以备班禅一行，不但能展现出清朝中央政府治藏政策的连续性，从个人角度而言，亦可抬升乾隆自身的历史地位，意义堪比世祖顺治与五世达赖的会面，应该说乾隆肯定会有这个方面的考量。譬如福隆安曾于奏折中言道：“先前达赖喇嘛来时，曾赏班禅额尔德尼物品，班禅额尔德尼起程返回时，亦照前例颁给达赖喇嘛敕书，赏素珠、银茶桶……。为此谨奏请旨。”②乾隆自己亦曾言：“朕现已照五世达赖喇嘛来朝之例修建须弥福寿之庙……”③

故此，源于以上数因，乾隆君臣遂循前朝之旧例，建庙修寺，备极隆盛地接待六世班禅一行也就顺理成章了。至于清政府建造昭庙的直接原因，则应从主客观两个方面再做进一步的分析。

从客观方面而言，比照五世达赖喇嘛觐见顺治时曾驻跸于北京黄寺，此

---

① 《六世班禅朝觐档案选编》，第 1 页。
② 《六世班禅朝觐档案选编》，第 1 页。
③ 《六世班禅朝觐档案选编》，第 11 页。

次班禅赴京觐见，除去热河的须弥福寿寺之外，在京城内外照旧例亦应有所安排，所以修建香山昭庙、修葺黄寺等处以嗣班禅一行驻跸就显得非常之必要。在此需要说明的是，须弥福寿寺固然是专为班禅一行所建的驻跸之地，但因其地处热河，于京城一带尚需另辟驻锡之所。

按照当时的内务府文档《内务府奉旨照热河样为班禅进京住处备做迎手靠背坐褥等》① 记载，彼时为接待班禅进京曾预备驻地三处，依次分别是静宜园宗镜大昭之庙白台东楼下北边、黄寺、清净地法源楼，而且昭庙排序第一，可见香山昭庙当时乃是为班禅进京安排的一处重要的驻锡之地。

另从清中央政府的主观方面而言，该寺的建造也符合了中央政权“礼制有节”的实际需要。

香山昭庙固然是作为六世班禅一行在京郊的驻锡之地，但这仅仅是建造昭庙的一个原因，其实清廷对此还有着另外的一层考虑。清中央政府认为，可以优容格鲁派领袖一行，但绝不能突破中央与西藏地方既有的统辖关系，因此于如何接待六世班禅一行的诸方面，清廷的考虑是非常谨慎和细致的。这在《于敏中字寄谕陕甘总督等各省臣工迎接班禅不可叩拜跪迎》② 的乾隆口谕中说得已非常明白：

> 然亦只尊世祖章皇帝时达赖喇嘛来京入觐章程，量为仿照，一切并无所加。盖恩意虽可从优，而礼制必当有节也。……若令所属知总督尚且叩见，必致效尤滋甚，成何体统。不几如元代之厚待喇嘛乎！……甚至皇子过境，亦只可依礼申敬，不得于众所瞩目之处妄行叩见，……至明年班禅额尔德尼过境时，该省大小文武各员，只可排立迎待。即微末员弁，亦不得令其望尘叩谒。但其事不便形之纸笔，止可逐一口传，不得转为札谕。其原折及此谕，俱不存为档案也。

故此，假使班禅于热河面圣后即随驾返京，那么官员们如何依旨对六世班禅一行“不得于众所瞩目之处妄行叩见”，并且做到“只可排立迎待”？如

---

① 《六世班禅朝觐档案选编》，第 237 页。

② 《六世班禅朝觐档案选编》，第 110 页。

此操作实属不易。故而乾隆于谒毕祖陵返经香山时，途遇为昭庙开光的班禅一行，则是一种相当用心的巧妙安排。

由此可见，清廷意在将格鲁派领袖的权威仅限于宗教领域，而不可能任其僭越既有的统治体制，更不可能丝毫凌驾于皇权之上，但同时又需要处理得非常之谨慎，所以当时甚至不允许将以上的口谕留记于文档之中。故此，于北京香山再建昭庙以便于六世班禅之觐见，以便“礼制有节”，自然就显得非常之必要。

此外，关于为何建造昭庙，乾隆本人于《昭庙六韵》中也曾对此有过说明：“昭庙缘何建？神僧来自遐。因教仿西卫，（既建须弥福寿之庙于热河，复建昭庙于香山之静宜园，以班禅远来祝釐之诚可嘉，且以示我中华之兴格鲁派也。……）并以示中华。”在诗文的注解中，乾隆将热河的须弥福寿寺与香山昭庙并论，阐明热河有须弥寺，京城外有香山昭庙，俱为奖掖班禅觐见而建造。一方面展现了清廷对于格鲁派尤其是六世班禅的器重，另一方面，“并以示中华”乃是该句的结尾与全诗的重点，因为无论“礼制有节”抑或是“依理申敬”，以高屋建瓴之姿态来展现清廷的权威总是作者题中不免之意。

二、六世班禅一行在香山昭庙的重要活动

六世班禅一行抵京后先曾驻跸黄寺，而后于九月十八日前又移居于香山昭庙，因为清帝乾隆早在前往香山之前，便已通过军机大臣知会过皇六子永瑢：

> 兹定于本月十九日皇父暂不去潭柘寺，由皇幸庄直抵香山。钦命十八日始在昭庙诵经，十九日班禅额尔德尼于昭庙迎驾，开光讽经，逾三日事毕，二十一日班禅额尔德尼返回黄寺。①

据此可见，大致自乾隆四十五年（1780 年）九月十六日起直至二十一

① 《六世班禅朝觐档案选编》，第 277 页。

日，班禅曾连续驻跸于香山昭庙，在此期间，六世班禅忙于为昭庙的开光讽经仪式做准备，而后于乾隆驾临后迎驾并主持了寺庙的开光仪式。在前往昭庙之前的十三日至十五日，六世班禅亦曾先后于宁寿宫梵华楼、万寿殿等处进香，而在十九日乾隆驾临昭庙之后，遂于二十一日返回黄寺并又于二十五日随驾乾隆往故宫中正殿进香。① 以上系清宫文档的相关记载，比较概括，至于六世班禅驻跸香山昭庙的详细经过，在藏文典籍《六世班禅洛桑贝丹益西传》② 中则保存有一些较为详尽的记述，大致情形如下：

乾隆四十五年九月十六日，六世班禅洛桑贝丹益西莅临香山昭庙，随同者包括了皇六子永瑢、章嘉呼图克图、敏珠尔诺门罕、内务大臣等，其间，章嘉呼图克图与敏珠尔诺门罕还请教了六世班禅很多教义和教法的问题。十七日，班禅大师在释迦牟尼像前登上了狮子宝座，并与章嘉国师、敏珠尔诺门罕等大喇嘛及各寺僧侣二百余人一起，以吉祥金刚大威德方式为佛殿塔像准备做开光仪式。十八日在正式的开光仪式开始后不久，清帝乾隆即幸驾香山昭庙的西廊，且在旃檀雕成的释迦牟尼佛像前与班禅相遇。清帝乾隆赐予了六世班禅手杖、饰品等物，而六世班禅亦回赠了乾隆皇帝佛像、衣物等，随后畅言良久。尔时天降大雨，奇相迭出，而后皇帝还驾。

于傍晚时分，有大臣奉旨向六世班禅送来驻藏大臣赤钦诺门罕及丹结林寺札萨克喇嘛嘉木样丹巴关于摄政诺门罕灵童选任之书函，于昭庙内看完呈书之后，六世班禅当即回复信函并加盖了“班禅额尔德尼”印，函件遂自香山昭庙上呈乾隆。

二十日，班禅一行于皇六子、章嘉呼图克图的陪同下，自昭庙前往西山寺、五香寺、盘山寺、黄宫寺等处礼佛进香，是日，乾隆又赏赐了班禅一行众多物品。当日午后，班禅一行离开了昭庙，途经京城大街至皇宫附近一座寺院时受掌印喇嘛邀请入内款待，后返回黄寺驻跸。

上述即是六世班禅驻跸香山昭庙时的主要活动，除去班禅的返回时间相差一日外，其余汉藏史料的大部分内容基本相符。因为在汉藏史料中均能见到相关的文字记录，可以相互对勘，所以上述内容还是较为可信的。与此同

① 《六世班禅朝觐档案选编》，第 290 页。

② 嘉木央·久麦旺波：《六世班禅洛桑巴丹益希传》，许得存、卓永强译，祁顺来、李钟霖校，拉萨：西藏人民出版社，1990 年，第 522—523 页。

时，有些活动六世班禅是否参加则较难推断。譬如另据《内阁起居注》[①] 等文档记载，乾隆于四十五年十月十七日曾亲往香山昭庙进香，而且自十月初一直至二十九日期间清帝乾隆频繁地在昭庙、雍和宫等地上香不辍，累计有十五日之多，那么在此期间六世班禅是否随行在侧？在这些文档中并未见有明确的记述。但是即使是乾隆与六世班禅在热河须弥福寿寺的会面，在文档中也仅只"乾隆帝诣须弥福寿寺拈香"一句带过，而并未提及班禅，[②] 故此，依照目前的史料，仍难以确定六世班禅究竟前往香山昭庙的详细次数，而只能大致推断为可能不止一次。

总之，六世班禅在驻跸香山昭庙的大部分时期内，其活动安排还是比较紧凑和充实的，一方面体现出了清廷细致周到的着意部署，另一方面更展现出六世班禅本人对清廷所持的积极态度与配合。

三、六世班禅在香山昭庙系列活动的积极意义

（一）密切了清廷与西藏地方和格鲁派上层的关系

清廷对于六世班禅此次入京觐见是极为重视的。六世班禅虽非诏至，而是经由章嘉呼图克图转奏"欲亲赴京觐见"，但是乾隆亦曾自陈"朕早怀召见之意"[③]，可见清廷之态度非常积极。及至班禅抵京后，北京之住地自然不比热河行宫，于彼此交往中如何既能完存皇家威仪又可体恤六世班禅作为格鲁派领袖的显赫地位，显然是觐见时有必要考虑的一项内容。

因此清乾隆帝仿效顺治接见五世达赖喇嘛故例，于北京修建宗镜大昭之庙，且是于皇六子永瑢依旨亲自备办之下，使六世班禅得以于朝堂禁地之外的一处宗教场所完成了自己在北京的第一次面圣，如此不但能相对自然地免去诸多叩见礼仪，亦可示之以清廷的优容，有助于深化大清皇室与六世班禅的个人关系。另一方面，六世班禅不辞辛劳，能在昭庙积极准备开光讽经的

---

① 《六世班禅朝觐档案选编》，第 290、296 页。

② 使帝王纡尊降贵看望臣属毕竟不合祖制，故此即使在《清实录》中，也并未记述乾隆曾前往过黄寺看望六世班禅，但是清宫内诸多文档中却有明确的记载。

③ 中国藏学研究中心、中国第一历史档案馆、中国第二历史档案馆、西藏自治区档案馆、四川省档案馆合编：《元以来西藏地方与中央政府关系档案史料汇编》，第二册，北京，中国藏学出版社，1994 年，第 583 页。

盛大宗教仪式，亦是在行动上对于清廷眷顾的一种积极回应。此外，于昭庙面圣后的第四日，乾隆自圆明园回驾故宫时，六世班禅又“亲自带领随从前往中和殿迎驾，敬献佛像、衣服等礼品……莅临中和殿与寝宫向诸佛塔献供哈达、祭品，向皇帝宝座献哈达，诵经祝福，愿皇帝寿幢永远飘扬”,① 则可以视之为清廷与格鲁派上层关系进一步密切的一种体现。

彼时，八世达赖喇嘛尚且年幼，而六世班禅则正值春秋鼎盛，在格鲁派上层的影响力也较为广泛，因此其在昭庙主持的开光讽经等一系列宗教活动，深具密切清中央政府与西藏地方格鲁派上层关系之效用。

（二）平衡了达赖喇嘛在西藏地方的影响力

六世班禅此次赴京觐见非为诏至，纯属本意，但无论其本人在主观上做如何之思，通过在京与清廷的直接互动能得以密切关系并继而巩固自身在西藏地方的宗教地位，也是一项客观存在的事实。尤其是清廷仿五世达赖喇嘛觐见的故例在京修造昭庙，并于朝堂禁地之外的昭庙接见了六世班禅，此举堪比顺治皇帝于南苑接见五世达赖喇嘛，足显清廷对于班禅转世系统之重视。甚至乾隆本人亦曾毫无避讳地言道：“且遵我世祖章皇帝建西黄寺于京师以居第五世达赖喇嘛之例也。”② 一方面的确扩大了六世班禅在格鲁派内外的影响力，再则也甚为符合清中央政府的治藏需要。

彼时，八世达赖喇嘛尚年幼，且未获敕封，而六世班禅仍年富力强，在西藏政教双方都颇具影响，特别是其本人在此次觐见之后与清廷的关系日密，故此巩固并抬升班禅的宗教地位完全有利于西藏地方的稳定与治理。这在颁给班禅额尔德尼的敕谕中已经表现得非常明确：“班禅额尔德尼协助达赖喇嘛办事”,③ 虽然此语后来于六世班禅本人建议之下予以删去，但是清廷的本意已经表现得十分之明确，即着意于提升班禅系统的影响力，而这在客观上又恰恰是对达赖系统在蒙藏一带影响力的一种平衡。对于此举之深意，无论乾隆抑或是六世班禅、章嘉呼图克图、和珅等人其实都是十分清楚的，否则，就不必因为有所顾忌而又在字面上删去了如上之语。

从清朝中央政府的角度出发，扶植班禅系统的影响力的确有利于防止地

---

① 《六世班禅洛桑巴丹益希传》，第 524 页。

② 《须弥福寿之庙碑记》。

③ 《六世班禅朝觐档案选编》，第 396 页。

方宗教势力一方强大的局面出现，所以修建昭庙、昭庙面圣以及在昭庙开光讽经等等一系列的宗教活动，对于清朝中央政府治藏政策的完善颇具现实意义。

（三）有助于加强中央政府对西藏地方的稳定与治理

六世班禅在香山昭庙的活动乃是其赴京觐见的一系列活动之重要一环。无论是昭庙修建、昭庙面圣、昭庙讽经，都是密切其与清廷之关系，并提升班禅系统自身宗教地位、宗教影响的有力之举，当然，清廷也能借此在朝野上下彰显出中央政府对于西藏地方的有力治理，并能加强与西藏地方格鲁派上层的关系。

客观地讲，无论清廷与六世班禅本人的用意如何，在香山昭庙的各项活动都体现出了一种可贵的民族情谊与民族团结的精神，同时也体现出了当时清朝中央政府治藏政策的成熟与成就，而所有这些在根本上都会有利于西藏地方的稳定与发展，有助于加强清朝中央政府对于西藏地方的进一步治理。

最后仍需说明的是，由于篇幅所限，本文在此仅就六世班禅在香山昭庙的活动展开了一些有限的探讨，其实六世班禅赴京觐见的活动是极其丰富与充实的，虽然这些活动总是离不开浓烈的宗教色彩，但究其实质而言，与其在香山昭庙的活动是一致的：既是中央与西藏地方的交流互动，也是中华民族多元文化间的交流与学习。而且深值纪怀的是，六世班禅洛桑贝丹益西为了祖国民族关系的和谐繁荣与西藏地方的稳定发展，将自己的最高成就与风华正茂之年留在了漫漫的旅途之中，令人不由得扼腕，亦应为我辈后人所感念与仰止。

论藏传佛教在统一多民族国家中的作用

周毓华*

摘要 佛教在唐代传入吐蕃后，就成为唐与吐蕃友好关系的重要纽带，藏传佛教形成后，在中央政府的支持下不断发展壮大，在其发展过程中，为缔造中国统一多民族国家作出了重要贡献。

关键词 藏传佛教 缔造 统一多民族国家 贡献

从松赞干布到朗达玛统治的整个吐蕃地方政权，是佛教传入吐蕃到逐步向西藏化迈进的主要时期，也是佛教与政治相结合的酝酿时期。在佛教思想及佛教徒的影响下，与唐朝的友好交往始终是吐蕃赞普执政的主导思想。松赞干布不仅成为统一强大的吐蕃王朝的缔造者，而且是吐蕃与唐朝"舅甥"关系的开拓者。他于634年（贞观八年）"始遣使来朝。帝遣行人冯德遐下书临抚"。① 这是唐蕃政治关系的开始，开创了唐蕃关系的新局面。与唐联姻后，松赞干布与文成公主相濡以沫，精心治理吐蕃，并从政治、经济、宗教、文化等多方面发展与唐的交流。为唐蕃的"舅甥"关系，"社稷如一""和同一家"关系的进一步发展打下了坚实的基础，也为西藏地区在元代最终归入中央王朝的管辖之下奠定了一个良好的基础。尽管历史上有这样那样的波折，但友好的基本原则始终左右着唐蕃政局的发展，成为唐蕃关系发展的总趋势。

金城公主入嫁吐蕃，巩固并发展了这种友好关系，确定了唐蕃之间的"舅甥"关系。在一心向佛、主张和平的热巴坚时期，在钵阐布贝吉云丹的支持下，唐蕃于821年和822年，分别在长安和拉萨会盟，这就是著名的长

* 西藏民族学院教授

① 《新唐书·吐蕃传》。

庆会盟。在大昭寺会盟碑的藏文碑文中，连续五次强调唐蕃之间“社稷如一”。在汉文碑文中，阐明了会盟的目的在于“商议社稷如一，结立大和盟约”，使唐蕃“万姓安泰，新思如一，成久远大喜，再续慈亲之情，重申邻好之义”，“彼此不为寇敌，不举兵戎，不相侵谋封境”①。在参加会盟的蕃官提名中，排在第一位即是“同平章事兼理内外国政大沙门钵阐布允丹”。在佛教“非战弭争”这一根本思想指导下的钵阐布，在唐蕃友好交往中占有主要地位，发挥着积极的作用。因而，吐蕃与唐朝建立的“舅甥”关系乃至“社稷如一”的政治关系，正是佛家“非战弭争”思想对王室的影响而产生的主和观点在政治上的具体表现。

大约从10世纪以后，处于分裂割据状态的西藏社会缓慢地发生着变化。藏传佛教各教派逐步形成，新出现的教派领袖与宗教人士与新兴的封建世俗领主相结合，走上互为依托、共同发展的道路。到12世纪末13世纪初，在西藏地区形成了如萨迦、蔡巴、止贡、达垅、帕木竹巴等若干个大、小僧俗结合的地方势力。此时，蒙古势力在大漠南北迅速崛起。1206年，蒙古孛儿只斤部的贵族铁木真（成吉思汗）兼并群雄，统一了蒙古诸部，建立新兴的蒙古汗国，随即开始了对外的征服与扩张。窝阔台继汗位后，将西夏故地和原属金的一部分地区，即今甘、青藏族地区划给他的次子阔端作为封地。阔端驻凉州（今甘肃武威），拥兵西北，负责在藏族地区的经营，成为蒙古负责一方的军事统帅。1247年，凉州会晤后，确立了西藏地方归于蒙古政权统治的历史格局。

元朝统治者接受和皈依藏传佛教是蒙古势力对新征服地区实行政治统治的需要，另一个重要原因是西藏教派势力对元朝统治者所进行的成功的宗教渗透和影响。有元一代，统治集团都始终将西藏教派势力，主要是萨迦派势力作为其统治西藏的代理人，通过萨迦派来实现对西藏的统治和管理，而西藏的教派势力也获得了巨大的政治利益和权力。元代始终有大批藏僧长年滞留于京城，他们直接以元王室为依托，享有很大的政治特权。帝师即是总代表，他们在朝廷中有很高的地位，“且每帝即位之始，降诏褒护，必敕章佩监络珠为字以赐，盖其重之如此”。② 帝师作为皇帝之师，向皇帝传授佛法，

① 王尧编著：《吐蕃金石录》中《唐蕃会盟碑》，北京：文物出版社，1982年，第41页。
② 《元史》卷二百二《释老传》。

举行灌顶仪式；主管天下佛教僧尼及事务，弘扬佛法；同时作为皇室的教祖和精神支柱，随时为皇帝和国家作佛事，以保障皇帝的平安和国家的兴盛。吐蕃僧人又凭借帝师的影响，得到优厚赏赐和特别的荣宠。在得到政治利益的同时，西藏教派势力还获得了巨大的经济利益。元朝统治者对以帝师为首的西藏僧人的各种赏赐，其数量之大，次数之多，达到了惊人的地步。1277年，八思巴在曲弥（今日喀则县曲美区）举行首次大规模法会时，皇太子真金代表忽必烈一次布施黄金7000两。[①] 1321年，元皇室一次赐予萨迦僧众袈裟2万件，黄金250两，白银2200两，而在当时，全国每年收入黄金仅1.9万两。在帝师涅槃时，用于丧葬的祭钱，黄金达5000两，白银1.5万两，锦绮1.7万匹，这还不包括修灵塔建寺院的费用。因而，在当时有“国家财富半入西蕃”[②] 之说。

元朝灭亡后，明朝中央政府继承了西藏与元朝的政治隶属关系，在此基础上明朝对西藏的统治政策进行了改革。废除帝师制度，使以“帝师”为首的西藏宗教团体在中央政权中失去政治影响和宗教特权。放弃了元朝在西藏实行单纯扶持某一教派政治势力以作为自己统治和管理西藏代理人的做法，采取“多封重建，尚用僧徒”的政策，在保留元朝国师、大国师封号的同时，先后加封了在藏区有一定影响的宗教势力集团的首领分别为“王”“法王”，使西藏的各主要教派和地方势力首领都得以册封，并通过分封和贡赐等形式使他们与明朝中央建立直接的政治隶属关系，同时又使各教派之间互相牵制，保证了明朝政令的上通下达。明朝对西藏僧俗首领大量的授官封号，以安抚西藏各僧俗势力及由此确立起来的朝贡关系来体现明朝对西藏的统治。明朝通过“分封”的形式明确规定了西藏各僧俗首领承担的政治责任，即“为官者，务遵朝廷之法，抚安一方；为僧者，务敦化导之诚，率民为善”。[③]

在明代，取代了萨迦政权的帕木竹巴地方政权活动在西藏的历史舞台上长达200多年的时间，自第二任第悉释迦坚赞起，每一任第悉都受到明朝中央的册封，并定期向明朝进贡。帕竹政权开创者绛曲坚赞曾拜萨迦派法师学法，后接受元朝中央的册封和帝师的法旨，就任帕木竹巴万户的万户长，上任后，他对西藏地方政权内部进行了大刀阔斧的改革，建立官寨管理的各种

---

① 阿旺贡噶索南著，陈庆英等译：《萨迦世系史》，拉萨：西藏人民出版社，1989年，第148页。
② 邓锐龄等：《元明两代中央与西藏地方的关系》，北京：中国藏学出版社，1989年，第31页。
③ 《明实录》卷79。

制度，减免苛捐杂税，严格宗教戒律，大力推广谿卡（庄园制度）等。绛曲坚赞能在较短时间内成功建立帕竹地方政权还在于他能牢牢把握住西藏地方是中央王朝统一管辖下的一部分这个大方向，始终以维护中央的政治权威为旗帜，增强自身的号召力和威慑力。他多次派人向中央进贡、请封；在拉萨兴办“祝愿皇帝父子长寿的佛事”以报答皇帝的优遇之恩。他在自己的《遗嘱》中教导帕竹政权的后继者们：“则当遵守皇帝的法令，应送和承侍宣葺钦差。”① 正因为绛曲坚赞处处以维护中央政权的权威为出发点，所以赢得了道义上最大程度的支持和策略上的主动，巩固了帕竹政权的地位。绛曲坚赞的后继者们也都遵从先辈的遗训，尽心尽力地同明朝中央在政令上、行动上保持高度一致。接任绛曲坚赞之位的第悉释迦坚赞，明太祖朱元璋沿元制封他为“灌顶国师”，赐玉印，让其化导百姓。永乐四年（1406 年），明朝封帕竹第五任第悉扎巴坚赞为“灌顶国师阐化王”。“灌顶国师阐化王”从此便成了帕竹第悉的固定称号。帕竹地方首领这种执著遵从明朝中央政府、与中央保持一致的自觉行动，奠定了明代乌思藏地区政治稳定、经济繁荣、文化发达的总体基础，也为藏区其他政教地方势力崇奉中央树立了榜样。

通观明代的治藏政策，取得事半功倍之效的当属“多封众建”政策。它的贯彻实施，使明朝统治者舍弃大规模的军事手段，仍然能有效地控制西藏各个势力集团，也使藏区的各项事业在明代进入发展的黄金时期。同时，明朝中央根据藏区各教派势力的大小赐予封号，既有效地维护了中央大一统的局面，又使藏区各僧俗势力没有因厚此薄彼而产生地方纷争。在分封的基础上，明朝还制定了“厚往薄来”“宁厚勿薄”的朝贡制度，使西藏的僧侣势力利用朝贡及朝贡互市在经济上与中原地区的交往日益频繁和不可或缺。朝贡在客观上促进了西藏地区的农业、畜牧业、手工业等方面的发展，巨额的赏赐又成为寺院的重要经济来源，加速了寺院集团势力的发展。它实质上是利用经济手段来达到明朝中央对西藏地方在政治上的控制，从经济方面加强明朝中央对西藏地方实力派的凝聚力，同时又使朝贡者的地位合法化，增强其在地方斗争中的政治分量，达到互相牵制的目的。这样使西藏地方势力对明朝中央在政治上、经济上产生强烈的依赖而建立起紧密的依存关系。

---

① 大司徒·绛求坚赞：《朗氏家族史》，赞拉·阿旺、佘万治译，拉萨：西藏人民出版社，1989 年。

明代，许多得到朝廷封号的藏族高僧对维护国家的统一与民族的团结起了无可替代的作用。因为佛教在藏区是占绝对主导地位的社会意识形态，是大多数人共同的信仰，僧人在社会上受到普遍的尊敬和供养。许多地方势力首领本身就是教派首领，他们在民众中有着异乎寻常的影响力和号召力。明朝统治者给藏族僧人极为优厚的礼遇，与他们保持良好的关系，使他们忠实地履行明朝对他们规定的一切政治义务。安抚了各个宗教首领就等于安抚了其所在地域的广大民众。因而出现了“终明之世，西陲晏然”的太平局面。

1717 年，清朝中央王朝将蒙古准噶尔部驱逐出藏区。至此，在西藏僧俗势力的努力和各族人民的协助下，清朝在西藏地方彻底结束了蒙古诸部的占领和统治，扶植了以达赖喇嘛为代表的格鲁派势力，巩固了西南边疆，维护了祖国统一。这是清朝对藏施政的一个历史性的转折点。

乾隆年间，格鲁派寺院已遍及蒙、藏各地，八世达赖喇嘛尚年幼，清朝决定扶植威望甚高的六世班禅，以扩大班禅的政治、宗教影响，稳定局势。

1791 年，廓尔喀入侵西藏，清政府立即从各地征调兵力大军进藏，以达赖、班禅为首的西藏僧俗各阶层人民都大力拥护和支援反侵略的战争。各地方头人、土司都“争先效命，踊跃遵从”，保护达赖、班禅的驻锡地，达赖、班禅也督促噶厦政府大力支援军饷。5 月，廓尔喀军队被全部驱除出境，取得了反侵略战争的全面胜利，巩固了祖国的西南边疆。清朝政府鉴于西藏地方各项制度松弛，弊病多多，以致外敌入侵的状况，决心整顿吏治。在八世达赖喇嘛等人的支持下，清军主帅福康安会同西藏僧俗官员，共同议定条例，于 1793 年，经清朝中央政府审订，正式颁行了著名的《钦定藏内善后章程二十九条》。这标志着清朝在西藏的施政由最初的扶植黄教、安抚蒙藏、防止准噶尔等的侵扰发展到了清军驻藏，设立驻藏大臣的最高阶段，这是历史发展的必然结果，也是西藏历史发展的转折点。同时，用法律形式肯定了清朝中央对西藏地方的统治权，在客观上起到了加强中央与地方、祖国各族人民同西藏人民之间亲密关系的积极作用，对保卫国防、安定社会秩序、发展西藏经济等也起到了一定的作用。

随着西方资本主义经济的萌芽和发展，西方殖民主义者或打着传教的旗帜，或以“通商”为借口，欲把中国的西藏变成他们的殖民地。但藏族人民予以坚决地抵制和反对，使西方殖民主义者的种种非分努力都以失败而告终。从 17 世纪中叶到 20 世纪，西藏佛教界在反对外国侵略、维护祖国主权、捍卫祖国领土、反对分裂的斗争中作出了历史性的贡献。

17世纪初，葡、意、英、俄、法等帝国主义出于殖民主义的目的，先后派“传教士”潜入西藏，进行文化渗透活动。1624年，葡萄牙耶稣会神父安夺德等化妆成印度教徒，潜入西藏阿里地区，于1626年建立了西藏第一座耶稣教堂，企图以此作为在西藏进行扩张渗透活动的前哨据点。这一行径激起了格鲁派寺院集团及广大佛教信徒的一致反对，迫使这些帝国主义分子于1635年撤出了西藏。与此同时，另外一些传教士在日喀则建立传教会，后因同样遭到佛教界和广大信徒的激烈反对而被迫关闭。这是藏传佛教界同西藏人民反对西方殖民势力以“传教”方式进行渗透的第一次胜利，维护了祖国主权的独立。

18世纪末19世纪初，帝国主义列强对我国西藏的侵略进入新的阶段，即由单纯的文化侵略转为以经济掠夺为主要目标的时期。1774年，东印度公司派秘书波格尔等人打着“平等通商”的幌子潜入日喀则。企图诱使班禅同东印度公司私立某种关系以离间达赖、班禅两大系统，达到最后破坏祖国统一的阴谋。班禅对波格尔明确指出，整个西藏是在中国大皇帝主权管辖之下的地方，西藏的一切无不听命于北京的朝廷。六世班禅的严正立场维护了祖国的统一和主权的完整，使英侵略者第一次入侵我国西藏的活动归于失败。1783年，东印度公司又以“庆祝班禅七世坐床”为由，派忒涅等人到日喀则活动，再次提出订立通商条约和去拉萨的要求，同样被严词拒绝。1811年，英印总督又派曼宁伪装为印僧潜入拉萨，进行间谍活动，公然挑拨西藏地方政府同清朝中央的关系，被摄政第穆呼图克图和驻藏大臣于1812年4月驱逐出境。波格尔等殖民分子在向东印度公司的报告中认为，以通商等方式向西藏进行殖民渗透的“最大障碍是忠于清朝皇帝的喇嘛和摄政”。

鸦片战争不仅使中国逐步沦为半殖民地半封建社会，也使帝国主义列强通过不平等条约取得了从中国内地进入西藏的特权。英、俄、法等帝国主义者纷纷以“游历”“通商”“探险”为名，对西藏地区加紧侵略活动，激起了藏族僧俗人民的强烈反对，噶厦政府召开前后藏僧俗头人会议，并由十三世达赖和八世班禅领衔，率领众呼图克图、三大寺堪布、僧俗官员军民等向清朝中央政府呈递公禀，表明了西藏上下一致反对洋人入藏的坚决态度。英帝国主义向西藏渗透、侵略的计划屡屡受挫后，转而采取了武装侵略。1886年，西藏地方政府在隆吐山建卡设防，派兵防守，却被英帝诬我越界，悍然威胁清政府下令西藏地方军队撤卡，被噶厦政府断然拒绝。拉萨三大寺、日喀则扎什伦布寺及其他寺院，地方政府七品以上僧俗官员等四次联名向驻藏大臣上书，表示："所有隆吐山撤去卡房兵役一事，无论如何，断不可行。……纵有男尽女绝之忧，惟当复仇抵御，永远力阻，别无所思"，① 表现了西藏宗教界和广大人民反帝爱国斗争的坚强意志。1888 年 3 月，英军突然向隆吐山西藏守军发起进攻。藏军奋起反抗，誓死抵御。他们凭借火绳枪、弓箭、大刀、飞石器等落后的武器，多次击退有钢枪、大炮等精良武器装备的侵略军。西藏人民的反帝爱国精神让帝国主义的御用文人也感叹不已："他们热忱，颇有胆量和毋庸置疑的真正英雄主义，……数十人就会猛打猛冲占绝对优势的敌人，拼死战斗到最后一个人。少数被征来的农民会像古罗马爱国志士那样在保卫村庄中献出他们的生命，……那些在江孜首当其冲的士兵，在榴霰弹、马克沁机关枪和来福枪毁灭性的火力下视死如归，……对现代科学的战争手段毫不畏惧。"② 但由于敌强我弱，隆吐、纳塘相继失守，藏军移至卓木河谷，噶厦下令征调各地民兵万余人支援。年仅 13 岁的十三世达赖喇嘛在摄政第穆呼图克图等人的辅佐下，表现出了抗击侵略者的热情。他派噶伦等负责前线总指挥和后方运输等事宜，下令三大寺积极组织僧兵，准备随时开赴前线，并亲自给每位战士摩顶，发"护身符"，以鼓舞士气，稳定民心。西藏宗教界和广大人民抗击英军侵略的第一次战争虽然失败了，但他们维护祖国领土、主权的坚定立场和爱国主义传统，经受了血的洗礼，得到了新的发展。

1895 年 8 月，十三世达赖喇嘛亲政后，英帝国主义为了把西藏从祖国分裂出去，一面同沙俄争雄，一面企图背着清朝中央同西藏建立"直接交往"关系。1899 年，英印总督寇松两次给达赖喇嘛写信，均被退回。其后又派不丹驻大吉岭代表乌金特持信到拉萨游说，达赖喇嘛又一次把信原封未拆地退回，并托送信人转告寇松，未经中国大皇帝授权，他不同任何外国人通信交往。表现出十三世达赖喇嘛维护祖国主权的坚定立场。为此，寇松恼羞成怒，极力主张武力进攻西藏以迫使达赖喇嘛和噶厦政府就范。十三世达赖喇嘛通过外蒙古法王向光绪帝上奏，请求"赏给大小枪械火药铅丸等件，或派工匠

① 牙含章编著：《达赖喇嘛传》，北京：人民出版社，1984 年，第 119 页。

② ［英］埃德蒙·坎德勒：《拉萨真面目》，尹建新、苏平译，拉萨：西藏人民出版社，1989 年，第 146 页。

赴藏制造”武器,[①] 以备抵抗英国的侵略。清政府不但没有接受，反而予以驳斥。达赖喇嘛在对清朝政府的依赖完全落空之后，便一面在内部进行积极备战，一面向外寻求支持，采取了联俄抗英的行动。英国以此为借口，又一次向西藏发动了大规模的武装侵略。

1903 年 7 月，英帝派荣赫鹏率军万余侵入西藏，英勇的藏族僧俗军民进行了顽强的抵抗，在著名的江孜保卫战中，给侵略者以沉重的打击。西藏统治集团内部的妥协求和倾向开始占据上风，为了保全他们的利益，在命令藏军撤退的同时，派代表与英军谈判，企图阻止英军进入拉萨，被英军拒绝。1904 年 8 月，英军入侵拉萨。十三世达赖喇嘛逃往内地。英军迫使摄政甘丹赤巴和三大寺代表签订了丧权辱国的《拉萨条约》。西藏人民第二次抗英在英帝的野蛮侵略、清朝的孱弱媚外和西藏统治集团内部的妥协求和中失败。十三世达赖喇嘛在这次战争中一直处于左右为难的境地。一方面要他顺应民意，坚决抵抗强大的侵略军；另一方面又要承受驻藏大臣和一些藏族贵族妥协求和的巨大压力，使他陷入既不甘心对敌言和，又不敢与敌决裂的矛盾之中，最后他只得乘夜出走，投奔内地。但是，拉萨军民并没有向英军屈服，与侵略军展开游击战，使侵略者惶惶不可终日。西藏僧俗人民在抗英斗争中所表现的视死如归、坚强不屈的反帝爱国主义精神是祖国各族人民爱国主义精神的具体表现。

辛亥革命后，英帝国主义继续加紧对西藏的侵略活动，不断策划分裂西藏的阴谋，派特务柏尔钻到达赖喇嘛身边，在随行官员中大肆灌输独立思想，培植亲英分裂主义势力，十三世达赖喇嘛受其蛊惑开始动摇。1912 年十三世达赖喇嘛回到拉萨后，先后下令驱逐清朝官员和川军出西藏，阻止国民政府官员进藏，接受英国援助，扩编藏军，训练军官，并发动了对邻省的战争。派代表参加英帝一手策划的“西姆拉会议”，鼓吹“西藏”独立。然而，英帝的扩张图谋一次又一次地被西藏人民的强烈反对所粉碎。1919 年 8 月，北洋政府为维护汉藏团结，派出以朱绣等组成的代表团，由青海入藏，与达赖喇嘛联络感情，作釜底抽薪之计。朱绣等在西藏同达赖、班禅及三大寺的代表多次会晤，向他们表达了全国各族人民维护祖国统一和汉藏团结的愿望，规劝他们以中华民族的利益为重，警惕外人的挑拨离间。十三世达赖喇嘛表

① 牙含章编著：《达赖喇嘛传》，第 154 页。

示“余亲英非出本心”，“余誓倾心向内，同谋五族幸福”，并要求“大总统从速派全权代表，解决悬案”。[①] 这表明达赖喇嘛有了同中央政权恢复正常关系的愿望。为了阻止达赖喇嘛的爱国行动，继续分裂西藏，1920 年英国又派柏尔以“问候达赖”为由来到拉萨，向达赖喇嘛提出扩编藏军，增加赋税，从外国输入军火，帮助训练藏军，由英人开办学校，培训贵族子弟，建立拉萨与印度之间的电报联系，以及开办银行，勘探开采西藏矿产等分裂祖国活动。这些措施的提出，立即遭到西藏人民的强烈反对，三大寺喇嘛准备下山进攻拉萨，用武力驱逐英人离藏，并在柏尔住所的大门上张贴“速行离藏，免伤性命”的字条，使他心惊胆战地逃离西藏。达赖喇嘛识破亲英分子企图策动政变的阴谋，革除了亲英卖国者的职务，并取缔由英人控制的警察局，停办英帝在江孜开办的军官学校。1929 年达赖喇嘛向国民政府派遣入藏联络的刘曼卿表示：“吾所最希求者，即中国真正和平统一”，“英人对我确有诱惑之念，但吾知主权不可失”。[②] 随后派贡觉仲尼持信到南京，并委任其为西藏驻南京总代表。1931 年又派楚臣丹增等到南京，组成“西藏驻南京办事处”，恢复和改善了同中央政府之间的关系。事实证明，十三世达赖喇嘛确实走了一段错误的道路，但他迷途知返。当他看清了英帝国主义分裂祖国的本来面目后，就倾心向内，又回到爱国主义的立场上来，同样受到西藏僧俗人民的拥护和全国各族人民的尊敬。1933 年十三世达赖喇嘛圆寂后，国民政府追赠为“护国弘化普慈圆觉大师”的封号。

九世班禅同十三世达赖喇嘛因在“内向外向”等重大问题上产生分歧而离开西藏，来到内地。他在内地的 15 年间，利用举行法会，讲经传法等机会，大力宣扬“五族团结，共安边防，……宁愿牺牲个人，力全大局，小愿中央威信陷于隳堕”，并请求国民政府帮助他返回西藏，治理边陲，“目下藏民，如居水火，救之宜急，……盖藏与祖国，唇齿相依。实西南之屏蔽，藏事一日不决，亦视西南国防未能巩固……”。[③] 同时他呼吁大家团结起来，携手并肩，组成一个由汉、满、蒙、回、藏为主体的坚强的中华民族，表现了班禅大师崇高的品质和宗教领袖的风范。

1933 年，十三世达赖喇嘛圆寂后，经西藏大会提名，国民政府批准，由

---

① 朱绣编著，吴均校注：《西藏六十年大事记》，西宁：青海人民出版社，1996 年，第 57 页。

② 刘曼卿：《康藏轺征》，台北：南天书局，1987 年，第 115—120 页。

③ 刘家驹：《班禅大师全集》，北京：学苑出版社，2005 年，第 175、185 页。

五世热振呼图克图担任摄政。尽管当时在噶厦政府中，少数亲帝分裂主义分子拥有一定的权力，但热振呼图克图坚持爱国立场，同国民政府保持着密切的关系，在寻访十三世达赖喇嘛的转世灵童等重大问题上，都主动向中央政府请示，按照中央政府的指示办事，为维护祖国统一和国家主权，发挥了重要作用。他的爱国行为引起了帝国主义分子和西藏内部的亲帝分子的憎恨。他们散布谣言，迫使热振呼图克图辞去摄政职务，并于1947年将其杀害。这对西藏宗教爱国力量无疑是一次沉重的打击，但却使广大人民看到了亲帝分裂主义势力卖国投敌的丑恶面目。从此，西藏内部亲帝分裂势力同爱国势力之间进行了长期的分裂与反分裂的斗争。这种斗争时起时伏，但是西藏宗教界的爱国主义力量始终是斗争的主流。随着中华人民共和国的成立，这种力量在久受压抑中迅速迸发出来，使西藏宗教界及藏族人民的爱国主义传统进入了一个崭新的发展时期。

香山昭庙琉璃狮子初考

赵康　高云昆*

摘要　香山昭庙始建于清乾隆四十五年，于1860年被英法联军焚毁，2006年开始清理昭庙遗址，在现场挖掘中出土了大量精美的琉璃构件，其中有琉璃狮子残片。2010年经拼接修复，显现全貌，但其所在位置、寓意如何？尚不清楚。本文通过琉璃材质、工艺规格、造型色彩、位置初判及寓意等方面探讨汉藏结合建筑装饰艺术，论述香山昭庙琉璃狮子构件是建筑装饰艺术的融合发展。

关键词　香山　昭庙　琉璃狮子　初考

一、历史溯源

（一）兴建缘由

香山宗镜大昭之庙，又称“昭庙”，藏文音译为“觉悟拉康”，“觉悟”汉文意思为“尊者”，“拉康”为神殿之意，昭庙始建于乾隆四十五年（1780年）七月。昭庙建于香山静宜园别垣，是为了迎接六世班禅来京向乾隆皇帝祝贺七十大寿而建，故称之为班禅行宫。

（二）建筑形式

昭庙的建筑形式采用平顶碉房汉藏结合式风格，仿照拉萨大昭寺所建，①

---

* 赵康：北京植物园高级工程师；高云昆：北京市香山公园管理处高级工程师。

① 杨菁：《静宜园、静明园及相关样式雷图档综合研究》，天津大学博士学位论文，2011年5月。

为清中期继承明朝汉藏结合式建筑特点而延续发展的新风格，主体建筑有白台、红台及五智殿，尤其是核心的红台部分，采取回字形裙楼围合空间布局的庭院，中间建三重方形高阁以象征“都纲法式”中空拔起，平面造型看，红台四面规整对称，是佛教密宗曼荼罗图示的程序化，仿佛是一座立体坛城，彰显密宗威严神圣。

（三）神殿焚毁

在清咸丰十年（1860年）九月初五日、初六日，香山昭庙惨遭英法联军抢夺焚毁，仅存琉璃牌坊，四个幡杆石座，白台、红台基础，御碑一座（碑亭已毁，基础尚存）；七层琉璃塔一座，佛国天界的宗镜大昭之庙，乾隆皇帝与六世班禅会晤的神圣场所、民族团结的历史见证被毁于一旦。

二、清理修复

（一）残片出土

为展现汉藏民族的团结与融洽，复建祖国统一、民族团结历史见证的昭庙，2008年香山公园进行昭庙周边环境清理工程，对昭庙周边散落的琉璃构件进行清理、挖掘，清理面积约4000平方米，清出各种琉璃残损构件约万余件。琉璃狮子残损构件于昭庙南墙外发掘出土，先后共挖掘出琉璃狮子残损构件约300件。

（二）初步统计

因昭庙琉璃狮子为手工烧制，每个狮子的尺寸、大小及细节均有不同，初步判断清理出琉璃狮头16个，狮子形态为侧卧式，并且相对而卧。对昭庙挖掘出的琉璃狮子残片进行归类后，发现狮子均为带彩球的公狮子，肤色为黄琉璃色，发髻为绿琉璃色，眼为墨琉璃色，齿为白琉璃色，随后将琉璃狮子残损构件进行了分类、整理和保存。

（三）修复初判

2010年9月，香山公园为更好地找寻历史依据，为复建项目进行准备，

图 1　昭庙出土琉璃狮子构件摆放照片

聘请有多年修复经验的文物局专业修复师进行琉璃狮子修复。昭庙琉璃狮子残损构件共约 300 块，能够相接的残片不足 20 块。挖掘出的狮子残片不足原琉璃狮子的五分之一，而且大部分残片均属于不同的狮子，修复难度极大。在修复之初，首先还原狮子原貌，经相关查询，初步断定狮子主要由头、胸、前肢、后腿、背五个部分组成。且后部有沟槽和孔眼，为墙体固定所用。

图 2　昭庙琉璃狮子老照片

因现存构件不足以完整拼凑出一个琉璃狮子，经过反复讨论和探讨，决定利用现有构件，尽可能还原狮子原貌，如有缺损部件无法替代的，则根据历史描述、老照片及藏式相似构件等资料用石膏雕塑进行替代。历时四个多月，初步修复琉璃狮子。狮子全重约150公斤，分为五个部分。狮子怒目圆睁，狮嘴微张，胸口饱满，腿部雄健，形态庄重、威武。

图3　昭庙琉璃狮子复原拼接照片

三、研究初考

（一）琉璃材质

战国时期《尚书》中，琉璃器被称为“缪琳”，缪琳原指美玉，而古人把类似土的琉璃一并称之。西汉以后，称之为“流璃”或“琉璃”，东汉的《汉书·西域传》中，称为“壁琉璃”。正式称其为“琉璃”是南北朝时期，唐宋以后出现的频率更高。琉璃通用解释是指用各种颜色的人造水晶（含24%的二氧化铅）为原料，采用古代青铜脱蜡铸造法高温脱蜡而成的水晶作品。其色彩流云漓彩、美轮美奂；其品质晶莹剔透、光彩夺目。这个过程需经过数十道手工精心操作方能完成，稍有疏忽即可造成失败或瑕疵。①

材料成分主要由基本原料、助熔剂和着色剂三部分构成。其中基本原料是二氧化硅（SiO_2），但由于熔点太高（1700℃）而不能单独用来生产琉璃，因此需要加入助熔剂。最常见助熔剂是苏打、石灰和碳酸钾—碱性土等，含氧化钠、氧化钾、氧化铅等。助熔剂除了可以起到降低熔点的作用，还可以加快熔解过程，强化其可塑性，使之有效定型，并且在澄清、加强其化学的稳定性和机械强度方面起到重要作用。再加上不同比例的着色剂、脱色剂、澄清剂等混合物使琉璃变成了不同质感、不同色泽的物质，这就是其基本构成。②

经过历朝的不断发展，至清代，康熙二十五年（1696 年），专门设置了皇家琉璃厂，专门为皇室生产各种高档琉璃器。为此还雇佣多位欧洲琉璃工匠对琉璃制作进行指导，掀起了清琉璃生产的高潮。乾隆时期琉璃制品的风格日趋精致华美，并形成了以北京、广州、博山为三大中心的“清宫造办处琉璃厂”。清代的琉璃工艺从制胎、配釉到烧制的各主要环节被严格地固定下来，使用范围受到严格的控制。清代的琉璃制作在工艺上确实受到西方琉璃制造业的影响，并且在一定程度上体现了中国琉璃工匠们的创造力和智慧。

香山昭庙的遗址勘查中出土了大量的琉璃制品。其中琉璃狮子是在遗址清理中在昭庙南侧山沟中挖掘出来的。同期出土的还有建筑屋面、琉璃门窗等构件。与现存的外表全部使用琉璃构件的仿木构件组成琉璃牌楼及残存琉璃塔等建筑存在关联。

（二）工艺规格

琉璃狮子从修复模样来看，整体分为五部分。狮子由狮头、狮身前部、狮尾、左前腿和左后腿组成，琉璃狮子通高 65 厘米，长度为 105 厘米，整体宽度为 50 厘米左右，壁厚 12 厘米至 15 厘米不等。从相关其他琉璃狮子构件中发现，狮身五个单体采取外实中空的制造方法，且狮身前部与尾部，左前腿与左后腿内侧有孔洞；狮身前部与左前腿、狮身尾部与左后腿上下链接有卡槽。

① 孔文娜：《论传统琉璃艺术衰微之原因》，扬州大学硕士论文，2011 年。

② 孔文娜：《论传统琉璃艺术衰微之原因》。

单体琉璃狮子构件的成立，鉴于琉璃构件制作工艺，制作一件琉璃制品要经过选料、配料、制作模具，多次反复倒模，再烧制、修整，这个过程需要经过四十几道工序才能完成清代琉璃制作工艺流程，其外实中空的考虑是符合烧制时膨胀系数的不同和散热要求，即采用这样的构造，冷却时构件部分产生撕拉很容易碎裂，出炉成功率不高，操作稍有不慎就会前功尽弃，弥足珍贵。在西方技师的参与指导下，在中国琉璃工匠的精心制作下，成就了如此精美的琉璃狮子。

琉璃狮子全重约 150 公斤，分为五个部分，大体上每个单体 30 公斤左右，这样的重量基于琉璃制作工艺在当时的技术上可谓创举制作了。在清理琉璃狮子构件中发现有凹刻大写“一号”字样，可推断分体的单体琉璃狮子构建为后续的包装运输、现场搬运、施工完成提供了便捷性和操作性。初步推断琉璃狮子不是单体的建筑雕塑，可能是建筑装饰的构建组成部分。

图 4　具有标示的琉璃狮子照片

（三）琉璃狮子的造型

昭庙的琉璃石狮子体态圆实饱满，狮头写实夸张，比例占整个体积的三分之一，整体造型呈大幅度“S”形弯曲的体躯，前后腿呈“S”型屈曲式，侧头蹲踞状。头上有凸起螺发，前额有梅花状凹点六组，贴头大耳，怒目圆睁，狮嘴微张，舌抵上腭。狮身胸口饱满，有缠枝花纹项圈，中置响铃、侧有环状飘穗，背部分鬃，狮尾呈火焰上升状，狮爪张力十足，下踩绣球，飘带置于身下，左后腿上有纹饰。整体造型装饰古朴绮丽繁复，华美大方、神态生动活泼，气势上矫健威严。

狮子雕塑自汉代出现，经过南北朝时期的发展、融合，至唐代其造型已基本完成了由接受到改造的过程，中国内地的狮子程式化造型已基本完成。[①]而清中时期香山昭庙的琉璃造型的狮子，在考古挖掘中发现，全部是脚踩绣球的公狮子，有别内地的公母对狮。在北京、承德和山西五台山的三大内地汉藏寺庙中心的场所尚未发现此种情况。截至目前，只在香山发现琉璃造型的狮子。但此狮子造型与西藏大昭寺主殿顶层檐下的四角狮形镇兽和桑耶寺主殿二层前檐下挑拱狮子承托的造型有异曲同工之处，且金身绿鬃的色彩和比例也有相似之处。

可以推断乾隆在修建香山昭庙时，从昭庙的选址、建筑风格及局部造型都缜密构思，借鉴中有融合，融合中有创新，其形象已不再是简单的瑞兽的代名词，而上升为一种汉藏民族文化融合的符号，同时凝聚着历代中国人的现实意愿、经营想象和审美创造力。

（四）琉璃色彩

清代可谓是中国传统琉璃艺术发展的巅峰时期，生产的琉璃器无论从数量、质量还是工艺方面都达到了一个黄金时期。清乾隆时期，琉璃艺术吸收西方元素，留下了很多传世佳作，其色彩有黄、绿、紫红、紫、赫、酱、棕、绿、黑、蓝、大青、白、孔雀绿（翠绿）诸色。至清代琉璃色彩的绚丽程度达到了历史上的顶峰，还出现过天青、桃红、脂胭红、宝石蓝、秋黄、梅红、牙白、鹅黄、水晶等色。

---

① 贾璞：《狮子造型艺术与佛教的传播》，《中国文物报》2012年9月12日第5版。

图5　西藏大昭寺主殿顶层檐下的四角狮形镇兽

藏传佛教建筑的色彩在公元10世纪第二次在吐蕃地区兴起，在与苯教的斗争、吸收、融合中得以体现，色彩上同样也有反映，昭庙的琉璃狮子所反映的正是汉藏民族色彩结合的价值取向。

琉璃狮子的色彩为四种，周身主体肤色为黄色，发髻为绿色，眼为墨色，齿为牙白色。该狮以黄色为主基调，所占比例为70%左右，毛发为辅助色调，所占比例为25%，其主色调的黄、绿色为可见光谱的彩色系中的基本色。由于矿物质的配比差别，狮身主体的黄色与鬃铃和后腿弯曲上部有色相变化，狮身上的黄绿色彩搭配属于中度色相对比范围，呈现出整体视觉效果明快、活泼、饱满，使人兴奋，感觉有兴趣，对比有力度，给人以和谐融洽的超脱之感。

依据装饰美学的原则，一切视觉形象，如物体的形状、空间、位置的界限和区别都是通过色彩区别和明暗关系得到反映的，而视觉的第一印象往往是对色彩的感觉。正如马克思所说“色彩的感觉是一般美感中最大众化的形式”。

（五）所在位置初判

琉璃狮子所在的位置因无相同建筑装饰构件的参考，其具体位置有待考证。中国的狮子摆放位置除了在门前立狮子像外，重要建筑还在屋顶上塑制狮子形象，同样表示驱恶纳祥的意义。在屋顶除鸱尾外，还有象征吉祥的瑞禽异兽骑坐在屋顶的垂脊和戗脊上，这些瑞禽异兽至迟于唐代已见使用。但造型名称和数目历代各有不同，清代按官式做法主要有龙、凤、狮、麒麟、天马、海马、獬、豸、猴等，甚至于房屋梁架上，屋檐下的斜撑、牛腿，梁枋上的小立柱两旁都可以发现狮子的行迹。① 此外在有些墓葬的神道上及墓穴中也常见狮子的造型。

昭庙的狮子由其外围环境的相关性，在香山静宜园的东宫门外有一对青铜狮子，在香山碧云寺的门口有明代的石狮子以及魏忠贤生圹中出土的朝天吼等，所以说在昭庙出现狮子造型不足为怪。同时作为三山五园的静宜园其独特的地理位置，出于别垣的昭庙选址营建独具匠心，琉璃狮子的位置更应是地位显著，且出土琉璃狮子残片初步考证为相向对视设置，从此可以推断是两个琉璃狮子为一组在同一建筑立面中。

历代封建帝王对于建筑的规制和具体尺寸都有严格的等级要求和划分，延续到清代建筑同样遵循。参见藏地佛院建筑的装饰艺术，狮子的造型原则上装饰寺庙的主殿或尊贵的位置。按照狮子的位置既与内地建筑摆放相关，又与藏地的相关寺庙存在一定关联。

昭庙里等级最高的大殿就是红台内的都罡殿，殿内主供旃檀佛，是否琉璃狮子与都罡殿有所关联呢？是在建筑外立面上，还是在殿内，笔者认为在殿外的可能性大些。

狮子的摆设是有原由的，一因狮子从西域传入中国，所以西北方是它最活跃的地方，占了地利；二因狮子属乾卦，居西北方，五行属金，故此狮子摆放在西北方，最能发挥它的功效。同时西方也适合摆放狮子。乾隆命里的乾字与狮子的乾卦有暗合之意，笔者认为，这也是他不仅出于政治上的考虑，更是其情趣爱好的巧妙构思。

---

① 刘自兵：《佛教东传与中国的狮子文化》，《东南文化》2008 年第 3 期。

（六）狮子宗教寓意分析

在中国文化史上有一个颇有意思的现象，就是在中国境内不产狮子，但关于狮子的文化艺术却源远流长、丰富多彩。狮子的原产地主要在非洲和亚洲，而亚洲又主要集中在中亚和南亚次大陆。《汉书·西域传》云："乌弋地暑热莽平……而有桃符、狮子、犀牛。"荀悦《汉纪·武帝纪》亦曰："乌弋国去长安万五千里，出狮子、犀牛。"古代南亚次大陆对狮子也是情有独钟。

今斯里兰卡在中国晋代被称为狮子国，其名见于晋法显《佛国记》，为梵文、巴利文的意译。在佛教产生之前，印度把狮子称作"百兽之王"，并把人中的帝王比作威武迅猛的雄狮。如释迦牟尼的祖父就是"狮子颊王"，这是梵文 simhanhanum 的意译，见于《大智度论》卷三、《五分律》卷十五等诸多佛教经典的记载。

这种崇拜狮子的文化自然对佛教产生了影响。佛教创立后，对狮子形象更是推崇备至，这对狮子形象的传播起到了推波助澜的作用。据佛教经典，始祖释迦牟尼有多种称号，如"人中狮子""人中人狮子""人雄狮子""大狮子王"等，都是把释迦牟尼佛祖比作狮子。另外还把与佛有关的东西也冠以"狮"名。如佛教经典中称佛的坐席为"狮子座"，又称作"狮子床""猊座"等。后来佛教在中国传播后，把佛像菩萨的台座、高僧说法时的坐席都泛称为"猊座"，甚至在后来给僧人写信也尊称"猊座"。① 从狮子的寓意和宗教的文化关联性分析，乾隆与六世班禅登上狮子宝座的称法当属此类，可以初步判断为琉璃狮子不在殿内的论据之一。

四、初考结论

（一）琉璃狮子属于建筑装饰艺术范畴

遵循实用美术的一般发展规律，香山昭庙的琉璃狮子应当归属非结构功能性的建筑装饰艺术构件范畴。昭庙的琉璃狮子材质独特、规格尺寸实用、

---

① 刘自兵：《佛教东传与中国的狮子文化》，《东南文化》2008 年第 3 期。

制造工艺繁琐、形态圆实饱满、色彩明快活泼，与昭庙的大量琉璃构件的应用具有统一性，代表清中期建筑装饰的工程技术与艺术的完美结合。

（二）汉藏融合与东西方文明的体现

从修复的琉璃狮子来看，其造型色彩特点融合了汉藏建筑装饰艺术的风格，是昭庙建筑的汉藏结合特点的具体体现。从组成狮子的五部分单体琉璃构件的综合因素看，是中国琉璃制作的创新之作，同时也是东方琉璃制造工艺与西方琉璃技艺完美结合的展现，其造型体量是琉璃单体制造的中国琉璃工艺的巅峰之作，是东、西方文明对美追求的终极目标。

（三）政治、宗教和文化特性的写照

在中国建筑装饰艺术规律中，任何形态的构件其来源都不是为美而美的，而是从实质出发。昭庙的琉璃狮子其实质上存在政治特性、宗教特性和文化特性。政治上的民族团结，势必反映到建筑，乃至于其建筑装饰艺术上。宗教上的狮子造型是藏传佛教传播中原的形象写照。文化特性是汉藏文化发展融合的体现。所以说一个时代的文化氛围，是香山昭庙琉璃狮子现实存在的土壤。正如印度诗人、哲学家泰戈尔所说：“世界上还有什么事情，比中国文化的美丽精神更值得宝贵的!”

以上是对香山昭庙琉璃狮子的初步考证，但还有很多存疑和不解之处。由于时间及学识有限，还需做深入详实的考证，此文权当抛砖之作。

（衷心感谢牛宏雷、贾政和熊伟为本文的撰稿提供支持与帮助）

论永瑢在六世班禅朝觐中的双重角色

柳　森*

摘要　乾隆皇帝第六子永瑢全程参与了六世班禅朝觐接待活动并发挥了重要作用，这是永瑢一生中所经历的最重大的政治事件。然而，遍览这位工于诗画的亲王传世的诗文集，却未见其对此事及六世班禅甚至藏传佛教留有任何文字记载，此中原因值得深入探究。本文认为：永瑢不仅信仰佛教，而且因政治交流之需，在六世班禅朝觐中既扮演了“皇家首席接待官”与“涉藏事务联络员”的官方角色，同时又以佛教信徒的个人角色示人。

关键词　永瑢　六世班禅　朝觐　双重角色

清乾隆四十五年（1780年）七月二十一日，六世班禅抵达承德并觐见乾隆皇帝，其倾心内向的朝觐之行必然有着重要的政治意义与深远的历史意义。值得注意的是，乾隆皇帝第六子永瑢全程参与了六世班禅朝觐接待活动，对此，《六世班禅传》及相关清宫档案均有详细记载，这是永瑢一生中所经历的最重大的政治事件。然而，遍览这位工于诗画的亲王传世的《九思堂诗钞》《惺斋诗课》等诗文集①，却未见其对此事及六世班禅甚至藏传佛教留有任何文字记载，个中原因值得深入探究。截至目前，学界尚未有成果述及这一问题。由此，本文通过考证相关诗文而得出结论：永瑢信仰佛教。同时，

---

* 中国国家图书馆古籍馆少数民族语文组副组长、馆员，博士。

① 《九思堂诗钞》共4卷，其中所载诗文的创作时间为“丁丑”至“庚戌”，即清乾隆二十二年（1757年）至乾隆五十五年（1790年）间。是书中并无有关六世班禅的任何文字记载。参见（清）质亲王：《九思堂诗钞》，清乾隆间（1736—1795年）刻本。此外，永瑢还有《惺斋诗课》传世，但其中也未见与六世班禅甚至藏传佛教相关的诗文。参见（清）质亲王：《惺斋诗课》，罗振玉辑《百爵斋丛刊》（十四种），第8册，民国间（1912—1949年）上虞罗振玉石印本。

通过分析永瑢在此次接待活动中的具体表现可知，其既扮演了“皇家首席接待官”与“涉藏事务联络员”的官方角色，又以佛教信徒的个人角色示人。

一、永瑢生平及其佛教信仰

（一）生平

永瑢为乾隆皇帝第六子，号九思主人、西园主人。乾隆八年（1743 年）十二月十四日酉时生，“纯妃苏氏即纯惠皇贵妃出，为皇三子永璋同母弟”。[①]乾隆二十四年（1759 年）十二月，永瑢奉旨出继，成为其父弘历之二十一叔父、慎靖郡王允禧之孙，降袭贝勒。乾隆三十四年（1769 年）至乾隆三十五年（1770 年），奉命管理内务府及唐古忒学事务。乾隆三十七年（1772 年）十月受封多罗质郡王，次年九月，充任四库全书馆总裁。此外，他还曾总理国子监算学事务，兼管钦天监事务。乾隆五十四年（1789 年）晋封和硕质亲王。乾隆五十五年（1790 年）五月初一日卒。谥曰“庄”。他是乾嘉时期宗室贵族文学艺术创作群体的领军人物，传世文学作品有《九思堂诗钞》《惺斋诗课》《四经荟刊》《紫琼岩诗钞续刻》等，同时，“永瑢亦工画，济美紫琼，兼通天算”。[②] 纵观永瑢一生，可彪炳千秋的重大事件有两件，一为担任总裁官并主持编纂完成了《四库全书》，另一件就是接待六世班禅东来朝觐，并在其中发挥了重要作用。

（二）佛教信仰

一直以来，因封建专制体制原因，清代皇室贵胄们的个人宗教信仰始终是秘不示人的，他们从未主动且清楚地言明个人的信仰倾向。这对于身为皇子的永瑢来说，亦是如此。在其存世的《九思堂诗钞》等诗文集及其为他人画作所做题跋中，均未明确提及个人的宗教信仰。

值得注意的是，乾隆四十三年（1778 年），永瑢主持刊刻了《四经荟刊》，此“四经”包括《大方广圆觉修多罗了义经》二卷、《金刚般若波罗

---

① 唐邦治：《清皇室四谱》，卷 3《皇子》，民国十二年（1923 年）上海聚珍仿宋印书局铅印本。

② 《清史稿》，卷 220《列传七 · 诸王六》。

密经》一卷、《维摩诘所说经》三卷、《大佛顶如来密因修正了义诸菩萨万行首楞严经》十卷。永瑢在该书的叙言中说道：“……予于文事之暇，间及禅悦，因检佛经之直启秘钥、义指精神者四种，仿儒书刻之。俾释家得便翻阅，讲求真义，而儒家且藉以探其阃奥。遵者辟者，咸得其程，以考其是非焉。至于广传布，以种福田，予不知佛理者也，夫何敢？乾隆戊戌立秋日，皇六子书。”① 其中，永瑢谈及“禅悦”，即指其自身在公事之余曾修习禅定，且对佛教经典有一定了解，故而辑录并刊刻此书。但在叙尾，永瑢又明言“予不知佛理者”，这显然是一种谦辞，同时更给人“此地无银”“欲盖弥彰”之感。

基于自身身份与地位原因，永瑢对自身的宗教信仰情况必然采取了此类“遮掩”态度。不过，因永瑢雅好诗文书画，因此，通过查阅与之有过接触的时人的传世诗文，却可管窥其宗教信仰，并可得出结论：永瑢信仰佛教。

首先，金甡（1702—1782年）② 曾三迁侍讲学士，其曾撰诗《奉谢皇四子皇六子颁供藏佛》：“浮生夙慕清净退，投老日归惭愧林。临歧珍重两皇子，檀施欲分布地金。我从皇子乞功德，七种圣财输佛力（致贶辞谢，以佛像请）。像法住世留善根，欢喜心生极乐国。奉佛辟佛何必同（皇四子辟佛，皇六子信佛），性海总随诸筏通。供养承事得饶益，呵佛骂祖仍宗风。”③ 其中，虽然金甡生平经历康熙、雍正、乾隆三朝，但因其于乾隆七年（1742年）中状元，因此，此诗中所言“皇六子”即为永瑢。同时，永瑢曾为其《静廉斋诗集》作序，并在序言中写道：“十年离绪江湖老，千古交情翰墨灵。”④ 可见，金甡与永瑢交情莫逆，其对永瑢的了解也较多，而永瑢还赐其藏传佛教佛像，由此，通过其在诗中的特别注释“皇六子信佛”便可获知：永瑢信奉佛教。

---

①（清）永瑢：《四经荟刊叙》，（清）永瑢：《四经荟刊》，清乾隆四十三年（1778年）质郡王府刻本。

② 金甡，字雨叔，号海柱，浙江仁和人，清乾隆七年（1742年）一甲一名，赐及第，授编修，官至礼部侍郎。参见（清）端方：《壬寅销夏录》，清末（1851—1911年）稿本。

③（清）金甡：《静廉斋诗集》，卷16，清嘉庆二十五年（1820年）姚祖恩刻本。

④（清）永瑢：《皇六子质亲王题辞》，（清）金甡：《静廉斋诗集》，清嘉庆二十五年（1820年）姚祖恩刻本。

其次，曾侍永瑢讲席的汪廷玙（1718—1783 年）①，曾作《题皇六子燕坐图用玉溪韵》，该诗云："花香鸟语有禅踪，静埽蒲团帘影重。小憩便参尊胜座，无言兼息辨才锋。庭前苔长听经石，屋角云移作礼松。结习未除凡骨在，一瓶惭伴六时钟。"② 由题目可知，该诗为汪廷玙为以永瑢为中心的人物画《燕坐图》所题，再由"禅踪""蒲团""尊胜座"等词语即可体会此画禅意实足，描绘的即是永瑢参禅的生动画面，由此即可推知永瑢信仰佛教。

再次，在清代著名文学家沈初（1729—1799 年）曾为永瑢的画作《画禅集腋图》题诗如下："知仁乐山水，游艺皆通神。六法首气韵，斯言得其真。画禅罗众妙，各各工点皴。帧首独简淡，逸气流烟云。超然万象表，始觉真天人。譬之诸菩萨，一一证法门。合观众论说，乃觉维摩尊。物物各见道，巨细难等伦。笔底驱造化，远水秋山痕。"③ 这也能佐证永瑢心皈佛教。

此外，清代著名学者王昶（1724—1806 年）曾作《心经浅释跋》，跋语云："《心经》注释不下数百本，此释义深文简，愚智皆可以有得，可贵也。三藏法师所取六百五十余部，此为第一，当时冠于圣教。然或谓阿难结集，卷首皆标'如是我闻'，此独不尔，应非全本；或谓从大般若经摘出精要，殆不诬也。此释乃皇六子留于拈花寺者，前有图记，又书'花间堂钞存'。因录其副而还诸寺，并记之如左。"④ 《心经》全称《般若波罗蜜多心经》，是佛教的三藏十二部经典中字数最少、在汉地流传最广的经典，由此可见，永瑢信仰佛教是确定无疑的。

二、永瑢在六世班禅朝觐中的双重角色

永瑢全程参与了六世班禅朝觐接待活动并发挥了重要作用，《六世班禅传》及相关清宫档案对此均有详细记载，这也是永瑢一生中所经历的最重大

---

① 汪廷玙，初名璇，字衡玉，江苏太仓人，清乾隆十三年（1748 年）中会试，授翰林院编修，二十九年擢少詹事，又明年入直尚书房，侍皇六子讲席。累官工部左侍郎。著有《赐书堂集》。参见（清）汪廷昉修，王昶纂：《（嘉庆）直隶太仓州志》，卷 28《人物》，清嘉庆七年（1802 年）刻本。

② （清）汪学金：《娄东诗派》，卷 25，清嘉庆九年（1804 年）诗志斋刻本。

③ （清）沈初：《皇六子质郡王集时流画十二幅而自画山水一幅冠诸首题为画禅集腋图》，（清）沈初：《兰韵堂诗文集》，诗集卷 8，清乾隆间（1736—1795 年）刻本。

④ （清）王昶：《春融堂集》，卷 45，清嘉庆十二年（1807 年）塾南书舍刻本。

的政治事件。通过分析永瑢在此次接待活动中的具体表现可知，其既扮演了“皇家首席接待官”与“涉藏事务联络员”的官方角色，又充当了佛教信徒的个人角色。

（一）“皇家首席接待官”与“涉藏事务联络员”

乾隆皇帝指定永瑢全程参与此次朝觐接待活动，这说明：一方面，乾隆皇帝对永瑢的相关交际与协调能力给予了充分认可。众所周知，永瑢曾受命出任正总裁官，主持完成了《四库全书》的编纂工作。该书是中国历史上规模最大的丛书，共耗时十五年，工程量浩大，若非具有超凡的统筹能力，实难胜任此职，由此，永瑢的协调管理能力可见一斑。同时，对于乾隆皇帝对永瑢的认可与青睐，曾奉命前来朝贡的朝鲜使臣黄仁点也有一些体会：“皇子质郡王永瑢，素精数学，皇帝诸子中最信爱。”① 另一方面，永瑢熟悉少数民族事务处理工作，并对西藏、藏族、藏传佛教等有一定程度的了解抑或是好感。

同时，在乾隆皇帝的言传身教下，在此次接待工作中，永瑢也主动学习了藏语。据中国第一历史档案馆藏《内务府满文奏案》载，乾隆四十四年（1779 年）十二月十七日，永瑢奏称：

> 臣瑢谨奏，为请旨事。
>
> 臣永瑢明年往迎班禅额尔德尼，一路无事，得有闲暇学习蒙古、唐古特语。查得，妙应寺达喇嘛格桑格隆，平素跟随臣永瑢说蒙古、唐古特语，人尚可靠，此次既然派遣喇嘛等，请皇上加恩，准带达喇嘛格桑格隆随行，以备沿途学习唐古特语。抄录文书，则带臣所管唐古特学生呼松额、灵保二人。若蒙皇父恩准，其喇嘛即照中正殿之例支给盘费，唐古特学生则交该处照例支给盘费。为此谨奏请旨。
>
> 乾隆四十四年十二月十七日交付奏事处行走干清门三等侍卫巴

① 吴晗：《朝鲜李朝实录中的中国史料》（下编）卷 10，北京：中华书局，1980 年，第 4685 页。

忠转奏。奉旨：知道了。钦此。①

由此可见，一方面，永瑢表明了自己学习藏语的目的是为了加强与六世班禅的直接交流，以更好地做好接待工作；另一方面，在此呈请上奏之前，管理过唐古特学的永瑢，应该从妙应寺达喇嘛格桑格隆处学习或了解过一些基础藏语。因此，永瑢具备的这种语言优势，也为其顺利完成对六世班禅的接待任务打下了基础。

1. 皇家首席接待官

乾隆四十四年（1779 年）正月，乾隆皇帝正式选任永瑢承担六世班禅朝觐接待任务。对此，《清高宗实录》载："谕军机大臣等：'明年七月间，班禅额尔德尼来避暑山庄谒觐。届期，朕欲遣皇六子迎接。例应有一领侍卫内大臣随往，尤须得一老成练达者方妥。永贵熟悉外藩事务，且伊原系总谙达，朕欲即令伊为领侍卫内大臣总谙达，随皇六子前往。'"② 因永瑢身为皇子，其顺理成章地成为此次六世班禅朝觐过程中的"皇家首席接待官"。当然，此次事关政治与宗教双重性质的接待任务，非对民族、宗教事务尤其是接待礼仪有所了解，是不能顺利完成的，这说明乾隆皇帝对永瑢在此方面的能力是了解并认可的。不过，乾隆皇帝还是委派章嘉国师、永贵等熟悉这方面事务的官员辅佐永瑢，以期更得体地完成接待任务。

自六世班禅到达岱海寺开始直至其在京圆寂，永瑢始终陪在其身边。此项接待工作的主要内容即：迎来送往、陪同游览。可以说，永瑢的接待工作是无微不至的。对此，清宫档案中有大量记载，笔者在此不再赘述。仅以永瑢在京城期间要陪同六世班禅完成的政教活动为例，藏历八月二十四日，据《六世班禅传》载："皇帝说：'大师此次驾临大国，要观看内宫、佛殿、圆明园、万寿山、香山午园林宫殿及诸佛殿，要于旃檀佛及雍和宫诵经祈愿，要为香山佛殿塔开光。喇嘛生日之时，要表演戏剧及各种游戏，大庆三日，各位皇子王臣要布宴款待，文殊大皇帝朕要请授佛法，邀请（您）到皇宫内

① 《永瑢奏请准带达喇嘛格桑格隆及唐古特学生呼松额等往迎班禅折》，《内务府满文奏案》，清乾隆四十四年十二月十七日。参见中国第一历史档案馆、中国藏学研究中心合编：《六世班禅朝觐档案选编》，北京：中国藏学出版社，1996 年，第 126—127 页。

② 《清高宗实录》，卷 1075，清乾隆四十四年（1779 年）正月丁未。

室居住会谈。'"① 在此过程中，永瑢全程陪同六世班禅，顺利完成了这些繁重的政教活动。

其中，永瑢对过于劳累的六世班禅给予了诸多关怀。如，藏历九月二十一日，"晚餐之后，大师为雍和宫七十八僧受近圆戒。日落西山，时至中夜，六皇子知道大师情况后说：'若您常为他人授戒会感到烦闷，请不要再会见、摩顶、授教，这样会好一点。'"②

在十分紧密的政教活动过程中，有一个细节值得注意，即六世班禅拒绝了永瑢主动提出的参观之请。藏历九月十五日，按照既定安排，永瑢、章嘉国师陪同六世班禅参观游览万寿山和香山，游览了一段时间后，"当时，六皇子说：'距离万寿山不远地方是织裁皇帝御衣之处，各业去那里参观。'大师因事务繁忙没有答应去那里。"③ 由此可见，一方面，六世班禅表现出了对繁密日程的不满；另一方面，永瑢的接待、陪同工作确实十分细致、主动。

2. 涉藏事务联络员

永瑢在顺利完成迎接、陪同任务的同时，还作为乾隆皇帝与六世班禅之间信息沟通的媒介，积极做好了有关指令、奏疏的上传下达工作，即充当了"涉藏事务联络员"的重要角色。

第一，关于册封八世达赖喇嘛的金册文稿，即由永瑢转交给六世班禅。乾隆四十五年（1780 年）九月初四日，"臣永瑢遵旨详加晓谕班禅额尔德尼，并给哈达、音乐钟；又将册封达赖喇嘛金册文稿，臣永瑢偕同章嘉呼图克图译成唐古特语给听，班禅额尔德尼欲叩，臣永瑢当即扶起"。④ 对此，《六世班禅传》亦有记载："尔时（藏历九月初三日），六皇子向大师呈现了皇帝派人从热河送来的给达赖喇嘛的敕书草稿，章嘉呼图克图翻译成藏文，大师非常高兴，即派人去慰问皇帝，感谢文殊大皇帝对天下释教，尤其对西方佛法众生所给予的无限恩惠。……六皇子将这些话译成满文上奏皇帝。"⑤ 此外，《章嘉国师传》中也有提及："初三日，班禅大师和章嘉国师来到满族佛寺，

① 嘉木央·久麦旺波：《六世班禅洛桑巴丹益希传》，许得存、卓永强译，祁顺来、李钟霖校，拉萨：西藏人民出版社，1990 年，第 510—511 页。

② 《六世班禅洛桑巴丹益希传》，第 531 页。

③ 《六世班禅洛桑巴丹益希传》，第 521—522 页。

④ 《永瑢奏报班禅谢赏八世达赖金册等情折》，《军机处满文录副奏折》，清乾隆四十五年九月初七日。参见《六世班禅朝觐档案选编》，第 275 页。

⑤ 《六世班禅洛桑巴丹益希传》，第 513 页。

大皇帝将准备颁给遍知一切达赖喇嘛的敕书通过第六皇子呈请班禅大师过目，章嘉国师用藏语向班禅大师解释。”① 由永瑢转交如此重要的册封文稿，足见乾隆皇帝对其信任程度之深。

第二，乾隆皇帝曾赐给六世班禅“寿相禅宗”“宝地祥轮”两块匾额，其中，永瑢起到了重要的联络作用。永瑢在乾隆四十五年（1780 年）九月十七日的奏折中言及此事：“再，班禅额尔德尼之诞辰，赏御制匾额一块，后藏之扎什伦布寺，亦赏御制匾额一块。”② 对此，《六世班禅传》载：“当时，皇帝通过六皇子与章嘉呼图克图赐金书给热河扎什伦布寺及后藏扎什伦布寺，并赐匾额颂扬，谕司膳堪布：‘献呈朕旨。’”③ 此后，六世班禅上书乾隆帝对此表示感谢，同时，“热情洋溢的书信通过六皇子与章嘉呼图克图呈献给皇帝”。④

事实上，乾隆皇帝本身即信仰藏传佛教，且将六世班禅视为上师，而其赐御匾给六世班禅祝寿的举动，对其个人而言，是意在取悦上师，但因其同时具有更为显赫的政治身份，因此，这位后来自称具有“十全武功”的封建帝王此举，就带有明显的政治意味，即通过“阐扬黄教”这种怀柔之法来笼络六世班禅，进而保持西藏地方稳定。而如此重要的带有政治、宗教双重内涵的任务，永瑢又一次顺利完成。这不仅体现了乾隆帝对永瑢的重视与信任，也直接体现了永瑢在处理涉藏事务方面的确具有一定能力。

（二）佛教信徒

上文已论证，永瑢是信仰佛教的。因此，在此次接待六世班禅朝觐的过程中，永瑢也必然在完成这项政治任务的同时，不时地展现出其作为虔诚佛教信徒的一面。

乾隆四十五年（1780 年）五月二十六日（藏历日期同），永瑢、章嘉国师一行将六世班禅迎接至岱海寺，这是双方首次会面。在顺利完成迎接、宣旨、呈礼及与六世班禅的会谈等一系列官方政治程序之后，永瑢开始了与六

① 土观·洛桑却吉尼玛：《章嘉国师若必多吉传》，陈庆英、马连龙译，北京：民族出版社，1988 年，第 349 页。

② 《永瑢等奏班禅赴五台山时遵旨将不用行包从宣化直运归化城并御赏匾额复制分造等情折》，《军机处满文录副奏折》，清乾隆四十五年九月十七日。参见《六世班禅朝觐档案选编》，第 279 页。

③ 《六世班禅洛桑巴丹益希传》，第 519 页。

④ 《六世班禅洛桑巴丹益希传》，第 521 页。

世班禅的第一次宗教交流，即请求六世班禅予以“摩顶”。对此，《六世班禅传》中有记载如下：“当来到住帐时，六皇子同章嘉呼图克图再次献礼，请求摩顶，并设素宴，献最初缘起礼物。”① 不过，在永瑢呈给乾隆皇帝的奏折中对此事的描述是：“经臣等会商，在寺庙附近择平整地方搭支黄父所赏蒙古包、黄布城，派官兵唱戏，臣永瑢、章嘉呼图克图亲自送往歇息后散去。”② 显然，永瑢对个人宗教行为进行了刻意隐瞒。

不过，《六世班禅传》却直截了当地记载了永瑢与六世班禅之间的其他三次宗教交流。首先，“六月一日，班禅大师向六皇子讲授《金刚大威德修念法》，六皇子赠送衣服、画像、袈裟、腰带、僧帽、表示感谢”。③ 其次，藏历七月二十六日，永瑢陪同六世班禅参观普陀宗乘之庙，在此过程中，六世班禅“在布达拉堪布等人的请求下，立足石铺殿为六皇子、章嘉国师及诸僧传授《兜率上师瑜伽释论》，堪布赠送授教费”。④ 再次，藏历八月二十日，“大师为六皇子、呼贝勒、达大人等人传授《白胜乐修念随许法》”。⑤

由此可见，身为佛教信徒的永瑢确实以私人身份受教于六世班禅。但其中有一个问题需要注意，即永瑢对六世班禅所授佛理的接受问题，因为语言是二人交流中的一大障碍。虽然永瑢主动学习藏语，但推测应仅限于日常会话等简单应用，且其藏语文水平应该不高。同时由上文所引奏折看，其应从乾隆四十四年（1779 年）前后开始系统学习藏语，可见其学习时间十分有限，而效果更是差强人意。在永瑢与六世班禅在岱海寺初次会晤之际，二人语言交流的过程与结果是：“章嘉呼图克图靠前以唐古特语助作答，观之，班禅额尔德尼尚能明白臣永瑢所言。”⑥ 由此可知，在随后二人在宗教方面的交流中，一定是受困于语言障碍而效果欠佳的。

---

① 《六世班禅洛桑巴丹益希传》，第 448 页。

② 《永瑢奏报在岱海迎宴班禅情形并起程日期折》，《军机处满文录副奏折》，清乾隆四十五年六月初二日。参见《六世班禅朝觐档案选编》，第 183 页。

③ 《六世班禅洛桑巴丹益希传》，第 450 页。

④ 《六世班禅洛桑巴丹益希传》，第 489 页。

⑤ 《六世班禅洛桑巴丹益希传》，第 508—509 页。

⑥ 《永瑢奏报在岱海迎宴班禅情形并起程日期折》，《军机处满文录副奏折》，清乾隆四十五年六月初二日。参见《六世班禅朝觐档案选编》，第 183 页。

三、结语

（一）六世班禅对永瑢角色的评价

由《六世班禅传》记载可知，早在藏历木羊年（乾隆四十年，1775年），永瑢即已向远在西藏的六世班禅献礼示好。当年九月十日，京使噶钦丹增桑波主仆向六世班禅呈献皇帝金书及玉兔神母像、珍珠念珠等礼物，“同时，收到六皇子、宫内上师、诸位大臣、外蒙喇嘛等之礼物”；[①] 当然，永瑢此举应该与其曾负责管理唐古特学有一定关系，即此举并非个人宗教行为，而是一种主动示好的政治举动。同时，因可供参考的史料极少，故此很难准确判断永瑢对六世班禅的印象与评价。不过，在六世班禅圆寂后，永瑢曾经主动邀约礼亲王永恩，一同拜谒六世班禅的灵塔“清净化城”，这也说明永瑢对六世班禅确实怀有一定程度的尊敬之情。

那么，六世班禅对于永瑢充当的官、私双重角色的评价又如何呢？应该说，六世班禅给予其极大的肯定。事实上，首先提出这一问题的正是乾隆皇帝。藏历七月二十二日，乾隆皇帝在与六世班禅首次会晤之际，即当面征询六世班禅对永瑢及其沿途接待工作的评价。对此，“班禅大师首先感谢大皇帝无微不至的关怀，尔后答道：‘您派六皇子不远万里来迎接小僧，六皇子对小僧恩惠无量，并给以有益的帮助。白天我竭力请他乘轿前行，但他从不乘轿，和我一样乘骑而行。夜晚于小僧身旁多问佛法。在行程中，他关心庶民百姓。’皇帝听完班禅的述说后感到非常高兴”。[②] 由此亦可知，因永瑢信仰佛教，所以如六世班禅所言“夜晚于小僧身旁多问佛法”。同时，这也验证了笔者的结论，在对六世班禅朝觐的接待过程中，永瑢的角色是双重的，即不仅是朝廷使者，而且也是佛教信徒。

（二）永瑢在公、私文献中均未提及六世班禅的原因

无论是在个人诗文集还是经手的官方文书中，永瑢均未提及六世班禅。

① 《六世班禅洛桑巴丹益希传》，第308页。
② 《六世班禅洛桑巴丹益希传》，第481页。

这个问题可从以下两方面加以探析。

第一，对于个人参与的这一重要政治事件，为什么永瑢在个人诗文集中未留下任何只言片语呢？对此问题，应从永瑢的个人情况开始分析。首先，当时的皇室环境，尤其是立储制度决定了永瑢已经不以追求“事功”为人生目标，同时，其早年便被乾隆皇帝过继出去，实际上即已被排除出帝位继承序列，可见，外部环境已将其政治欲望压至低点。而乾隆皇帝委派给永瑢的，也基本都是诸如编纂《四库全书》、管理国子监算学及钦天监等非政务性工作。同时，其个人具有文人气质且文学素养较高，有学者研究认为：“永瑢是继慎郡王允禧之后宗室文学艺术鉴赏、创作群体的领军人物。”① 在永瑢存世的诗文与绘画作品中，处处可见其追求禅思、禅趣的痕迹。另外，值得注意的是，主持编纂《四库全书》这样重大的政绩工程，尚且未在永瑢的个人诗文集中有所体现，在这种情况下，永瑢未对其参与的六世班禅朝觐一事赋诗留念，就可以理解了。当然，因其个人性格中有不求“事功”的出世因素，其更不会对此事大书特书了。

其次，从其个人信仰方面分析，永瑢更倾向于信仰汉传佛教，虽对藏传佛教有一定程度的了解，但似乎了解并不多。在《九思堂诗钞》中，收有多首永瑢游览京城佛教寺院时的诗作，这些佛寺包括万寿寺、极乐寺、法源寺、大觉寺、广善寺、潭柘寺、拈花寺，均是汉传佛教庙宇，而且在此诗文集中也未出现“喇嘛”字样。同时，在这部诗文集中仅有一首作于乾隆五十四年（1789 年）的《唐古忒玉印歌》涉及西藏，该诗中有以下诗句：“其文皎若沙画锥，其字乃如没字碑。回环不能举其辞，以指画肚口期期，流传识是番国遗，番人远在天西陲。……幻熟西天畏兀儿，诸番刻笺金陆离。众视以目相嗟咨，师也洒墨笔淋漓。读之其音珠累累，如瓶泻水杼贯丝。”② 由此观之，一方面，永瑢的藏文水平不是很好，这也佐证了笔者的观点；另一方面，由“番国”“番人远在天西陲”“西天畏兀儿”等词句来看，永瑢对西藏、藏族的了解着实不是很多。基于这种认知基础，永瑢必然对藏传佛教不甚亲近，而对其宗教领袖六世班禅及其言行，在事件结束之后也就不会过多提及了。同时，永瑢与六世班禅的接触仅有五个月时间，二人之间的了解也不够

① 杨丹霞：《华冠在京活动考》，《故宫博物院院刊》2010 年第 2 期。

② （清）质亲王：《九思堂诗钞》，卷 4，清乾隆间（1736—1795 年）刻本。

深入。相比之下，永瑢曾为章嘉国师作挽诗《章嘉国师西逝诗以挽之（四月初二日)》："廿载相亲转瞬如春风不异授诗书，两朝耆宿三生裹千里关山一月初。检校有功归秘馆，清凉无梦到精庐；再来重整袈裟褶，问法人应雪鬓疏。"① 其中一个重要原因，就在于其与章嘉国师的长期接触。因此，对永瑢而言，此次与六世班禅的相处过程，更多的是完成一项政治任务。

第二，为什么永瑢在公文中从不提及个人的宗教行为和六世班禅呢？从根本上讲，这主要由封建专制体制造成的。亚里士多德曾提出"政治人"的概念，即生活在现实社会中的人，均与社会政治息息相关，而不能主观地自由摆脱这种政治身份。同理，在中国传统封建专制体制下，集权统治者即所谓"天子"的初始权力来自于"君权神授"，由此，作为最高统治者皇帝的一言一行均具有政治示范效应，同时也受到封建等级、礼仪制度的严格约束。同时，出于维护自身权威形象及统治稳定的需要，最高统治者就必然要在世人面前展现其政治身份，而对于其宗教信仰等个体特征，则不得不也必须"秘不示人"。在这一点上，乾隆皇帝的经历最具代表性。一方面，乾隆皇帝在谕令公文中再三向广大臣工申明，其对六世班禅的一切优渥礼遇皆为"加恩体恤"，毫无个人宗教信仰意味在其中。但另一方面，乾隆皇帝自身却信仰藏传佛教，且于六世班禅面前受戒。而正因此，乾隆皇帝在个人信仰方面的"隐藏"手法也具有了示范作用。

乾隆皇帝对此在政令中确定了"恩意虽可从优，而礼制必当有节"的原则，即引导臣工要以政治为要，在公共场合应该隐藏个人宗教需求，以防因某些官员的私人宗教举动而产生上行下效之果，从而避免陷入"教权高于皇权"的政治困境。其中，以乾隆帝"申饬勒尔瑾下跪失态"一事最有说服力。乾隆四十四年（1779 年）十月二十日，陕甘总督勒尔谨在奏折中说道："适闻班禅额尔德尼有入境消息，奴才等于十月十三日在甘肃交界之东科尔寺叩见。"② 令人意外的是，乾隆皇帝却对其予以严厉申饬。

……勒尔谨身为总督，举动系通省观瞻。若令所属知总督尚且叩见，必致效尤滋甚，成何体统。不几如元代之厚待喇嘛乎！至臣

① （清）质亲王：《九思堂诗钞》，卷 4，清乾隆间（1736—1795 年）刻本。

② 《勒尔谨等奏在西宁塔尔寺接见班禅情形折》，清乾隆四十四年十月二十日。参见《六世班禅朝觐档案选编》，第 106 页。

工之敬奉喇嘛，原不禁止，亦不便预闻。总之，私向跪拜，固无不可，若明目张胆为之，且以形之奏牍，则断不可。况叩见之礼，不但喇嘛为然也，即接待亲王亦不宜叩见。甚至皇子过境，亦只可依理申敬，不得于众所属目之处妄行叩见，并以入告也。不料勒尔谨如此不晓事体，着传旨申饬。

至明年班禅额尔德尼过境时，该省大小文武各员，只可排立迎待。即微末员弁，亦不得令其望尘叩谒。但其事不便形之纸笔，止可逐一口传，不得转为札谕。其原折及此谕，俱不存档案也。勒尔谨如再不明白恪遵，致其僚属中或有舛误，惟勒尔谨是问。

再，勒尔谨既为此奏，恐所过各省，亦有未能尽喻者。所有经过之陕西、山西、直隶各督抚，并着一并传谕知之，均不必复奏。钦此。遵旨寄信前来。①

由此可见，乾隆皇帝出于维护封建专制统治的严肃性及权威性，极其重视臣工们对封建礼制的遵行，而在公共政治需要与个人宗教信仰之间，显然，乾隆皇帝选择了前者，其不仅通过这一谕令传达处理此类公私事务的原则，同时也身体力行，对其个人的藏传佛教信仰从未于人前显露，即避免了上述谕令中所言的“明目张胆为之，且以形之奏牍”，由此，后世几乎在其时的官方文书中很难寻到有关乾隆皇帝个人宗教信仰的任何信息。基于乾隆皇帝的这种政治示范行动，身为乾隆皇帝第六子的永瑢自然也深得其意且带头遵行，此亦为永瑢在公、私文献中均未提及六世班禅的原因所在。

---

① 《于敏中字寄谕陕甘总督等各省臣工迎接班禅不可叩拜跪迎》，《军机处上谕档》，清乾隆四十四年十一月初三日。参见《六世班禅朝觐档案选编》，第 110 页。

六世班禅爱国一生的光辉顶峰

高大伟*

233 年前，为表明拥护清政府治藏政策和反对帝国主义入侵西藏的坚决立场，六世班禅大师毅然启程东行，为乾隆皇帝祝寿，一行历时一年，行程数万里，抵达热河。同年 9 月入京朝觐与乾隆皇帝共商民族统一大业。不幸的是，六世班禅于十一月初二日戌时圆寂于北京西黄寺，享年仅 42 岁。

六世班禅额尔德尼是中国历史上西藏地方杰出的有政治远见的宗教领袖之一。

他一生有三件事为史家所称道：一是对八世达赖喇嘛的培养。达赖喇嘛成年后，又与他进行了很好的合作，使西藏社会在当时外敌觊觎、内部矛盾加剧的情况下得以平稳过渡。

二是六世班禅注意到英国殖民主义者有意插手西藏，他多次拒绝英人入藏、签约的要求，坚持统一立场，反对分裂。并明确指出西藏是中国的领土，在中国大皇帝管辖之下，西藏的一切要按中国皇帝的圣旨办理。

三是跋山涉水，千里迢迢前往承德、北京朝觐乾隆皇帝祝贺七十大寿的壮举，成为他爱国一生的光辉顶峰，为中华民族大团结的历史写下了闪光的一章。对维护国家主权和领土完整，促进中国各民族团结起到了重要的作用，以此向世人重申：西藏是中国领土不可分割的一部分。

班禅东行在格鲁派历史及清王朝与藏传佛教关系史上，具有彪炳千秋的重要历史意义！乾隆皇帝十分重视六世班禅的朝觐活动，为其驻锡做了细致

---

* 北京市公园管理中心

准备。精心安排朝觐路线，在承德兴建须弥福寿之庙，举行了隆重的接待和祝寿活动；在北京专门为他兴建宗镜大昭之庙，修缮了黄寺供其驻锡。同时修缮清净地、大西天、万寿山、德寿寺、雍和宫等处供他进行佛事活动。班禅在北京期间曾到圆明园、白塔寺以及紫禁城中正殿、宁寿宫等处佛堂念经、做佛事。班禅在京的一系列念经、敬佛、摩顶、授戒以及各项观瞻活动，得到乾隆皇帝的很高评价和丰厚奖赏。

六世班禅圆寂、灵梓西归和筹建衣冠塔，乾隆皇帝皆亲自处理，事事发上谕，隆重办理后事，充分体现了乾隆与班禅之间君臣的亲密关系。这些标志着清中央政府与西藏地方政治关系的进一步密切与和谐，进一步加强和发展中央与地方的关系，密切了祖国各民族之间的联系，为巩固边防，抵御外侮，安定社会秩序，发展生产、改善人民生活起到了重要作用。

六世班禅朝觐行动，成为他爱国一生的光辉顶峰；同时，这段记载着中华民族团结和睦的佳话，是永远值得回忆和怀念的。

本次研讨会的举办，将是国内学术界的盛会，将是媒体宣传报道的亮点。在文化大发展、大繁荣方针的指引下，在北京建设世界城市的背景下，市委市政府紧抓机遇、正确决策，加大了对北京市涉藏建筑的保护工作，这些历史名园的景观更会完整，文化价值与历史价值将会更突出。

真诚希望各位专家、学者以满腔热忱为加强涉藏园林建筑、宗教文化的研究提出宝贵意见，坚持和贯彻“百花齐放，百家争鸣”的方针，鼓励大家勇于探索，相互学习，求同存异，共同促进学术的繁荣与发展。为弘扬民族文化和维护祖国统一，为中华民族的伟大复兴，中国梦的实现作积极的贡献，为团结和凝聚全国各族人民的强大力量作出贡献！

神秘的宗镜大昭之庙

袁长平/文　贾政/图*

摘要　清朝康乾时期，择选香山之山林地营造了静宜园，使皇家栖居林泉避喧听政与天然景色融合、儒释道文化寄予天然意境的人本理念得以充分彰显，成就了香山静宜园在京城西北郊三山五园中相地最胜、规格最高，成为融自然、历史、人文景观为一体独具山林特色的皇家园林。乾隆四十五年七月（1780 年 8 月）在香山这座充满中国山居文化的皇家园林里落成了一座体现中国藏传佛教、禅宗“镜像之美”藏汉混合式样金碧辉煌、美轮美奂的大型喇嘛庙——宗镜大昭之庙。堪称是国家统一、民族团结和民族文化交融象征之杰作。

关键词　香山　昭庙　历史

昭庙缘何建？

乾隆四十三年（1778 年）六世班禅得知乾隆皇帝要举行七十大寿庆典的消息，为了国家的统一和民族团结的大业，主动请求进京参加乾隆皇帝七十大寿庆典，并委托挚友章嘉呼图克图若必多吉向乾隆皇帝奏报：“班禅额尔德尼欲来京朝觐大皇帝。”乾隆皇帝得知后十分高兴，立即下令：“过两年，朕七十万寿，请他到热河相见。”于十二月初六，敕谕班禅允准赴京觐见，并降旨理藩院着手精心准备安排班禅进京事宜。

乾隆皇帝考虑到承德、北京气候较西藏炎热，为了给六世班禅大师避暑，

* 袁长平：北京市香山公园管理处副园长；贾政：北京市香山公园管理处研究室副主任。

特下谕旨在承德修建须弥福寿之庙；在北京西郊香山静宜园修建班禅行宫——宗镜大昭之庙。北京西黄寺为班禅冬季驻锡之地，香山的宗镜大昭之庙为班禅夏季驻锡之地，世人又称“班禅行宫”。

承德须弥福寿之庙是仿效六世班禅在西藏日喀则住所扎什伦布寺形制而建，占地近60亩。“须弥福寿”，是藏语“扎什伦布”的汉译；“扎什”，意为“福寿吉祥”，“伦布”是须弥山；“须弥福寿”意为“吉祥的山”。

香山宗镜大昭之庙与承德须弥福寿之庙是出于同一目的，是同时建于异地的姊妹建筑。其目的有二：一是为了嘉奖班禅远道来给皇帝祝寿倾心内附之诚意；二是为了显示“我中华之兴黄教也”。乾隆皇帝在《御制昭庙六韵》诗注中曰：“既建须弥福寺之庙于热河，复建昭庙于香山静宜园，以班禅远来祝釐之诚可嘉，且以示我中华之兴黄教也。是自谒陵至香山落成，班禅适居此庆落，又昭庙尚卫地古式为之。卫者，番语谓中，俗谓之前藏。班禅所居后藏乃实名藏，藏者善也。”

宗镜大昭之庙与承德须弥福寿之庙不同之处是：须弥福寿之庙红台在前、白台在后，布局与西藏扎什伦布寺相似。而香山昭庙设计布局汲取了拉萨大昭寺的特点及模式，取名宗镜大昭之庙亦与其有着相同含义。“宗镜”，寓意“举一心为宗，照万法如镜”。蕴含禅宗讲究“以心传心”，这是一种重视内省、强调感性的宗教体验，它使得现实生活中客观世界在人的感觉世界中变得如同镜像一般，孕育着“明镜照物”“如镜铸像”及佛教明镜譬喻豁然于心的镜像之美。

昭庙在藏语中被称为“觉悟拉康”，如拉萨大昭寺，即是因为供奉觉卧佛像而被称为“大昭”。觉悟汉译为“尊者”，此处指释迦牟尼而言，“拉康”汉译为“神殿”，“觉悟拉康”意为“尊者神殿”，汉文“昭庙”一词，其意即此。

宗镜大昭之庙坐落于香山静宜园别垣中部山麓，原为皇家鹿苑，鹿苑本仙区之地，体现乾隆皇帝对庙宇相地的特殊意义。昭庙主要建筑包括由方河、石桥、清净法智殿、三门琉璃坊、大白台、井字型重檐碑亭、大红台、都罡正殿、七层万寿琉璃塔组成，是一座藏汉混样式的大型喇嘛庙，占地9100平方米，原建筑约15330平方米。庙宇四周古松环围，西靠青山，东临绿水，北南翠壑流清，其建筑群坐西向东，由低到高，建筑布局有一条明显的中轴线。据《日下旧闻考》中记载：“静宜园外垣之北别垣内佛楼为宗镜大昭之庙，门东向，建琉璃坊楔。前殿三楹，内为白台，绕东南北三面上下凡四层。西为清净法智殿，又后为红台，四周上下亦四层。”

昭庙门东向，穿过月河上石桥，迎面高台为一座四柱三间七楼，长二十七米五彩三门琉璃牌楼，汉白玉石基座和券门，琉璃砖瓦的枋柱和枋顶，雕刻着彩色龙纹图案。琉璃牌坊在昭庙前的石台上，由黄绿两色琉璃瓦装饰而成，显得庄严华美。牌坊上题“法源演庆”“慧照腾辉”等匾额。其后由大白台、清净法智殿、井字型重檐御碑亭、大红台、都罡正殿、七层万寿琉璃塔组成。

白台群楼围绕其东、西、南、北四面，上下四层，外表用砖石砌筑，壁面上有真假相间的藏式梯形窗，窗头上浮嵌琉璃制垂花门头，南、北向东建有券门两座，可至井字御碑亭。清净法智殿内南北山墙设木胎悬山，内供铜胎贤界千佛二百尊。正殿外檐向西挂御笔“清净法智殿”匾一面，系蓝地四样铜字，乾隆宝。殿外檐向东挂御笔“众妙之门”，系蓝地四样铜字，乾隆宝。白台南、北各建便门一座，可至院内。白台南、北楼上下，各设有御座房；白台东楼下班禅住宿处、见客处六间。

大红台是其核心建筑，象征着藏传佛教的曼陀罗坛城，东南西北群房进深三间、高三层，上置东南西北四座佛殿，由一组包括大圆镜智殿、妙观察智殿、平等性智殿、成所作智殿及四座小型平台房组成的建筑群体，以佛的五种智慧而命名。东楼顶层为“大圆镜智殿”供奉“东方阿閦如来”，西楼为“妙观察智殿”供奉“西方阿弥陀如来”，南楼为“平等性智殿”供奉“南方宝生如来”，北楼为“成所作智殿”供奉“北方不空成就如来”。这几座佛殿皆为三楹，檐额悬乾隆御书蓝底铜字匾。这是按照五方佛所代表的五方设计而成，五方佛也称“五智如来”，以表五智。佛语云：“大圆镜智性清净，平等性智心无病，妙观察智见非功，成所作智同圆镜。”红台下三层群楼各有144间，供奉诸方菩萨神像，二层三层的佛殿中各供奉三千尊铜胎无量寿佛。

大红台正中为重檐鎏金顶都罡殿，建筑为三层楼阁，上面覆盖着鎏金铜瓦，内供奉大日如来，为六世班禅为蒙古各部王公贵族以及高僧喇嘛讲经说法之处。殿外向东悬挂蓝底铜字乾隆御笔“宗镜大昭之庙”匾额。藏式红台由绿色琉璃栏板环围建筑群落体现了佛教“坛城”，运用象征手法表达出佛经上的天国世界，这种布局在中国建筑史上是十分少见的。

中国第一历史档案馆、中国藏学研究中心合编《六世班禅朝觐档案选编》中记载：乾隆四十四年十一月初九日内务府活计档“内务府奉旨成造昭庙烧练金两”奏案，内称：“据造办处奏准成造宗镜大昭之庙都罡殿一座，五方佛殿五座，所有应镀饰头停脊料瓦片等项，估需头等镀金叶八千五十两三钱四分六厘，又遵旨加镀一次，计镀二次，共需用金一万六千一百两六钱九分二厘……”。

妙观察智殿后岗上建有一座八角琉璃万寿塔，结构精美，色调华美。塔顶覆以黄琉璃瓦，结构玲珑，色调古雅，台基为汉白玉雕刻成，上装石栏杆，南北各设踏步。塔身为八角形，由绿琉璃砖砌成，饰以精致的佛龛。塔底部佛像以石为胎，表层用披麻搂灰塑造衣纹和面容。正面的佛龛上为不动金刚，东角为大日如来，西角为宝源佛，正南佛龛上为不动金刚，西面为无量寿佛，后部东角为四头八臂黑护法神，西角为不空成就，背面龛上为无量寿佛。围绕佛像为塔廊。塔身覆以黄绿琉璃砖瓦，每面皆嵌琉璃佛龛，共计 81 尊佛像。每层角檐皆系金铎，清风袭来，宝铎和鸣，声传数里。

宗镜大昭之庙凝聚着藏汉民族宗教建筑艺术特色，充分昭示着汉、藏两族文化交融的艺术成就，尽现出气魄恢宏的皇家气派，堪称金碧辉煌、美轮美奂。整体建筑布局因山就势、错落有致，节奏优美、韵律和谐。前部由石桥、方河、琉璃牌坊、众妙之门及大白台组成，是建筑群的前奏；后部大红台以都罡殿为中心的大圆镜智、平等性智殿、妙观察智殿、成所作智殿是全寺的主体建筑，再有西部山谷之中的万寿琉璃宝塔。在建筑布局上呈现明显中轴线及南北对称式，极富层次感和厚重感，巧妙地利用园内山地高差来增加庙宇空间变化的趣味，在平面比例关系上运用了相似比例和矩形的构图，尽现和谐之感。既保持了扎什伦布寺、大昭寺的原有藏式风格，又使汉藏两式建筑相映生辉、融于一体。同时，运用的蓝、黄、红、绿、白五种基本色，对应着五方佛及五智，表现了藏传佛教曼陀罗的独特魅力，铸造一种“无限的大宇宙”和“内在的小宇宙”理想之相，由五方佛坛城与红台中央供奉释迦牟尼为主尊的金刚界大坛城组成“六坛城”的模式，显密结合，汉藏佛学圆融，将佛教之法理教义表达得淋漓尽致，演绎了“撷取生命、智慧、证悟的精华”的过程，描绘了一幅精美绝伦佛国智界的图画！

六世班禅其人其事

班禅大师在藏传佛教界被认为是无量光佛的化身。康熙五十二年（1713年）特派大臣至扎什伦布寺封五世班禅罗桑意希（1663—1737年）为“班禅额尔德尼”，并赐金册、金印，印文为“敕封班禅额尔德尼之印”。额尔德尼为满语，意为“宝贝”。从此，成为班禅大师转世系统的正式名称。这也是班禅大师转世系统受清政府正式册封的开始，以后历世班禅大师均由中央政府册封成为定制，享有很高的宗教和政治地位。

六世班禅额尔德尼·洛桑巴丹益希（1738—1780年）出生在后藏让地扎西孜（今南木林县境内）。班禅是班禅额尔德尼的简称，班是梵语，意为“精通五明的学者”，禅是藏语“大”的意思。额尔德尼是满语，意为“宝”，意译吉祥智。乾隆四年（1739年）被认定为五世班禅洛桑巴丹益希的转世灵童，并迎入扎什伦布寺坐床，做大供养。1744年，受沙弥戒。乾隆十七年（1752年）得到七世达赖喇嘛格桑嘉措的开示，受密法灌顶。乾隆二十三年（1757年）受比丘戒。乾隆二十四年（1758年）得到赴藏的章嘉国师若必多吉的传授。以后又在显密修习方面取得了很多成绩。并曾为八世达赖喇嘛强白嘉措剃度授戒，培育教导。在八世达赖喇嘛年幼期间，六世班禅大师为西藏社会稳定和发展作出了突出的贡献。乾隆三十年（1765年）清政府特向六世班禅颁赐了金册和金印，并用汉满蒙藏四种文字镌刻了印文“敕封班禅额尔德尼之印”。

乾隆四十四年（1779年），奉命进京给清高宗祝寿，于六月十七日六世班禅率领甘丹、哲蚌、色拉三大寺堪布喇嘛及随行人员、马队2000多人从扎什伦布寺出发，东渡通天河、黄河，翻越终年积雪的大雪山，横穿戈壁沙滩，历经一年又一个多月，于乾隆四十五年（1780年）七月抵达承德，并在避暑山庄“澹泊敬诚殿”得到乾隆隆重接见。六世班禅参加了乾隆皇帝的七十大寿庆典的全部活动，由于在客人中他的级别最高，常常处在“代表者”的地位，领头向皇帝致颂词、念无量经、献珍宝书画，并给皇帝施无量佛大灌顶。六世班禅在承德呆了一个多月，得到乾隆皇帝大量赏赐。

乾隆四十五年（1780年）八月二十五日，六世班禅离热河经古北口至北京，由皇六子和章嘉国师陪同游览圆明园、大钟寺、清漪园、香山静宜园等地，为殿堂、园林、寺院开光加持。

十一月初三日戌时，六世班禅在北京黄寺因患天花治疗无效而圆寂，享年42岁。班禅遗体在黄寺停放了六天，供各界人士和佛教徒瞻仰。六世班禅的去世让乾隆皇帝极度悲伤和惋惜，曾三次亲临西黄寺吊唁，赐制灵棺、灵塔、灵龛，供养大师法体和衣冠。大师的法体舍利在西黄寺供养一百天后，起程护送返回后藏扎什伦布寺。

六世班禅额尔德尼是中国历史上西藏地方杰出的有政治远见的宗教领袖之一。他一生有三件事为史家所称道：一是对八世达赖喇嘛的培养。达赖喇嘛成年后，又与他进行了很好的合作，使西藏社会在当时外敌觊觎、内部矛盾加剧的情况下得以平稳过渡。二是六世班禅注意到英国殖民主义者有意插手西藏，多次拒绝英人入藏、签约的要求，坚持统一立场，反对分裂。并明确指出西藏是中国领土，在中国大皇帝管辖之下，西藏的一切要按中国皇帝的圣旨办理。三是跋山涉水，千里迢迢前往承德、北京朝觐乾隆皇帝祝贺七十大寿的壮举，成为他爱国一生的光辉顶峰，为中华民族大团结的历史写下了闪光的一章。对维护国家主权和领土完整，促进中国各民族团结起到了重要的作用，以此向世人重申：西藏是中国领土不可分割的一部分。

六世班禅著有《持乐国愿望》《自传》上下册、《道情歌集汇编》《菩提道次第面授法·利他甘露瓶》《显密集要点问答汇编》《十六罗汉绕佛记》《喇巴强巴传》《圣洛桑巴传奇·不可思议》、书札、仪轨、修行等方面的典籍共98种之多。

发生在昭庙里的故事

六世班禅抵达北京之前，乾隆皇帝早已为他装修好了安定门外西黄寺，在香山静宜园内修建了藏式夏季驻锡地——“宗镜大昭之庙”。六世班禅到达北京后，受到隆重接待，乾隆皇帝第一时间在南苑接见了他，并数次在紫禁城内会见他，多次赏赐礼物，并在保和殿赐宴，欣赏舞蹈。

六世班禅在香山静宜园的昭庙逗留了四天，乾隆皇帝亲自与六世班禅共同出席昭庙开光大典。同时，六世班禅一行还游览了碧云寺、宝谛寺、法海寺等地，进行了一系列的佛事活动。

据史料记载：乾隆四十五年九月十七日，六世班禅大师到达香山静宜园昭庙，同皇六子、章嘉呼图克图、敏珠尔呼图克图及内务大臣等人共同用茶交谈。班禅大师在昭庙主殿释迦牟尼佛像前登上狮子宝座与章嘉呼图克图、敏珠尔呼图克图等大喇嘛及23名仲科、200余名各寺僧人一起以吉祥金刚大威德方式为佛殿塔像举行开光仪式准备，并开始诵经。

九月十九日，清高宗乾隆皇帝谒陵后返京驾临昭庙，六世班禅迎驾，乾隆皇帝与六世班禅共同出席昭庙开光大典。

在昭庙开光大型法会上，大师率众诵吉祥词并散花祝福。乾隆皇帝在释迦牟尼佛像前赠给班禅大师金如意、金手杖、珍宝饰品、羊脂五香炉、壶盖、七勇士图案之钵、金丝长腰袜及绸缎等物品；班禅大师向乾隆皇帝回敬了佛像、袈裟等礼品，君臣双方畅所欲言。尔时，天降绵绵细雨，奇相多显，宛似天花坠落，面对此情此景，乾隆皇帝特赋《昭庙六韵》诗一首，诗云：

昭庙缘何建？神僧来自遐。因教仿西卫，并以示中华。
是日当庆落，便途礼脱闍。黄衣宣法雨，碧嶂散天花。
六度期群度，三车演妙车。雪山和震旦，一例普庥嘉。

最后一句“雪山和震旦，一例普庥嘉”里的“雪山”是西藏，“震旦”是中国，“一例”是一统，“庥”是庇荫，“嘉”是美好。

“黄衣宣法雨，碧嶂散天花”中的“黄衣”即指六世班禅大师，在他与乾隆皇帝主持昭庙开光典礼时，天本晴朗，却忽然下起微雨，被称为是“散天花之喜”。“雪山和震旦，一例普庥嘉”，“雪山”指西藏；“震旦”指中国，这是古印度对中国的称呼，意为“太阳升起的地方”。这两句诗说西藏是中国不可分割的一部分，共在一个政权的保护之下，或共同庇护于一片天地中。

此诗及诗注以满、汉、蒙、藏四种文字于九月镌刻在一座高5.2米“工”字形诗碑上，立在清净法智殿前的天井中。诗后署“乾隆庚子季秋之月中浣御笔”、钤“古稀天子之宝”等印章，同时建造了八方重檐御碑亭，成为宗镜大昭之庙建筑群中重要的组成部分。

二十日亲旨六世班禅至洪光寺光明三昧、香岩净域，香山寺圆灵应现，来青轩性因妙果上香。至碧云寺进行了一系列的佛事活动。六世班禅在香山昭庙的四天中，做了大型法会。其后，十月十七日、十八日又到昭庙、碧云寺、香山佛堂等处上香。

如此气势宏伟华贵无比金碧辉煌且凝聚着民族团结、国家统一和各民族文化交融的纪念性建筑，于咸丰十年（1860 年）九月初五、初六日（10 月 18 日、19 日），同静宜园一起惨遭英法联军劫掠和焚毁，陈设器物荡然无存，仅留有琉璃牌坊、四个幡杆石座、白台、红台基础、御碑一座（碑亭已毁，基础尚存）和七层琉璃塔一座。

据当年英随军牧师莫·格赫自供云："我因为职务的羁绊，当这件焚毁工作开始的头一天我不能到场观看，有一两师军队散在乡间，放火燃烧，四个皇家花园中的一切宫殿，从圆明园开始，其次，转向西边的万寿山、静明园（玉泉山），最后轮到香山（静宜园）。次日清晨八点钟，我到达圆明园。从园内带着芬纳和普罗宾的马匹……到香山去。……一条石砌的道路，环绕着一座高墙，从墙隅的地方转弯过去，就有一片浓密的烟雾弥漫在我的前面，而且威风赫赫的烈火，在烟雾的顶上，发出熊熊的火焰，简直高出树梢好几尺。一座庙宇，这并不是一所房子，却包括一群分列的建筑物，环绕着一个大的神龛，也正熊熊地燃烧着。火焰散开去，焚烧掉里面和环绕着的高可参天的树木。这些树木……差不多有好几百年了。庙内描金的栋梁和五光十色的琉璃瓦……一切，一切，都被这吞灭所有东西的烈火毁坏了。""那天我们所走到的最远的地点，且为皇家花园的尽头……军队暂停此处，约一小时左右，各师队伍接受米启耳将军的号令……，不久就看到重重烟雾，由树木中蜿蜒曲折，日光之下，光芒闪烁。鳞鳞屋瓦，构造奇异的形状，只有中国人的想象力才能构思出来的。顷刻功夫，几十处地方，都冒出一缕一缕的浓烟密雾来。……这一缕一缕的烟，聚成一团一团的烟，又集合为弥天乌黑的一大团，万万千千的火焰，往外爆发出来，烟青云黑，云蔽天日。所有庙宇、宫殿、古远建筑，轮奂辉煌，举国仰为神圣庄严之物，和其中历代收藏……都一齐付之一炬，化为劫灰了……"

据乾隆四十八年（1783 年）奏案显示："宗镜大昭之庙陈设铺垫、佛像供器等 19953 件，通计 36555 件，内金银珠玉佛像塔龛供器陈设 1053 件，瓷铜佛像塔龛供器陈设 16162 件，匣盒 45 件内盛小玉玩 215 件，御笔及臣工字画匾对法帖书籍册页挂轴经卷陈设 5593 件，如意痰盆冠架扇子铺垫毡帘龛案桌张以及漆木铜锡等杂件项陈设 13704 件。” 其殿内的陈设数量、种类更是叹为观止。

中华民国元年（1912 年），马相伯、英敛之游香山，看到遍地瓦砾荒废景象，甚觉得可惜，另感香山地区旗人之后甚是凄凉，便打算设立静宜女子学校，使其后人得受教化，便由喀喇沁王福晋领衔奏请隆裕太后借用香山之地办学，就任热河都统的熊希龄除提助公款外，并募捐把园内的破旧的房屋进行修理，昭庙同时得到修葺。1917 年，顺直水灾，由静宜园借地 10 亩建设慈幼院，熊希龄任院长，1920 年利用昭庙开辟红十字会香山医院。

1948 年，中共中央从西柏坡迁驻香山，昭庙遗址房屋由中共中央秘书处利用。1956 年，香山作为人民公园对外开放。在之后五十余年中，公园相继对昭庙遗址上的房屋进行了保护性修缮。历时十五年编修出版的《香山公园志》收集到有关昭庙大量的珍贵历史资料，为最大限度保护和研究香山昭庙历史信息及文化遗产提供可靠依据。

宗镜大昭之庙承载着中华民族的荣辱与兴衰，在这里乾隆皇帝与六世班禅同修佛法、共商国是，解决了西藏内部政治问题，留下了一段秉承大统、促进民族团结和睦及增进民族文化交流的佳话。它是中华民族大团结的见证。2008 年在北京市公园管理中心指导和大力支持下，香山公园启动了昭庙遗址保护工程。2009 年开始廓清遗址、勘察及对现状评估工作，对昭庙遗址内、外进行环境清理，露出原建筑基址。在过程中清理收集、整理了大量流散琉璃件和建筑构件，其样式精美、风格独特，为昭庙建筑、文化、艺术的研究、保护与利用提供了详实、可靠的历史信息。

一期工程，已完成清净法智殿、琉璃牌楼、琉璃塔、白台墙体等建筑维修及石桥、御碑亭、白台琉璃门五个及白台两侧琉璃窗罩的修复，院内地面按历史原貌海墁二城样砖；二期工程根据资料调研成果完成拆除民国时期临时建筑，实施红白台历史建筑修复工程，包括白台群房、红台群房、红台都罡殿及四智金殿。同时增加必要基础设施（安防、技防、水电设施）与服务设施等，根据条件适时开放接待游客。

香山公园将利用修复后宗镜大昭之庙开办“昭庙历史文化”“班禅东行”“西藏文化艺术”“西山与历史名人”等展览，同时开发以昭庙为中心的西山藏传佛教特色文化产品，以期成为北京集中展示西藏佛教文化及皇家园林文化艺术的中心，使其成为弘扬民族团结、祖国统一的场所。

清乾隆时期宗镜大昭之庙盛况图

1860 年被英法联军焚毁后的宗镜大昭之庙

2009 年 10 月清理后昭庙遗址发现的琉璃狮子

2009 年清理出琉璃建筑件
莲花托宝剑

2009 年清理出琉璃建筑件宝相花

1860 年被英法联军焚毁后的万寿琉璃塔

2009 年维修粉刷后的白台外观

琉璃塔精美佛像

西夏文装藏咒语考

聂鸿音*

摘要 20世纪50年代以来在河西地区相继出土了一些写有西夏文咒语的小纸片，迄今未获实质性的鉴定。本文指出这些纸片是佛教塔像装藏的用品，上面书写的是《十二因缘咒》《不动如来净除业障咒》等几种常见的咒语。同一种咒语的不同抄件间译音用字多有参差，说明从西夏到蒙元之际并没有规范的西夏文译本行世。“装藏咒语”的辨识可以为现存的西夏文物增添一个新的种类。

关键词 西夏文 装藏 咒语 音译

古丝绸之路沿线出土过一些西夏文的小纸片，每片上面都录有一首或两首佛家咒语。1987年，陈炳应曾经对甘肃省博物馆收藏的15张纸片进行过详细的描述和系统的研究①。由于当时能见到的资料有限，陈先生虽然对咒语用字进行了精准的识读和细致的校勘，但是未能确定这些纸片的性质及所录咒语的名称。本文试图结合近年新公布的资料就这两个问题进行力所能及的探讨。

一

20世纪50年代以后，在天梯山石窟、炳灵寺石窟、黑水城遗址和敦煌

* 中国社会科学院民族学与人类学研究所研究员

① 陈炳应：《珍贵的西夏语音材料》，《民族语文》1987年第4期，第63—65页。

北区石窟相继出土了一些写有西夏文咒语的小纸片，现在分别收藏在甘肃省博物馆、敦煌研究院、内蒙古自治区文物考古研究所和中国文化遗产研究院。这些纸片目前发表的有30多件：甘肃省博物馆的14件于1987年刊布①，中国文化遗产研究院的两件于2011年刊布②，此外的十余件由宁夏大学西夏学研究中心、国家图书馆和甘肃省古籍文献整理编译中心于2005年和2006年编入《中国藏西夏文献》③。根据研究者的著录可知，这些纸片的长度一般在20厘米上下，宽度大多在5厘米左右，存字最多7行，最少的只有1行。尽管每张纸片的规格不等，但上面抄录的咒语全都完整，说明纸张并没有残损，而是故意裁切成这样的。《中国藏西夏文献》拟题为“陀罗尼残页”，略失精确。

这种纸片应该叫做“装藏咒语”或者“装藏陀罗尼”，相关资料的辨识可以为现存的西夏文物增添一个新的种类。按照佛教传统，新的佛塔或佛像建成开光时要用各种宝物、粮食、香料以及经咒装入塔像封存以求灵异，称为“装藏”，其中最重要的装藏物是称为“法身舍利”的咒语抄件。清乾隆年间的西番学总管工布查布曾经译解过一部《佛说造像量度经》，虽然成书时间较晚，但书里描述的无疑是佛家传承已久的规则，其中说道：

> 显密两教俱有“装藏”之说，而悉言用舍利。中具二种，或曰：四种法身舍利作第一，生身舍利次之，故西土风俗多用法身舍利，即五部大陀啰尼，以为上首一切经咒文辞是也。五大陀啰尼者，一《佛顶尊胜咒》，二《佛顶放无垢光明咒》，三《正法秘密箧印咒》，四《菩提场庄严咒》，五《十二因缘咒》也。(《大正藏》21，页939中栏)

塔像有大小之分，最小的佛像可以随身携带，装藏也最为简单——只需

① 《民族语文》1987年第4期的封三和封底。

② 中国文化遗产研究院：《中国文化遗产研究院藏西域文献遗珍》，北京：中华书局，2011年，第285—286页。

③ 宁夏大学西夏学研究中心、国家图书馆、甘肃省古籍文献整理编译中心：《中国藏西夏文献》16，兰州：甘肃人民出版社、敦煌文艺出版社，2005年。宁夏大学西夏学研究中心、国家图书馆、甘肃省古籍文献整理编译中心：《中国藏西夏文献》17，兰州：甘肃人民出版社、敦煌文艺出版社，2006年。

把一首咒语写在一张小纸条上，紧紧卷成爆竹那样，放到佛像里就可以了。《造像量度经》说：

藏中所用真言，或梵字，或汉文……不熟梵者，以番字及汉文书之，慎勿脱落错误点窜。不论其文，或自尾向上，或从头往下紧卷之，以净糊封口，形如爆竹。记其上下，不可颠倒，倒则犯火灾。卷毕，以黄绢裹之，始终要洁净。持八关斋为妙，或当时忌荤酒，禁气恼等一切不祥之事。发喜悦良善心，口诵《十二因缘咒》，或梵或汉。不能者默持他咒，或念佛名号。（《大正藏》21，页952上栏至中栏）

以上记载提示我们，在用为装藏的五大陀罗尼中，《十二因缘咒》是最重要的，西夏沙门智广、慧真于天庆七年（1200年）编了一部《密咒圆因往生集》，其中也译介了《十二因缘咒》，并在附注里专门讲到可以用来装藏：

若造佛像，安置舍利如芥子许，或写法颂安置其中，如我现身等无有异。凡修功德，诵此庆成。（《大正藏》46，页1012下栏）

根据《造像量度经》的说法，咒语用梵语念诵尤佳，这使人想到甘肃炳灵寺石窟所出的那件用藏文书写的梵文咒语（图1）①。陈炳应当年曾为这首咒语做了拉丁转写，他的文字辨识大都正确，只是把一个略有漫漶的藏文字母 tsa 错认成了 ca，我们改正过来并为之断词：

图1　藏文咒语（G21.077［40071］）

oṃ ye dhā-rma-he-tu pra-bha-bā he-tun-te-ṣān ta-thā-ga-to. Hya-ba-dad-te ṣān-

① 《中国藏西夏文献》16，第379页。

tsa-yo ni-ro-dda① e-baṃ bā-dī ma② śra-ma-na-ye svā-hā.

很明显，这正是装藏所用的《十二因缘咒》③。《十二因缘咒》的通行汉文本见释智所译《圣妙吉祥真实名经》，以及智广、慧真编的《密咒圆因往生集》④：

唵 英 [口捺]吟麻形[阝各] 不啰末斡 形[阝各]矴善 怛达遏多 缬末[口捺]怛矴 善拶养 祢[阝各]哴[口捺][口英]梡 斡溺 麻诃实啰麻捺英 莎诃（《大正藏》46，页1012下栏）

如《造像量度经》所说，如果不熟悉梵文，也可以用本地的文字书写，用本地的语言诵咒。大约正是出于这个原因，当时河西地区用来装藏的《十二因缘咒》更多的是用西夏文写成。已经发表的西夏文《十二因缘咒》包括甘肃博物馆收藏的6片行书抄件⑤、内蒙古文物考古研究所收藏的9片草书抄件⑥、中国文化遗产研究院收藏的1片楷书抄件⑦，在西夏“装藏咒语”中几乎占了半数，这应该是它在装藏物中首要地位的体现。下面的解读依据《中国藏西夏文献》里的G21.073［21341］号⑧：

[illegible]
ye dhārmahetu prabhavā hetuteṣān tathāgato. hyavatate
[illegible]
ṣāñcayo nirodha evaṃ vātī mahā śramaṇaye svāhā.

---

① 藏文dda为dha之误。

② 藏文ma后脱hā字。

③ 藏文咒语把梵文的va一律转写成ba，把梵文的ca一律转写成tsa，这是吐蕃时代以来的译音习惯。

④ 西夏咒语里没有用来说明读音的小字附注。为版面清晰起见，本文在征引汉译咒语时也把汉文的小字附注省略了。下同。

⑤ 陈炳应：《珍贵的西夏语音材料》。

⑥ 《中国藏西夏文献》17，第244—247页。

⑦ Nie Hongyin. Tangut Fragments Preserved in the China National Institute of Cultural Heritage. И. Ф. Попова сост. *Тангуты в Центральной Азии.* Москва：Издательская фирма《Восточная литература》, 2012, 271-278.

⑧ 《中国藏西夏文献》16，第377页。

与甘肃博物馆收藏的这首咒语相比，内蒙古文物考古研究所藏品在结尾少了一句“[illegible]”（svāhā），① 中国文化遗产研究院藏品在开头多出了感叹词“[illegible]”（oṃ），而且三处藏品的对音用字也有参差，不过从总体上的勘同是毫无问题的。

二

陈炳应在那篇开创性的文章里把甘肃博物馆收藏的西夏文陀罗尼分为三类，其中第二类正是《十二因缘咒》。他列出的第一类是字数最多的一种，只有完整的一件，实际上是《阿弥陀佛根本咒》与《阿弥陀佛心咒》的合抄。下面的西夏录文据《中国藏西夏文献》刊布的 G21. 068［21340］号②，对应的汉文据《密咒圆因往生集》（《大正藏》46，页 1011 中栏至下栏）：

[illegible]	[illegible]	[illegible]③	[illegible]	[illegible]	[illegible]
捺么	啰捺	啰啰也也	捺麻	啊吟拽	啊弥怛末也
namo	ratna	trayāya	namo	ārya	amrṛtabhaya

[illegible]	[illegible]	[illegible]	[illegible]	[illegible]
怛达遏怛也	啊啰诃矴	萨灭三莫嗪也	怛涅达	唵
tathāgataya	arhate	samyaksaṃbuddhaya	tadyathā	oṃ

[illegible]	[illegible]	[illegible]	[illegible]	[illegible]
啊密嘌矴	啊密嘌多纳末永④	啊密嘌怛三末永	啊密嘌怛	遏吟唥
amṛte	amṛtisambhave	amṛtasaṃbhave	amṛta	garme

① 梵文 svāhā 的意思是“圆满”，通常用在咒语的末尾表示结束，并不是咒语正文的内容，所以省略了 svāhā 的这几个抄件仍然可以认为是完整的。

② 《中国藏西夏文献》16，第 373 页。

③ 依汉文及梵文对音，则此处脱一“[illegible]”（ya）字。

④ 汉文“纳”字与 sam 对音不合，当依下文作“三”。

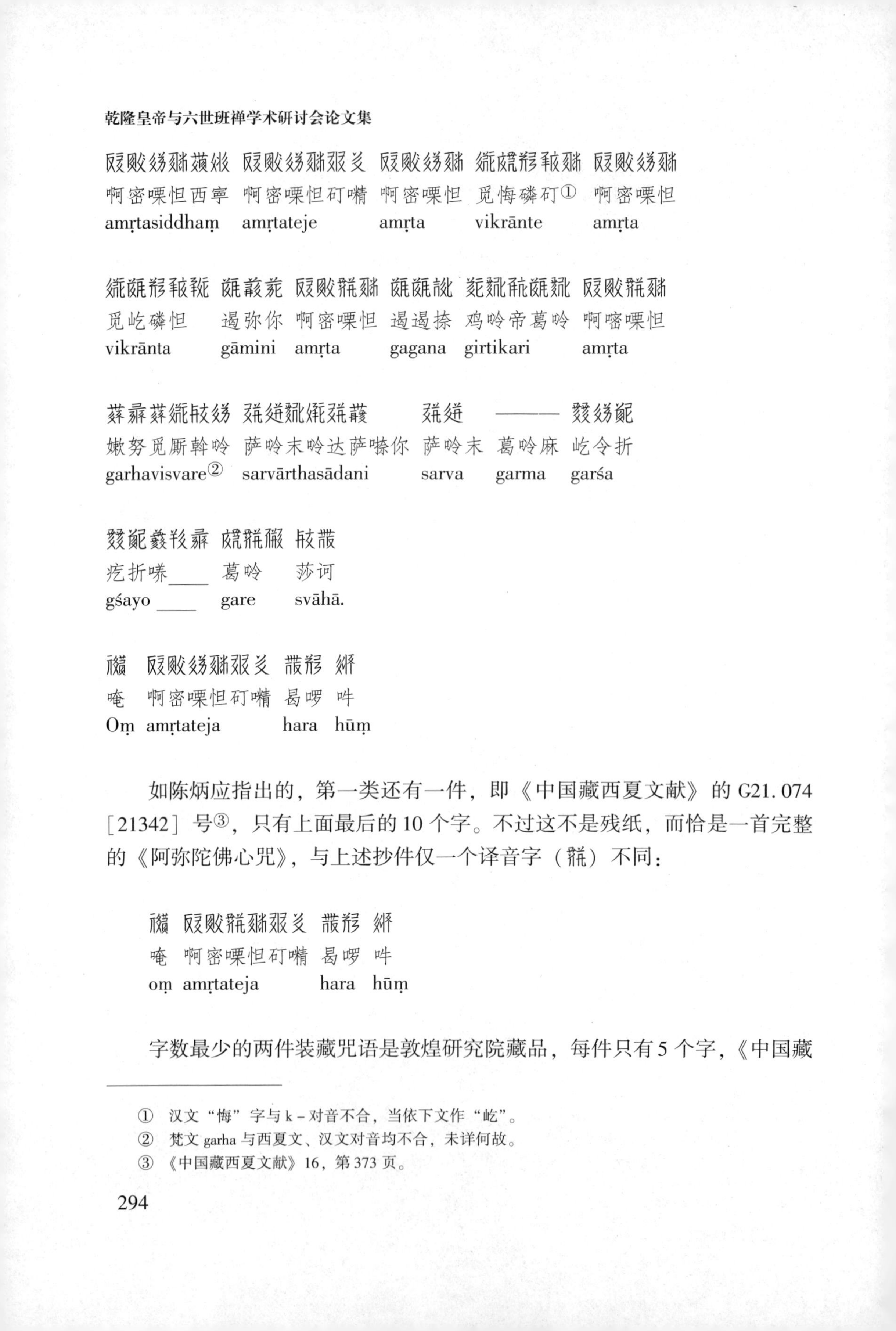

[西夏文]
啊密嘌怛西寧 啊密嘌怛矸嘴 啊密嘌怛 觅悔磷矸[1] 啊密嘌怛
amṛtasiddhaṃ amṛtateje amṛta vikrānte amṛta

[西夏文]
觅屹磷怛 遏弥你 啊密嘌怛 遏遏捺 鸡吟帝葛吟 啊嘧嘌怛
vikrānta gāmini amṛta gagana girtikari amṛta

[西夏文]
嫩努觅厮斡吟 萨吟末吟达萨嗏你 萨吟末 葛吟麻 屹令折
garhavisvare[2] sarvārthasādani sarva garma garśa

[西夏文]
疙折哧____ 葛吟 莎诃
gśayo ____ gare svāhā.

[西夏文]
唵 啊密嘌怛矸嘴 曷啰 吽
Oṃ amṛtateja hara hūṃ

如陈炳应指出的，第一类还有一件，即《中国藏西夏文献》的 G21.074［21342］号[3]，只有上面最后的 10 个字。不过这不是残纸，而恰是一首完整的《阿弥陀佛心咒》，与上述抄件仅一个译音字（[西夏文]）不同：

[西夏文]
唵 啊密嘌怛矸嘴 曷啰 吽
oṃ amṛtateja hara hūṃ

字数最少的两件装藏咒语是敦煌研究院藏品，每件只有 5 个字，《中国藏

① 汉文“悔”字与 k－对音不合，当依下文作“屹”。
② 梵文 garha 与西夏文、汉文对音均不合，未详何故。
③《中国藏西夏文献》16，第 373 页。

西夏文献》的编号是 G11.153［D.752－14］和 G11.155［D.752－16］，编者题为“佛经残页”[①]。现在可以确定为完整的《尊胜心咒》，也就是《佛顶尊胜陀罗尼》（胜相顶尊总持）的简本，西夏文本和汉文本均见俄罗斯科学院东方文献研究所收藏的《胜相顶尊总持功能依经录》（инв. №6796、TK.165）：

[illegible] [illegible] [illegible]
唵 没隆 莎诃
oṃ bhrūṃ svāhā

如果咒语过于短小，也可以把两首咒语合抄在一张纸条上。《中国藏西夏文献》的 G11.123［D462：21］号就是两首咒语的合抄[②]：前 5 个字为《尊胜心咒》，后 11 个字的汉文本未见，考虑到其内容与上述的《阿弥陀佛心咒》非常接近，只是多了一句“啊弥怛”（无量），少了一句“曷啰”（能断），我们不妨根据内容将其拟定为“别本《阿弥陀佛心咒》”，下面解读所用的汉文和梵文形式是我们的构拟：

[illegible] [illegible] [illegible] [illegible] [illegible] [illegible] [illegible]
唵 没隆 莎诃 唵 啊弥怛 啊密嘌怛矴 莎诃
oṃ bhrūṃ svāhā oṃ amita amṛtate svāhā

陈炳应列出的第三类陀罗尼共有 5 件，可以确定为《不动如来净除业障咒》，同样内容的装藏咒语在中国文化遗产研究院也藏有一件[③]。下面的西夏录文据《民族语文》杂志 1987 年第 4 期封三刊布的照片，对译汉文据《密咒圆因往生集》（《大正藏》46，页 1010 上栏）：

---

① 《中国藏西夏文献》16，第 377 页。

② 《中国藏西夏文献》16，第 214 页。

③ 聂鸿音：《俄藏西夏本〈拔济苦难陀罗尼经〉考释》，载杜建录主编《西夏学》第 6 辑，上海：上海古籍出版社，2010 年，第 1—5 页。

[illegible]	[illegible]	[illegible]	[illegible]	[illegible]	[illegible]	[illegible]
捺么	啰嘚捺	嘚啰也也	唵	葛葛妳	葛葛祢	哴拶祢
namo	ratna	trayāya	oṃ	kāṃkani	kāṃkani	rocani

[illegible]	[illegible]	[illegible]	[illegible]	[illegible]	[illegible]
哴拶祢	嘚哴怛祢	嘚哴怛祢	嘚啰萨祢	嘚啰萨祢	不啰帝诃捺
rocani	troṭani	troṭani	trāsani	trāsani	pratihana

[illegible]	[illegible]	[illegible]	[illegible]	[illegible]	[illegible]	[illegible]	[illegible]
不啰帝诃捺	____	萨呤末	葛呤麻	钵啰	钵啰祢	铭	莎诃
pratihana	____	sarva	karma	parāṃ	parāni	me	svāhā

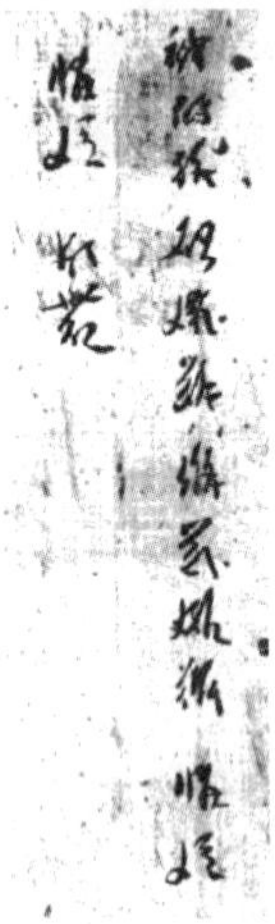

图 2 西夏草书咒语
(M21.146[F228:W5])

《不动如来净除业障咒》原出《拔济苦难陀罗尼经》。相应的西夏译本 1909 年在黑水城出土，今藏俄罗斯科学院东方文献研究所，其中的《不动如来净除业障咒》没有前面的“归命三宝”(namo ratnatrayāya)和中间的“[illegible]”(mama)，且译音用字大多不同①，说明河西地区流传的这首咒语不是直接从《拔济苦难陀罗尼经》摘录下来的，而是出自另外一系的传承。

最后一件(图 2)，也就是内蒙古文物考古研究所藏品 M21.146［F228：W5］号②，原件用熟练的草体字写成，可以做出正体转写并解读如下：

[illegible]	[illegible]③	[illegible]	[illegible]	[illegible]	[illegible]	[illegible]
唵	萨呤末	怛达遏怛	遏呤唅	嚩辢	嚩辢	莎诃
oṃ	sarva	tathāgata	garbhe	jvala	jvala	svāhā

① 孙伯君：《普宁藏本〈密咒圆因往生集〉的八思巴字注音研究》，《中华文史论丛》2009 年第 3 辑，第 163—198 页。

② 《中国藏西夏文献》17，第 245 页。

③ 原件二字误倒，并有一个表示颠倒的“√”号，录文据改。

现存的西夏资料里没有见到完全相当的咒语，我们不妨根据里面出现的词语将其拟定为简编的《大宝楼阁根本咒》，或者叫“别本《大宝楼阁心咒》”。《大宝楼阁根本咒》原出唐菩提流志译《广大宝楼阁善住秘密陀罗尼经》，西夏时代的全文汉译见《密咒圆因往生集》。下面引文据《密咒圆因往生集》，括号外的字是与我们讨论的这个简编本相应的词语：

（捺麻） 萨吟末 怛达遏怛 （喃）[①]唵（觅布辣遏吟唅 麻祢 不啰唅 怛达遏怛 祢吟嗦 折祢 麻祢 麻祢 须不啰唅 觅麻令 萨遏啰 遏觅吟 吽 吽）嚩辩 嚩辩 （莫嗦灭 斡浪鸡矴 唔缬溺实提怛） 遏吟唅 莎诃（《大正藏》46，页1009中栏）

这首咒语经过摘录改编后还是一首标准的咒语，意思是：“啊！一切如来。胎藏。炽盛光明。圆满。”尽管简编本只是摘录了《大宝楼阁根本咒》里的几个词，而且词的先后顺序也与《大宝楼阁根本咒》略有不同，但我们仍然相信那一定是有根有据的民间传承。

图3 装藏曼荼罗
（G11. 124[B192:3]）

顺便说，敦煌研究院还藏有一枚长方形的小纸片（图3），编号G11. 124 ［B192：3］[②]，上面画着一个六角形曼荼罗，中间有两个西夏字——“𗍫𗏁”（阿唵，a oṃ），编者为之拟题“佛教咒语”。其实这是另一种常见的装藏用品，佛经里叫做“种子字”，即用一个梵字来代表一尊佛、一尊菩萨或者一段咒语。用“阿”和“唵”可以代表一切咒语，因为a是梵文字母表里的第一个字母，oṃ经常用作咒语开头的第一个词。

① “喃”（nāṃ）是梵语的名词复数属格词尾，删掉后的“怛达遏怛”（tathāgata）为“如来”一词的原形，仍然可以讲通。

② 《中国藏西夏文献》16，第214页。

三

按照《造像量度经》的规定，每首装藏咒语必须在一行内写完，不允许回行书写：

> 藏中所用真言，或梵字，或汉文，皆宜横书，尽容于一行内，其余行另书他咒，或本咒前行，周而复始。惟不可一首总持半途间断，折回来往复书。(《大正藏》21，页952上栏)

西夏文咒语中最符合这个书写要求的是《中国藏西夏文献》第16册第214页和第17册第244页上那四张细长的纸条。纸条长度为20多厘米，而宽度只有1厘米多一点，咒语一行写到底，可以看成是装藏咒语的标准形式。至于其他那些回行书写的纸片，或许会在使用时逐行裁切后粘贴成条，或许就是原样装藏也未可知。当初这些咒语并不是从塔像中取出的，说明那仅仅是供人装藏的备用品，所以我们还无法判断它们在使用时是否要经过裁切，只知道在近代和当代的装藏咒语里，多行书写的其实比单行书写的更为常见。

除去前面强调的《十二因缘咒》以外，其他几首咒语也都见于传统的装藏用品规定。北京大学藏本《大乘要道密集》卷四收有持咒沙门莎南屹啰(Bsod-nams grags)翻译的一篇《圣像内置总持略轨》，其中开列了各种装藏咒语的简称，可能反映了夏末元初的情况：

> 夫佛像之中书置咒者，谓此像仪是铸或雕或泥塑等，内应如是安置神咒：谓顶内应置顶髻、转轮、白伞盖、悟室尼二合沙、①毕麻辣②、白毫、宝珠等咒也，心间应置诸相传师名、尊佛心咒，又置五种如来字种，随其本相，已［以］心咒、身语意心咒等五大总持、三种救世心咒、萨哩八二合毕底牙咒③、因缘心咒、意种心咒也，

① 悟室尼二合沙（Uṣṇīṣa），华言“顶髻”，此指《佛顶尊胜陀罗尼》。

② 毕麻辣（Vimala），华言“无垢”，此指《无垢净光陀罗尼》。

③ 萨哩八二合毕底牙（Sarvavidyā）咒，总称一切明咒。

腰间书置宝楼阁咒、虚空藏咒、五欲乐咒也，莲座之内置入旷野城咒、十方护神咒、大黑等咒、诸阴母心咒、诸宝神等咒、施碍心咒及书紧行所摄诸咒。若是善佛，书善行咒、净业障咒并善行等也。

河西所出的那几种咒语都是这段文字里提到的。我们大致可以认为《尊胜心咒》对应于“悟室尼$_{二合}$沙”咒（Uṣṇīṣavijayā），《阿弥陀佛根本咒》对应于“相传师名”咒，《阿弥陀佛心咒》对应于“尊佛心咒”，《十二因缘咒》对应于“因缘心咒”，《大宝楼阁咒》对应于“宝楼阁咒”，《不动如来净除业障咒》对应于“净业障咒”。这些咒语都被智广和慧真收入了《密咒圆因往生集》，说明它们在西夏时代很受重视并且流传很广。我们甚至可以估计，将来如果还有新的装藏咒语被发现，其内容当也不会超出这个范围。当然，《圣像内置总持略轨》反复提到的“心咒”表明在当时实际用于装藏的咒语也许是某种简编本。

《造像量度经》提醒人们在抄写咒语时一定要“慎勿脱落错误点窜”，但是正如陈炳应首先看到的，这些咒语的西夏译音用字并不统一，例如《不动如来净除业障咒》的“[illegible]”（ratna）本或作“[illegible]”（ratna），“[illegible]”（pratihani）本或作“[illegible]”（pratihana），“[illegible]”（parāni）本或作“[illegible]”（varāni）。在不同地方出土的抄件之间甚至可以看到译音用字多寡的差别，例如《十二因缘咒》：

梵文	甘肃博物馆藏品	中国文化遗产研究院藏品	内蒙古文物考古研究所藏品
dhārmahetu	[illegible]	[illegible]	[illegible]（dhāmahetu）
hetuteṣān	[illegible]	[illegible]	[illegible]（hetuteṣā）
hyavatate	[illegible]	[illegible]	[illegible]（tate）

黑水城所出的抄件比甘肃所出的抄件少了几个字，这应该不是抄写者的疏忽，而是因为这些咒语在当时的河西全靠师徒间的口耳相传，并没有形成一个标定的译本。考虑到黑水城有几份抄件像是同一个人用极其熟练的草体字写成的，我们相信那个抄写者同时就是译者。他的头脑中只装着从师傅那里听来的语音形式，在书写时就随手译出，只要使用的西夏字读音相当，他

就不一定会察觉自己的用字是否统一，犹如今天的人们有时会把“马克思”随手写成“马克斯”。当然，实实在在的讹脱也不是没有，例如 G21.077［40071］号藏文抄件漏写了 mahā（大）的 hā，G21.068［21340］号西夏文抄件漏写了“𗥃𗋚𗐯𗐯”（trayāya）的一个“𗐯”，这就只能说是抄写者的疏忽了。

装藏咒语一律不署年款，我们无从知道这些纸片的抄写时间，只能通过某些抄件的译音习惯做出些许猜测。

这些纸片上的咒语对音从总体上看是严整的，但也有个别用字没有遵守西夏时代的传统规则，其突出表现是有时会混淆同部位塞音和塞擦音的清浊和送气，例如：

“𗆧”（ga）：ka——𗄈𗖵𗢳𗆧𗖵：girtikari（阿弥陀佛根本咒）

“𗑗”（ki）：ga——𗑗𗌽𗃛：garśa（阿弥陀佛根本咒）

“𗔇”（da）：ta——𗐱𗏹𗖵𗔇𗑠：amṛtate（别本阿弥陀佛心咒）

“𗗚”（tha）：ta——𗏁𗗚𗆧𗗚：tathāgata（大宝楼阁咒）

这类特殊现象与元代人在《密咒圆因往生集》里添加的八思巴字对音有些相似——那本书也不区分同部位塞音和塞擦音的清浊和送气，也就是说，清塞音既可以用来对译清塞音，也可以用来对译浊塞音和送气音，浊塞音既可以用来对译浊塞音，也可以用来对译清塞音和送气音①。由此我们想到，如果这类现象不属偶然，那么就意味着本文讨论的西夏文装藏咒语写成于西夏覆亡之后，或者说其中至少有一部分是蒙元时期的作品。

---

① 孙伯君：《普宁藏本〈密咒圆因往生集〉的八思巴字注音研究》。

宗镜大昭之庙设计的原理分析

贾　政*

摘要　香山宗镜大昭之庙又称昭庙，始建于清乾隆四十五年，是乾隆皇帝在得知西藏宗教领袖六世班禅额尔德尼将进京为其祝七十大寿之后在香山静宜园内所建，同时期为六世班禅修建的驻锡地还有承德的须弥福寿之庙。1860年昭庙被英法联军焚毁。2006年，公园开始进行《文物保护规划》，复建昭庙的研究一直未断，2009年通过大量测量数据、遗址勘察以及对时轮金刚三昧耶坛城的研究，对昭庙的设计原理有了些粗浅的认识，希望对昭庙的复建起到一定的作用。

关键词　香山　静宜园　昭庙　乾隆　六世班禅　时轮金刚坛城

昭庙一词在藏语里被译为觉卧拉康，觉卧为尊者，拉康为神殿。意为尊者的神殿。其实它来源于梵文曼荼罗的译音，曼荼罗汉语译为坛城，即佛的居所之意，而藏语译音为觉卧、觉悟、集阔等等，拉康意为神殿、庙宇等。宗镜大昭之庙被译为藏语之后再翻译为汉语就变成了“像布达拉宫一样精美的寺庙”。

乾隆皇帝在其喜爱的香山静宜园中所建昭庙，绝对是其一生中所秉持的“取法乎上”的最高标准原则。其建筑风格与承德须弥福寿之庙有众多相同之处，但格局却与须弥福寿之庙有着根本的不同，其实，这不同之处又是其高明之处，昭庙整体布局其实是从坛城直接演化而成，它是曼陀罗的核心，是最为精妙的地方。

* 北京市香山公园管理处研究室副主任

须弥福寿之庙

清代宗镜大昭之庙原貌图

相同之处：琉璃牌楼、琉璃塔、琉璃门、琉璃窗罩、每平方丈为一间、琉璃挂檐板、铜瓦镏金和琉璃屋顶等。

不同之处：须弥福寿之庙红台在前、白台在后，布局与西藏扎什伦布寺相似。而香山昭庙设计布局则以藏传佛教时轮金刚曼荼罗坛城为设计参考，殿宇名称也基本相同。都罡殿为坛城的核心，乾隆皇帝御题满汉蒙藏四体“宗镜大昭之庙”匾悬挂于大殿东侧。东南西北各建有大圆镜智、成所作智、妙观察智、平等性智四智殿；其东侧白台则由意觉悟坛城演化而成。

一、宗镜大昭之庙与时轮金刚三昧耶坛城

时轮金刚坛城由五个正方形组成，一个在另一个的里面，外面包围着六个同心圆。每一个正方形代表时轮金刚五层的一层。最大的一个正方形坛城就是身觉悟坛城，其内部的正方形依次是语觉悟坛城、意觉悟坛城。在其四

时轮金刚三昧耶坛城平面图

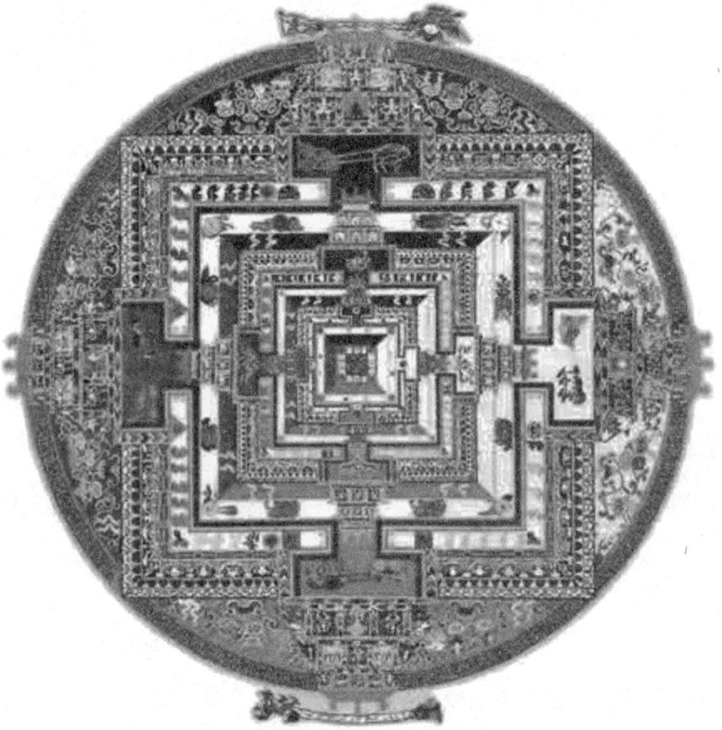

身语意坛城

个方向都有一个非常精致的门。在意觉悟坛城的里面是智慧觉悟坛城，最中央则是大乐觉悟坛城。围绕在外围的六个同心圆代表六大，最内层为地大，外层依次为水大、火大、风大、空大和识大。

宗镜大昭之庙其实是一个总称，从整体上来讲从东到西，它包括：月河、琉璃牌楼、幡杆、清净法智（众妙之门）殿、白台群房、琉璃碑亭、红台群房、四智殿、都罡殿、万寿琉璃塔等建筑，而真正所指的实际上是红台建筑，是时轮金刚坛城的核心，即智慧觉悟坛城和大乐觉悟坛城。智慧觉悟坛城构成红台群楼，而大乐觉悟坛城则构成都罡正殿。在大殿外檐向东挂有蓝地四样乾隆宝——宗镜大昭之庙匾。

周围三层群楼大红台——为智慧觉悟坛城。

四边凸出殿宇为意觉悟入口，四个方向分别代表佛的四种智慧，即：东——大圆镜智、南——平等性智、西——妙观察智、北——成所作智。

二、昭庙红台的设计原理及步骤

1. 以佛教坛城传统画法绘制时轮金刚三昧耶坛城平面图，坛城的绘制可根据场地的大小按比例绘制，可大可小，但有着其内在的规律，根据其绘画技法和昭庙遗址的实际情况，确定为以 1/3 丈为度量单位绘制意觉悟坛城。

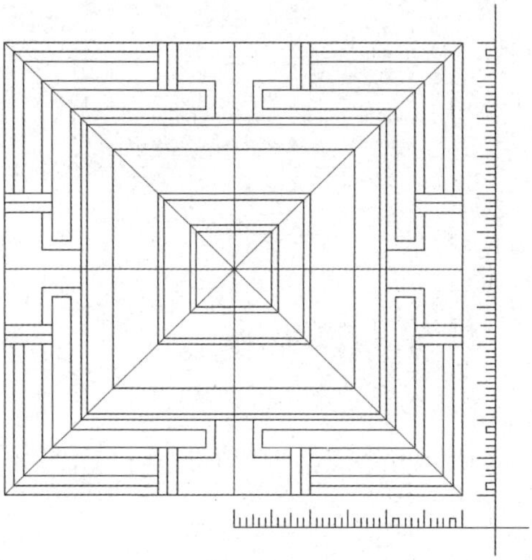

意觉悟坛城线图

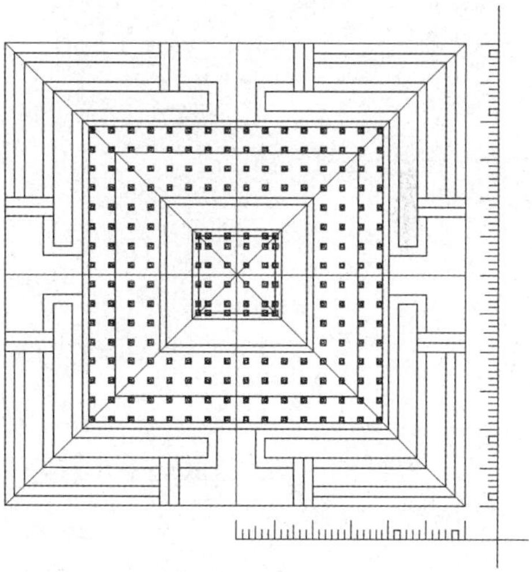

都罡殿及群楼置入坛城内

2. 以丈为单位将柱阵置入坛城内：

根据史料记载，都罡正殿为三间带廊，红台群楼为 144 间。其 144 间为（15×15）－（9×9）＝144 间，将都罡殿和红台群楼柱阵分别置入大乐觉悟坛城和智慧觉悟坛城之中，红台的平面布局即显现出来，而且都罡殿的台明、红台群楼的台明及散水线也同样显现出来。

3. 设置红台围墙厚度及四智殿基础大小：

墙厚：基部：1 丈（3.2 米）　上部：5/6 丈（2.66 米）=2.5 洽中

四智殿基部：基部：长：19.2 米　宽：9.6 米

上部：长：18.8 米　宽：9.6 米

4. 红台四智殿大小，参照白台现存清净法智殿大小设置，至此，由大乐觉悟坛城、智慧觉悟坛城和意觉悟坛城城楼入口所演化而来的红台平面格局已经完成，它们分别对应着红台的都罡殿、红台群房和四智殿。

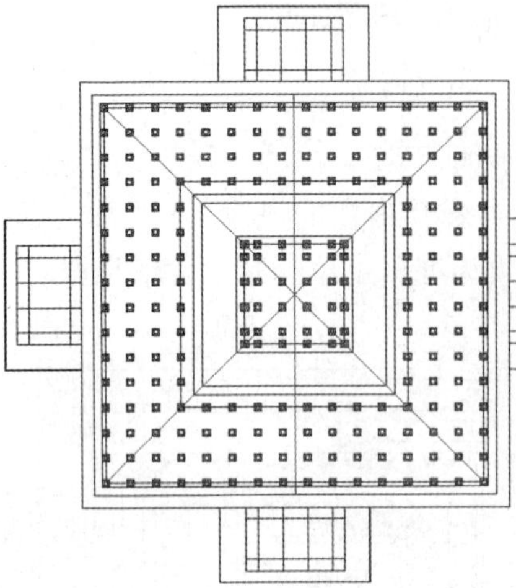

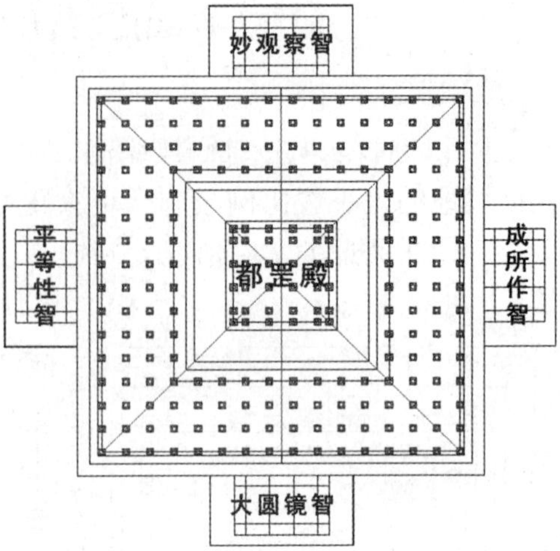

三 、昭庙白台的设计原理及步骤

1. 根据白台现状画出白台柱阵并置入语觉悟坛城，其宽23间与语觉悟坛城相符，纵深15间与意觉悟坛城的入口墙中线对齐。

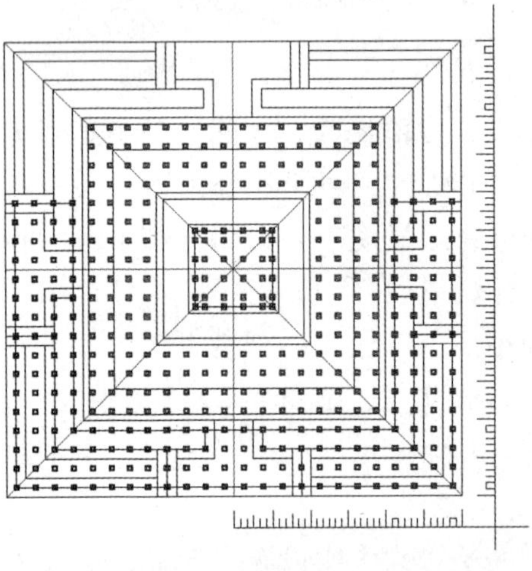

白台群房柱阵置入意觉悟坛城

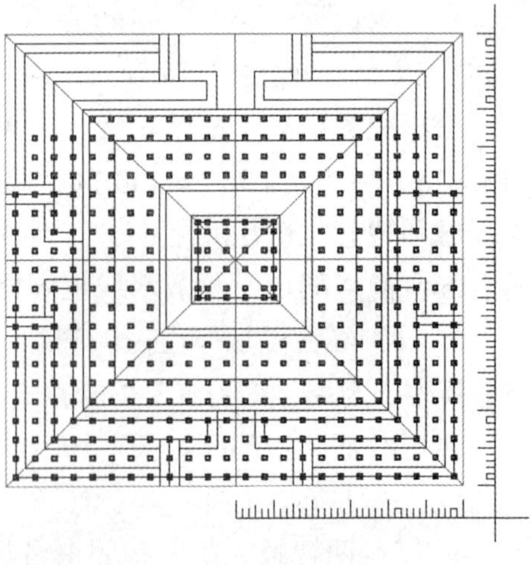

添加红白台连接处6间

2. 设置白台与红台连接处为三间两进即 6 间房屋，添加至红白台连接处。

3. 向下平移意觉悟坛城内白台柱阵，与昭庙现状总平面布局相对应，再加上白台内井字房平面，至此，昭庙平面布局依时轮金刚坛城变形过程基本完成，下一步将是根据功能进一步详细的设计。

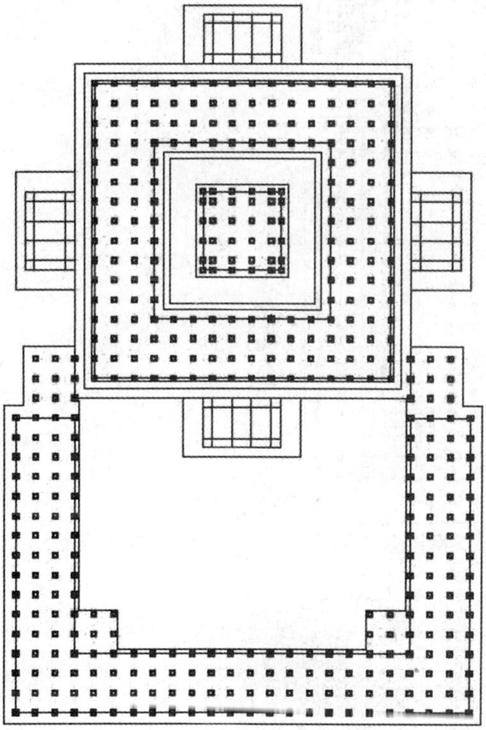
初步变形

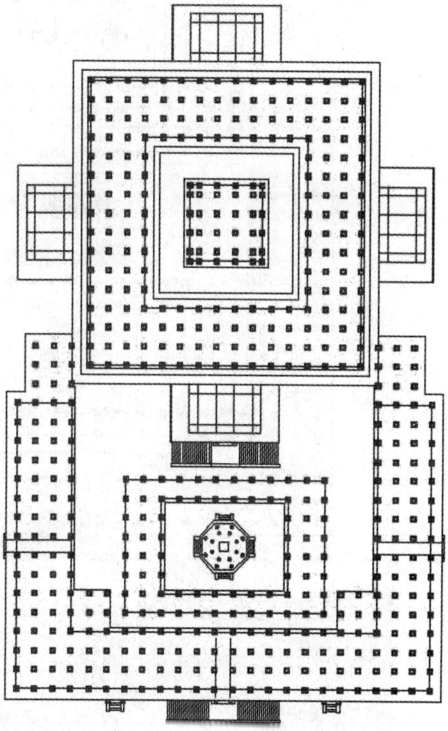
添加井字楼

4. 设置清净法智殿及白台入口及台阶：

在白台的整体设计中清净法智殿设置于白台东侧正中位置，并在殿的下方设置正门入口，南北两侧正中位置设置侧门。在白台东南和东北两个内角处各增有四间，这是在清挖遗址时所发现，经与陈设记载核实，其原因是在白台东南和东北两个角分别设置了无量寿佛塔。

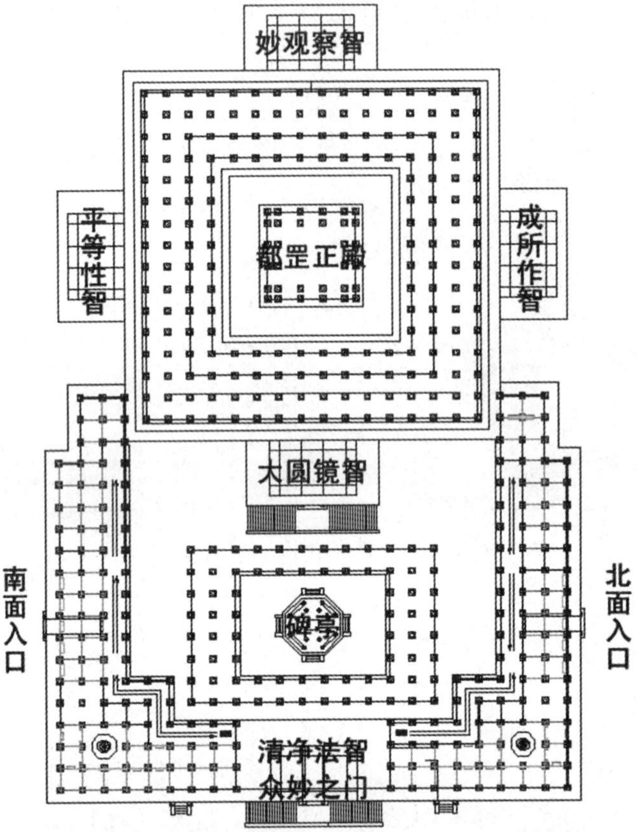

昭庙建筑布局

清代昭庙全图

5. 白台应为二层：在昭庙陈设中有明确的白台二层的记载，但在目前掌握的基础材料中却还未能找到具体的图样，而现状又与陈设记载存在巨大差距。

最早的老照片，约 1870—1880 年拍照

在上图中，白台上层清净法智依然存在，众妙之门匾额及屋顶角兽清晰可辨，而白台正面却为一层。从 1860 年昭庙被焚毁到拍摄这张照片的期间，昭庙到底进行了如何修缮目前还是个迷。

根据目前掌握的部分乾隆五十五年、嘉庆三年、嘉庆十年陈设文字记载和局部图样记载，白台一层有班禅住宿处、南北丁字券房、罗汉源流悬山房、南北琉璃门、御座房、楼梯口八间、西北、西南角六间等；二层南北各有五祖殿十间、御座房七间、西南、西北角五间，东南、东北处罗汉源流悬山房各有青白石座铜胎无量寿佛五百二十八尊等记载，说明白台二层的存在。

6. 白台建筑布局

白台二层南、北布局对称相同，而东侧则留出坛城的入口，其宽度为 7 丈，在中间位置的 5 丈则建有三间带廊的清净法智殿，南北两侧各为八间。

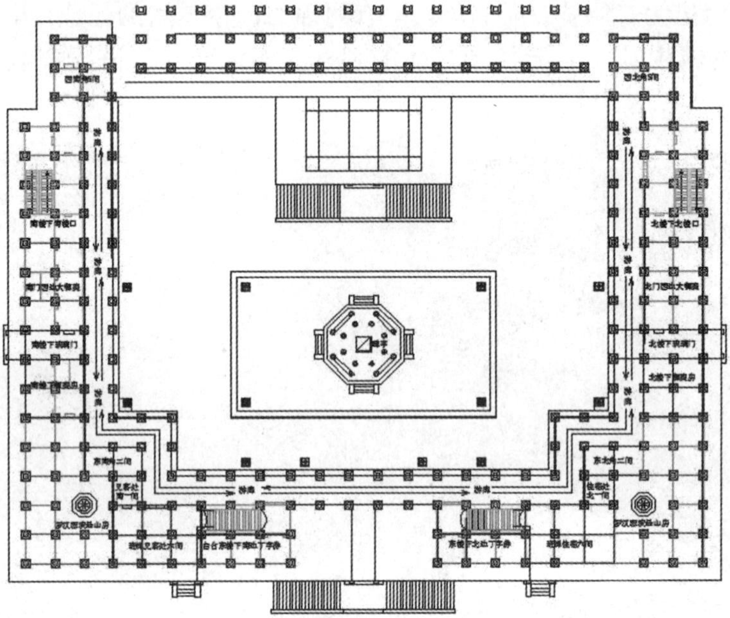

白台一层平面布局

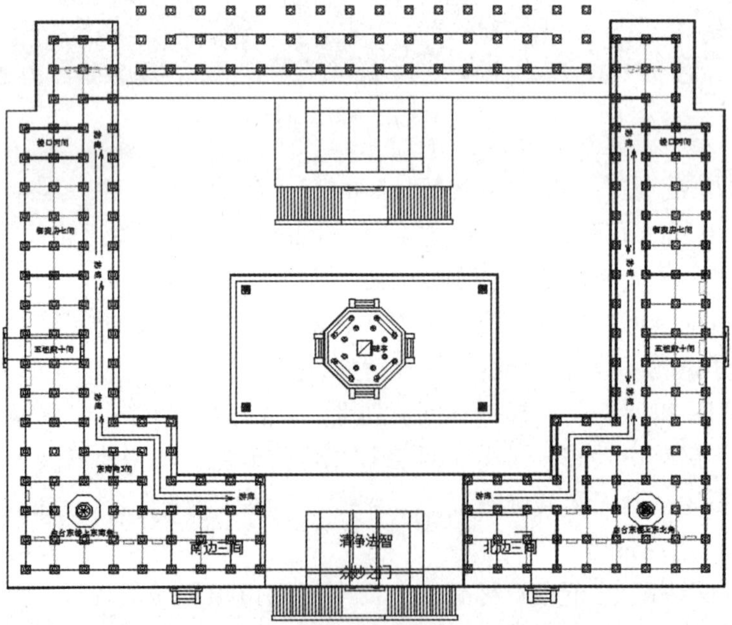

白台二层平面布局

三、昭庙正立面、北立面图

根据昭庙现状和陈设记载，昭庙正立面为三层，正门入口设在二层中间，前面为台阶，台阶两侧一层各设琉璃门一座，可通井字楼，圈门内还有通往二层的通道。二层上为清净法智殿，东檐下挂乾隆御书众妙之门匾额。

昭庙红台和白台依山势西高东低，相差两层。(见下图)

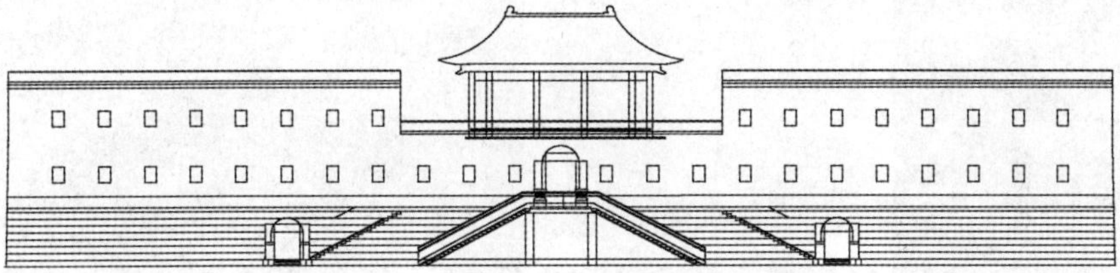

白台正立面复原图

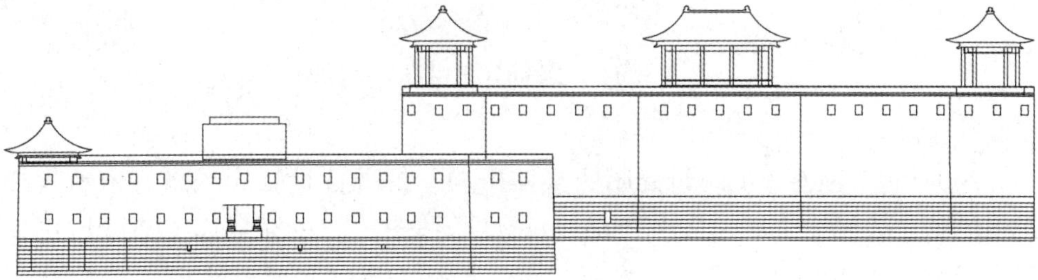

白台北侧立面复原图

四、汉藏结合的建筑装饰

昭庙主体建筑在以时轮金刚坛城为参考的情况下完成其建筑整体格局，在建筑装饰上则采取了汉藏结合的方法，红台、白台、盲窗、铜瓦鎏金顶等典型藏式风格；琉璃门窗、琉璃挂檐板、琉璃栏板、油漆彩画等则完全为汉式风格。在昭庙遗址清理过程中，清挖出大量精美琉璃构件。

琉璃栏板

莲花托宝剑

琉璃狮子

五、昭庙模型

2009年，为进一步的研究昭庙整体格局，再现昔日昭庙风采，依清代样式雷的作法，结合cad制图，Photoshop打印贴图等方法完成以1/200比例的昭庙模型，以更为直观的方式研究昭庙。

昭庙复原模型效果图

六、未解之谜

1. 昭庙白台何时改为一层

现状为一层，目前所掌握的最早的老照片也为一层，而陈设明确记载为二层。自 1860 年被焚毁至照片拍摄之间的一段时间里到底何时改为一层不得而知。

2. 神秘的琉璃狮子和莲花托宝剑佛龛

在昭庙清理过程中有琉璃狮子和琉璃的莲花托宝剑佛龛，这两种构件应在昭庙建筑的何种位置至今还未找到任何依据，还有待于进一步深入研究。

七、结语

昭庙，这座气势宏伟、华贵无比、汉藏结合的精美建筑，见证了民族团结、国家统一和各民族文化的交融，是汉藏民族团结和友谊的重要物证，它向人们昭示了西藏是中国不可分割的一部分。

附：宗镜大昭之庙陈设清册简化版（嘉庆三年，1798 年）

一、宗镜大昭之庙白台清净法智殿北楼上等处佛像供器陈设清册（1716 号）嘉庆三年

1. 宗镜大昭之庙白台东楼上　清净法智殿

三间明间向西供

御笔清净法智殿匾一面　系蓝地四样铜字　乾隆宝

殿外檐向东挂御笔众妙之门　系蓝地四样铜字　乾隆宝

2. 白台东楼上北边三间

3. 白台东楼上东北十一间南一间向西设

4. 白台北楼上五祖殿十间向南供

5. 白台北楼上御座房七间

6. 白台北楼上靠楼口二间
7. 白台北楼上西北角五间
8. 白台顶层北边平台房三间并东北角平台房一间

二、宗镜大昭之庙白台南楼上佛像供器陈设清册
（1717 号） 嘉庆三年

1. 宗镜大昭之庙白台东楼上南边三间
2. 白台东楼上东南三间
3. 白台南楼上五祖殿十间向北供
4. 白台南楼上御座房七间内
5. 白台南楼上靠楼口二间
6. 白台南楼上西南角五间
7. 白台顶层南平台房

三、宗镜大昭之庙白台佛像供器陈设清册
（1718 号） 嘉庆三年

1. 宗镜大昭之庙白台东楼下琉璃正门一间
2. 白台东楼下北丁字券计六间
3. 白台东楼下班禅住宿处计六间
4. 白台东楼下住宿处北边二间
5. 白台东楼下东北角计二间
6. 白台北楼下罗汉源流悬山房计十二间
7. 白台北楼下御座房四间
8. 白台北楼下琉璃门一间
9. 白台北楼下琉璃门西边御座房六间
10. 白台北楼下楼口八间
11. 白台北楼下西北角计五间

四、宗镜大昭之庙井字碑亭什物清册
（1719 号） 嘉庆三年

1. 宗镜大昭之庙井字楼碑亭现设

五、宗镜大昭之庙红台三层群楼佛像供器

(1720 号) 嘉庆三年

1. 宗镜大昭之庙红台下层群楼计一百四十四间
2. 红台二层群楼计一百四十四间
3. 红台三层群楼计一百四十四间

六、宗镜大昭之庙红台四出轩平台等处佛像供器清册

(1727 号) 嘉庆三年

1. 宗镜大昭之庙红台顶层东面——大圆镜智殿 (一座计三间)
   利益番铜琍玛毗卢佛一尊
   大圆镜智殿匾一面: 蓝地四样铜字　乾隆宝
2. 红台顶层南面——平等性智殿 (一座计三间)
   平等性智殿匾一面: 蓝地四样铜字　乾隆宝
3. 红台顶层西面——妙观察智殿 (一座计三间)
   妙观察智殿匾一面: 蓝地四样铜字　乾隆宝
4. 红台顶层北面——成所作智殿 (一座计三间)
   成所作智殿匾一面: 蓝地四样铜字　乾隆宝
5. 红台顶层西北角平台房一座计三间
6. 红台顶层东南角平台房一座计三间
7. 红台顶层东北角平台房一座计三间
8. 红台顶层西南角平台房一座计三间

七、宗镜大昭之庙都罡殿佛像供器清册

(1725 号) 嘉庆三年

宗镜大昭之庙——都罡殿一座

殿外檐向东挂

御笔宗镜大昭之庙匾一面　系蓝地四样铜字　乾隆宝

八、白台东楼下陈设

(00449 号) 嘉庆十年

1. 昭庙白台东楼下南丁字券六间
2. 白台东楼下班禅见客处计六间
3. 白台东楼下班禅见客处南一间
4. 白台东楼下东南角二间
5. 白台南楼下罗汉源流悬山房计十二间
6. 白台南楼下御座房计四间
7. 白台南楼下南琉璃门一间
8. 白台南楼下御座房六间
9. 白台南楼下楼口计八间
10. 白台南楼下西南角计五间

九、清代工程修缮

乾隆五十七年宗镜大昭之庙修缮情形

乾隆五十四年四月十六日，福长安奏：宗镜大昭之庙平台头停渗漏，承重楞木间枋糟朽，金简等奉旨前往，逐一履勘。

大白台内井字平台一座，头停渗漏，实因台面雨水下浸兼之周围墙高，不能透风，经潮湿致将锡背、铺板、承重楞木俱多霉烂糟朽；大白台上五方佛殿一座，大红台上佛殿四座，前檐各有青白石四级，踏跺一座，半在平台上安设，因其承重跨空，以致台级压沉，微有裂缝，雨水渐浸是以渗漏，拟改做法节次。

奏准：井字平台46间，原做南北两面各两进，东西两面各一进，俱进深一丈，今改做前檐留廊深四尺，将后檐装修挪于前金添锭引板，前檐改做横楣加添抱框，后檐用旧道板石包砌宽二尺，背后旧城砖一进，其余空当筑打素土十三步，盖面灰土五步，旧券洞内转角穿堂六间铺板槽坏改安青砂石过梁，石台上照旧铺墁，台面前廊铺板改厚四寸，上面仍背砌砖块，苫背加添浆灰背一层，台面铺墁方砖上安素白琉璃荷叶沟一道；大白台上五方佛殿一座，大红台上佛殿四座，前檐踏跺俱系承重跨空改做如意石踏跺，殿前平台17间照旧拆墁，其旧有灰背低洼不平之处加苫灰背一层，找补天花，佛像油饰；白台外吗呢杆四根，俱以糟朽，应行拆换；除拣选旧料并行取椴木高丽纸颜料，领用旧城砖、旧道板石应用外，估需银八千八百八十七两八钱一分二厘，其柱木间枋承重楞木有糟朽过甚，不堪抵用之件奏明于拆卸后节次查勘，围廊添新料，柱子51根、承重29根、随梁32根、檐枋28根、垫板50块、间枋楞木78根并坎框、抱柱、槅板92件，坎窗8扇、横楣9扇、板墙三丈八尺四寸，大白台五间添檐柱1根、承重3根、间枋楞木17根，大红台十二间添承重8根、檐枋12根、垫板12块、间枋楞木50根；原估应修12间之外，两边接榫糟坏，应续修8间，换乘重7根、檐枋6根、垫板6块，间枋楞木34根，铺板周围各加宽2尺—4尺不等，并拆修锡背，找补天花，糊饰油画；除拣选旧料并行取杉木颜料高丽纸画绢三线布应用外，续估需银二千一百九十九两九钱四分五厘，以上共估需银一万一千八十七两七钱五分七厘。承修于五十五年五十六年工竣。

乾隆五十七年二月二十六日按例实查：宗镜大昭之庙改修井字平台32间、挑换松木檐柱51根、承重13根、随梁16根、檐枋28根、垫板50块、枋木12根改换北柏木承重16根、间枋60根、楞木8根，挑换杉木沿边木挂檐板铺板装修换安风坎28根、抱柱30根、槅板8块、坎窗8扇、横眉9扇，添安上坎28根、抱柱56根，券洞换安护墙板、隐板、拆挪青砂石柱顶、前檐阶条归安见新，拆砌坎窗，台面上苫搀灰泥背一层，青灰背三层，浆灰一层，倒拨灰一层，台面铺墁方砖，围廊背后砌道板旧石15层，凑高一丈一尺三寸五分，东面券门四间添安青砂石压面一层，过梁石一层，沟漏四个，青白石沟盖四个，大料石背后灰砌旧样城砖，成砌宇墙凑长二十八丈四尺，周围拆安琉璃挂落砖，台面背底旧样城砖一层，上墁方砖一层，随宇墙周围添安素白琉璃水沟三百六十六件，廊内并券门铺墁地面，白台头层上，东南、东北转角2间，有碍台帮拆安青白石土衬、陡板阶条背后沙滚砖，台面细砖，围廊大料石背后筑打大夯硪黄土十三步，盖面灰土五步，过梁石上筑打灰土四步，白台上五方佛殿前拆修平台五间，抽换松木檐柱1根，挑换松木承重2根，改换北柏木承重1根，楞木12根，拆换朽木、沿边木、挂檐板、铺板、装修拆安顶槅，粘补天花板支条，青白石踏跺一座改换摔砂木踏跺，拆安琉璃挂落砖，加添铁锡拉扯，台面上回打锡背一层，苫搀灰泥背一层，青灰背三层，浆灰一层，倒拨灰一层，台面铺墁方砖，拆砌宇墙凑长五丈八尺五寸，红台上佛殿前平台北面8间、西面4间、南面3间、东面5间共拆修平台20间，墩接松木檐柱1根，挑换松木承重5根、檐枋18根、垫板18块，改换北柏木承重10根、间枋20根、楞枋72根，满换杉木铺板、装修拆安顶槅，粘补天花板支条，青白石踏跺四座改安如意踏跺，台面回打锡背，苫搀灰泥背四层，青灰背四层，浆灰一层，倒拨灰一层，上墁方砖一层，上苫过河青灰背一层，有碍拆砌琉璃宇墙8段，凑长十丈六尺，拆换吗呢杆四根，各明高四丈三尺外，埋深一丈一尺六寸，通高五丈四尺六寸。径一尺八寸，安砌青白石8方，须弥座4分以及各座找补油画顶槅天花板，红台顶层内里东北二面雨渍番佛六尊、佛座背光六分、神台二座、供桌六张俱照旧见新。净准销工料银一万五百四十三两六钱二分七厘。

二十七日，奉旨施恩：宽免银五千两，其余银著管工大臣按原拟成数分赔。

宗镜大昭之庙是乾隆四十二年兴工，四十四年完竣，虽十有四年，但头停、木植间有糟朽、渗漏情形，究系原承修时未能办理妥善。此次拆修所费工料银著原管工大臣、监督如数分赔，原管工大臣福隆安、英廉、和珅、刘浩、和尔经额每人赔银六百六十五两二钱三分五厘，原管工监督徵瑞、中敏、仲山、锡麟每人赔银五百五十四两三钱六分三厘。

十、昭庙陈设中附图（天津大学：杨菁提供）

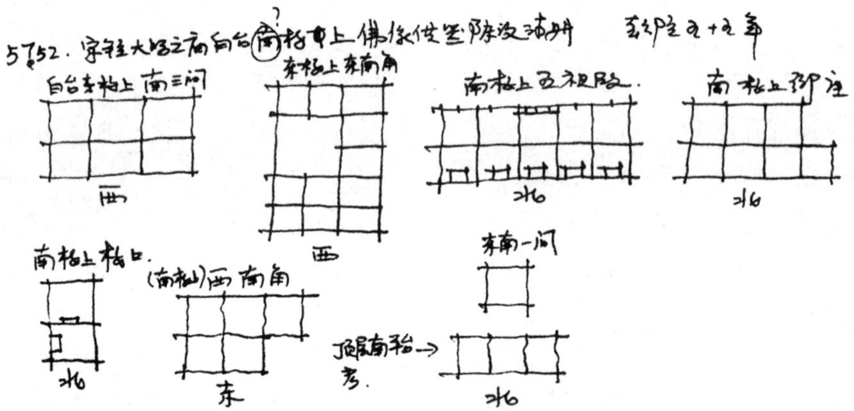

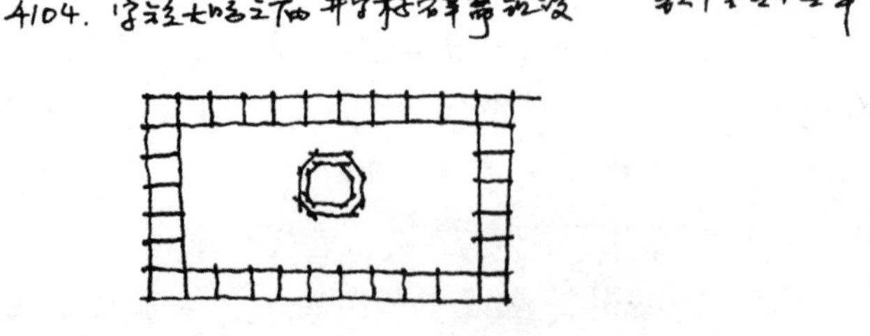

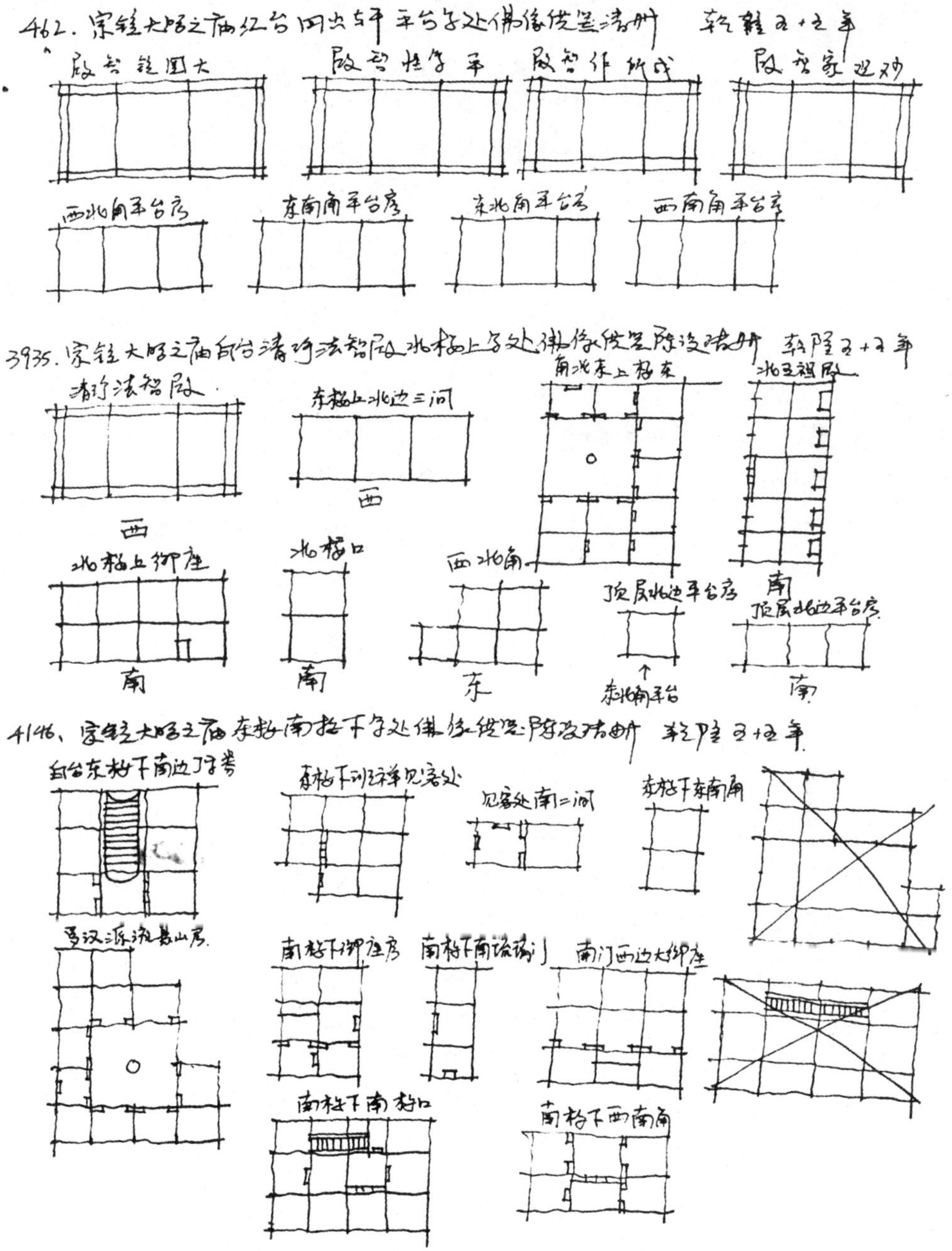
462. 宗镜大昭之庙红台四出轩 平台等处佛像供器清册 乾隆四十五年
西北角平台房
东南角平台房
东北角平台房
西南角平台房
3935. 宗镜大昭之庙白台清净法智殿北楼上等处佛像供器陈设清册 乾隆四十五年
清净法智殿
东楼上北边三间
西
北楼上御座
北楼口
西北角
顶层北边平台房
南
东
东北角平台
4146. 宗镜大昭之庙东楼南楼下等处佛像供器陈设清册 乾隆四十五年
见客处南二间
东楼下东南角
南楼下御座房
南门西边大御座
南楼下南楼口
南楼下西南角

皇六子永瑢远赴岱海迎接六世班禅始末

郭美兰*

摘要 清乾隆四十五年（1780年）七月，六世班禅额尔德尼远道到承德觐见乾隆皇帝，途经岱海时曾作短暂停留，虽然时间不长，但由于乾隆皇帝派了皇六子永瑢和章嘉呼图克图等人专门迎接并陪同，双方的聚首使寂静的岱海熙攘一时。本文主要根据中国第一历史档案馆所存满文档案及相关文献资料，将皇六子永瑢在岱海迎接六世班禅及其相关活动加以梳理，以求得历史的真实。

关键词 岱海 乾隆 西藏 六世班禅 永瑢

岱海，位于内蒙古自治区乌兰察布市凉城县境内。清乾隆四十五年（1780年）七月，六世班禅额尔德尼远道到承德觐见乾隆皇帝，途经岱海稍事休整，在乾隆皇帝专门派去迎接的皇六子永瑢、章嘉呼图克图等人的陪同下，会见蒙古各部僧俗人众，举办法会，讲经授戒，曾使寂静的岱海熙攘一时。六世班禅入觐的起因、准备、行程及在承德、北京的活动，本人得益于编译《六世班禅朝觐档案选编》一书，在拙著《六世班禅入觐始末》等文中已有论述，但以六世班禅途经各地的程站为节点的研究，尚未尝试过。如果仔细考察，不难发现，六世班禅东行途中，所经塔尔寺、归化城、岱海三处是清廷重点安排迎接的地方，都曾专门派人迎接、筵宴并赏赐。可以肯定的是，其中在岱海的接待最为隆重，故本文选择六世班禅东行途中曾经过并作短暂停留的岱海，根据中国第一历史档案馆所存满文档案及相关文献资料，

* 中国第一历史档案馆研究馆员

将皇六子永瑢在岱海迎接六世班禅及其相关活动加以梳理，以便于拓展并充实有关六世班禅研究的领域及内容。

一、选定岱海为接待六世班禅地点的原因

岱海因地处我国北部地区东西交通之要道，向为清廷所重视，这点从清初五世达赖喇嘛进京入觐，往返途中均以岱海为下榻处并从事多项活动中可以得到充分证明。顺治九年（1652 年），五世达赖喇嘛应邀入京觐见顺治皇帝，清廷为五世达赖喇嘛的到来做了充分准备，除像《钦定蒙古源流》记载的那样“城外修建黄墙庙宇，内建三世佛像，达赖喇嘛及随从弟子所居精舍，以及库藏，俱装饰威严”，即敕建黄寺作为五世达赖喇嘛的驻锡地外，还在五世达赖喇嘛途经地方修建房屋及庙宇，在岱海修建的房屋，根据五世达赖喇嘛自传《云裳》中描述，是“一处带围墙的汉式行宫，房屋为汉式屋顶”。即使在五世达赖喇嘛返回西藏之后也安排有喇嘛居住看守，且每年由理藩院支给钱粮。

有意思的是，清廷最初的打算是请五世达赖喇嘛进京，五世达赖喇嘛也曾欣然答应，但五世达赖喇嘛在进京途中行至查干塔拉地方，在其表文中称：“因内地疾疫甚多，改在归化城或岱海地方觐见”,① 并请顺治皇帝决定。对五世达赖喇嘛的请求，顺治皇帝先是毫不犹豫地颁给敕书答应在边外相见，之后又谕令满汉大臣等讨论是否应当出边迎接，满洲大臣等认为出迎可使喀尔喀蒙古从之而来，且不失礼，至于进不进京可看情况再定；而众汉臣却认为皇帝作为一国之君不便出迎，再加当年西南用兵，南旱北涝，五世达赖喇嘛所带随从有 2000 余人之多，也不便邀请入京，派王或大臣前去代迎，“其喇嘛令住边外，遗之金银等物，亦所以敬喇嘛也”。② 最后，大学士洪承畴等人以流星突入紫微宫，天象不合，不可不省戒，“游幸不若静息为安”③ 为由劝阻顺治皇帝，顺治皇帝遂放弃亲自到岱海迎接的计划，告诉五世达赖喇嘛：

---

① 顺治九年八月初一日五世达赖喇嘛表文。见中国第一历史档案馆（以下简称一史馆）等编《清初五世达赖喇嘛档案史料选编》，北京：中国藏学出版社，1998 年，第 23 页。

② 《清世祖实录》卷 68，第 2 页。

③ 《清世祖实录》卷 68，第 22 页。

“前者朕降谕旨，欲亲往迎迓。近以盗贼间发，羽檄时闻，国家重务难以轻置，是以不能亲往，特遣和硕承泽亲王及内大臣代迎。”① 五世达赖喇嘛随之改变初衷，将随行之近2000人留于岱海，仅带300人进京。五世达赖喇嘛于顺治九年十二月到北京，次年二月离开北京前往岱海，顺治皇帝仍派其伯父、和硕承泽亲王硕塞护送到岱海。

五世达赖喇嘛返藏途中再次在岱海停留，使一时沉寂下来的岱海又复车水马龙，人声鼎沸，所有原本打算入京拜见达赖喇嘛但未获准的蒙古王公、呼图克图等，纷纷来到岱海拜见达赖喇嘛，喀尔喀蒙古的土谢图汗、哲布尊丹巴呼图克图等亦派人到岱海向达赖喇嘛进献礼品。五世达赖喇嘛在岱海停留月余，赐福摩顶，讲经授法。期间，清廷派礼部尚书郎球等将顺治皇帝颁给五世达赖喇嘛的金册金印送至岱海，封五世达赖喇嘛为“西天大善自在佛所领天下释教普通瓦赤喇怛喇达赖喇嘛”。② 正是有此历史渊源，并且岱海离北京及蒙古各部都比较近便，天气也凉爽宜人，因而成了派皇子迎接六世班禅地点的之首选。

二、清廷决定派皇六子永瑢前往岱海迎接六世班禅

康熙年间由于征讨准噶尔部噶尔丹，为安定蒙古民心，巩固蒙古和西藏民众的内向力，清廷十分希望五世班禅能够取道蒙古进京，但因种种原因未能成行。到了乾隆中期，尽管西南西北尽入版图，但乾隆皇帝很清楚要巩固对蒙藏地区的统治，不能单纯依靠武力，必须借助于宗教力量。当时，八世达赖喇嘛年纪尚轻，而身为八世达赖喇嘛师傅的六世班禅，拥有很高的威望，因此邀请六世班禅来京，无疑是乾隆皇帝的最佳选择。六世班禅入觐之事，是章嘉呼图克图和六世班禅通过信件往来商定的，乾隆四十三年（1778年）底，章嘉呼图克图将商量结果奏报乾隆皇帝，乾隆皇帝当即颁降谕旨要安排大臣一路护送，还要派呼图克图、王、大臣等在中途迎接。可以说，六世班

① 顺治九年十月十三日顺治帝敕谕。见一史馆等编《清初五世达赖喇嘛档案史料选编》，第26页。

② 《清世祖实录》卷74，第12页。

禅朝觐一事确定以后，清廷就开始了周密的接待安排，在诸多的准备工作中，涉及岱海的就是确定了六世班禅的行程，即六世班禅于乾隆四十四年（1779年）六月十七日从扎什伦布寺起程，行至塔尔寺过冬，次年春再从塔尔寺起程，先行经西宁、三眼井、阿拉善、鄂尔多斯，渡过黄河，再由归化城至岱海，然后经多伦诺尔、克什克腾、翁牛特、喀喇沁至中关，于七月到达避暑山庄。其中，塔尔寺、归化城、岱海三处是清廷重点安排迎接的地方，都派人迎接、筵宴并赏赐。

六世班禅入觐的路线确定后，路经各地即开始作相应准备，包括准备住处、食物及交通所用马驼。岱海作为东行途中最重要的迎接地点，其接待安排分别由两地进行，一个是由宫廷，另一个是由岱海本地。宫廷的准备，起初时的设想是由筹办接待事宜的军机大臣福隆安提出的，福隆安在其奏折中讲："及至班禅额尔德尼抵达岱海，离京城已近，相应遵旨派章嘉呼图克图、王、大臣等往迎。彼等此去，仍以存问礼，赏班禅额尔德尼敕书，交章嘉呼图克图及王、大臣等赍往，并以颁敕礼，赏嵌珠帽一顶、嵌珠袈裟一件、念珠一串、一等雕鞍一副、一等白走马一匹、五十两银镀金茶桶一个、茶酒壶一个、盅一只、各色绸缎五十匹、大小哈达各二十条。呼图克图、王、大臣等至彼，筵宴一次。"① 对于派人迎接的事，开始时乾隆皇帝只是讲要派呼图克图、王、大臣等往迎，但并未讲派哪位呼图克图前去，也未讲到何处迎接，而福隆安的这段话，至少明确了两件事，即一是要派章嘉呼图克图前去迎接，二是迎接的地点定在岱海，不过派哪位王则不明确，但这一问题很快有了答案。乾隆四十四年（1779年）二月初八日，福隆安奏称："明年六阿哥前往岱海地方迎接班禅额尔德尼，随往大臣、侍卫、官员、兵丁人数，理合预先定议。"② 从这句话不难看出，紧随六世班禅入觐一事的确定，时为多罗质郡王兼内务府总管大臣的皇六子永瑢前往岱海迎接六世班禅的事也定了下来，并已开始筹备相关事宜。

---

① 乾隆四十四年正月初三日福隆安奏折。见一史馆等编《六世班禅朝觐档案选编》，第8页。
② 乾隆四十四年二月初八日福隆安奏折。见一史馆等编《六世班禅朝觐档案选编》，第27页。

三、宫中筹办皇六子永瑢前往岱海迎接六世班禅事宜

皇子出京，在宫廷来讲虽属常事，但皇六子永瑢的此次出行，是专为迎接远道而来的六世班禅，因此备受重视。首先在随行人数上，军机大臣福隆安拟派往领侍卫内大臣、散秩大臣、内总管大臣、护军统领及向导、护军等近250人，乾隆帝认为人数过多，命令侍卫、护军为120人，拨给所派人等官马、差银，还“钦命尚书永贵为总谙达，充作领侍卫内大臣随行，凡管束所派官兵及阿哥在沿途之各项事务，均交永贵统管办理”。① 其次在路途，永瑢的出行路线是由京城出杀虎口至岱海，返回时再由岱海经察哈尔游牧而行，自多伦诺尔行经克什克腾、翁牛特游牧，从中关至避暑山庄，即接到六世班禅后再同路到避暑山庄。此一路，永瑢获准将皇子出行时所用蓝布城改为黄布城使用，只是其规制有一定限制，乾隆皇帝对此曾讲“阿哥每日下榻之处，亦不可与朕驻跸大营相比，酌量搭城，其长宽各约六丈，稍加拾掇即可，切不可过于铺张靡费”。② 其黄布城，由工部、护军统领处负责准备并运往搭支。

接下来，军机大臣等讨论岱海的接待礼仪，主要围绕两个问题进行，其一是会见礼，其二是筵宴礼。初次见面时，皇六子永瑢要先期到达岱海，但不必迎候，而是等六世班禅入住岱海寺之后，“率扈从大臣等恭赍御赐班禅额尔德尼之敕书、赏物，进寺之中门，班禅额尔德尼跪请圣安，恭接敕书、赏物时，六阿哥即遵照适降谕旨，立即扶起，勿令班禅额尔德尼跪拜。六阿哥见班禅额尔德尼，要立地握手问好，扈从大臣等亦立地问好毕，请班禅额尔德尼进屋入座。座次为班禅额尔德尼居中，六阿哥在左，章嘉呼图克图在右，扈从大臣等继阿哥坐于地铺”。③ 至于筵宴，则在“筵宴之日，令班禅额尔德尼坐中铺，六阿哥坐东铺，章嘉呼图克图在阿哥之次；六阿哥之扈从大臣、班禅额尔德尼之护行大臣，均继章嘉呼图克图于地铺按序入座；班禅额

① 乾隆四十四年二月初八日福隆安奏折。见一史馆等编《六世班禅朝觐档案选编》，第27页。
② 乾隆四十四年二月十三日福隆安奏折。见一史馆等编《六世班禅朝觐档案选编》，第29页。
③ 乾隆四十四年十月初八日军机处奏折。见一史馆等编《六世班禅朝觐档案选编》，第99页。

尔德尼随行徒众内，令仲巴呼图克图在西侧面对章嘉呼图克图就座外，余皆于仲巴呼图克图之次打地铺依次就座。递茶时，从阿哥扈从侍卫内派一名职衔较高者，给班禅额尔德尼递茶，所有阿哥、章嘉呼图克图、大臣、喇嘛等，亦均由侍卫等递茶。至班禅额尔德尼之随行僧俗人等，在院内就餐即可。宴毕，六阿哥送班禅额尔德尼礼物。此宴，六阿哥及随宴大臣等，均着蟒袍补褂，遵旨免备烧酒、奶酒等”。① 这一宴会是乾隆皇帝专门赏赐，饬令山西巡抚雅德负责备办。

四、察哈尔都统常清等办迎送六世班禅事宜并修缮岱海寺

时任察哈尔都统的常清，通过理藩院咨文获悉六世班禅下榻岱海的消息，即于乾隆四十四年（1779 年）二月初十日专程前去岱海寺察看，察哈尔八旗总管、官兵等也纷纷呈文表示极其愿意承担岱海寺的修缮任务。常清通过调查得知：“岱海寺内现成有都罡楼，原先修建均属牢固。据喇嘛等称，先前达赖喇嘛来时，即曾下榻此楼。等语。观此楼内尚属舒适，且于都罡内筵宴尽可容纳，虽稍陈旧，尚不必大修。”② 可见五世达赖喇嘛经过岱海时之住所，虽经 128 年的风蚀雨浸，仍保持着原貌并且坚固。因此常清将应稍加修补之处一一指明，饬令察哈尔镶蓝旗总管乌林泰等从速无误，务必事先妥加修缮，使之见新且美观。对岱海寺的关注，不止于此，这一年六月，乾隆皇帝又派德保驰驿前往张家口，会同常清察看位于岱海的庙宇，嘱令如有应行修理之处，彼等二人公同酌定具奏。

在安排修缮岱海寺的同时，其他准备工作也在进行中，察哈尔旗所承担的头一晚住宿地是距归化城约 160 里的查干布拉克地方，自查干布拉克东行至图古里克，察哈尔旗共需备办 15 个打尖处、15 个住宿地，自卓克多尔住宿地起，则由克什克腾旗备办。从查干布拉克至岱海寺，60 里设一住宿处，其间 30 里处设一打尖处，约行 120 里至岱海寺，宴毕住宿数日，自岱海寺启

① 乾隆四十四年十月初八日军机处奏折。见一史馆等编《六世班禅朝觐档案选编》，第 99 页。

② 一史馆藏《军机处满文录副奏折》，乾隆四十四年二月二十一日常清奏折。

程前往避暑山庄时，则因人数众多，选择水草丰美之处，按70里或80里安设打尖及住宿处。所有住宿处，均需备蒙古包、凉棚、帐房、家用被褥器皿、柴薪木炭、马匹牛羊、茶叶酥油、米面等。①

除了准备迎送六世班禅过境以外，常清通过军机处得知皇六子永瑢将到岱海迎接六世班禅，因此也作了相关准备。镶黄等察哈尔八旗总管巴里玛特等呈文常清称："遵饬我等共同议得，六阿哥出杀虎口，于山西省延平道所属宁远通判所管交界名榆树林之乌孙图鲁地方住一宿，由彼行三十里于赫呼地方打尖一次，自赫呼行三十五里至岱海寺。"② 从岱海寺回返，永瑢与六世班禅同行，故沿六世班禅东行之路线，于每个打尖、住宿处，专为永瑢清理出搭支黄布城的地方，共要准备15个打尖处、14个住宿地。

五、皇六子永瑢等人先后启程前往岱海迎候

乾隆四十五年（1780年），在皇六子永瑢启程前往岱海之前，章嘉呼图克图先于三月十三日从京城出发前往多伦诺尔，其目的是抵达多伦诺尔后，要筹备进献班禅额尔德尼的物件，并且计永瑢将抵岱海，由多伦诺尔启行前往岱海，偕同永瑢迎候班禅额尔德尼。至于永瑢离京前去岱海迎接六世班禅，则较章嘉呼图克图整整晚了一个月。永瑢启程前具疏奏称："臣永瑢于四月十三日自京城启程前往岱海迎接班禅额尔德尼，路途诸务，均遵皇父训谕而行。"③ 与永瑢同行的是乾隆皇帝特意指定的吏部尚书永贵，有关永贵随行之事，早在乾隆四十四年（1779年）正月二十二日，乾隆帝就曾有谕旨："明年七月间，班禅额尔德尼来避暑山庄谒觐。届期朕欲遣皇六子迎接，例应有一领侍卫内大臣随往，尤须得一老成练达者方妥。永贵熟悉外藩事务，且伊原系总谙达，朕欲即令伊为领侍卫内大臣、总谙达，随皇六子前往。"④ 乾隆皇帝为此特赏永贵穿黄马褂，足见其重视之程度。

皇六子永瑢一行在路上近半个月，于四月二十七日出杀虎口，二十八日

① 一史馆藏《军机处满文录副奏折》，乾隆四十四年三月二十二日常清咨呈。
② 一史馆藏《军机处满文录副奏折》，乾隆四十四年三月二十二日常清咨呈。
③ 一史馆藏《军机处满文录副奏折》，乾隆四十五年三月二十七日永瑢奏折。
④ 《清高宗实录》卷1075，第13页。

到达岱海，当即向察哈尔都统常清询问六世班禅到达岱海的日期，常清告诉永瑢尚未得到确切消息。永瑢在岱海等候六世班禅期间，抓紧学习藏语，甚至为练习藏文，仔细研读随身带来的准备颁给六世班禅的满、蒙、藏文三种文字的敕书，竟然发现其中有数处错误，其一是将赏给六世班禅之素珠，在敕书的三种文字中均写为“东珠”，而从广储司支领带来的却是紫珠；其二是藏文敕书中将乾隆皇帝当年之七十寿辰写成“来年”七十寿辰；其三是将六世班禅去年冬季住塔尔寺写成“当年”冬季；其四是将大小哈达写成大“稍”哈达。发现这些错误，永瑢请求饬令相关部门修改敕书，并因之前未曾发现错误自请处罚。①

至于六世班禅到岱海的日期，直到五月初九日，永瑢才从钦差护送六世班禅的西安将军伍弥泰处得到消息，称六世班禅可于五月二十三四日到达，并据察哈尔都统常清告诉永瑢称：“章嘉呼图克图已于五月初四日由多伦诺尔地方启程来此，计其日程，可于本月十五日左右抵达。”② 章嘉呼图克图抵达岱海是在五月十六日，永瑢随即与章嘉呼图克图会商迎接六世班禅并宴赏等事项，令察哈尔都统常清及山西巡抚雅德妥善办理应办事宜。可以说，永瑢在岱海等待六世班禅近一个月，始终在从容有序地办理接待事宜。

六、皇六子永瑢与章嘉呼图克图在岱海接待六世班禅

乾清门侍卫佛尔卿额是乾隆皇帝专门派到归化城迎接六世班禅的大臣，根据其奏折中所讲，六世班禅是在五月二十二日离开归化城的。③ 二十六日，六世班禅抵达岱海寺，当时的情景，永瑢在其奏折中讲得非常清楚，“先是班禅额尔德尼入寺，上台阶下轿进殿。谙达永贵恭赍臣永瑢请至之敕书在前行，臣永瑢随其后，进殿立于班禅额尔德尼东侧，班禅额尔德尼跪请皇父安，当即扶起。臣永瑢面南而立，宣读唐古特文敕谕，赏皇父所赐哈达一条，班禅额尔德尼亦献哈达一条。而后臣永瑢与章嘉呼图克图一同献哈达，彼此握手问好，在场诸大臣亦皆献哈达问安毕，将皇父所赏帽子、鞍马等物，令班

① 一史馆藏《军机处满文录副奏折》，乾隆四十五年五月初九日永瑢奏折。
② 乾隆四十五年五月初九日永瑢奏折。见一史馆等编《六世班禅朝觐档案选编》，第171页。
③ 一史馆藏《军机处满文录副奏折》，乾隆四十五年五月二十二日永瑢奏折。

禅额尔德尼一一过目，并将皇父赏给臣永瑢献班禅额尔德尼之伯勒克，亦按序赠送，班禅额尔德尼欣然接受。而后，请班禅额尔德尼在大殿中央坐定，臣永瑢与章嘉呼图克图坐于两侧，奉茶水。臣永瑢与章嘉呼图克图对班禅额尔德尼称，喇嘛不远万里来朝，委实世所罕见。皇父早已洞察喇嘛之至诚，甚是欣喜，特降谕旨，派我等赍赏物来迎。喇嘛自西藏来此，路途遥远，久经劳顿，数易寒暑，顺利到达，实属大喜之事。等语。班禅额尔德尼称，小僧自孩童时起即承蒙圣主隆恩，不胜尽数，早欲入觐圣明，未有机会，内心甚是焦虑。去年谨遵慈旨从扎什伦布启程，一路平安，为早日入觐，时时在三宝佛前诵经祈祷。今逢吉日抵达岱海，与阿哥、章嘉呼图克图相见，祗领御赐敕书、物件，如同谒见金颜，由衷欢感。此皆仰仗前辈修行所致，只盼不久将前往避暑山庄觐见圣明。等语。臣永瑢对班禅额尔德尼称，皇父为振兴黄教，安抚众生，洞察喇嘛之宿愿，请喇嘛东行以来，诸事顺成，世人无不称奇。等语。章嘉呼图克图靠前以唐古特语稍加帮助作答，观之，班禅额尔德尼尚能明白臣永瑢所言，其朝觐皇父之心亦诚，承蒙颁赐赏物，并派臣永瑢、章嘉呼图克图远迎，不胜感激。”① 六世班禅在岱海寺与永瑢会面的情形，从当时在场的章嘉呼图克图的描述看，似乎更生动些，章嘉呼图克图在其奏折中称：“班禅额尔德尼抵达岱海寺后，六阿哥以唐古特语颁宣敕谕，班禅额尔德尼虔心合掌，欣聆谕旨，笑容可掬，称赞阿哥，于殿内叙谈、行营会见，班禅额尔德尼与阿哥皆彼此款待，用唐古特语问候作答，班禅额尔德尼感慨圣主恩重，听毕阿哥诵念唐古特经，经过试问，盛赞诚于黄教大有禅益。”②

当晚，六世班禅并未住在岱海寺，原因是永瑢等考虑岱海寺的房屋院落比较狭小闷热，而且六世班禅的随行人众、来叩拜六世班禅的蒙古王公官员等将接踵而至，如果将乾隆皇帝所赏的蒙古包、黄布城搭在空旷的地方，会更加凉爽舒适，而且六世班禅从归化城到岱海，一路都是如此住宿，六世班禅也喜欢。因此，在寺庙附近找了一处平整的地方搭了蒙古包和黄布城，永瑢和章嘉呼图克图陪伴六世班禅离开岱海寺到其住处后才各自散去。第二天，举行乾隆皇帝赏赐六世班禅、由山西巡抚雅德承办的宴会，“将班禅额尔德

---

① 乾隆四十五年六月初二日永瑢奏折。见一史馆等编《六世班禅朝觐档案选编》，第 182 页。

② 一史馆藏《军机处满文录副奏折》，乾隆四十五年六月初二日章嘉呼图克图奏折。

尼请至所搭凉棚内筵宴，令班禅额尔德尼坐中间，六阿哥、章嘉呼图克图坐左侧，大臣及喇嘛等、班禅额尔德尼之徒众及来迎之呼图克图等、蒙古王公、扎萨克等，皆按序就座”。[①] 宴会的内容非常丰富，除了丰盛的食物和茶饮外，还请六世班禅观赏戏曲、马术、射击、舞蹈。宴毕，六世班禅讲：“今蒙圣主赐宴，所备物品均属上乘，难得一见，戏曲杂要，值得欣赏，似此隆恩，小僧及随行人众均感激不尽。”[②] 并为此向乾隆皇帝和皇六子永瑢各献一条哈达表示谢意。第三天，察哈尔都统常清等人亦盛宴款待六世班禅，岱海寺僧众及赶来的各部蒙古人众纷纷向六世班禅献礼。

要说永瑢与六世班禅的会见是一种礼仪，那章嘉呼图克图则担负着实际的沟通协调任务。六世班禅在岱海期间，章嘉呼图克图曾与六世班禅单独会谈，商定了几件很重要的事情，首先六世班禅向章嘉呼图克图表示自己非常期盼尽速见到乾隆皇帝，章嘉呼图克图问六世班禅是否愿意进京，六世班禅讲京城佛寺无数，万里远行，若不瞻拜而归，必然后悔，愿意托皇帝洪福进京拜谒。章嘉呼图克图还问要否编一吉祥经令众人念，六世班禅告称在路上已编好，且已译成满、蒙、汉文。章嘉呼图克图还告诉六世班禅到避暑山庄后举办大法会、在宫内念秘密经，六世班禅均表示愿意。当章嘉呼图克图告诉六世班禅热河新修须弥福寿之庙补放达喇嘛，需要从六世班禅随行之喇嘛内拣放，而且以后该达喇嘛出缺，例于六世班禅之沙比内补放时，六世班禅说其随行喇嘛内有可以补放的人选，到避暑山庄之后即可提名奏闻。[③]

七、皇六子永瑢用藏语与六世班禅交谈表示极度尊重

考察皇六子永瑢与六世班禅接触的过程，无论是宣读敕谕，还是互相交谈或互赠礼物，永瑢所使用的全都是藏语，即便偶有不通之处，借助章嘉呼图克图或其他人的帮助，其交流似乎也没存在太多障碍。

永瑢最初学习藏语究竟始于何时，本文暂不作考察，但肯定学过藏语，

① 乾隆四十五年六月初二日永瑢奏折。见一史馆等编《六世班禅朝觐档案选编》，第 182 页。
② 一史馆藏《军机处满文录副奏折》，乾隆四十五年六月初二日章嘉呼图克图奏折。
③ 一史馆藏《军机处满文录副奏折》，乾隆四十五年六月初二日永贵等奏折。

并有一定基础，这点从临近启程前往岱海时永瑢的一份奏折中可以找到答案。乾隆四十四年（1779 年）底，永瑢奏称：“臣永瑢明年往迎班禅额尔德尼，一路无事，得有闲暇学习蒙古、唐古特语。查得，妙应寺达喇嘛格桑格隆，平素跟随臣永瑢说蒙古、唐古特语，人尚可靠，此次既然派遣喇嘛等，请皇上加恩，准带达喇嘛格桑格隆随行，以备沿途学习唐古特语。”① 毋庸置疑，其藏语水平虽难界定，但永瑢会藏语，且平常也跟寺庙的喇嘛用藏语交流，临到要去迎接六世班禅，永瑢希望进一步提高其藏语水平，因此提出了带妙应寺喇嘛随行的要求，也获得了乾隆皇帝允准。永瑢学习藏语，非常见实效，这一点在永瑢到达岱海后校对藏文敕书，能够发现其中的多处错误一事上得到过验证。细究起来，乾隆皇帝非常重视永瑢学习藏语，并且用藏语与六世班禅交流。六世班禅到岱海当天，随六世班禅来的仲巴呼图克图因路途染患天花，未能跟随六世班禅同时到岱海，也未能参加乾隆皇帝所赐的宴会。随后乾隆皇帝谕令赏六世班禅及仲巴呼图克图钟表等物，及至护送大臣伍弥泰等转赏，六世班禅及仲巴呼图克图请永瑢转表其谢意。永瑢将此事奏报乾隆皇帝后，乾隆皇帝批道：“知道了。尔与班禅额尔德尼交谈时，均可以唐古特语交谈乎，喇嘛待尔如何，尔观喇嘛较章嘉呼图克图如何。”② 永瑢接到乾隆皇帝批示的时候，已经离开岱海在前往多伦诺尔的路上了，对于跟六世班禅用藏语交谈的问题，永瑢奏称：“臣永瑢于岱海地方迎见班禅额尔德尼以来，遵旨每日在路途跟随，或前或后而行，早晚时晤面座谈，臣永瑢皆就已所学，勉力讲唐古特语，班禅额尔德尼尚能领会臣之意。彼此久坐，班禅额尔德尼话长且连续讲话，因语速快臣永瑢听不清楚时，均由班禅额尔德尼之随行绥绷堪布、臣之随行达喇嘛噶勒藏格隆等译成蒙古语。班禅额尔德尼待臣，感激皇父之恩，念臣永瑢系皇子，且又如此远行来迎，待臣极为尊重且亲切。再，班禅额尔德尼生性谦和，相貌魁伟，平素章嘉呼图克图即已甚好，然今彼此相见，观章嘉呼图克图尽为徒之道、班禅额尔德尼款待章嘉呼图克图，则班禅额尔德尼益加伟岸，人皆称赞。”③

时任内务府总管大臣的质郡王永瑢，为了前去迎接六世班禅，孜孜不倦学习藏语，且在短时间内便有了长足进步，另外乾隆皇帝也非常重视永瑢使

① 一史馆藏《内务府奏案》，乾隆四十四年十二月永瑢奏折。
② 一史馆藏《军机处满文录副奏折》，乾隆四十五年六月初二日永瑢奏折。
③ 一史馆藏《军机处满文录副奏折》，乾隆四十五年六月十二日永瑢奏折。

用藏语之事，仔细询问其对话情况，由此分析，清廷在六世班禅朝觐途中，派永瑢远赴岱海迎接应是一个重点环节，而身份高贵的皇子永瑢直接用藏语宣读皇帝的敕书并交谈，更是体现了对六世班禅的高度重视和极度尊重。

八、皇六子永瑢陪伴六世班禅离开岱海前往承德

六世班禅对乾隆帝派其第六子永瑢及章嘉呼图克图到岱海迎接十分感激，为此备“洁白哈达、至尊弥勒佛响铜佛像、无量光佛和救度佛母吉祥响铜佛像各一尊、四臂观音和恰那多吉之吉祥响铜佛像各一尊、释迦摩尼和弥勒佛像各一尊，以及各佛像之佛衣等，恭呈御览。祝愿尽早仰觐天颜，享受无比幸运之欢乐”。[①] 在岱海期间，除为永瑢及章嘉呼图克图等人摩顶外，更多的是为来自四面八方的蒙古王公、扎萨克人众讲授佛法、摩顶、授戒，受众多达千余人。六世班禅所讲授的佛经有“《兜率上师瑜伽论》《圣道三要论》及《无量寿佛修念随许法》《马头金刚修念随许法》《长寿经》等”。[②]

当岱海的活动圆满之后，章嘉呼图克图先于永瑢和六世班禅等人离开岱海去多伦诺尔备办再次迎接的事宜。多伦诺尔在康熙年间修有汇宗寺、雍正年间修有善因寺，随着章嘉呼图克图和哲布尊丹巴呼图克图的进驻，乾隆时期的多伦诺尔已成为漠南漠北蒙古地区的宗教中心，因此六世班禅路过多伦诺尔必定前去瞻拜，清廷也必加隆重接待。

六世班禅离开岱海前，曾通过章嘉呼图克图告诉察哈尔都统常清，来岱海前，路途所经各地，均曾备宴献礼，所以六世班禅也相应回赠过礼品，抵达察哈尔旗后，见各旗官兵更加整齐，凡事办理妥帖，且皆备宴献礼，觉得应当回礼，因此拿出“银一万六千两”[③] 请常清散发。常清以察哈尔官兵都食有俸饷，为六世班禅备宴献礼，均出自其本愿，屡经推辞，六世班禅坚持要赠送，不得已常清将此事告诉了永瑢，永瑢觉得不好力辞，故经与永贵、伍弥泰等人商量，将银两暂令常清保管，永瑢则奏报乾隆皇帝。乾隆皇帝随

---

① 乾隆四十五年六月六世班禅奏书。见一史馆等编《六世班禅朝觐档案选编》，第 201 页。

② 嘉木央·久麦旺波：《六世班禅洛桑巴丹益希传》，许得存、卓永强译，祁顺来、李钟霖校，拉萨：西藏人民出版社，1990 年，第 449 页。

③ 一史馆藏《军机处满文录副奏折》，乾隆四十五年六月初二日永瑢奏折。

后批道："着即平分与众。按其礼叩拜喇嘛，乃常事哉。"① 这项银两，据嘉木央·久麦旺波所著《六世班禅洛桑巴丹益希传》记载，六世班禅是给了察哈尔尼满豁苏寺，虽与永瑢所讲有所不同，但受众终归是察哈尔蒙古。

六世班禅离开岱海时，其随从人等并未全部随之而行。理藩院起先即决定："班禅额尔德尼自岱海启程时，仍照昔日达赖喇嘛来之例，仅令随行大喇嘛、绥绷、卓尼尔等近侍喇嘛等及管事第巴、戴绷等要人随之前往多伦诺尔，其余人众及行包物品，于岱海寺附近寻觅水草之地居住留候，仍饬察哈尔都统常清，由察哈尔右翼总管内遣派二员率带官兵严防盗贼，班禅额尔德尼返回时再明白交付。"② 因此临到六世班禅从岱海启程，护送大臣伍弥泰等问六世班禅要留多少人，六世班禅获悉带往所有随行人员有困难，也很体谅，经与仲巴呼图克图商议后，留下了"僧俗五十六人，以及杂物一百二十包、马二百五十四"。③

六世班禅共在岱海住了六天，六月初四日，六世班禅离开岱海启程继续东行，路途有永瑢等前后随行，钦差大臣伍弥泰、察哈尔都统常清、山西巡抚雅德等率官兵护送，于当月二十一日抵达多伦诺尔，受到了乾隆皇帝所派其外孙丰绅济伦、章嘉呼图克图等人的隆重接待。之后六世班禅复从多伦诺尔启程，仍在永瑢等人的一路相伴下前行，于七月二十一日到达避暑山庄，当日即觐见乾隆皇帝，并入驻在承德专为六世班禅建造的驻锡地须弥福寿之庙。皇六子永瑢远赴岱海出迎六世班禅之行至此完满结束。

六世班禅朝觐，是历史上的一次壮举，在历史上影响重大，意义深远。皇六子永瑢岱海之行，所表现的是清廷对西藏地方宗教领袖六世班禅极度尊重，更是体现了清廷对六世班禅入觐一事的高度重视。

---

① 一史馆藏《军机处满文录副奏折》，乾隆四十五年六月初二日永瑢奏折。
② 一史馆藏《军机处满文录副奏折》，乾隆四十五年六月初五日伍弥泰奏折。
③ 一史馆藏《军机处满文录副奏折》，乾隆四十五年六月初五日伍弥泰奏折。

六世班禅热河朝觐

彭陟焱*

摘要 乾隆时期通过册封六世班禅，邀请其到内地朝觐，并加以隆重接待。利用向清高宗祝贺七十大寿的机会，借助六世班禅的影响，巩固清朝对内外蒙古与新疆的统治，达到了“敬一人而千万人悦”的目的。

关键词 六世班禅 热河 朝觐

一、乾隆皇帝册封六世班禅

“六世班禅额尔德尼·洛桑巴丹益希藏历第十二个饶迴土马年（乾隆三年，1738年）十一月十一日生于后藏南木林扎西孜地方。”① 乾隆九年（1744年）十二月二十三日奉上谕：“据闻班禅额尔德尼呼毕勒罕甚是聪颖，非同寻常，现虽年幼，未及钻研经法学问之时，亦应即挑贤师就近引导。着将此交付达赖喇嘛，为班禅呼毕勒罕选定教经高师，训导经法。达赖喇嘛、班禅额尔德尼世代互为师傅，相应达赖喇嘛仍不时教导。所选经师名姓，具折奏闻，俟班禅学业有成，朕必施恩鼓励。”② “铁鸡年（乾隆六年，1741年）五月初九日，扎什伦布寺公推拉仁岗巴·吉仲罗桑才旺为扎萨喇嘛，以便由他主持六世班禅巴丹益希的坐床大典……六月初二日，即将六世班禅由

* 西藏民族学院教授

① 牙含章：《班禅额尔德尼传》，北京：外文出版社，1994年，第82页。

② ［军机处满文上谕档，乾隆九年（1744年）］，谕着七世达赖喇嘛为六世班禅呼毕勒罕拣选经师教习经典。参见索文清、郭美兰主编：《清宫珍藏历世班禅额尔德尼档案荟萃》，北京：宗教文化出版社，2004年，第41页。

绿东豁卡抬到扎什伦布寺，住到五世班禅住过的噶当木颇章宫内。此时清高宗从北京派来主持六世班禅坐床大典的脱藏格大喇嘛、加古切、笔帖式等也到了扎什伦布寺。颇罗鼐陪同钦差前来扎寺。七世达赖也派第珠堪布罗桑诺布为代表，前来扎寺参加六世班禅坐床典礼。六月初四日，在扎什伦布寺的日光殿上，隆重举行了六世班禅巴丹益希坐床大典。……不丹国王、阿里公、萨迦法王也派代表前来扎寺祝贺六世班禅坐床。"① "火狗年（乾隆三十一年，1766 年）七月十六日，皇帝派使臣前来册封班禅，西藏地方政府获悉使臣已抵打箭炉，遂派人奏明大师。大师派印经师益希塔耶、知宾格桑格勒、译师洛桑克却前往迎接。"② "密宗学院与三所显宗学院百名僧人及仪仗队列立路旁，班禅出宫迎接，首先问皇帝安康。之后，莅临座前听噶伦噶宇公班智达宣读金书：'奉命于天之赞普大地主宰皇帝敕令，朕以法度统治世间众生，使万民安乐，殊胜法度遍及四海。以慈悲之心，护佑众生。对精进正行，恪守律仪之圣德大德，无疑以慈悲心颂之为黄帽教主。汝了悟佛法，为达赖喇嘛之师，前世功名成就，今生正心守戒。从灵童降世逐日成长，朕赐此金书如同前辈，颂尔为班禅额尔德尼，主持扎什伦布政教两事。尔倡戒律予众僧，盛圣行于卫藏，前弘扬圣教，诚心吾土。善从恭敬，精进不懈。乾隆三十年一月四日。'如此，以满蒙藏三种文字印成二百三十两黄金粉所制全书十三页，并赐以二百零八两黄金雕成的金印，用满蒙藏三种字刻有'敕封班禅额尔德尼'字样。同时，赐上等哈达、绸缎多匹、白银、水晶石器皿多件。"③

关于这次班禅的册封，《清实录》中只有如下简略的记载："清乾隆三十九年九月，又谕曰：班禅额尔德尼年齿长成，经典淹洽，复教导达赖喇嘛经卷，理宜加恩册封，着交该院照例办理。"其中并未记载金册、金印的内容。乾隆皇帝册封六世班禅大师，标志着六世班禅在法律制度上正式得到清朝中央政府的认可。七世达赖喇嘛圆寂之后，六世班禅额尔德尼就成为西藏地方政教中实际的领袖，作为六世班禅额尔德尼来说，藏传佛教领袖之一的达赖喇嘛曾经前往清朝朝觐，那么同样作为藏传佛教格鲁派班禅系统的额尔德尼

① 牙含章：《班禅额尔德尼传》，第 84 页。

② 嘉木央·久麦旺波：《六世班禅洛桑巴丹益希传》，许得存、卓永强译，祁顺来、李钟霖校，拉萨：西藏人民出版社，1990 年，第 216 页。

③ 《六世班禅洛桑巴丹益希传》，第 218—219 页。

当然也应该前去朝觐了，这也是传播和扩大格鲁派影响，提高自身地位的一次机会。对于乾隆皇帝来说，是向世人证明自己尊崇格鲁派的态度，因此无论是六世班禅，还是乾隆皇帝都非常重视此次朝觐。

二、六世班禅热河朝觐的原因

根据历史资料显示，六世班禅大师是自愿来到热河朝觐的而非被迫。章嘉国师在西藏时，六世班禅大师说："将来我也要去北京，届时我还要向您求教一些佛法。"章嘉国师问："何年前往?"班禅答道："虽然要去，但现在时机尚未成熟。"① 由此可知，六世班禅大师希望前来热河朝觐之请由来已久，并非一时心血来潮之举。在这个过程当中章嘉活佛起到了至关重要的作用。七世达赖喇嘛圆寂之后，随之而来的权利真空问题引起了乾隆皇帝的重视，乾隆皇帝一度打算让章嘉活佛前往西藏地方担任摄政，代为管理西藏地方政教事务，后来乾隆皇帝接受了驻藏大臣和西藏僧俗众人的建议，让第穆呼图克图担任摄政代达赖喇嘛管理西藏地方政教事务，从而确立了"摄政代行达赖职权的法律制度"。"当时章嘉活佛若必多吉虽然深为自己未能亲赴西藏处理政教事务而感到遗憾，但对乾隆皇帝让第穆呼图克图担当此任的决定心悦诚服。不仅如此，三世章嘉国师还从西藏的安定和清朝对西藏地方的稳定统治出发，于三月十七日上奏乾隆，陈述了他自己对当时西藏事务的具体意见，提出藏地的一切应由第穆呼图克图为首办理，不得让噶布伦擅权。这份用满文拟就的奏折篇幅较长，比较集中地反映了三世章嘉国师对当时西藏政教状况的正确认识，也生动地表现了三世章嘉活佛效忠清中央王朝和对乾隆皇帝的拳拳之心。"②

因此，章嘉活佛对六世班禅大师热河朝觐一事非常支持，并发挥了积极的作用。六世班禅大师首先向章嘉活佛表达了希望等到时机成熟时，前往朝觐的意愿。章嘉国师作为中央政府的积极支持者和乾隆皇帝的国师，从当时的国家利益出发，积极支持六世班禅大师的朝觐，可以说是竭尽全力。这是

---

① 土观·洛桑却吉尼玛：《章嘉国师诺必多吉传》，陈庆英、马连龙译，北京：中国藏学出版社，2007 年，第 273 页。

② 秦永章：《章嘉国师与乾隆皇帝》，西宁：青海人民出版社，2008 年，第 182 页。

因为此时中央政府已经平定危害国家统一的准噶尔分裂势力，完成了国家统一。然而就西藏地方而言，仍然存在着叛乱和遭受英国殖民者入侵的威胁，再加上八世达赖喇嘛年幼不能掌政，第穆活佛势力微弱，西藏地方世俗贵族势力不甘退出西藏地方权力舞台，整个西藏地方仍然处于危险的边缘，作为西藏地方实际宗教领袖的六世班禅前往热河朝觐，将大大有益于国家的长治久安。章嘉国师在这个时候促成六世班禅大师热河朝觐，可以说是一举多得，不仅可以增强第穆摄政活佛在西藏地方政权中的权威，还可以起到稳固以达赖喇嘛为首的西藏噶厦地方政权的目的，而且在无形之中削弱了西藏地方世俗贵族的势力，强化了中央政府在西藏地方的统治，打击了英国殖民者妄图入侵西藏的阴谋。班禅额尔德尼作为西藏地方藏传佛教格鲁派两大活佛之一，不仅在整个西藏地方拥有崇高的宗教地位，同时六世班禅大师在广大的蒙古地区也拥有极大的影响力和号召力。此时六世班禅前往热河朝觐，将强化中央政府同西藏地方之间的关系，加强西藏地方政权与中央政府的政治向心力，对六世班禅大师来说通过热河朝觐，可以增强班禅系统在中央政府的地位，同时也能够提高班禅系统在西藏地方中的政教地位。

在班禅朝觐之前，六世班禅大师成功调解了不丹与印度的关系，从而避免了战争的发生，维护了边境的稳定，在同英国殖民者交涉过程中，维护了国家主权。“木马年（乾隆三十九年，1774 年）西藏地方所属的不丹同印度、孟加拉发生了冲突。根据六世班禅大师传记记载：‘昔日，周第斯宇达尔曾将噶积噶拉杂捉拿入狱，拉杂属下求助印度邦噶拉王，邦噶拉王与周第斯不和而发生战乱，致使周地几处失陷，此地众民遭受灾殃。大师耳闻惨情，于心不忍，便遣使说和，并寄书解劝说：‘要考虑当前与长久的利害关系，应和平相处’等。邦噶拉王奉大师之命归还周地（不丹），双方和解，众生安乐。”① 六世班禅大师所说的印度邦噶拉王实际上指的就是当时的英国东印度公司，而六世班禅大师所写的劝解书即写给当时的英国驻印度总督。“据《印度与西藏》一书记载，当英国驻印度总督哈斯汀士接到六世班禅的来信以后，一方面停止了对不丹的军事进攻，以缓和紧张空气，另一方面即利用班禅来信的机会，派遣波格尔于清乾隆三十九年（1774 年）五月中旬自印度

① 《六世班禅洛桑巴丹益希传》，第 289 页。

加尔各答启程，于同年十一月到达扎什伦布寺”。[①]

“在英国征服印度的过程中，东印度公司对印度北部的中国领土西藏及周围的属国也没有放松侵略活动。公元1768年，伦敦东印度公司董事会委托它在印度的代表，获得无论是棉布或欧洲其他商品能否通过尼泊尔在中国西藏等地找到市场的情报”。[②] 公元1772年到1774年，任孟加拉省总督的是以贪婪凶残著名的瓦伦·哈斯汀士（公元1774年升任全印总督）。他一方面确定以鸦片打开中国沿海市场的贸易政策；另一方面寻求机会，以通商为手段打开入侵中国西藏的大门。英国东印度公司利用不丹内部的冲突借机入侵不丹，并且还乘机侵占不丹国土，方便为以后侵略西藏地方提供跳板。当时不丹是中国的属国，加上不丹跟西藏地方在宗教上存在着归属关系，所以不丹法王就向西藏地方政府请求支援。当时的西藏地方政府正处于八世达赖喇嘛年幼不能理政，摄政在西藏地方噶厦政府中威望不足，因此六世班禅大师就充当了调停人的角色。于是六世班禅喇嘛致书哈斯汀士，警告他说：“德布乃统治此地区达赖喇嘛之属下（现达赖年幼由我摄政事），若你坚持对布噜克巴进一步侵扰，则将引起达赖喇嘛及其臣民之反对。”[③] 告诫英国殖民者停止对不丹的侵略活动，否则将会遭到西藏地方僧俗各界一致反对，而此时英国殖民者显然也没有做好直接跟西藏地方政府发生冲突的准备，在这个时期英国殖民者想通过西藏地方打开前往中国内地贸易的商路，但还没有直接攻打中国的打算，班禅大师的来信正好给了英国殖民者前往西藏地方的借口，所以哈斯汀士即以回报班禅喇嘛为名，于公元1774年五月中旬，派东印度公司秘书波格尔到西藏。哈斯汀士在给波格尔的指令中说：“汝此番出使之目的，即在启发丹人（即西藏人）与孟加拉人相互间之平等通商关系……汝可携往各种货物之样本，俾试行吾国能供应之商品贸易。……又下述诸事亦汝探询之目标：——如拉萨、孟加拉边境间道路邦邑之情况，与其政府、财赋、风土诸项情形。”[④] “波格尔在日喀则会见了六世班禅喇嘛，活动了五个月，

① 牙含章：《班禅额尔德尼传》，第99页。

② 李铁铮：《西藏的历史地位》，1956年纽约版，第71页。

③ 原信摘件见凯曼《通过喜马拉雅山的贸易》，1951年美国新泽西州普林士登版，第157—159页，转引自周伟洲：《英俄侵略我国西藏史略》，西安：陕西人民出版社，1984年。

④ 荣赫鹏：《英国侵略西藏史》，孙煦初译，拉萨：西藏社会科学院资料情报研究所编印，1983年，第9页。

于公元1775年四月返回印度，企图与西藏建立通商关系的要求遭到拒绝。”①

在跟英国殖民者交涉过程中，六世班禅大师跟波格尔谈及贝哈事件，直言彼邦人士多劝彼据纳英人入境，并云：“关于英人之武力余亦颇有所闻，谓东印度公司俨若王者，日以战争与克服为能事。余与余之臣民既纯以祈祷上苍为职志，殊不容许英人莅止。”② 从六世班禅大师跟波格尔的对话中就可以看到，班禅大师对英国殖民者的行为深恶痛绝，并告诫英国殖民者不要觊觎西藏地方，并警告英国殖民者，大师会保护西藏地方的安全，不让英国人入侵西藏地方的阴谋得逞。双方在谈到通商问题时，六世班禅大师只说一切通商事宜按照以往传统方式进行。“拉萨代表谓班禅曾去函商贸易事，惟以藏人畏暑，只可到达斐利，孟加拉货物将由不丹人携至是处与藏人货品交换。此为旧日习惯，必可遵行也。然波格尔则谓除上述外，昔在西藏孟加拉间更有较广远之商业关系，哈斯汀士极欲除去一切既存之障碍，用速本人来藏向班禅喇嘛陈述此事，且信拉萨摄政对此合理之建议亦必可同意。代表答称凡力所能及，拉萨摄政无不乐为，但一切须命中国皇上耳”。③

当时的西藏地方政府因为八世达赖喇嘛正值幼年，不能掌政，虽有摄政活佛代替达赖喇嘛掌握西藏地方政权，但宗教威望不足，难以掌控西藏地方，特别是以拉萨三大寺为主的僧侣集团，驻藏大臣在拉萨代表中央政府同摄政一起管理西藏地方政权，不过驻藏大臣制度仍然不够完善，不能完全发挥作用。在这种情况下，六世班禅大师就成了整个西藏地方乃至整个蒙、藏地区最高的宗教领袖。六世班禅大师对待英国人的态度，将直接影响到西藏地方同中央政府之间的关系，涉及国家主权和领土完整问题。六世班禅大师直接拒绝了英国殖民者的要求，揭露了他们企图绕开清朝中央政府直接同西藏地方往来的阴谋。从六世班禅大师同英国殖民者的代表波格尔的谈话中可以明显地感觉到，六世班禅大师没有被英国殖民者的伪善态度所迷惑。六世班禅大师对印度地区，特别是西藏地方边缘地区的关注有加，已经觉察到英国殖民者企图通过入侵西藏地方的附属不丹王国做跳板，进而直接发动对西藏地方的入侵。从班禅大师拒绝英国殖民者侵略阴谋维护国家主权行为可以看出班禅大师的政治远见和觉悟，这也是六世班禅大师在位期间，西藏地方稳定

---

① 周伟洲：《英俄侵略我国西藏史略》，第28—29页。

② 荣赫鹏：《英国侵略西藏史》，孙熙初译，第11页。

③ 荣赫鹏：《英国侵略西藏史》，孙熙初译，第13页。

发展的重要原因之一。

三、六世班禅热河朝觐的过程

清朝中央政府批准了由章嘉国师代奏的六世班禅大师希望前往热河朝觐的奏折并为此下了圣旨。“乾隆四十三年十二月初六日谕：昨据章嘉呼图克图奏称，班禅额尔德尼欲亲赴京觐见。等语。班禅额尔德尼乃西域大师，朕早怀召见之意。惟以道途遥远，大师未曾出痘身子尚生，不便令其远涉。章嘉呼图克图既称班禅额尔德尼欲早赴京，并请代为上奏，则班禅额尔德尼出于本愿，适于朕意相符，实属吉祥如意之事，已允所请。着驻藏大臣留保住及堪布诺门汗‘阿旺楚臣’[①] 速将朕谕赍送扎什伦布寺班禅额尔德尼知之。班禅额尔德尼后年来京时，正值朕七十寿吉辰。班禅额尔德尼并僧众祝朕万福万寿，广做佛事，俾佛教兴隆，众生受益。故着留保住于乾隆四十五年陪同班禅额尔德尼来京，沿途住行妥加照料。届时朕将遣呼图克图、王、大臣等前往迎迓。班禅大师何时自扎什伦布起程，经何道路，以及班禅大师远道乘马，多有不适，应备供车轿等项，着诺门罕阿旺楚臣与留保住速即面议妥办，务使班禅额尔德尼平安抵达京师。”[②]

乾隆皇帝也做好了迎接六世班禅大师前往热河朝觐的准备工作。首先将六世班禅大师前往朝觐的时间选择在自己的七十寿辰之际，这样六世班禅大师以为乾隆皇帝祝寿的名义前去热河，无形中消除了西藏地方世俗贵族势力的阻挠力量。同时在会见地点的选择上也经过了深思熟虑，顺治皇帝时期，五世达赖喇嘛朝觐，选择在皇帝出城打猎的途中与五世达赖喇嘛“意外相遇”，从而化解了如何迎接达赖喇嘛的难题。乾隆皇帝将会见的地点选择在承德热河，一方面是因为乾隆皇帝已经事先在这里修建了热河“扎什伦布寺”，方便班禅大师驻锡，另一个重要的方面，就是考虑到班禅大师尚未出痘，为大师的身体健康考虑，选择相对凉爽的热河避暑山庄是再合适不过的

① 阿旺楚臣，《在清实录》和汉文档案中均译作“阿旺簇勒提木”。

② 中国藏学研究中心、中国第一历史档案馆、中国第二历史档案馆、西藏自治区档案馆、四川省档案馆合编：《元以来西藏地方与中央政府关系档案史料汇编》（第二册），北京：中国藏学出版社，1994 年，第 558 页。

地方了。

为了迎接六世班禅前来热河朝觐，乾隆皇帝做了精心准备。乾隆皇帝安排“六阿哥前往岱海地方迎接班禅额尔德尼，随往大臣、侍卫、官员、兵丁人数理合预先定议……此次，六阿哥前往岱海地方，钦命尚书永贵为总谙达，充作领侍卫内大臣随行，凡管束所派官兵及阿哥在沿途之各项事务，均交永贵统管办理……再，至彼处后，筵宴及护送班禅额尔德尼之诸务，均需有人。是以，臣等酌派兵部、理藩院官员数人随往备用……乾隆四十四年（1779年）十月①初八日奏入，奉旨：着派侍卫二十员、护军校护军等一百人。将沿途所有蓝布城改为黄布城，余皆依议。”② 由此看出，乾隆皇帝在对待六世班禅朝觐的规格上是相当的重视，首先是派遣亲子及尚书一起前去迎接，黄布城是皇帝出游时才能使用的，活佛僧侣只能用蓝布城或者是红布城，一旦有人违反规定就是簪越等同造反，乾隆皇帝却破例允许六世班禅大师用皇帝才能使用的黄布城，足见乾隆皇帝对大师的重视程度，可以说是史无前例的，甚至比五世达赖喇嘛规格还要高出许多。

六世班禅大师从西藏地方扎什伦布寺出发前往热河，须途经青海、甘肃、陕西、宁夏、山西、内蒙古和河北直隶几个省份。为此乾隆皇帝分别诏谕西藏驻藏大臣留保住、内务府、理藩院、西宁办事大臣、陕甘总督勒尔谨、陕西巡抚毕沅、山西巡抚巴延三等人和相关机构分别部署迎接班禅大师的工作。乾隆皇帝从六世班禅大师来热河朝觐的驻锡地到班禅大师朝觐路线的选择和确定，以至于六世班禅大师路途的衣食住行无不关怀备至，充分体现了清朝中央政府一直实行的“兴黄教，以安众蒙古”的治藏政策。但是，清廷在尊崇六世班禅大师的同时不溺佛，在对待藏传佛教的宗教政策上与元朝有所不同，虽然尊崇藏传佛教，但对于敢于违背国家利益和民族利益的藏传佛教僧侣，照样绳之以法，毫不法外施恩，而且吸取了元朝一味独尊萨迦派的政策，改为支持藏传佛教格鲁派，却不独宠达赖喇嘛系统的政策，分别册封活佛哲布尊丹巴活佛管理漠北藏传佛教事务、章嘉活佛管理漠南藏传佛教事务、班禅额尔德尼管理西藏地方后藏政教事务、达赖喇嘛管理前藏政教事务的政策，

---

① 原文如此，应为二月之误。

② 中国第一历史档案馆、中国藏学研究中心合编：《六世班禅朝觐档案选编》，隆安奏请六阿哥前往岱海应带官兵人数及路途供顿折，乾隆四十四年二月初八日，北京：中国藏学出版社，1996 年，第 27—28 页。

无形之中削弱了达赖喇嘛系统在蒙藏地区的宗教影响力，更加便利清朝中央政府直接管辖蒙藏地区。

乾隆皇帝还决定让内外蒙古各部落的首领和新疆新归顺的“回部”首领，并让由俄罗斯归来的土尔扈特部的首领均前来避暑山庄，其目的是利用向清高宗祝贺七十大寿的机会，借助六世班禅的影响，巩固清朝对内外蒙古与新疆的统治，达到维护国家统一、民族团结的主要目的。蒙古地区僧俗民众普遍信仰藏传佛教，邀请六世班禅就达到了“敬一人而千万人悦”的目的，六世班禅大师到中央朝觐，既达到了稳定蒙古地区统治的目的，还起到了提高班禅系统在藏传佛教中的政教地位，并在一定程度上削弱达赖喇嘛系统在西藏地方的影响力，更加方便清朝统治者分而治之，通过在西藏地方实行“多封众建”的方式，最终将权力集中到中央政府手中，从而强化清朝中央对西藏地方的掌控能力。

六世班禅大师对于乾隆皇帝接受他的请求，邀请他前往热河朝觐感恩戴德，并通过驻藏大臣留保住向乾隆皇帝谢恩。“奴才等遵旨将章嘉呼图克图密寄班禅额尔德尼信函一封，交付堪布额尔德尼诺们罕阿旺楚臣，次日即先行送达班禅额尔德尼（砂批：好）。班禅额尔德尼接准章嘉呼图克图之信，覆信奴才等称，本僧之夙愿，仰蒙文殊菩萨大皇帝施恩，不胜感激，欣喜不已。请大臣等俟其抵达，即将本僧谢恩奏书呈进。等因。除谨具奏闻外，兹钦命班禅额尔德尼进京入觐之处，达赖喇嘛及本地僧俗人等，纷纷企盼文殊菩萨大皇帝为广衍黄教、永逸众生，召班禅额尔德尼进京入觐外，念施殊恩，处处感激，望阙合掌祈祷，欢呼雀跃。为此一并谨具奏闻。乾隆四十四年二月二十三日奉砂批：欣览之。钦此。正月二十六日。”① 六世班禅向乾隆皇帝上奏折，对乾隆皇帝的慰问与赏赐表示感谢，并让驻藏大臣留保住转奏。

“藏历土猪年，清乾隆四十四年（1779 年）阴历六月十七日，曜日女宿，良辰吉日。六世班禅大师率领一千多人的队伍浩浩荡荡驾离扎什伦布寺”。② 自此六世班禅大师开始其热河朝觐之旅，“六月二十七日，班禅大师与八世达赖相会于羊八井之扎西通门。班禅大师与达赖喇嘛从羊八井到丹木多扎西

① 索文清、郭美兰主编：《清宫珍藏历世班禅额尔德尼档案荟萃》（第 140 页），军机处满文录副奏折，驻藏大臣留保住等奏报六世班禅闻知获准进京入觐谢恩片（原件系满文），乾隆四十四年（1779 年）正月二十六日。

② 《六世班禅洛桑巴丹益希传》，第 372—373 页。

滩的八天时间里，为万余名僧俗人众摩顶，使众生如受甘露”。[①]

六世班禅大师经过几个月行进，抵达青海塔尔寺，“清乾隆四十四年十月十五日，在行途中塔尔寺大堪布却藏活佛阿旺图旦巴桑波、密乘师阿旺丹巴、医师贡却南杰、西纳夏仲茨程丹巴尼玛、卸任医师曲茹卡巴阿旺丹巴达结、参周夏仲、弥纳夏仲、大会掌堂师弥纳洛桑茨程、总管家等于德马设灶郊迎，大师为诸位摩顶。临近塔尔寺时，一千五百名僧人高擎伞盖、胜幢、旗幡，鸣奏号角，迎请大师到宗喀巴大师的降生地塔尔寺。为了迎接班禅大师，皇帝赐赏给塔尔寺白银万两，修缮历辈达赖宝座及塔尔寺旧拉让，新建寝宫，赐名‘传教善相’。”[②] 六世班禅大师在塔尔寺过冬期间与清朝官员会面，并上书乾隆皇帝表示自己的感激之情。六世班禅大师还几次为僧人放茶布施，进行各种宗教活动，为藏传佛教佛法传播发展作出了卓越贡献。

“六世班禅大师离开塔尔寺后，取道宁夏地区，途经内蒙古伊克昭盟、察哈尔部、直赴承德避暑山庄。六世班禅经过甘肃古浪县时，陕甘总督勒尔谨等满汉官员在此欢送班禅，并给他设宴饯行。四月初十日，六世班禅过宁夏城、阿拉善旗，进入内蒙古伊克昭盟。沿途受到满汉官员、蒙古王公和蒙古族群众的隆重迎接，班禅给数万蒙古人‘摩顶’。六月初一日，班禅到达内蒙古鄂托旗，遇到乾隆皇帝派来迎接的乾清门喀木仁饿妥南孙、然科呼图克图等一行，带来金顶黄轿一顶、红黄伞盖各二顶、幢幡四套、仪仗四十件。于是六世班禅大师由此改乘黄轿前进。行至‘岱海’[③] 地方时，又遇到乾隆皇帝派来迎接的皇六子和章嘉呼图克图一行，并带来乾隆皇帝的‘敕书’一封，大意是说：‘朕已于五月初七日前赴热河承德避暑山庄，此间佛殿落成，设备妥善，专待驾临。’”[④]

至此，六世班禅大师顺利结束朝觐路途，即将在热河展开各项活动，六世班禅大师从扎什伦布寺启程到最终抵达热河，沿途多次深入蒙藏僧俗人众中为他们摩顶传授佛法，不断地传播佛法弘扬教义，扩大格鲁派在蒙藏地区中的影响力，广大的蒙古地区王公大臣、贝勒、贝子均热情迎接积极准备，不论是六世班禅大师沿途经过的蒙古地区，还是没有经过的地区，都有许多

---

① 《六世班禅洛桑巴丹益希传》，第376—377页。

② 《六世班禅洛桑巴丹益希传》，第401—402页。

③ 《清实录》所记的岱海地方，在藏文六世班禅传中为代噶，其地在今内蒙古自治区的凉城县。

④ 牙含章：《班禅额尔德尼传》，第106页。

王公、大臣跟随大师一道前往热河朝觐，可以说是一次宣传爱国统一、民族团结之旅，为扩大藏传佛教格鲁派在蒙藏地区的影响力和国家的安定团结作出了贡献。对于清朝中央政府而言，起到了维护蒙、藏地区稳定，巩固国家统一和民族团结的成效，对于六世班禅大师而言，扩大了班禅系统在广大蒙、藏地区中的宗教影响力和号召力，同时也加深了班禅系统同清朝乾隆皇帝直接的政治联系，提高了班禅系统在清朝中央政府中的政治地位。因此，六世班禅大师热河朝觐之旅是一次民族团结之旅、一次巩固国家统一、维护蒙藏地区稳定之旅。

昭庙文化价值评价

傅　凡*

摘要　昭庙始建于清朝乾隆年间，系乾隆皇帝为六世班禅来京所建，是北京的一处重要的文物建筑。昭庙的价值很高，但是如果用传统的历史、艺术、科学三个角度进行评价可能不足以全面地阐释昭庙的价值。本文从文物建筑的文化价值构建为出发点，试图以一个更加完整的视角来评价昭庙的价值。

关键词　昭庙　文物建筑　价值评价

一、昭庙历史概述

昭庙全称“宗镜大昭之庙”，意为“释迦尊者之神殿”，位于清代皇家园林香山静宜园别垣之中，始建于清乾隆四十四年（1779 年），是乾隆皇帝为了迎接进京为其贺寿的六世班禅而建。

昭庙规模庞大，占地 9100 平方米，建筑约 15330 平方米。分红台、白台两部分，总体风格为藏式，但细部又体现出汉式元素。白台为前置部分，呈回字形，白色墙身，窗用琉璃构件装饰；红台为主体，呈方形碉式，白色条石为基，红色墙身，高厚坚固。建筑布局自东向西依山而建，沿中轴线有三门琉璃坊、都罡殿、大白台、井字碑亭、清净法智殿、大红台、大圆镜智殿、七层琉璃万寿塔，逐步随地势升高，气势恢弘。前有水系，周围山林环抱，景观优美。

* 北方工业大学建筑与艺术学院副教授

乾隆四十三年（1778 年），六世班禅得知乾隆皇帝要举行七十大寿庆典的消息，向乾隆皇帝奏请入觐祝寿。乾隆皇帝准其赴京觐见，并参照顺治皇帝在北京德胜门外修建黄寺供五世达赖居住的先例，下旨在承德狮子沟和北京香山仿照班禅居住的扎什伦布寺，修建须弥福寿之庙和宗镜大昭之庙，以供班禅居住。

乾隆四十四年（1779 年）六月十七日，六世班禅率甘丹、哲蚌、色拉三大寺 13 名勒参巴等高僧百余人及其他随行人员共 2000 人，从扎什伦布寺启程，东行朝觐。乾隆四十五年（1780 年）七月二十一日，六世班禅历时一年，全程 6000 多公里，抵达承德热河行宫，觐见乾隆皇帝。

九月二日，六世班禅在皇六子永瑢陪同下抵达北京，驻锡在西黄寺。九月十七日，六世班禅在皇六子、三世章嘉等人陪同下到达昭庙，十八日在昭庙内率领 200 余名僧众举行诵经法会，为昭庙开光做准备。九月十九日，乾隆皇帝在昭庙会见六世班禅，与六世班禅共同出席了昭庙开光大典。二十一日班禅返回西黄寺，十月十七日又奉旨来昭庙拈香。十一月初二下午，六世班禅因患天花治疗无效在北京西黄寺圆寂，享年 42 岁。

咸丰十年（1860 年），英、法联军将三山五园一一焚毁，昭庙也惨遭涂炭，仅存琉璃牌坊，四个幡杆石座，白台、红台基础，御碑，七层琉璃塔。随着清廷的控制力逐渐减弱，昭庙与静宜园一同衰败。

民国初，马相伯、英敛之等人在静宜园遗址内创办静宜女校，修缮昭庙、见心斋等处作为教育场所。熊希龄借静宜园创办慈幼院，在昭庙创办医院为学生服务，并成立红十字会，由其夫人朱其慧担任会长。日据时期，昭庙被日军征用，以医院作为日军医院。

1948 年，中共中央入驻香山，昭庙被中共中央秘书处使用。1956 年，香山公园作为人民公园对外开放，昭庙曾作为公园服务场所加以利用，近几年主要作为公园内部的管理用房。2011 年，昭庙开始复建计划，现已完成都罡殿的修复。

二、文物建筑的价值

文物建筑具有多种价值。作为一种历史遗存，其身上附着了大量的历史信息，具有历史价值。作为建筑物或者建筑组群，其带有某种建筑风格与特征，体现了某些建筑文化的原则，符合审美学上的要求，具有建筑艺术价值。其外部环境经过艺术化的处理，具有园林艺术价值，建筑物内部的附件物，如雕像、绘画、家具等，也具有艺术价值。一些建造过程的特征，代表了当时的科学技术和社会发展水平，具有研究价值。作为建筑空间，它具有使用价值。作为建筑物实体，它具有经济价值，一方面其所在土地，所用材料可以物化为价格；另一方面，其出售、出租、对外展示可以创造经济价值。一些建筑激发了人们的创作灵感，而作品又使建筑成为了一个文化符号，附加了新的关联价值。例如，范仲淹的《岳阳楼记》使岳阳楼成了中国文人忧国忧民的精神象征。一些建筑与精神、情感产生了关联，也具有关联价值，如寺庙、教堂、名人故居等。带有特殊历史信息的建筑还具有旅游、教育等价值。

我国历史建筑的评价基本是按照文物保护法的相关规定。1960 年国务院通过的《文物保护管理暂行条例》规定了属于文物的历史建筑是“与重大历史事件、革命运动和重要人物有关的、具有纪念意义和史料价值的”，“具有历史、艺术、科学价值”和“反映各时代社会制度、社会生产、社会生活的”，其评定标准就是历史、艺术、科学价值①。此后的《文物保护法》（1982）及历次修订本、《中华人民共和国文物保护法实施条例》（2003）等，都以历史、艺术、科学价值为评估依据②。

国外对历史建筑的评价总体上也是基于历史、艺术、科学价值的。1905 年艺术历史学家里格尔提出了文物建筑的历史价值、艺术价值、年代价值、使用价值和现今价值③。1972 年联合国教科文组织世界遗产委员会《保护世界文化和自然遗产公约》确定对建筑遗产从历史、艺术和科学角度来定义④。吕舟在此基础上提出，除了历史价值、艺术价值和科学价值，文物建筑还具有文化价值和情感价值⑤。《世界遗产公约实施指南》中世界遗产杰出普遍价

① 国务院：《文物保护管理暂行条例》，1960 年。

② 全国人民代表大会常务委员会：《文物保护法》1982 年；国务院：《中华人民共和国文物保护法实施条例》2003 年。

③ 陈平：《李格尔与艺术科学》，香港：中国美术出版社，2002 年，第 315 页。

④ 世界遗产委员会：《保护世界文化和自然遗产公约》，1972 年。

⑤ 吕舟：《文物建筑的价值及其保护》，1997（4），第 38—41 页。

值评估标准的第6条规定："直接地或者明确地与历史事件或生活条件、想法，或者信仰、具有杰出普遍意义的艺术和文学作品相关联"，提到了遗产的关联性价值①。

此外，其他研究者也都提出文物建筑的价值构成。佛拉德烈提出文物建筑包括历史价值（含科学价值和情绪价值）、艺术价值（含艺术历史价值、艺术质量价值和艺术作品本身价值）、功能主义价值②。普鲁金认为应包括历史价值、城市规划价值、建筑美学价值、艺术感受价值、科学修复价值、功能价值③。伯纳德·费尔顿认为历史建筑应具有建筑、美学、历史、记录、考古学、经济、社会，甚至是政治和精神或象征性的价值。索罗斯比认为文化遗产包括美学、精神、社会、历史、象征等几个方面，并统称为"内在价值"。莱普认为文物建筑价值概括为经济、审美、象征和科学价值。无论哪一种价值体系，都围绕着历史、艺术、科学三个核心价值。李浈在综合各家观点后提出文物建筑的价值应分为经济价值（外在价值）和文化价值（内在价值）两大类④。

文化与历史是同一个语义范畴。文化是人类社会在历史过程中创造形成并不断积淀的产物，是社会价值系统的总和。文物建筑无疑突出地体现了文化价值，它既是一种文化产物，又是社会文化的载体。针对不同的文物建筑，其文化价值的构成不同。如有些名人故居类文物建筑，其艺术价值可能很低，甚至可以忽略，但历史价值突出。由此可见，文物建筑价值的构成是由建筑自身的情况决定的。

三、昭庙的文化价值

根据对昭庙各项价值进行分析、归纳，可以划分为历史价值、建筑艺术价值、关联性价值、研究价值和现今价值。

---

① 世界遗产委员会：《世界遗产公约实施指南》，2011年。

② 赖明华、王晓鸣、罗爱道：《基于正交设计的历史建筑综合价值评价研究》，《华中科技大学学报》（城市科学版），2006年第1期，第35—38页。

③ 普鲁金：《建筑与历史环境》，北京：社会科学文献出版社，1997年。

④ 李浈、雷冬霞：《历史建筑价值认识的发展及其保护的经济学因素》，《同济大学学报》（社会科学版），2009年第5期，第44—50页。

历史价值可以划分为年代价值、历史地位、历史关联度价值、历史延续性价值和历史文献价值。年代价值是指文物建筑的始建年代和现存建筑的真实年代。昭庙建于清中期，年代价值在北京的寺庙中并不突出。历史地位（历史功能价值）是指文物建筑在历史上的用途和所处的地位。昭庙是作为六世班禅的居所而建的，它不但是一所皇家寺庙，而且是中央政府宣抚西藏、宣示主权的明证。与西黄寺、须弥福寿之庙不同，昭庙是建于皇家园林之中，只有南苑的德寿寺能与之相比。民国以后，昭庙先后成为静宜女校和香山慈幼院的办学场所、日军战地医院、中共中央秘书处办公地点等。历史关联度价值是指文物建筑与历史事件或历史人物有所关联的程度。昭庙与很多历史人物和历史事件有密切关联，历史关联度价值很高。昭庙是乾隆皇帝下旨所建，是为六世班禅而建，六世班禅是历史上非常杰出的人物，为维护藏区的和平稳定，国家对西藏的主权，各民族团结作出了巨大的贡献。昭庙是乾隆皇帝七十大寿、六世班禅贺寿的明证，也是摄政第穆呼图克图灵童选任事件的地点之一，更是英法联军焚毁中国名园的罪证。民国以后，昭庙见证了静宜女校、香山慈幼院的成立，与裕隆太后、马相伯、英敛之、熊希龄、朱其慧等名人相关联，也见证了日本侵略中国的罪行。历史延续性价值是指文物建筑在历史的发展过程中有无中断的信息，“传承有序”。昭庙自建成以来，其历史基本没有中断过，特别是民国时期，昭庙成为近代第一所女子教育——静宜女校和近代第一所慈善教育——香山慈幼院的场所，又经由日军的战地医院到中共中央秘书处办公地点，到新中国成立后的公园办公场所，延续性价值高。历史文献价值是指文物建筑在历史文献中所出现的次数。历史文献记载越多，相关的历史信息也越丰富，价值也就越高。昭庙屡屡出现在《清史稿》《黄册》、清帝《起居注》等官方书籍中，具有一定的文献价值。

建筑艺术价值可分为如下类型，即建筑文化价值、建筑群体价值、建筑单体价值、建筑装饰艺术价值、园林价值。昭庙建筑格局来源于西藏唐卡时轮金刚曼陀罗，后面红台为曼陀罗的核心——大乐觉悟坛城、智慧觉悟坛城和意觉悟坛城，前面白台为坛城的演化。整个昭庙实际上是一个精美的立体曼陀罗佛教坛城，具有深刻的建筑文化含义。昭庙依山而建，轴线清晰，建筑排布有序，群体价值优异。白台、红台、都罡殿、清净法智殿、大圆镜智殿、七层琉璃万寿塔艺术价值突出，琉璃牌坊、琉璃塔、白台使用琉璃件进行装饰，艺术价值较高。昭庙周边古树繁茂，山石嶙峋，较有园林特色。

关联价值是指文物建筑与社会文化之间所产生的关联，而这种关联可能产生了某些文化价值。关联价值分为创作型关联价值和场所型关联价值。前者如司马光为自己的园林所写《独乐园记》，在独乐园湮灭几百年后，仍有文人要遵“司马温公故制”营园。后者如少林寺，是禅宗的发源地，无论后世如何传播，提起禅宗总会将之归于少林寺。昭庙的关联价值主要包括文学价值、绘画价值、宗教价值和情感价值。昭庙的文学价值主要在于乾隆皇帝为昭庙所做诗文，具有一定价值。绘画价值主要是清柱等人的《静宜园图》，对昭庙建筑有细致的刻画。所涉文学、绘画作品虽不多，但为御制和画院画家所作，具有一定的价值。昭庙曾是黄教的一处重要寺庙，特别是由六世班禅开光，宗教意义非凡。昭庙的情感价值在于其是民族团结的象征，也是女子教育、慈善教育的象征，以及国耻（鸦片战争、抗日战争）的象征，更是民族解放（中共中央入驻香山）的象征。

文物建筑的科学价值在于其科学研究价值，很多文物建筑除建筑艺术研究价值、历史研究价值外，还具有工程学、工艺学、社会学、人类学、天文学、地理学、水文学、环境学、声学等研究价值。昭庙的科学研究价值主要涉及两个方面：社会科学研究价值、工艺技术研究价值。昭庙是藏传佛教的研究对象，也是宗教关系史、民族史、清史的研究对象，具有社会科学研究价值。昭庙大量使用的琉璃装饰，色泽鲜艳，釉面密实光滑，具有一定的研究意义。

现今价值是文物建筑的附加价值，体现了文物建筑在当前时代所具有的除了历史文化信息保存意义之外的价值。昭庙的现今价值可以分为两大类，即社会生活价值和社会象征价值。社会生活价值即文物建筑在人们的具体生活中所具有的价值，如旅游价值、教育价值等，旅游价值应突出其旅游资源价值，而非其旅游收入或规模价值，以避免经济价值对文物建筑保护产生负面影响。昭庙的社会生活价值是其可以作为优秀的建筑艺术代表成为旅游景点；可以其作为爱国主义教育的基地；还可以作为追思中国女子教育和慈善教育事业的场所。社会象征价值是指文物建筑在社会中所具有的一种相对抽象的价值，作为一种符号性的含义存在于社会生活之中。昭庙的社会象征价值在于它作为民族团结、祖国统一的象征在当今继续发挥作用。

从以上可以看出，昭庙具有丰富的文化价值，而且尤以历史价值、建筑艺术价值、关联价值、现今价值为突出。在这几类价值中，昭庙在历史地位价值、历史关联度价值和历史延续性价值、建筑文化价值、建筑群体价值、建筑单体价值、宗教价值、情感价值、社会象征价值等方面都极为突出。特别是其社会象征价值对今天维护祖国主权与领土完整，维护民族团结、社会稳定具有重要意义。

四、结语

昭庙是一处重要的文物建筑，其价值不是传统的历史、艺术、科学三个角度所能完全阐述的，必须根据其特点进行价值评价体系的构建，来提出完整、合理的文化价值评价，为昭庙在当代继续发挥其价值提供可靠的依据。